交通与城市规划丛书

虹桥十年

虹桥综合交通枢纽项目后评估

刘武君 编

同济大学出版社
TONGJI UNIVERSITY PRESS
·上海·

图书在版编目(CIP)数据

虹桥十年：虹桥综合交通枢纽项目后评估 / 刘武君编. --上海：同济大学出版社，2023.5

(交通与城市规划丛书)

ISBN 978-7-5765-0828-4

Ⅰ. ①虹… Ⅱ. ①刘… Ⅲ. ①交通运输中心-建筑工程-研究-上海 Ⅳ. ①U115

中国国家版本馆 CIP 数据核字(2023)第 077166 号

交通与城市规划丛书

虹桥十年：虹桥综合交通枢纽项目后评估

刘武君 编

责任编辑 胡 毅　　责任校对 徐逢乔　　装帧设计 赵 军

出版发行 同济大学出版社　　www. tongjipress. com. cn

(地址：上海市四平路 1239 号　邮编：200092　电话：021-65985622)

经　　销 全国各地新华书店、建筑书店、网络书店

排版制作 南京月叶图文制作有限公司

印　　刷 上海安枫印务有限公司

开　　本 787 mm×1092 mm　1/16

印　　张 18.5

字　　数 462 000

版　　次 2023 年 5 月第 1 版

印　　次 2023 年 5 月第 1 次印刷

书　　号 ISBN 978-7-5765-0828-4

定　　价 138.00 元

如有印装质量问题，请向本社发行部调换

地图审图号：GS(2023)1613 号

内容提要

2010年建成投运的上海虹桥综合交通枢纽，集民用航空、高速铁路、城际铁路、高速公路、磁浮、城市轨道交通、地面公交、出租车等交通功能于一体，开创了我国多种交通方式之间无缝衔接的先例，经过十余年发展，已成为世界上设施规模最大、功能最为复杂的空陆一体化交通枢纽之一，成为国内外交通枢纽建设与运营管理的标杆。

本书的各位作者，均深度参与虹桥综合交通枢纽的策划、科研、规划、设计、施工、监理、运行、经营和升级改造等工作，通过收集十年运营相关资料，从不同角度回顾、评估了虹桥综合交通枢纽的规划建设与运营管理，通过“总体评估”“建设评估”“运营评估”和“专项评估”四个方面，为大家展示出一个不同视角下的、真实的虹桥综合交通枢纽，既有助于虹桥枢纽的管理决策、投资和运营单位进一步改进和提升运营效率与服务水平，也为全国各地综合交通枢纽的规划建设提供了一个很好的案例解析。

本书适合城市规划、交通运输、市政工程领域的规划者、建设者、运营管理者，以及高等院校相关专业师生参考阅读。

序

2010 年上海世博会召开之前，上海市委市政府克服千难万阻，推动完成了虹桥综合交通枢纽这一世纪工程，为上海服务长三角、服务全中国打造了一个高效便捷的平台和窗口。虹桥综合交通枢纽自 2010 年投运以来，赢得了广泛的赞誉，全国各省、市、自治区、特别行政区的领导都亲临视察，带起了全国范围内综合交通枢纽规划建设的高潮。

转眼间十余年过去了。虹桥综合交通枢纽 2019 年的客流量已经达到 115.6 万人次/d，高峰客流量达到 145.6 万人次/d，这与当初的设计目标年 2030 年的规模基本相当。在这种情况下，虹桥综合交通枢纽的绝大多数基础设施的处理能力仍然表现出还有进一步提升的空间。在这个时间节点上，对虹桥综合交通枢纽进行一次系统的后评估，总结其多年来投资、建设、运营的经验教训是非常必要的，对虹桥综合交通枢纽未来运营能力的拓展和服务水平的提升也是非常有意义的。

参加过虹桥综合交通枢纽规划建设和运营管理的“缘自虹桥”微信群的工程师们用他们各自的独特视角，在收集了十年运营相关资料的基础上，从不同角度回顾、评估了虹桥综合交通枢纽的规划建设与运营管理，并将这些后评估论文汇集成为本书。全书按“总体评估”“建设评估”“运营评估”和“专项评估”四个方面编辑了这些论文，为大家展示出一个不一样视角下的、真实的虹桥综合交通枢纽。

在这十余年运营中，我们不仅把规划设计和工程建设中对虹桥综合交通枢纽赋予的各种交通功能发挥了出来，而且还不断地优化改进，大大提升了虹桥综合交通枢纽的设施能力、服务水平和运输效率。这其中，广大建设、运营者们所做的工作是非常杰出且具有创造性的，有许多的经验和成就非常值得总结和推广。以虹桥机场为例，这十余年中我们进行了东航站区的改造，推出了全自助航站楼服务模式；建设完成并投运了飞行区绕滑道工程、航站楼节能工程等，完成了一系列设施设备的改造升级工作；特别是进一步提升了机场的智慧化服务水平；大力推动了虹桥国际机场作为商务机场的功能升级工作；在旅客服务和商业服务方面，也大大提高了枢纽的能级。正是通过广大建设者、运营者们的不断努力，我们把虹桥国际机场 2 号航站楼建设成为国内航站楼运营的标杆和未来航站楼的样板。2014 年 2 月19 日,上海虹桥国际机场2 号航站楼被国际著名航空服务测评机构 Skytrax 评为“五星级航站楼”,成为在 Skytrax 上榜的我国内地首座五星级航站楼。另外,在航站楼管理模式方面,我们进一步提高了投资多元化、管理社会化、经营市场化的水平,为虹桥国际机场创造了良好的社会经济效益。本书中有多篇文章对上述工作中所产生的经验教训做了很好的总结。

“缘自虹桥”的工程师们在他们的论文中,通过对虹桥综合交通枢纽建设运营历史的回顾,在对现状充分调查研究的基础上,找出了虹桥综合交通枢纽在规划建设和运营管理中的成绩和问题,提出了一系列改进提高的建议和对未来发展的展望。这些论文可以帮助上海市委市政府、投资者和运营单位进一步改进和提高虹桥综合交通枢纽的运营效率与服务水平,也为全国各地综合交通枢纽的规划建设提供了一个很好的案例解析。我相信无论是对各地政府的决策支撑,还是对全国范围内新的综合交通枢纽的规划设计、工程建设和运营管理,这些文章都是非常有益的,都是我们的宝贵财富。

祝愿虹桥综合交通枢纽不断锦上添花、越来越美好!

2022 年 10 月 10 日

目录

总体评估篇

旅客眼中的虹桥综合交通枢纽

凌昌荣[1]

【摘要】 作为虹桥综合交通枢纽建设的一位参与者，也是一位常旅客，作者从旅客角度对虹桥枢纽进行了解读，认为旅客关注的是便捷性、美观性、趣味性。本文也许算不上专业的后评估，但提供了旅客角度对虹桥枢纽的独到见解和思考。

【关键词】 虹桥综合交通枢纽；便捷性、美观性、趣味性；网友评价

关于虹桥综合交通枢纽，有一个浪漫的爱情故事，在网络上广为流传：一对恋人在虹桥机场分别，女生对男生说："你不要再等我了，我们永远不会有结果的。就像这座机场，永远都等不来火车一样，我们的以后不会有交集。"然而，十多年后，虹桥机场和火车站真的连在了一起，它就是今天的虹桥枢纽。总工程师就是当年的那个男孩，他用十年时间证明了，在爱情面前，一切皆有可能！我认为其实没有几个人关心这个故事的真假，然而在虹桥枢纽这个舞台上，从策划、规划、设计、建设到投入运营，这十多年里的每一天都在真真切切地上演着浪漫、欢喜、悲伤、离合。

虹桥枢纽投入运营之后，我作为一名普普通通的旅客，时常经过虹桥枢纽，每每经过都会留一份心。进出多了，我对虹桥枢纽渐渐有了许多新的认识。行色匆匆是大部分旅客的本色，那么在一个旅客的眼中，他是如何看待一个交通设施的呢？我把我的认识写出来供大家"吐槽"。

不妨回想一下我们去过的车站、码头、机场等交通设施。我们在意什么？什么东西会停留在我们的印象中？事实上大部分人并不会去想这些问题，但旅客对一个交通基础设施是有评价的。我以为旅客一般会从以下三个角度来关注一个交通设施：**第一是便捷性**。是不是最为方便快捷？这是旅客交通出行的根本关注所在。**第二是美观性**。航站楼造得好不好看，环境是否优美，感觉是否温馨宜人？爱美，是人之天性。**第三是趣味性**。这个地方好玩吗？等飞机、等高铁的时候会无聊吗？众生皆苦，出行尤甚，途中能找点乐子，或者遇到一些好玩的事，岂不乐哉。所以，我试着从这三个方面提出问题，并谈谈我的感受和看法。

1 便捷性

第一个问题是，虹桥枢纽方便吗？我的第一反应是：方便，太方便了！但想想也不对。耳闻目睹过不少人说起在虹桥枢纽的茫然。所以，思索再三，我想给出的答案是：方便，但也不方便。

方便在哪？最大的方便在于，虹桥枢纽集合了多种多样的交通方式，就像你去一个超级

1 凌昌荣，连尚网络科技有限公司首席运营官（COO）。

购物中心，不管什么样的货品，你都能够买得到，这是虹桥枢纽最让人称道的地方。虹桥枢纽把飞机、高铁、轨道交通、长途大巴、出租车等多种交通工具集中到了一个建筑联合体内。除了水上的轮船，你能想到的其他交通工具都有了。想起一个词叫“上天入地”，在虹桥枢纽，飞机上天、轨道交通入地、高铁贴地飞行。

对于坐飞机的旅客：虹桥机场通达国内大部分的一、二线城市。特别是通往北京的航线，京沪快线 30 min 一班，高峰时 15 min 一班，可以叫“空中巴士”了，已经做到随到随走。从航空角度来说，虹桥机场是快速到达国内一些主要城市的首选。此外还有少量直飞日本、韩国的航班，这许是因为日韩驻沪领事馆在附近的原因，虹桥地区成为日韩人士的聚集区，这些航线有利于“打造东亚一日商务圈”。

对于坐高铁的旅客：虹桥火车站是进出上海最为主要的铁路站点之一。借助国家建设的四通八达的高铁网络，旅客通过虹桥火车站可通达祖国的大江南北。

对于坐长途大巴的旅客：虹桥枢纽的西侧，拥有长途大巴站点。这对于长三角区域旅客的往来十分便利。当然对比乘坐飞机和高铁的旅客，长途大巴这部分的交通量小了很多。

以上是虹桥枢纽的对外交通。此外，为了解决到达或离开虹桥枢纽的旅客的集散问题，虹桥枢纽建设了一个强大的市内集疏运体系，保障了每日 100 多万人次的集散。

轨道交通最为方便：目前已经开通了 3 条轨道交通线，可以到达上海市区的几乎每一个地方，并且在虹桥机场 1 号航站楼、虹桥机场 2 号航站楼、虹桥火车站分别有站点。坐出租车的上下车也很方便：对于到达旅客，沿着车行线，有长长的车道边，很方便下车；而对于出发旅客，虹桥枢纽的出租车候车区的管理做得很不错，几辆车同时列阵出发，像阅兵一样，旅客通常很快就可以坐上出租车离开。对于网约车，早期有一段时间比较混乱，现在管理得越来越规范，旅客上下车越来越方便了。对于自己开车的：停车库跟候机楼、火车站等是连在一起的，标识清晰，进出非常方便。

那么，不方便在哪儿？最大的不方便，正是因为虹桥枢纽把各种交通方式都集合在了一起，使得体量庞大，错综复杂。旅客反映比较多的意见归纳起来有以下几个方面：

（1）多种交通方式之间转换，对于一般旅客来说有点过于复杂，因为大部分旅客没有很强的方向感。这是旅客们对虹桥枢纽最大的一个抱怨点。

（2）对于开车到虹桥枢纽的人来说，门口的高架道路纵横交错，如果一不小心错过一个路口，就要再绕一圈回来，大费周折；还有就是虹桥枢纽周围区域经常堵车。

（3）从虹桥枢纽到浦东机场去，目前无论选择哪种方式，时间都比较长。不过现在两座机场之间的快速联络线已经在建设之中了，这个问题的解决指日可待。

（4）磁浮没能开通运营，成为一个很大的遗憾。虹桥枢纽中原本规划的磁浮车站都已经建好了，但因为种种原因，磁浮机场线没能接进来，虹桥、浦东两座机场间缺少了高速磁浮线的连接，是比较有缺憾的。

2 美观性

第二个问题是，虹桥枢纽好看吗？我的感觉是：不算好看，但很耐看。我们看过太多的标志性建筑，尤其在我们国家，宏大的建设留下了众多的鸿篇巨制。但虹桥枢纽，从外观上来说，并没有刻意去追求一个震撼的、宏伟的视觉效果。

虹桥枢纽主体建筑的外部造型，从空中看，有点像拉长的八爪鱼，或者像一副刀叉。在外形上并没有做刻意的营造，更多是出于功能上的考虑。核心建筑从西向东绵延，长度近2 000 m，有一种令人震撼的感觉，带着一点未来之城的科幻感。但这只有从空中俯瞰才看得到，大部分旅客是看不到也感受不到的。

从内部的设计来说，同样没有做华丽的设计。比如，没有采用超大跨度的结构，或者构造巨大的穹顶。我曾经去过一些大型交通设施，往往进门就是巨大的大厅、波澜壮阔的屋顶，但并没有给人以舒适感，有的在巨大的屋顶上做大片的板块拼接，密密麻麻，密集恐惧症者或许会感到不适。

从外观来看，虹桥枢纽的外立面大部分是线条笔直的墙面，钢架、混凝土搭配玻璃幕墙，简洁，大方；从配色上来说，比较典雅，浅绿色、米白色、米黄色是主色调，干净，舒适。可以认为这就是所谓的“海派精华”的一种体现。也许有人会说不够炫美和浪漫，但我觉得这是一种“理科生的浪漫”。这种浪漫，未必一眼看得出来，但藏于内在，存在于骨子里。这种美是内敛的，需要我们去细看，越细看、越好看、越耐看。它就像一位淑女，没有浓妆艳抹，没有盛装晚礼服，没有巨大的珍珠项链或夺目的钻石耳环，但容貌端庄，面容精致，穿着典雅，不雕饰，不做作，婷婷玉立，落落大方。

而美中不足的地方是：

(1) 在虹桥枢纽里缺少具有代表性的场景，或者具有符号性的地方。这种符号性不需要用夸张的方式来呈现，或者花费巨大的造价来营造，但是能够代表虹桥枢纽的特征和内涵，并具有标识性，人们来到这个地方，或者该地方只要出现在照片里，人们就知道这里是虹桥枢纽。从这方面来看，虹桥枢纽过于低调了。

(2) 虹桥枢纽的建筑和景观，旅客的参与感不够。虹桥枢纽里几乎没有网红打卡点，或者风景优美的观景台，难以满足旅客想在抖音或者微信朋友圈自我展示和表达的欲望。

(3) 虹桥枢纽的建筑，界限感不强，身处其间的旅客较难自我定位。如果你和朋友要在虹桥枢纽会合，那怎样能够快速和清晰地告诉对方，你在哪里呢？人们往往会“找不着北”。对于这样一座体系庞大的交通枢纽而言，最好是能让人们随时随地意识到自己在什么区域，比如是在高铁区域，机场区域，还是在轨道交通车站区域。这一方面，虹桥机场的停车楼就做得挺好，香蕉层、大象层等图像标识，有助于旅客自我定位和认知。

3 趣味性

第三个问题是，虹桥枢纽好玩吗？我想给出的答案是：“目前不太好玩！”在旅客的眼中，虹桥枢纽是属于商务型的，是商务人士穿着西装快速移动的地方，很难跟逗趣联系起来，缺少一点乐趣。而且虹桥枢纽的酒店也是一家商务酒店，不是度假酒店。

上海某种程度上来说是一座偏商务型的城市，虹桥机场的定位也是精品商务机场，虹桥枢纽的总体定位也是商务区。但是，商务性和趣味性并不存在必然的互斥关系。我想起来荷兰的阿姆斯特丹机场，它也是一座超大型的机场，同样也是铁路和机场连在一起的，是座大型枢纽。我曾经在阿姆斯特丹机场学习和逗留了2个月，发现在阿姆斯特丹机场，除了很多便捷的交通设施之外，还有很多好玩的东西。印象比较深的，是候机楼里有城市超市，里面的东西不比外面的城市超市少，品类齐全，货品新鲜，价格还是一样的。有不少的人，因为在欧洲国家之间穿梭，出差或者下班以后，在机场里就可以买到大部分日常需要的物品，回家就可以做饭吃饭了。还有，在阿姆斯特丹机场的候机楼里有一些好玩的东西，可以去探索。比如，有一个荷兰航空公司的飞机发动机放在那里，旅客看得见摸得着，可以真实地感受到原来飞机发动机是那么庞大；里面有知名的艺术家作品陈列；里面还有博物馆、图书馆；还有一个全景平台，方便旅客欣赏机场景观；走出来还有机场公园；如果再往外走走，那么就有酒店、购物中心、餐饮场所等（但其实它们也是跟机场连接在一起的），城市功能应有尽有了。

当中的核心点在于，怎么做到"可快可慢"——行色匆匆，想要快来快走的人，不会耽误；想要留下来多逗留的人，无论是等下一班飞机，或者火车，或者就是无所事事想在那里待着的人，都有地方可去，并且不会觉得无趣和失望。

阿姆斯特丹机场是世界临空经济发展的典范，虹桥枢纽西面的虹桥天地等区域，也正在往这个方向打造。虹桥枢纽具有这样的禀赋，但还有很长的路要走，希望不断追赶，乃至超越。目前来说，特别在虹桥枢纽的核心建筑设施内，好吃好玩的东西乏善可陈。在机场和火车站中间的东交通中心，开发了一片商业、餐饮设施，但因为设施和招商运营等方面的原因，还没有形成很好的氛围，有很大的提升空间。

4 网上评价

以上三点都出自我的个人感受。然而，虹桥枢纽的旅客是千千万万的，个体感受无法代表大家的感受。为了了解更多旅客的感受，我在网上进行了一些浏览和搜索，搜集了网上关于虹桥枢纽的一些评价（表1）。

表1 来自网络的旅客对于虹桥枢纽的评价

评价类型	主要观点	ID	链接
点赞	设计理念先进	十三郎	http://www.dianping.com/review/929654012?source=m_jump
点赞	综合交通完美结合无缝衔接	鲍比希尔原型	http://www.dianping.com/review/781137184?source=m_jump

（续表）

评价类型	主要观点	ID	链接
点赞	换乘方便	wanyync	https://www.dianping.com/review/254538648
点赞	换乘方便	落水的鱼	http://www.dianping.com/review/46061961?source=m_jump
点赞	布局合理，指引清晰	甜七	http://www.dianping.com/rel623874818?source=m_jump
点赞	设计美感国内领先	东方瞭望	https://bbs.hupu.com/53663143.html
点赞	T2 设计简洁温馨，给人舒适感	seaseac	http://www.dianping.com/review/374537537
点赞	停车场设计的水果标识非常可爱	黑桃子剧本杀测评	http://www.dianping.com/review/866431753?source=m_jump
吐槽	规划太大，如同迷宫	依玛语录	http://www.dianping.com/review/306274672?source=m_jump
吐槽	换乘路线过长	goshawk007s	http://bbs.tianya.cn/post-41-954069-1.shtml
吐槽	无障碍标识不明显，软性服务差	文刀九日	http://www.dianping.com/review/370053845?source=m_jump
吐槽	停车场设计缺陷，地库标识不清	火锅狂人小呢子	http://www.dianping.com/review/600513517?source=m_jump
吐槽	人流线路、标识系统设计混乱	工农又翻身	http://bbs.tianya.cn/post-41-1086411-1.shtml

还有两位旅客代表的声音，我觉得比较有代表性，摘录出来：

旅客1：“总体来说，虹桥枢纽于我而言最强烈的印象当然是结构复杂。我自认为是个方向感很强，且对标识标牌异常敏感的人，所以只要路标明确，总认为自己没有晕头转向的可能。可至今我虽然不会在虹桥枢纽换乘时晕头转向，但也仅仅是勉强能依靠标识指引前往我的目的地而已，仍无法在枢纽内部形成明确的位置感。

其次，商业薄弱也给我留下很强烈的印象，几次不那么匆忙的出行中，都很难找到合适的用以消遣的商铺。我想这可能与虹桥枢纽的“大”有密切关系，虹桥枢纽太大了，不知是否人为流量设计的原因，动线不止一条，商业显得非常分散，作为旅客的我每次都很难找到理想的商铺。

我对于虹桥交通枢纽最后一个深刻印象，则是对其外观设计的茫然。虽然有过几次虹桥枢纽出行的经历，到目前为止仍没有在任何角度一览虹桥枢纽，对虹桥枢纽的外观设计认知至今仅来源于高德卫星地图的画面。”

旅客2:“作为一个老家江苏,工作生活在上海,曾经经常出差,还喜欢到处旅行的人,我几乎用到了虹桥枢纽的所有功能(航空、铁路、长途大巴、轨道交通、地面交通)。整体来说,虹桥枢纽确实让人感觉很丰富、很全面。

节假日往返沪苏(回上海多一点),大巴车开进上海没多久就到了虹桥长途客运站,下车后换乘轨道交通2号线,半个多小时就能到达市中心的家里,比自己开车在上海市内堵上半个小时一个小时舒服得多。中短途高铁、中长途飞机,加上轨道交通和地面交通,是真正的一站式解决方案,简直是商务旅行人士的福音。

而恰恰也是虹桥枢纽的应有尽有,有时候会让人感到“费劲”。

(1) 虹桥枢纽的功能集约,但是外围地面交通分流不够。越是高峰时段,虹桥外面的高架桥上往往是汽车尾灯长亮、排起长龙,一动不动。而为了内部限流,枢纽有时候不得不关闭部分入口,就造成了越急的时候,进展越慢。

(2) 身在其中很难一下子找到最短路线,这种情况对于那些对虹桥枢纽不熟悉的人来说尤为明显。比如我刚到上海的时候,印象中从轨道交通站出来去高铁站,几乎没有一次安检后能很快到达我该去的进站口,总是绕一圈,最后在候车室一路狂奔。”

诚然,以上还只是少数旅客的声音,仅代表少数旅客的观点,但我们能从中一窥端倪,获得一些启发。

5 结语

毋庸置疑,虹桥综合交通枢纽取得了巨大的成功,获得了广泛的赞誉,在很多方面绝对是开创性的、史诗性的。这让我这样一位项目建设参与者,在十年之后写这篇文章的时候,心中依然充满自豪感。但平心而论,如果回到一个旅客的角度,开创性、自豪感这些不是旅客所关注的。旅客眼中关注的不是虹桥枢纽有多么宏大,多么有专业上的开创性意义,或是对城市的规划起到了多大的引领作用,对经济发展作出了多大贡献,对区域的发展起到多大的带动作用。宏大叙事,举重若轻,不是旅客的话语体系。旅客关心的是跟他切身感受直接相关的一些具体事情:方便,快捷,好看,好吃,好玩,价格实惠,等等,如此而已。

由此,我想把下面这一段话作为这篇文章的结尾。如果从一个旅客的角度来看虹桥枢纽,我希望虹桥枢纽能够努力做到“十个一点”:引导标识清楚一点;排队短一点;停车方便一点;服务态度好一点;行走路线短一点;上网方便一点;充电插座多一点;好吃好玩的店多一点;价格便宜实惠一点;打卡拍照的地方多一点。

虹桥综合交通枢纽十年运行初析

倪　晨

【摘要】 虹桥综合交通枢纽已平稳运行十年有余，在上海的对外交通联系和对内城市集散中承担了非常重要的角色，很有必要对其十年来的交通运行情况进行回顾和分析，为国内其他城市的综合交通枢纽规划建设和运营提供参考。

【关键词】 综合交通枢纽；对内交通；对外交通；运行分析

虹桥综合交通枢纽是华东地区最重要的交通枢纽之一，自 2010 年运行以来已十年有余。枢纽现日均旅客吞吐量达 115.6 万人次，已经超过原规划预测的“2020 年 110 万人次”的客流规模，在建设大上海、服务长三角中发挥了重要作用。本文对虹桥枢纽 2011—2019 年的部分运行数据进行初步分析，回顾其内外交通的运行情况，并提出相应的发展建议。

1　总体运行情况

2019 年，虹桥枢纽对外交通旅客日均到发 51.1 万人次，对内集散交通旅客日均到发 64.7 万人次，日均到发总旅客量为 115.7 万人次(图 1)，较 2011 年增长 1.2 倍，年均增速达 10.3%，最高峰日客运量达到 145.6 万人次。

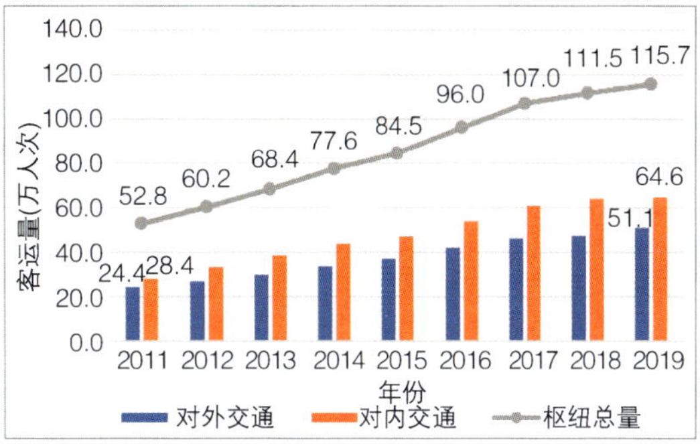

> 图 1　虹桥综合交通枢纽日均客运量变化情况

虹桥枢纽的对内交通量略高于对外交通量，客流结构比较稳定(图 2)，对外交通量与对内交通量的比例在 44∶56 上下浮动。总体上，虹桥枢纽的运行特征如图 3 所示。

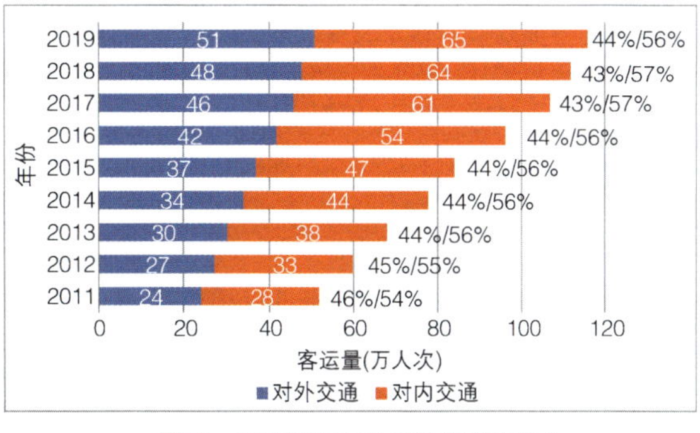

> 图 2　虹桥综合交通枢纽的客流结构

> 图 3　虹桥综合交通枢纽的运行特征

2 对外交通运行情况

虹桥枢纽对外交通方式包括航空、铁路、长途客运、磁浮四部分。枢纽所有的对外交通基础设施在开通初期同步建成，至今基本无变化；磁浮由于接入线路没有建成，故磁浮场站设施没有启用。

虹桥枢纽 2019 年全年对外客运量达到 1.86 亿人次，日均对外客运量达 51.1 万人次；其中，航空占 24.1%，铁路占 73.9%，长途客运占 2.0%。2014—2019 年枢纽客运量持续增长，年均增速为 8.5%(图 4)。

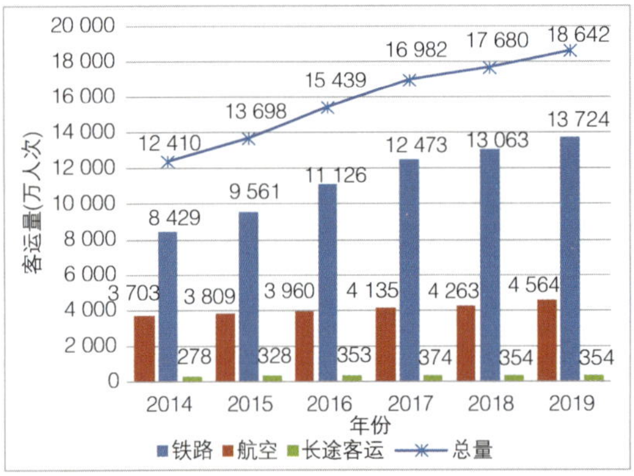

> **图 4** 虹桥枢纽对外交通客运量组成变化

过去十余年，虹桥枢纽的对外交通旅客结构基本稳定。铁路作为主要的对外交通方式，占比持续上升，2019 年达到 74%；航空所占比重持续下降，2019 年为 24%；长途客运所占比重保持在 2%左右(图 5)。

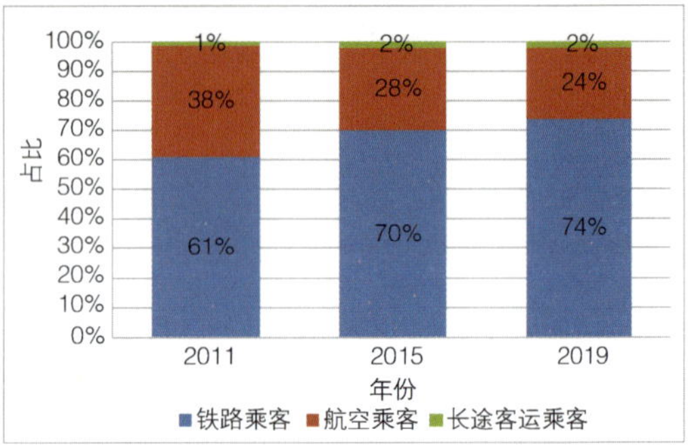

> **图 5** 虹桥枢纽对外交通旅客结构变化

航空和铁路客运量均已超过设计规模，运营压力较大。长途客运吸引力自 2017 年起逐年下降，2019 年客运量为规划值的 35%，与预期有较大差距(表 1)。

表 1 2019 年虹桥枢纽对外客运量与规划值对比 (万人次)

客运方式	规划客运量		2019 年对外客运量		实际与规划对比
	年到发量	日到发量	年到发量	日到发量	
航空	4 000	11.0	4 564	12.5	114%
铁路	12 200	33.4	13 724	37.6	113%
长途客运	1 000	2.7	354	1.0	35%
磁浮	3 400	9.3	0	0	0
合计	20 600	56.4	18 642	51.1	91%

铁路客流增速迅猛,已成为虹桥枢纽对外客流增长的重要引擎,上海虹桥站已成为华东地区最为繁忙的火车站。2019 年年底,虹桥枢纽日均到发旅客量为 37.6 万人次,年均增速达 12.4%;铁路班次为 620 班次,年均增速达 11.7%(图 6,图 7)。高铁客流前四位目的地城市依次为杭州、南京、苏州、北京。

相对于铁路客流,虹桥枢纽航空客流增长速度相对平缓,但客流密度上升趋势较为明显。2019 年虹桥机场日均到发旅客达 12.3 万人次,较 2011 年增长 35%,年均增速为 2.3%;日均进离港飞机达 742 架次,较 2011 年增长 20%,年均增速为 3.8%(图 8,图 9)。

虹桥机场以国内航班为主,国内到发旅客占比约 92%,国内旅客吞吐量水平与浦东机场相当。前三位目的地城市依次为北京、广州、深圳(表 2)。

虹桥枢纽长途客运在投用初期增长较快,2017 年以后客流水平逐年下滑。2019 年虹桥枢纽长途巴士客流日均到发量约为 1 万人次,年均增速为 14.5%,线路主要发往江苏、浙江、山东、安徽等地。高峰日客流相对平日客流较为集中,节假日客流约为平日客流的 3~5 倍(图 10)。

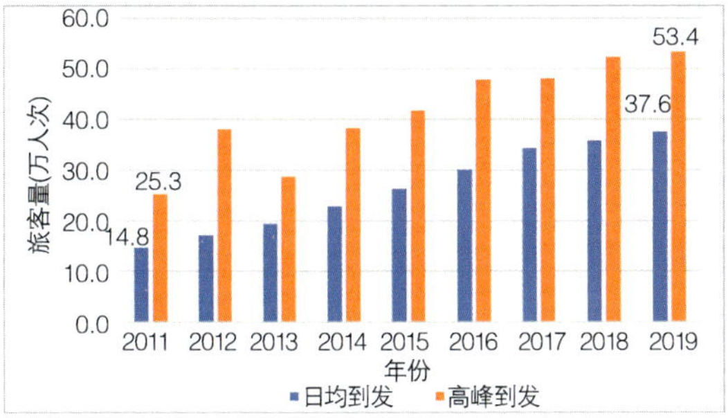

> **图 6** 虹桥枢纽铁路日均与高峰到发旅客量

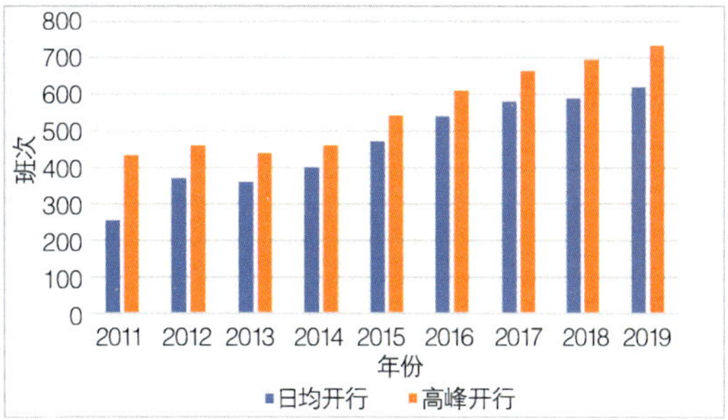

> **图 7** 虹桥枢纽铁路日均与高峰开行班次

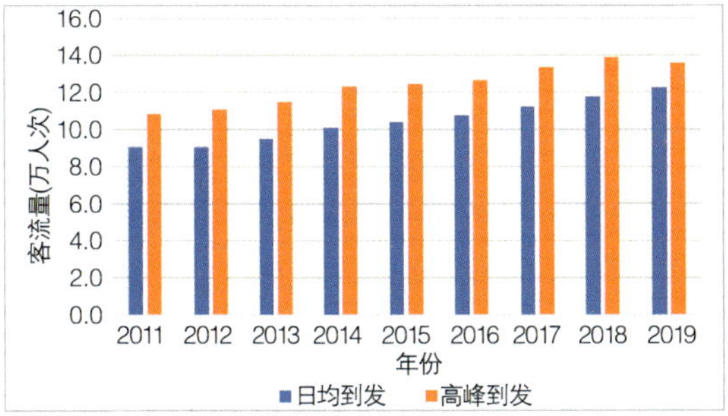

> **图 8** 虹桥机场日均和高峰到发客流量

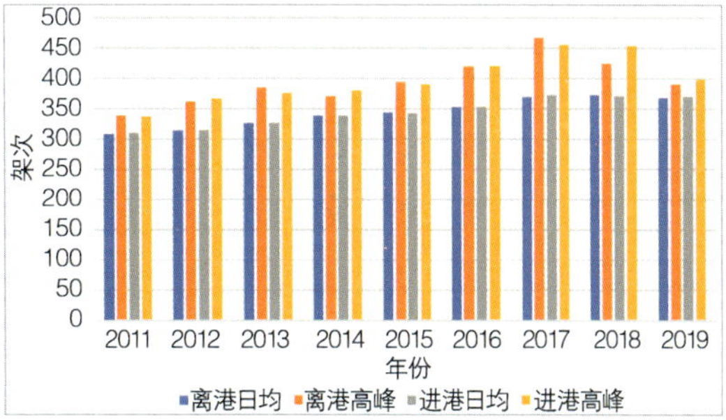

> **图 9** 虹桥机场日均进离港和高峰架次

表 2 虹桥机场 2018 年旅客目的地排名

（万人次）

排名	目的地	旅客发送量
1	北京	681.4
2	广州	474.9
3	深圳	470.7
4	成都	205.7
5	厦门	184.7
6	重庆	169
7	青岛	162.6
8	西安	157.5
9	昆明	145.6
10	长沙	89.6

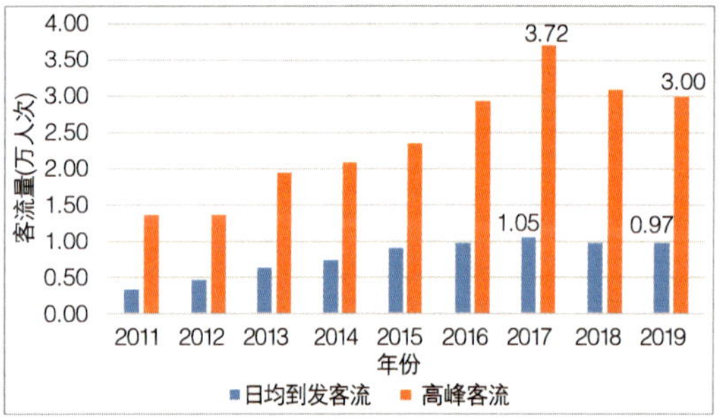

> 图 10 虹桥枢纽长途客运日均和高峰到发客流量

根据虹桥枢纽长途客运线路数据，以旅客发送量计的目的地城市排名如表 3 所示，这些目的地均位于江苏省内。这些距离上海较近但没有直接高铁线路连接的城市，长途客运相对受欢迎。线路分布也从侧面说明虹桥枢纽在往西北方向的长三角长途客运体系中承担了较大作用。

表 3 虹桥枢纽 2018 年长途客运目的地排名

（人次）

排名	目的地	旅客发送量
1	南通市中心城区	293 484
2	南通市启东市	201 911
3	南通市海门区	152 630
4	太仓	149 540
5	吴江	135 883
6	汾湖	72 833
7	张家港	69 830
8	盛泽	60 452
9	南通市通州区	59 220
10	江阴	51 658

虹桥枢纽（虹桥火车站＋虹桥机场）的年客运量从 2014 年的 12 132 万人次提高到 2019 年的 18 231 万人次，增幅达 50%；占上海三站两场的比重由 2014 年的 52.9%提升至 60.0%，提高约 7 个百分点（图 11）。

虹桥枢纽在客流总量保持稳步增长的同时，其在全市对外交通中的占比也稳步提升，尤其是虹桥火车站增幅显著。随着长三角一体化进程的推进，预计未来铁路、航空客流仍将保持增长态势，并将带动虹桥枢纽整体客流的进一步增长，从而虹桥枢纽将继续以其巨大的客流集散量服务于长三角，真正成为“上海门户”。

虹桥火车站节假日效应明显，呈现出集中到发的特点，高峰日客运量远超出平日水平。“十一”“五一”为平均到发客流量最大的两个节假日，“十一”期间高峰日到发客流量比平日高出近五成；春节客流潮汐特性显著，高峰日单向

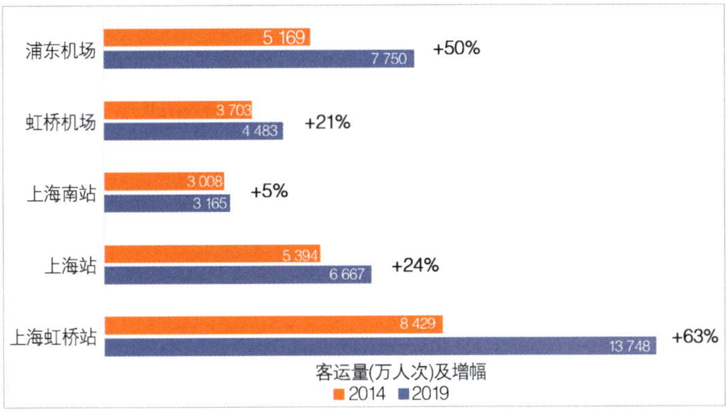

> **图 11** 上海三站两场年客运量及增幅对比

客流量超出平日近六成，对铁路运力保障提出了非常高的要求；暑节到发客流量也一直处于高位，暑运数据也从侧面反映了暑运经济正处于逐年活跃的发展状态(表 4)。

虹桥枢纽的航空客流相对于高铁客流，在假日期间客流水平相对稳定，波动幅度相对较小，但在“十一”“五一”等重大节假日及春节部分时段，较平日增长约一成(图 12)。

表 4 虹桥火车站节假日日客运量变化情况

节假日	较年均增幅	高峰较年均变化
十一	32%	47%
五一	18%	31%
端午	14%	32%
清明	10%	25%
中秋	6%	30%
元旦	持平	14%
春节-前段发送	31%	60%
春节-期间到发	−23%	15%
春节-后段到达	11%	57%
暑期	14%	35%

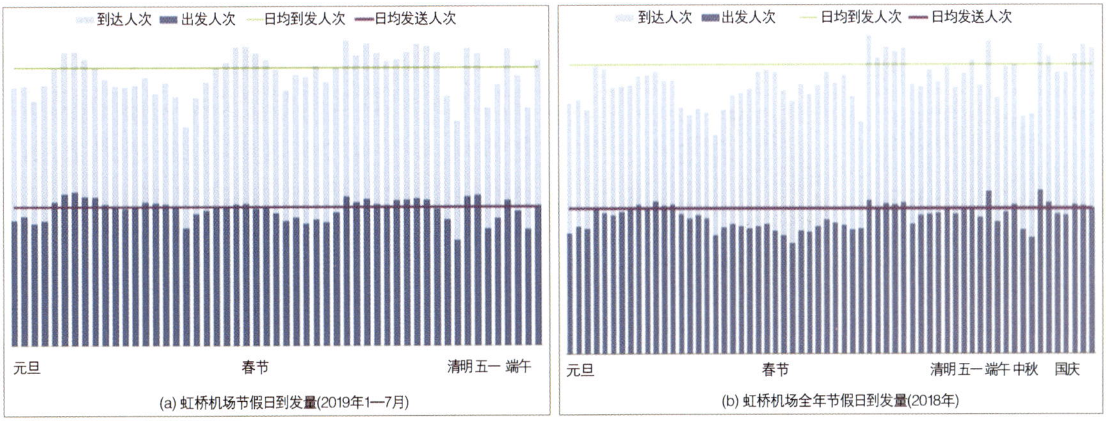

> **图 12** 虹桥机场节假日到发量

3 对内交通运行情况

虹桥枢纽的城市交通集散总量已超预期，运行状况较为平稳，集散方式以公共交通为主。2018年集散交通总量为55.9万人次/d，达到规划规模的112%。对外交通与城市集散交通呈现“倒挂”，导致城市交通集散压力较大(图13)。但是从主要的集散方式来看，轨道交通、道路交通的能力基本能够保障，未出现较大范围的拥堵状况。

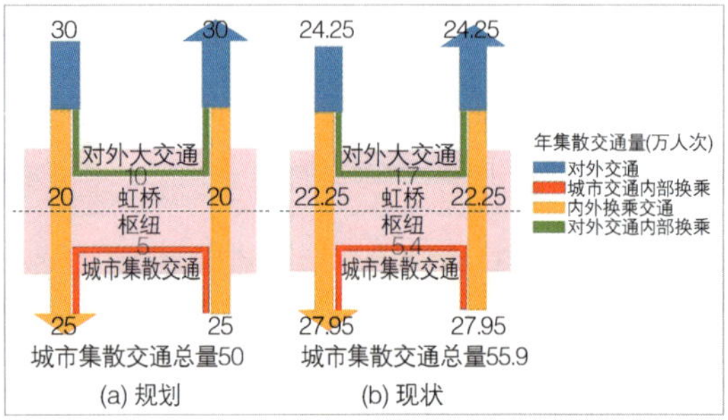

> **图 13** 现状集散交通总量与规划对比

从城市集散交通结构来看，现状轨道交通占52%，公共汽车占4%，出租车占18%，社会车辆占26%。虹桥枢纽的集约化交通比例为56%，个体交通比例为44%，基本达到规划目标(图14)。

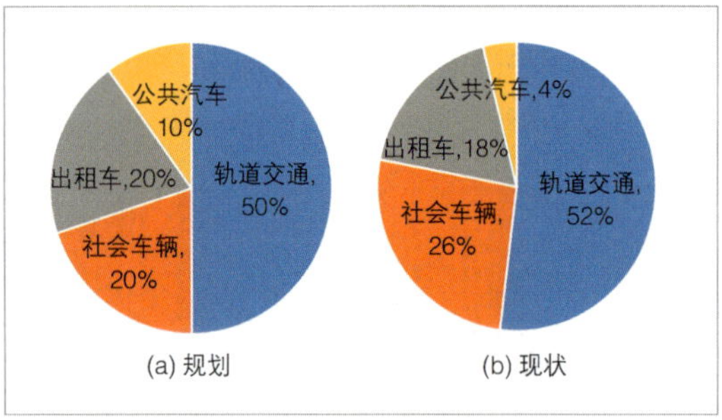

> **图 14** 现状集散交通结构与规划对比

在约56万人次/d的枢纽集散总量中，5万人次/d为旅客，6万人次/d为接送客，5万人次/d为枢纽及周边员工。旅客的总体集散交通结构以集约化交通为主，比例约60%，个体交通比例为40%。其中，机场旅客明显倾向于使用出租车和社会车辆(60%)，铁路旅客倾向于使用轨道交通(62%)，长途客运旅客的公共汽车出行比例明显高于铁路、机场以及枢纽整体水平，达到8%(图15)。

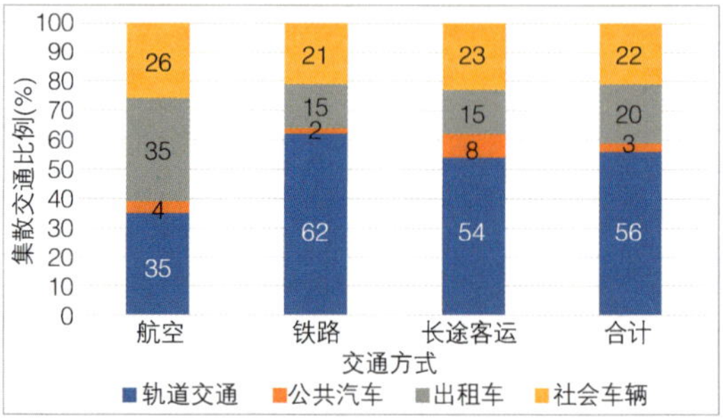

> **图 15** 不同旅客集散交通结构

虹桥枢纽已开通3条轨道交通线，即2号线、10号线、17号线，3个场站(虹桥火车站站、虹桥1号航站楼站、虹桥2号航站楼站)。2019年虹桥枢纽轨道交通日均到发客流量为30.8万人次，较2011年增长约1.4倍，年均增速约11.3%。轨道交通对接铁路、机场客流，在节假日高峰出行时段客流较为集中，超出平日流量约四成(图16)。

轨道交通三站的分布比较稳定，虹桥火车站站占比最高，2019年达76%(图17)，日均客流量为23.4万人次；其次是虹桥1号航站楼站、虹桥2号航站楼站。虹桥火车站站在上海各轨道交通站中的客流量排名持续攀升，从

2013 年的第 10 位升至 2019 年的第 2 位，为上海第二繁忙的轨道交通站点，在上海西部地区的引擎作用也越来越显著(图 18)。

在 8:00—21:00，轨道交通虹桥火车站站客流几乎每天处于高位状态，没有明显的低谷时段，每小时进出站客流量超过 1 万人次，高峰小时客流量超过 1.6 万人次(图 19)。

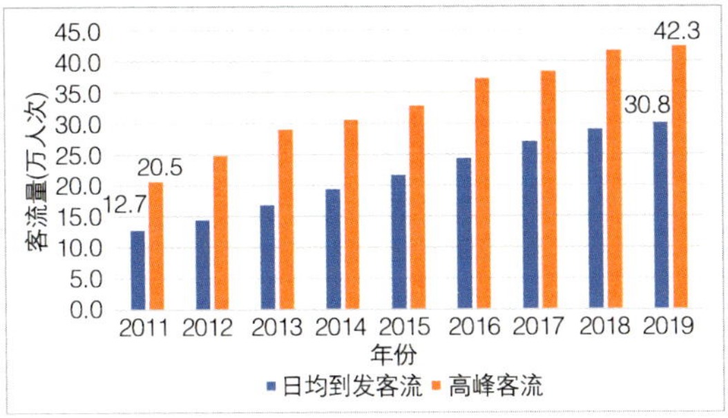

> **图 16** 虹桥枢纽轨道交通日均和高峰到发客流量

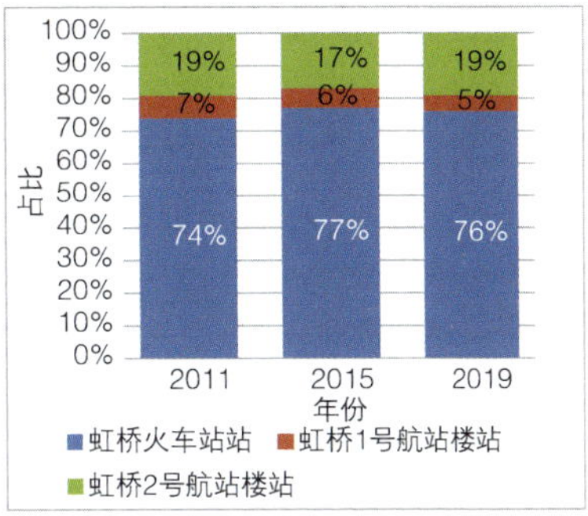

> **图 17** 虹桥枢纽轨道交通各站流量占比情况

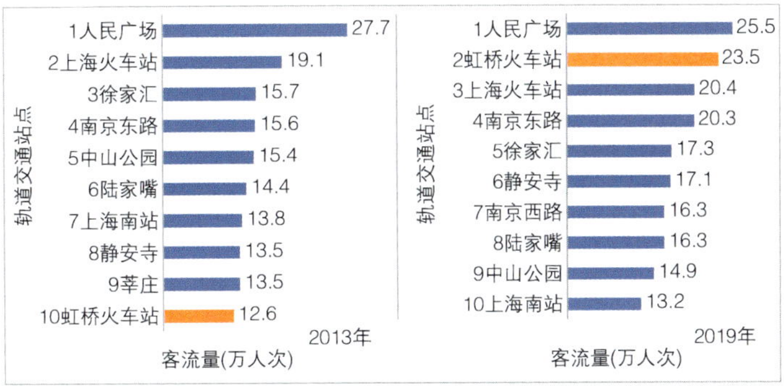

> **图 18** 上海轨道交通站客流量排名

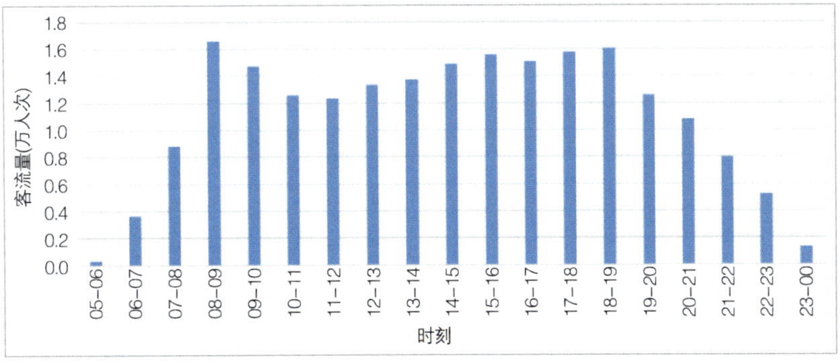

> **图 19** 轨道交通虹桥火车站站小时客流量变化

2019 年，在虹桥火车站站出发排名前 20 名轨道交通站点（表 5）中，紧邻枢纽的淞虹路站流量最高，其次为南京东路站，排名第 3 的徐泾东站流量上升显著，近一半站点是轨道交通 2 号线沿线。上海南站站、上海火车站站、浦东国际机场站分别排名第 10、11、12 位。

虹桥枢纽地面公交体系主要由东、西两大交通中心组成，2019 年日均客流量约为 5.5 万人次、1 262 班次，相比 2011 年增长了约 1 倍。与轨道交通客流量逐年增长不同，地面公交客流量在 2015 年达到峰值，日均为 75 270 人次，随后逐年下滑（图 20）。

表 5 虹桥火车站站出发排名前 20 名的轨道交通站点

排名	轨道交通站点	最小相隔站数	排名	轨道交通站点	最小相隔站数
1	淞虹路	2	11	上海火车站	11
2	南京东路	11	12	浦东国际机场	28
3	徐泾东	1	13	陆家嘴	12
4	中山公园	6	14	北新泾	3
5	人民广场	10	15	陕西南路	11
6	静安寺	8	16	徐泾北城	4
7	娄山关路	5	17	交通大学	9
8	汇金路	7	18	虹桥路	8
9	南京西路	9	19	世纪大道	14
10	上海南站	13	20	威宁路	4

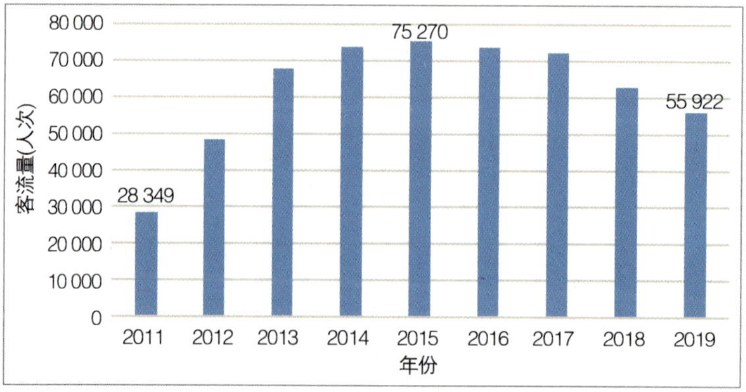

> 图 20 虹桥枢纽地面公交日均客流量变化

虹桥枢纽公交线路包括市内5条公交线路，以及通往西面郊区的8条郊区线路，此外，还有开往南翔、莘庄等方向的定制巴士。南北向交通需求较大，其中枢纽4路日均客流量最大，为2万人次，也是上海客流量第三大公交线路(图21，数据来源：上海交通指挥中心)。

虹桥枢纽日均发送公共巴士1 262班次(图22)。虽然通往闵行、松江、嘉定、奉贤、金山等郊区的线路运输距离较长，但各线路高峰时段发车间隔均保持在10～15 min。

虹桥枢纽出租车、社会车辆(含网约车)等个体出行日均到发客流量约为28万辆，较2011年增长1.2倍，年均增速为10.5%(图23)。其中，社会车辆在2016年以后增长显著，比出租车流量高出约一倍，值得关注。

虹桥枢纽周边高架快速路网，对于进出虹桥枢纽的个体化出行发挥了重要作用。近几年该区域交通量增长明显，以嘉闵高架、北翟高架的流量最大(表6)。

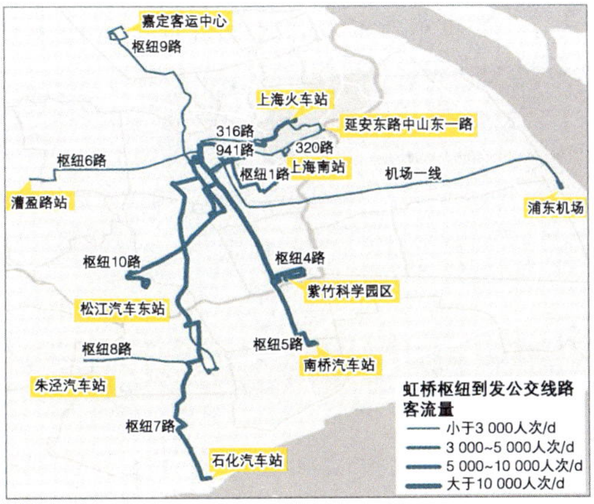

> **图21** 虹桥枢纽地面公交客流量情况

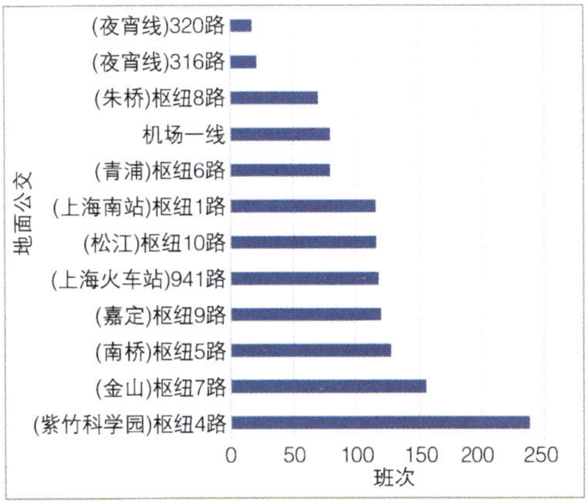

> **图22** 虹桥枢纽地面公交日均发送班次

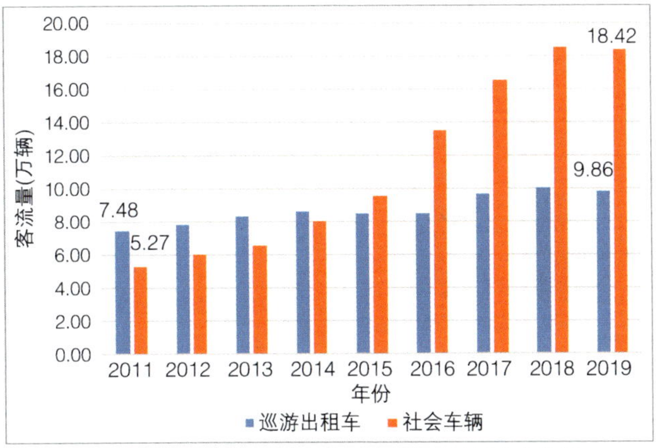

> **图23** 虹桥枢纽个体交通日均到发客流量变化情况

表 6 虹桥枢纽周边路网高峰时刻饱和度情况(2019 年)

道路名称	路段	高峰时间饱和度
北翟高架	七莘路以西	0.8
	七莘路以东	1.16
崧泽高架	嘉闵高架以西	0.69
	嘉闵高架以东	0.43
嘉闵高架	S6-G2	0.51
	G2-北翟高架	0.94
	北翟高架-联明路	0.95
	联明路-莘松路	1.02
	莘松路-S32	0.41

虹桥枢纽高架出口匝道车流量总体上呈现出"南高北低,东高西低"的特点。较高的是虹渝高架和虹翟高架出口匝道,分别占 35%和 27%,主要连接市内方向;另外,建虹高架和崧泽高架出口匝道分别占 23%和 15%,主要连接郊区方向。

虹桥枢纽的停车场的使用效率较高,每天约有 18 万人次通过停车场进出虹桥枢纽。其中,P9、P10 停车场高峰日进库 1.4 万辆,周转率超过 9,领跑全国停车场(图 24)。

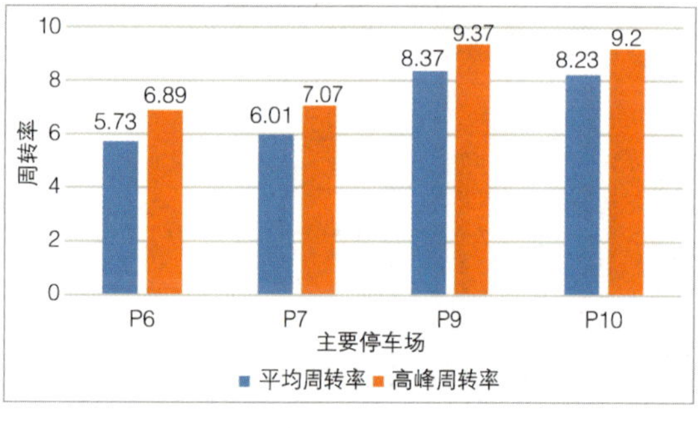

> 图 24 虹桥枢纽主要停车场平均周转率和高峰周转率

轨道交通、公交车、出租车和社会车辆在虹桥枢纽客流集散中各占 48%、9%、15%和 28%。

在节假日及其他重要时期,虹桥枢纽高铁班次深夜抵沪情况较多,尤以春运居多,各交通方式全力协作、疏运深夜客流。2016—2019 年上半年,虹桥枢纽总计深夜进站列车 6 969 辆、旅客 288 万人次;其中,春运深夜进站列次占 68%、人次占 66%,国庆深夜进站人次占比为 11%,其他时间节点占比为 23%。在春运高峰日,虹桥火车站几乎通宵运行(表 7)。

表 7 虹桥枢纽高铁深夜进站情况(2019 年)

节点	深夜进站班次	深夜进站人次	最晚进站时间
春运	1 615	62.22 万	通宵运行
五一	230	12.39 万	01:33
暑运	149	6.31 万	03:10
十一	396	18.52 万	04:11

上海市交通系统和虹桥商务区各管理单位深入协作,通过各种方式疏运深夜客流。疏运方式包括:轨道交通延时运营定点加班车,地面公交开行应急夜宵线,公交常规夜宵线增加运力,春运期间开行公交春运专线,出租汽车公司调派增加运力(图 25)。2016—2019 年,轨道交通深夜疏运客流累计达 25.6 万人次,公交深夜疏运客流累计达 1.8 万人次。

增开的轨道交通班次对深夜进站客流的疏运作用较为明显,通过轨道交通疏运的客流,占同时段疏运客流的比重约超过五成(图 26,2019 年 10 月 7 日晚间至 8 日凌晨数据)。

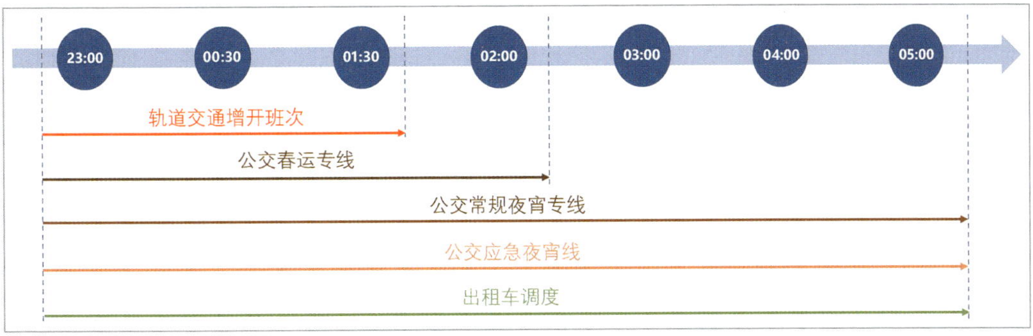

> **图 25** 虹桥枢纽深夜疏运增开班次时刻分布

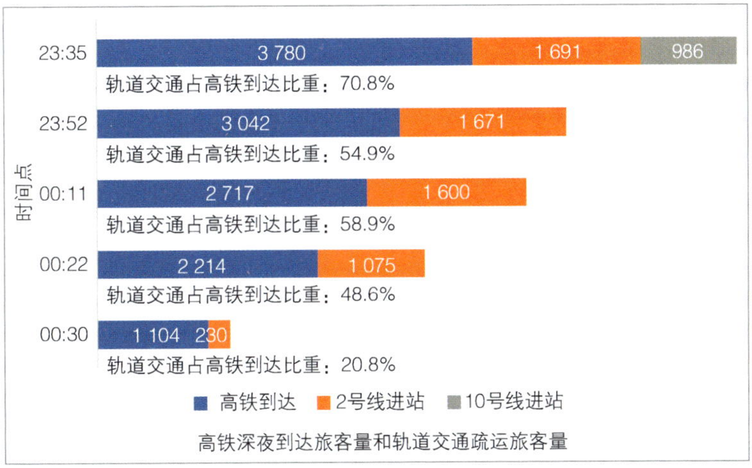

> **图 26** 高铁深夜到达旅客的轨道交通分担率

4 结语

过去十多年，虹桥枢纽运行平稳有序，到发旅客量快速增长，除了磁浮机场线未接通运营、漕宝高架暂缓建设外，基本实现了规划目标，成功地成为华东地区最重要的综合交通枢纽，为长三角的一体化发展奠定了基础。

对外交通方面，铁路和航空客运量突破设计规模10%以上，但长途客运量较小，仅达到规划目标的35%左右；虹桥枢纽已成长为全国规模最大的空铁联运枢纽之一，每天约有1万人次的客流在虹桥枢纽实现空铁联运，服务长三角地区和空铁联运功能显著。同时，虹桥火车站线路过于集聚，上海铁路枢纽总体布局及运营安排仍有进一步完善的空间；虹桥机场航空主业生产量饱和，且受空域资源、宵禁等影响，未来提升空间有限；上海虹桥、浦东两机场联系较弱，换乘时间和成本较高，未充分发挥联动效应；虹桥枢纽外—外中转客流总体规模偏低，仅占枢纽对外客流总规模的7%，导致城市交通的集散压力较大。

对内交通方面，城市交通集散总量已超过预期，2019年达到每天约60万人次，集散方式以公共交通为主，轨道交通占比为52%，基本达到规划目标；虹桥枢纽作为上海西部城市交通换乘枢纽的功能超过预期，现状每天约有5.5万人次的市内交通客流在枢纽内部换乘，但是公交车换乘功能逐步减弱。同时，虹桥枢纽地区的交通设施供给不足，过度依赖虹桥枢纽；换乘旅客量超出单轨道交通站厅设计负载，虹桥火车站客流占比攀升至76%，日均输送旅客23.4万人次，西交通中心在出行高峰期严重超负荷运行；集疏运道路资源和停车库资源基本饱和；进场高峰时段虹桥火车站南侧出发车道边出现拥堵排队现象，供需矛盾较大。

未来5年，可能有沪通、沪苏湖、南沿江等多条铁路客运专线、嘉闵线、轨道交通机场联络线等接入虹桥枢纽，漕宝路快速路等基础设施将进一步完善，预计虹桥枢纽将会进一步壮大；随着虹桥枢纽周边虹桥商务区和国家会展中心（上海）的逐渐成熟，周边区域交通压力也会逐年加大。在打造"国际开放枢纽"的新发展要求下，虹桥枢纽须从功能规划、设施布局、运营管理等多个层面进行优化完善，增加新的交通资源、优化长途客运站功能、推进多式联运、强化长三角区域同城化集散、研究实施枢纽内一体化安检，进一步提升虹桥枢纽的运营效率和服务水平，以支撑虹桥枢纽更好地发展。

（注：除注明出处外，本文数据均来源于虹桥枢纽运行中心的数据报表）

参考文献

[1] 刘武君.综合交通枢纽规划[M].上海：上海科学技术出版社，2015.
[2] 上海交通指挥中心.上海门户，枢纽传说——虹桥枢纽十年运行数据解析[EB/OL].（2019-10-28）. http://news.carnoc.com/list/511/511033.html.
[3] 杨立峰，吴宏娜，甘黎萍. 虹桥枢纽与虹桥商务区十年交通发展回顾[J]. 城市交通，2021，19(3)：42-50.
[4] 王亿方，刘翀，谢辉.虹桥综合交通枢纽十年发展回顾与展望[J].城市交通，2019，17(5)：59-65.

"虹桥综合交通枢纽项目策划"回眸

刘武君[1]

【摘要】 虹桥综合交通枢纽自建成投运以来已历时十年有余,我们收获了许许多多的经验与教训,有必要通过一次后评估把它们展现出来。虹桥枢纽的成功,很大程度上得益于业主方开展了比较完整深入的项目策划工作,本文将对这次项目策划的得失做一些扼要的回顾。

【关键词】 虹桥综合交通枢纽;项目策划;回眸

虹桥综合交通枢纽自2010年3月建成并逐步投运以来,已历经十年有余的时间,它获得了广泛的赞誉,影响了一个时代的交通枢纽规划与建设。2013年4月4日的《纽约时报》为虹桥综合交通枢纽工程项目刊登了两个整版的正面报道,这在美国涉华报道史上是不多见的。

虹桥枢纽也许是国内第一个开展了系统完整的项目策划工作的大型综合交通枢纽。该项目策划在虹桥枢纽的规划、设计、建设和运营中都发挥了巨大的作用,甚至还影响了国内外许多的各种类型综合交通枢纽的规划建设和运营管理。2006年,该项目在案例考察与研究的基础上,全面开展了功能策划、设施策划、开发策划、组织策划、融资策划、建设策划和运营策划七个方面的策划工作。本文将从这七个方面简明扼要地回顾、评估一下该项目策划工作的成败与得失。

1 设施功能与功能定位策划得到较好实施

"虹桥综合交通枢纽项目策划"明确提出了虹桥枢纽的五大功能目标与定位,即:①改善上海内外交通衔接,形成综合交通枢纽;②提高城市辐射能力,服务长三角、服务全中国;③形成扩大内需的商务中心,带动地区经济发展;④实现虹桥、浦东两座机场的快速连接;⑤为2010年上海世博会提供最好的交通服务。现在,这五大功能定位均得到了完美实施。

一方面,从城市发展战略看,虹桥枢纽被打造成为独一无二的交通枢纽,成为服务长三角乃至全国的骨干工程;初步形成面向长三角、品质卓越的商务地区(CBD),已逐步成为上海西部辐射长三角的活力核心和上海城市发展轴的重要结点(图1);同时,虹桥枢纽和虹桥商务区还塑造了一个个性非常鲜明的上海城市门户的形象,成为长三角的代表和上海市的都市名片。

另一方面,虹桥枢纽的建成投运,彻底改变了长三角综合交通网络的结构(图2),使沪宁、沪杭和沪湖宣三个交通走廊完美地整合在一起,并形成了便接的换乘枢纽。由于交通基础设施的一体化是区域城镇一体化和经济一体化的基础,因此可以说"虹桥综合交通枢纽促成

---

1 刘武君,中国民航机场建设集团有限公司董事、副总经理。

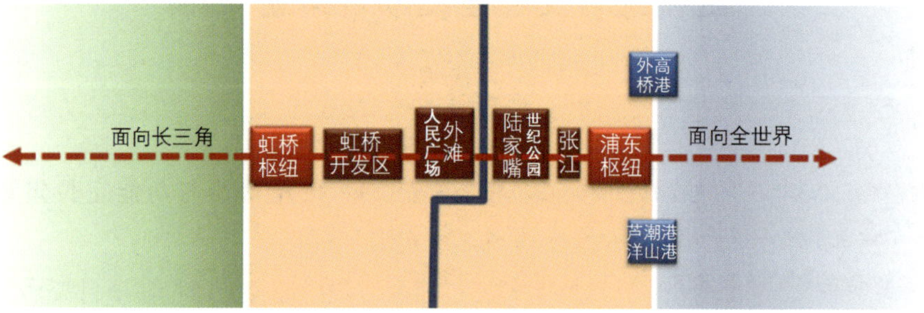

> **图 1** 虹桥综合交通枢纽改善了上海城市空间结构

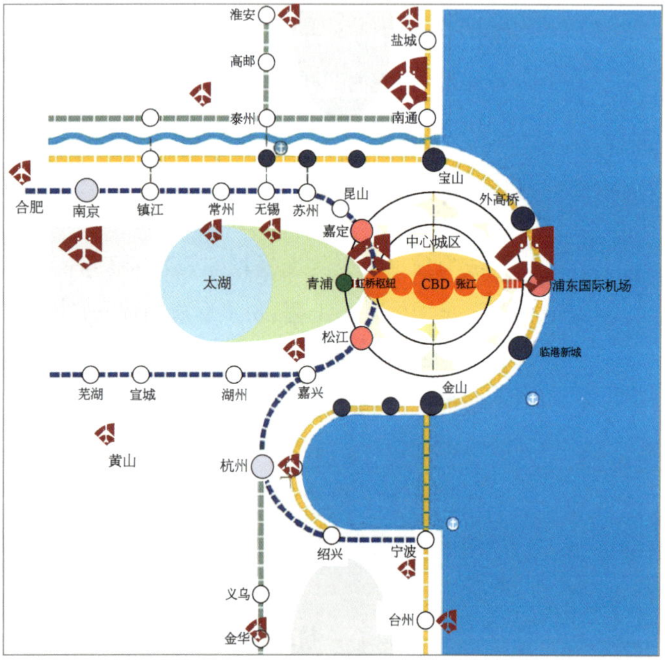

> **图 2** 虹桥综合交通枢纽重筑了长三角的交通结构

了长三角城市体系的再筑”。

虹桥枢纽以国内交流为特色，事实上分担了上海“四个中心”服务长三角的职能，并以现代服务业为重点，使虹桥商务区成为上海重要的现代服务业集聚区之一。经过十余年的发展，我们现在已经可以看到就如“虹桥综合交通枢纽项目策划”所期待的一样：虹桥枢纽在服务长三角、服务全中国，特别是在促进长三角经济一体化方面成效卓著。虹桥商务区以其核心区为中心，其两翼在产业、经济发展速度方面远远超出项目策划报告的预测，长三角的 CBD 正在快速形成之中。

“虹桥综合交通枢纽项目策划”报告中，对磁浮车站的定位与实际发展情况出入较大，城际磁浮交通已经被人遗忘。但现在从虹桥枢纽到浦东国际机场的铁路“机场快线”已经开工建设，项目策划报告中要求快速连接上海两大机场之功能目标的实现已经是指日可待。

“虹桥综合交通枢纽项目策划”对虹桥枢纽的最后一个功能定位，即“为上海世博会提供最好的交通服务”，已经在 2010 年很好地完成了。

总之，虹桥枢纽撬动了上海未来经济的大

发展，大大促进了长三角交通运输的一体化和区域经济的一体化，使虹桥商务区正在成为长三角的CBD，获得了国内外的广泛好评，完全达到了策划报告对功能定位的预期。

2 设施规模与设施布局合理高效

"虹桥综合交通枢纽项目策划"对设施规模和设施布局的策划也是非常成功的。枢纽设施由东至西平行布置航站楼、东交通中心、磁浮车站、高铁车站、西交通中心、核心商务区的策划布局得到完整实施(图3)。

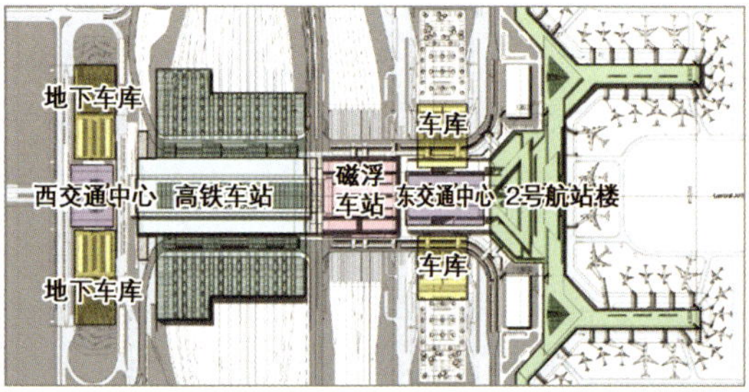

> 图3 虹桥综合交通枢纽的设施布局

虹桥枢纽采用这种水平布局方式的优点是旅客携带行李步行便利、投资与运营管理单位各自界面清晰、投资与运营成本相对较低、方便分期分批建设，等等。但与设施垂直叠加的布局方式相比，存在步行距离较长、占地面积较大等缺点。由于采用电梯、自动扶梯等垂直输送设备存在运量低、成本高、效率低等问题，大型综合交通枢纽不宜过多使用。

另外，市面上广为流传的"零换乘"的理念存在巨大的认识误区。一般来说，两种交通工具之间的换乘需要多大空间和距离，主要取决于换乘旅客量，即与换乘旅客量成正比。一旦换乘空间小于需求，就有可能引发安全事故。这就是我们常常看到轨道交通车站限流的原因。无论是理论上还是实际中，绝对的"零换乘"都是不存在的。

"虹桥综合交通枢纽项目策划"对磁浮车站的定位，与实际发展情况出入较大。由于已经获得可行性研究批复的沪杭磁浮交通项目被搁置，虹桥枢纽的磁浮车站长期被闲置，还影响了相关商业服务设施的运营。随着2020年10月28日上海机场快线的开工建设，磁浮车站将被部分改造成为市域铁路车站，市域铁路将被引进虹桥枢纽，磁浮车站将逐步发展成为一个**市域铁路枢纽**。同时，磁浮车站作为浦东机场在虹桥枢纽的值机功能设施的开通也应该按"虹桥综合交通枢纽项目策划"进行实施。所以，我们建议尽快开展磁浮车站之浦东机场值机功能的策划工作，争取在机场快线开通之日同步开通浦东机场在磁浮车站的值机服务。

"虹桥综合交通枢纽项目策划"对高铁、磁浮等交通设施布局的紧密度不够，造成旅客步行距离较长。如果铁路和磁浮的40股道，能够像纽约中央车站那样垂直竖向布置为两层站台，就有可能大规模缩短旅客步行距离。

"虹桥综合交通枢纽项目策划"没有很好地解决铁路与机场的设施设计标准和运营服务标准存在一定差异的问题，这使同一个屋檐下的交通设施存在明显的不协调。比如自动步道、厕所、交通信息显示器、空调系统等设施设备不同的设计标准带来了旅客服务水平的差异。因此，建议有关部门在今后的综合交通枢纽规划建设中推出统一的标准规范。同时投资者和设计单位要建立“标准规范是最低要求的意识”，应该追求更高更好的设施标准和服务水平。

“虹桥综合交通枢纽项目策划”对枢纽核心设施周围的高架道路系统的策划不够细致。特别是设计过程中个别领导提出“交织段不得小于 150 m”的要求，造成枢纽核心设施周围的高架道路系统过于复杂巨大，既影响使用（识别）又影响（遮挡）枢纽设施的整体形象。这里涉及一个基本理念，即我们认为：“任何系统都是有瓶颈的，关键是你想把瓶颈放在什么地方。把枢纽交通系统的瓶颈放在枢纽门前要比放在集疏运系统，特别是城市道路系统上要好。”

“虹桥综合交通枢纽项目策划”创造性地提出了“多出入口、多车道边”的理念并得到实施，枢纽投运后运营得非常成功。但是出入口安检的实施和新冠肺炎疫情发生以后出现了许多新问题，需要我们有新的策划来解决出入口和车道边的拥挤问题。

“虹桥综合交通枢纽项目策划”明确提出了公交优先的策略，控制了各种停车位的规模。现在虹桥枢纽公共交通占 60%左右，是国内同类设施中最高的。由于小汽车能提供门到门的服务，很有竞争力，因此我们必须限制其发展，现在看到虹桥枢纽停车设施不足就是公交优先政策的必然结果。

“虹桥综合交通枢纽项目策划”为虹桥枢纽规划了 5 条城市轨道交通，现在已经完成了 3 条。但是 3 条都是东西向为主的（含东北向），因此服务于城市西北、西南部地区的轨道交通（或市域铁路）还是必须考虑规划建设的，希望能够尽快实施。

我们预测，未来 20 年，虹桥枢纽运输处理能力将达到**每天 300 万人次**左右。其中国家干线高铁和长三角城际高铁的运营能力将翻倍，市域铁路、磁浮交通的投运会带来很大一块增量。虹桥机场将达到每天飞机起降约 800 架次、旅客吞吐量为 14 万人次左右的处理能力，相当于 5 000 万人次左右的年运输量。

3 枢纽设施群的开发策划方案完美落地

“虹桥综合交通枢纽项目策划”中的开发故事非常具有吸引力。项目策划报告明确提出了“通过综合交通枢纽周围土地升值后的出让金来平衡综合交通枢纽的投资”和“利用综合交通枢纽中的经营性设施的收益来平衡综合交通枢纽的运营费用”的详细测算。项目策划报告提出的这个投资和运营“两个平衡”的方案是支撑市领导决策的核心思想，也是虹桥枢纽可持续发展的基础和保障。其实施的关键就是对虹桥商务区土地的管控。

虹桥商务区开发建设采用“管委会＋开发公司（上海申虹投资发展有限公司，简称：申虹公司）”的土地管理模式。管委会的职能是枢纽运行管理与商务区规划建设，申虹公司作为区域内政府投资项目的唯一授权开发主体，进行基础设施的投资建设。

虹桥商务区核心区面积约 4.7 km^2，除去 1 km^2 的国家发展中心项目，3.7 km^2 内共有 31 个出让地块，总建筑面积达 585 万 m^2，其中地上建筑面积为 340 万 m^2，地下建筑面积为

245 万 m^2，共 352 栋建筑单体，社会投资总额为 900 多亿元。2010—2019 年，虹桥商务区核心区共出让土地约 2 404 亩(约合 160.3 hm^2)，主要用于商业娱乐、商业服务、办公、住房、仓储等方面(图 4，图 5)。

截至 2019 年年底，枢纽建设和土地储备投入约 700 亿元，商务区建设投入约 80 亿元，机场扩建工程投入约 100 亿元，火车场站工程投入约 70 亿元，等等，总投资约 1 000 亿元。已划拨基础设施用地 15 208 亩(约合 1 013.9 hm^2)，待划拨用地 1 694 亩(约合 112.9 hm^2)；土地已出让 2 404 亩(约合 160.3 hm^2)，待出让土地约 970 亩(约合 64.7 hm^2)，土地出让收入约 810 亿元。枢纽现在依然持有大量可开发建设用地待出让。土地出让收入完全能够覆盖土地成本和枢纽建设投入，实现了"以土地收益平衡枢纽建设投资"的目标。

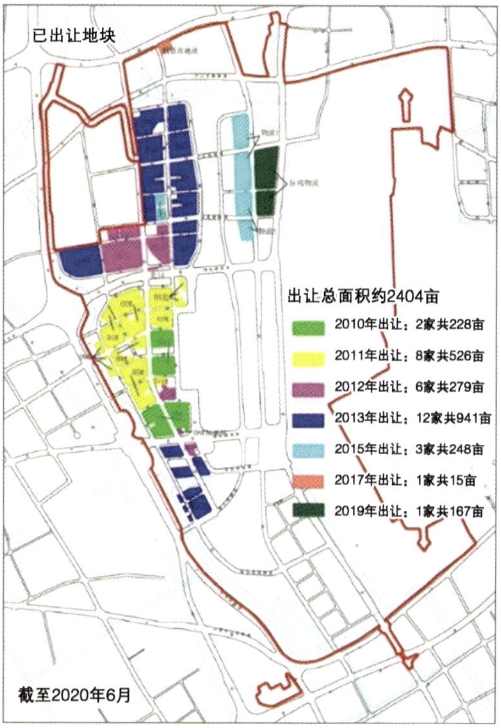

> **图 4** 虹桥商务区核心区土地出让情况

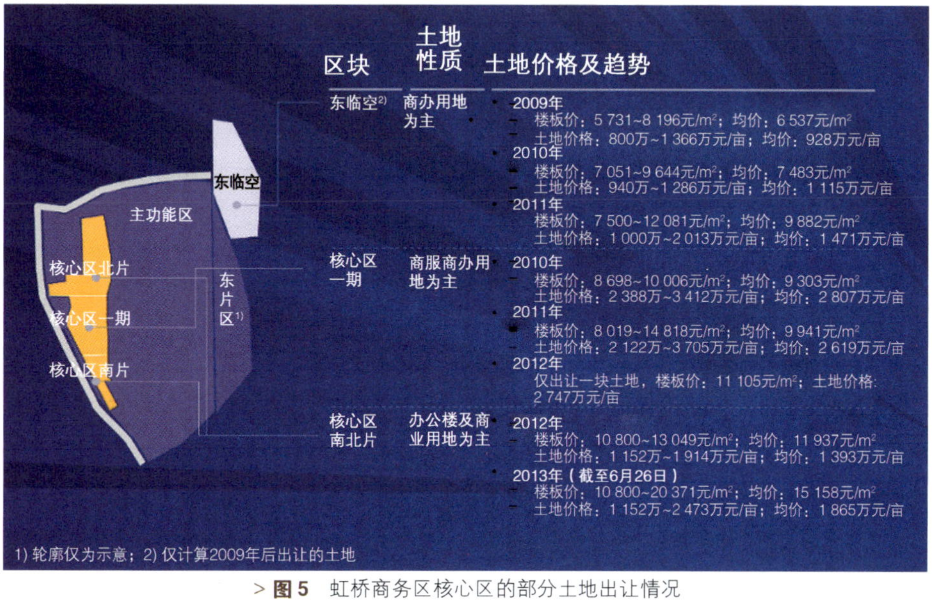

> **图 5** 虹桥商务区核心区的部分土地出让情况

经过十年的发展，虹桥商务区核心区在多领域已经形成了初步的产业集聚。核心区产业发展与枢纽功能高度相关，到 2019 年，16 家世界 500 强企业、27 家外资企业地区总部、121 家国内外上市企业总部（含功能性总部或区域性总部）、125 家行业领军企业总部入驻核心商务区。商务区核心区的注册企业已有 6 845 家，与之相邻的闵行片区注册企业为 21 978 家、长宁片区注册企业为 573 家、青浦片区注册企业为 4 561 家、嘉定片区注册企业为 4 522 家。

此外，楼宇招商及出租情况良好，税收贡献可观。以 2018 年核心区 27 个地块项目 352 栋楼宇为例，全年可完成的税收贡献达 25.93 亿元。由于入驻企业优先考虑的是虹桥枢纽带来的交通便利，所以以最先建成、交通也最为便捷的瑞安虹桥天地出租率为最高，而离交通枢纽较远的区域，其出租率比较低（表 1）。瑞安虹桥天地 2017 年商业设施出租率就已经大于 80%，办公设施出租率达到了 90%；到 2019 年两者的出租率都达到了 100%。

表 1 虹桥商务区核心区楼宇出售出租情况

设施	已建（万 m^2）				在建（万 m^2）
	面积（万 m^2）	出售率%	自持出租率%	自持空置率%	
办公	196.4	51	25	24	25.3
商业	106.0	16	48	36	30.1

总之，经过十年的运营实践，虹桥枢纽已经实现了项目“建设投资平衡”和“运营费用平衡”，完美实现了项目整体的可持续发展。

4 项目公司治理模式有待优化

按照“虹桥综合交通枢纽项目策划”，虹桥枢纽项目公司的股东由上海久事（集团）有限公司（占 30 股份%）、上海机场（集团）有限公司（占 40% 股份）和土地储备中心（占 30% 股份）出资组成，由上海机场集团并表管理。针对虹桥枢纽涉及投资运营主体多的情况，上海市政府提出了统一规划、统一设计、统一建设、统一开发、统一还贷的方针政策，同时还确定了由上海机场集团统一牵头负责项目建设的原则。于是 2006 年 7 月上海机场集团牵头成立了项目投资主体，即上海申虹投资发展有限公司。市政府还成立了“虹桥综合交通枢纽工程建设指挥部”，以推进虹桥枢纽工程的实施。因此申虹公司就是虹桥枢纽项目的投资开发主体和项目法人。

同时，市政府要求申虹公司按照投资多元化、管理社会化、经营市场化的原则开展建设和运营工作。具体来说，公司只要设三个部门：一个是综合办公室，负责承担申虹公司日常性事务工作，还要承担虹桥枢纽工程建设指挥部办公室的功能；第二个就是开发部，负责合同管理和组织土地开发；第三个就是计划财务部，那么这个公司就是一个目标非常明确的公司。“虹桥综合交通枢纽项目策划”明确指出：“它就是一个投资公司。当虹桥枢纽建成投运以后，它就应该适时退出。”

但是，申虹公司在虹桥枢纽的建设、运营中不断地渗入具体的操作和管理之中，把自己从“老板”变成了“伙计”。在2015年，上海机场集团和上海久事集团部分撤资。至今，申虹公司的定位和治理结构已经发生了巨大的变化（图6），与“虹桥综合交通枢纽项目策划”报告中的描述相差甚大。

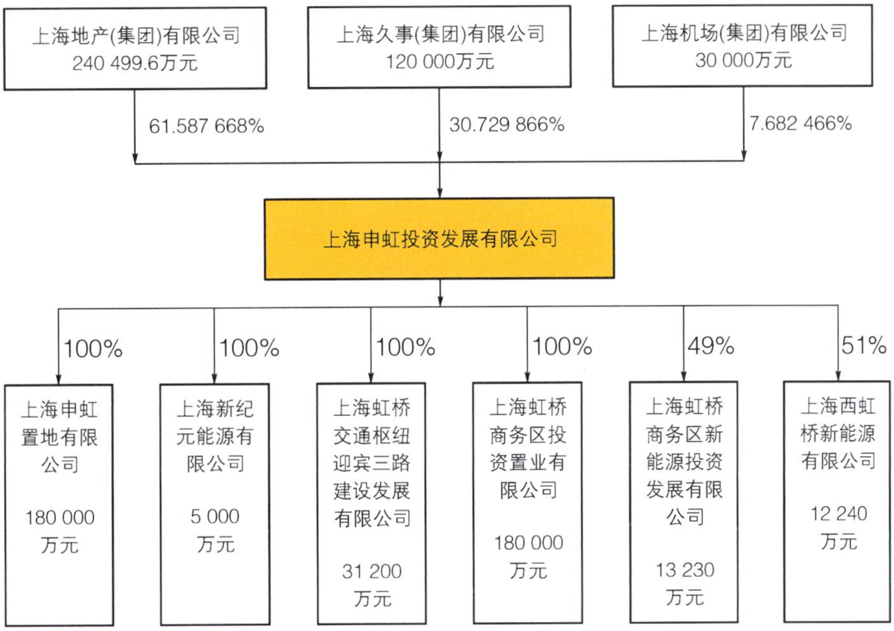

> **图6** 上海申虹投资发展有限公司现在的治理结构

将来，我们建议申虹公司尽快从建设管理、运营管理中完全退出，回归投资公司定位，**回归资产运营管理主业**。应争取尽快将虹桥枢纽的资产打包，通过公共基础设施REITs等各种方式推向社会和市场。

5 投融资策划精彩、实施精准到位

按照“虹桥综合交通枢纽项目策划”，世上本无虹桥枢纽这个项目。由于其枢纽设施的布局策划让资产界面非常清晰，在规划局的大力支持下，虹桥枢纽甚至做到了按不同的楼层颁发“一书两证”，使所有的固定资产投资者都做到了“有证”。这样一来，虹桥枢纽就变成了许多个不同主体的不同项目，就可以做到投资各自分担、各自立项了。结果，虹桥枢纽就成为一个已立项项目的组合体。

在虹桥枢纽规划建设初期，就有16个投资者（业主）和近30个运营单位，随着工程建设进程和投入运营、商务区的开发，这个数字迅速增加。但是其核心设施的投融资结构基本上就是“虹桥综合交通枢纽项目策划”所描述的（图 7）：①交通运输设施由各运营主体负责；②可区分的经营性设施通过招商解决；③其他设施由上海申虹投资发展有限公司负责。

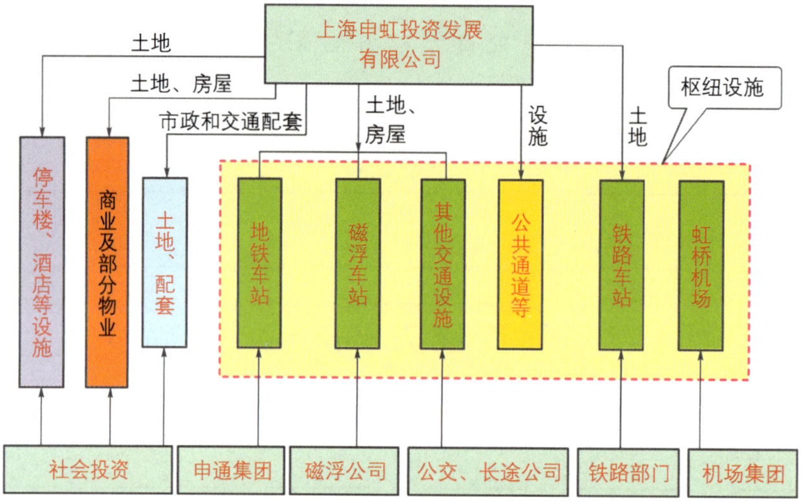

> 图 7 虹桥综合交通枢纽的投资融资结构

6 建设管理有序高效、施工质量还可提高

虹桥枢纽全过程实施了“枢纽工程进度管控和运营筹备进度管控”，为投资者实现进度和投资管控的目标奠定了坚实的基础。虹桥枢纽顺利实现 2010 年 3 月竣工的目标和投运后十多年的运营顺畅，进度和投资管控都相当完美。

按照“虹桥综合交通枢纽项目策划”，虹桥枢纽是国内第一个在建设期间就实现了各种交通运输信息系统集成、全市应急救援系统联网运行的综合交通枢纽。

“虹桥综合交通枢纽项目策划”报告中的防灾策划得到完整实施。虹桥枢纽在国内综合交通枢纽中首次规划、建设了一个完整的综合防灾体系，并在过去的十年运行中没有因为任何一个灾害影响枢纽的运营。

但是，虹桥枢纽的核心设施之间、枢纽与商务区设施之间，未能建成自己内部的旅客捷运系统，致使旅客步行距离较长的问题没有得到很好的解决。城市轨道交通没有考虑 VVIP 通道，时有被动。此外就是虹桥机场未能将国际航班移入 2 号航站楼（当初保留了未来移入的可能性），可能成为终身遗憾。建议尽快开通浦东国际机场的值机服务和两场快线，加以弥补。

由于工期、监管、治理等诸多方面因素的影响，虹桥枢纽工程的施工质量还有很大的提升空间。

7 运营管理还有很大的改进和提升的空间

"虹桥综合交通枢纽项目策划"在枢纽设施的运营方面做了大量有效的工作，用了最多的时间，但是回头来看，还是做得不够。

运营管理模式是"虹桥综合交通枢纽项目策划"研究工作的重点，虹桥枢纽的基础设施都是严格按照项目策划报告提出的、经市委认可的"所有枢纽设施分东西两部分组成，由上海机场集团和上海铁路局两个主体来运营管理"的原则(以申兰路为界)来规划设计和建设的，没有预留过多的灵活性，但是很遗憾这十余年运营管理体制的变迁基本上没有理解和执行这一原则，这就造成了一系列界面不清的问题。首先是运营管理体制偏离项目策划阶段的约定后，常常出现局部利益影响整体利益的问题。其次就是资产界面不清楚等问题。因此，我们建议必须重回"虹桥综合交通枢纽项目策划"的原则，以申兰路为界，将申兰路以东的所有枢纽资产交给上海机场集团，将申兰路以西的所有枢纽资产交给上海铁路局运营管理，尽快实现虹桥枢纽的资产和运营、成本和收益、责任和义务的完全统一，责权利一致才是可持续之道。

"虹桥综合交通枢纽项目策划"提出了利用虹桥枢纽，开展系统完善的多式联运的方案。特别是空铁联运，这在国内是开创性的，运营开展后非常成功，十多年来在空铁之间中转的旅客量占总旅客量的比例一直稳定在10%以上。随着人工智能技术的发展，这样在多种大运量公共交通方式之间"**无票联运、刷脸进站**"的联运实践，将有效推进公交优先模式的落地和旅客服务水平的提高，为交通运输的可持续发展作出贡献。

自通航以来，线路巴士所占比例一直没有达到"虹桥综合交通枢纽项目策划"报告的预期。这与线路巴士的运营管理体制机制、服务质量、时刻频率、线路设置等多种因素相关，如何进一步提高线路巴士在各种交通方式中所占的比例，需要我们做深层次的研究和改革。西安机场的线路巴士运营是值得我们学习的。

地热供暖在运行中出现了供暖不足等问题，现在看来，地热供暖对于虹桥枢纽这样的超大型公共设施来说是有其局限性的，因此建议大型基础设施应谨慎使用。另一方面，对于大型公共空间，其能源保障分区还可以分得更小一些、更灵活一些，以利于根据交通运行情况和旅客分布情况制订节能减排措施。

虹桥机场2号航站楼的经营性设施经营管理得很成功，特别是空侧商业规划、经营管理都非常有特色，在国内外独树一帜，取得了许多创造性经验。但项目策划对陆侧交通枢纽内的商业服务设施的研究不够细致，在枢纽投运后出现诸多问题。首先是经营管理体制问题，特别是航站楼前的东交通中心的大量经营性资产长期闲置，经营管理主体应该深刻检讨。我们建议对东交通中心，包括磁浮车站上方办公用房等经营性资产重新开展深入的市场分析和运营方案策划。

为高铁车站出发层(12.000 m层)服务的经营性设施位于候车层上方，被划分成几块，商业流线不连续，有待改进。高铁车站地下商业设施由原规划设计中的地下候车厅改造而来，这些区域本来是为乘坐轨道交通等交通方式来高铁车站的旅客候车用的，因此不仅导致来自轨道交通的旅客的流程不合理，还给这里的商业设施带来了诸多问题，这些问题没有得到很好的解决，比如消防问题、商业服务设施的经营管理问题、卫生间等配套设施不足问题，以及经营性设施需要随行就市不断改进和优化的问题，等等。建议随旅客量的增加，适时恢复初步设计的功能布局。

“虹桥综合交通枢纽项目策划”对虹桥枢纽的运营指挥体系和应急指挥体系的信息系统平台的规划建设是成功的，但对于这两大指挥体系的运行体制和机制的研究不够细致。这就直接导致虹桥枢纽投运后缺乏统一的、强有力的运行指挥体制，缺乏制度保障和组织保障。建议今后通过每年两次“应急救援演练”活动，提高枢纽运控中心（HOC）在日常运营管理中的地位和作用，用好信息系统平台，尽快形成良好的日常运营管理体制。

按照“虹桥综合交通枢纽项目策划”实施的枢纽通航前的运营培训非常成功，各种交通设施投运后都做到了运行平稳顺畅，并且各种交通方式都在运营管理水平和服务水平上有了很大提升，体现了虹桥枢纽作为上海窗口的示范作用。但各种交通方式在运营管理水平和服务经营水平方面存在明显的差异，给人以不协调的感觉。希望虹桥枢纽能够尽快出台一套统一的、在虹桥枢纽内运营管理的所有服务商共同遵守的运营规范和服务标准。

运营管理是虹桥枢纽服务水平和运行能力的最主要瓶颈。就虹桥枢纽现存的这些基础设施，其运营能力的提升还有很大空间。只有通过不断地提高运营效率、提高服务水平，从而提高旅客量和旅客层次，才能使虹桥枢纽走上可持续发展之路。

8 结语

虹桥综合交通枢纽作为我国最早在综合交通枢纽领域开展全面项目策划的重大工程，取得了丰富的经验教训，非常值得总结和评估。

第一，“虹桥综合交通枢纽项目策划”是一次得到系统完整实施的重大基础设施建设项目策划。其系统完整性不仅指明了虹桥枢纽项目的目标和方向，为枢纽谋划了实施路径，而且为我国重大基础设施的项目策划提供了一个优秀的案例，为项目策划理论的发展作出了巨大的贡献。

第二，“虹桥综合交通枢纽项目策划”提出了科学理性的项目功能内容和功能定位，策划了合理的设施规模和布局方案，并得到了完整实施。虹桥枢纽的建设和运营充分证明了其功能策划和设施策划的可操作性和科学性。

第三，“虹桥综合交通枢纽项目策划”中提出了简洁明了的开发方案和融资方案，并获得了广泛的共识和支持，在最短时间里实现了“建设投资平衡”和“运营费用平衡”，最大限度地减少了公共财政负担，使虹桥枢纽实现了可持续发展。

第四，“虹桥综合交通枢纽项目策划”的组织策划中针对申虹公司提出的“投资多元化、管理社会化、经营市场化”的原则没有得到很好的实施。"虹桥商务区管委会"的成立改变了项目策划报告提出的招商模式和申虹公司的治理结构与经营模式，这使虹桥枢纽的经营性资产的运营管理长期处于无为、无序状态。

第五，"虹桥综合交通枢纽项目策划"提出了一个可操作的、动态的、非常科学合理的建设管理模式，并得到了完美的实施。该建设策划很好地保障了虹桥枢纽在2010年上海世博会前竣工投运，并将各子项工程的投资均控制在工程可行性研究报告的范围之内。

最后，"虹桥综合交通枢纽项目策划"做的工作非常多，在规划建设阶段基本按运营策划实施了硬件设施，但对经营性设施的策划深度还不够，策划方案对运营期间变化的适应性不够。最大的遗憾是运营策划提出的运营管理模式没有得到完整落实。后来实施的运营管理方案也没有进行科学论证，给运营管理、设施维护和旅客服务、经营活动等带来了诸多不便。

尽管不同的人从不同的角度对虹桥枢纽提出了诸多遗憾，然而十多年的运营实践已经证明：**虹桥综合交通枢纽是我国投资效益最佳、交通方式最多、交通信息集成度最高、运营规模最大、运行效率最高、经营效益最好、对城市和区域的社会经济发展贡献最大的综合交通枢纽。**

参考文献

[1] 刘武君. 重大基础设施建设项目策划[M]. 北京：中国建筑工业出版社，2020.

[2] 刘武君. 综合交通枢纽规划[M]. 上海：上海科学技术出版社，2021.

[3] 上海交通指挥中心. 上海门户，枢纽传说——虹桥枢纽十年运行数据解析[EB/OL].（2019-10-25）. https://mp.weixin.qq.com/s/0Hsx9IBau-ikbDaQIA1mPw.

[4] New York Times. Shanghai's new air terminal sets the pace for speed and ambition[N/OL].（2013-04-04）. https://www.nytimes.com/2013/04/04/business/global/shanghais-new-air-terminal-sets-the-pace-for-speed-and-ambition.html.

虹桥综合交通枢纽对经济社会发展的支点作用

李起龙[1]

【摘要】 本文介绍了综合交通枢纽评估的三个层面，并在第三个层面上对虹桥综合交通枢纽开展了评估，认为虹桥枢纽撬动了上海经济的发展和城市空间的再筑，撬动了虹桥商务核心区作为长三角CBD的形成，撬动了长三角区域经济社会一体化的进程。

【关键词】 虹桥综合交通枢纽；评估；支点；撬动；经济社会

1 前言

虹桥综合交通枢纽2010年建成投运以来，国内很多地方都开始规划建设大型综合交通枢纽，可以说掀起了一个枢纽建设的“热潮”。如何对虹桥枢纽进行后评估已经是我们应该直面的课题了。对综合交通枢纽的评价方法有很多，但我们认为应该从以下三个层面开展后评估工作。

一是技术和建设层面。在这个层面上，我们往往强调的是**整合**交通枢纽的设施、设备、系统，提高其**一体化**水平。其实还应该包括投资控制、质量管理、进度管理等问题。如果把这个层面的工作做好了，可以拿到60分的成绩。

二是规划和运营层面。这个层面上要求枢纽的建设管理方在交通枢纽的安全、绿色、人文、智慧等方面做更多的工作，**融合**好枢纽的运输、商务、商业、服务、住宿等各项功能，不断提升运营管理水平，为旅客提供优质的服务和**舒适高效**的出行体验。如果把这个层面的工作也做好了，那就可以得到70～80分。

三是经济和社会层面。在这个层面上要求交通枢纽通过其交通功能的发挥，起到**撬动**经济社会发展的作用。就是说交通枢纽要成为推动其所在城市和区域经济社会发展的发动机，从而实现交通枢纽自身的可持续发展和对周边地区的**辐射拓展**。这样才能在总体上得到90分以上的好成绩。

我们认为，在我国现行的综合交通枢纽的规划建设中，大多数人的目光都盯在上述第一和第二层面上，能做到第三层面的项目凤毛麟角。下面介绍一下虹桥枢纽在第三个层面所达到的高度，看看虹桥枢纽作为一个支点，在撬动城市经济和区域经济的发展方面已经取得的成绩。

2 虹桥枢纽撬动了上海经济社会的发展

据传，阿基米德曾说过：给我一个支点和一根足够长的杆子，我就可以撬动地球。这句话准确地说明了“支点”的作用和意义。在城市体系中撬动经济社会发展的“支点”，就是综合

[1] 李起龙，中国民航机场建设集团有限公司发展研究中心研究员。

交通枢纽。其实,任何一个时代都有其代表性交通方式,比如今天我们所身处时代的代表性交通方式就是高铁和航空。这些不同时代的不同交通方式就是撬动城市发展的那根“长杆”,而这些交通方式在城市的结点——枢纽设施,就是那个“支点”。

城市发展轴是城市经济社会最活跃设施的集聚区。历史上上海一直是沿着黄浦江发展的,黄浦江就是上海的城市发展轴。因为在那个时代,水运对上海经济的发展起到了非常重要的作用,于是在码头附近形成了城市最有活力的中心。但浦东开发开放以后,特别是浦东国际机场建成投运以后,从市中心到虹桥、浦东两座机场的各交通通道上新经济要素集聚得很快,逐渐形成了一条新的城市发展轴。20 世纪末的时候,服务长三角、服务内陆经济社会发展成为上海必须直面的课题。于是,上海就策划在虹桥这个地方建一个综合交通枢纽,并将它打造成为促进上海城市经济发展、推动城市空间再筑的核心设施。2010 年虹桥枢纽建成以后,上海的东西向城市发展轴就完全形成了(图 1)。

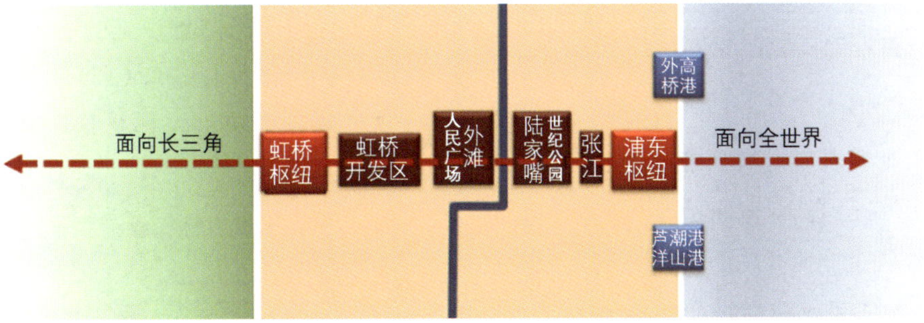

> **图 1**　虹桥枢纽撬动了上海城市空间再筑

改革开放的前三十年,上海用浦东国际机场撬动了浦东新区的发展,以浦东开发开放的成功,成就了一套面向世界的开放性经济体系;2010 年以后,上海通过虹桥枢纽的建设和运营,更好地服务了长三角和全国经济社会的发展,用今天的话来说,就是做好了“两个循环”。现在看来,虹桥枢纽不仅打造出独一无二的交通枢纽,撬动了上海经济社会的发展,推动了东西向城市发展轴的形成;而且撬动了面向长三角的、品质卓越的虹桥商务区的形成,并使之成为上海西部辐射长三角的活力核心;同时,虹桥枢纽和虹桥商务区还塑造了一个个性鲜明的上海门户形象,成为长三角的代表和上海的靓丽名片。

3　虹桥枢纽撬动了虹桥商务区核心区的形成

经过十余年发展,虹桥枢纽撬动了虹桥商务区核心区作为长三角 CBD 的发展。现在,虹桥商务区核心区(图 2)已经形成了很好的产业

> **图 2** 虹桥商务区总体规划

集聚，而且产业发展与枢纽功能高度相关。到 2019 年，已有 16 家世界 500 强企业、27 家外资企业地区总部、121 家国内外上市企业总部或功能性总部或区域性总部、125 家行业领军企业总部入驻核心区，例如阿里巴巴、壳牌、中骏、罗氏、斯伯格、梅塞尔等。商务核心区的注册企业已有 6 845 家，与之相邻的闵行片区注册企业为 21 978 家、长宁片区注册企业为 573 家、青浦片区注册企业为 4 561家、嘉定片区注册企业为 4 522家。也就是说，虹桥商务区已经集聚了推动长三角经济发展的一系列资源，为发挥长三角 CBD 作用打下了很好的基础。

在目前上海办公楼宇出租率不高的背景下，虹桥商务区核心区办公楼宇招商及出租情况良好，税收贡献非常可观。以核心区 27 个地块项目 352 栋楼宇为例，2018 年完成税收 25.93 亿元。最先建成的瑞安虹桥天地到 2019 年时，其商业设施和办公设施的出租率都达到了 100%。

4 虹桥综合交通枢纽撬动了长三角经济社会一体化

从长三角的角度来看，虹桥枢纽的建成投运，彻底改变了长三角交通网络的结构，使沪宁、沪杭以及未来的沪湖宣三个交通走廊完美地结合在一起，并形成了便捷的换乘枢纽，大大推动了长三角交通基础设施的一体化发展，奠定了虹桥枢纽作为长三角 CBD 的基础（图 3）。由于交通基础设施的一体化是区域城镇一体

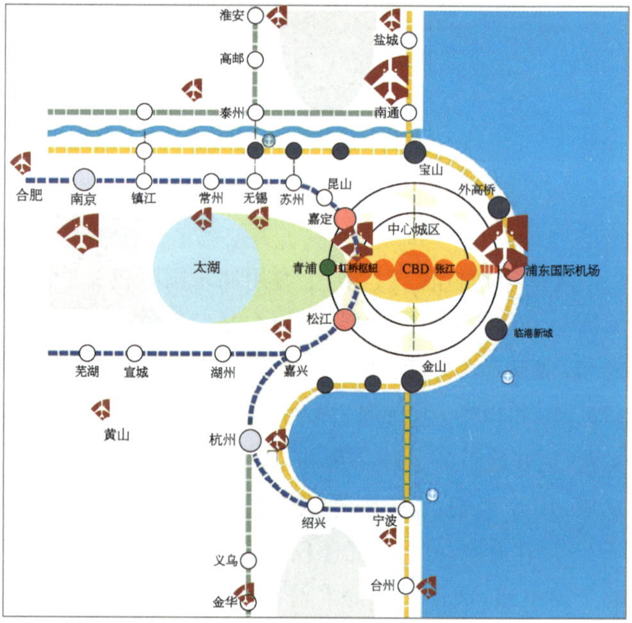

> **图 3** 虹桥枢纽撬动了长三角 CBD 的形成

化、经济一体化的基础，因此我们看到虹桥枢纽实际上撬动了长三角城市体系的再筑。在经济社会一体化方面，虹桥枢纽撬动了长三角的“跨界合作”“同城化”和“区域经济的强劲增长”。

首先，虹桥枢纽撬动了长三角跨界合作平台的建设。围绕虹桥国际中央商务区的大交通、大会展、大商务三大核心功能，依托国家会展中心、中国国际进口博览会等软硬件设施，虹桥商务区在虹桥常年展示交易服务平台、虹桥国际商务人才港建设、长三角民营企业总部服务中心、全球数字贸易港、联合国亚洲采购中心、国际商事争端预防与解决组织的建设与引进等方面均取得了重要的突破。在支持江苏、浙江、安徽等省在虹桥国际中央商务区设立“创新飞地”的同时，虹桥国际中央商务区也成为上海市内“创新飞地”最为集中的区域之一（图 4），不仅帮助长三角其他城市享受到了上海丰富的高端科创资源和人才资源，还帮助上海发挥了辐射作用，扩大了腹地范围，有力地推动了长三角跨行政区域“政产学研用”的一体化进程。

> **图 4** 虹桥枢纽地区的景观

其次，虹桥枢纽在撬动长三角同城化方面成绩斐然。《2021 长三角城市跨城通勤年度报告》显示，昆山、太仓、苏州城区（包括相城和苏州工业园区）是流入上海通勤者的主要来源，分别占流入上海通勤者总量的 72.4%、14.2% 和 5.3%；昆山、太仓还是上海流出通勤者的主要目的地，其流出量分别占总量的 64.0% 和 15.6%。其中虹桥国际中央商务区跨城通勤群体的居住地主要分布在花桥、苏州城区、昆山城区、太仓城区等，特别是花桥占比超过一半。可见，在虹桥枢纽的撬动下，虹桥国际开放枢纽已经成为长三角同城化的先行者与示范者。

再次，虹桥枢纽还撬动了长三角区域经济的强劲增长。从 2021 年数据来看，虹桥国际中央商务区所在的长宁、闵行、青浦、嘉定四区合计完成地区生产总值 8 576 亿元，同比增长 9.8%，高于上海全市平均水平 1.7 个百分点；虹桥南向拓展带上的上海松江、金山和浙江嘉兴的市区及下辖的平湖、南湖、海盐、海宁，完成地区生产总值 6 179 亿元，同比增长 11.4%；虹桥北向拓展带上的江苏苏州的市区及下辖的昆山、太仓、相城、苏州工业园区完成地区生产总值 10 598 亿元，同比增长 11.9%，高于苏州全市平均水平 3.2 个百分点。2021 年长三角三省一市生产总值的增速都超过 8% 这一全国 GDP 平均增长水平。长三角地区经济增长之所以如此强劲，虹桥枢纽的撬动作用是功不可没的。

5 结语

虹桥综合交通枢纽在撬动社会经济发展方面，完美地发挥了其“支点”作用，给整个项目赋予了极高的价值，主要体现在以下三个方面：

（1）撬动了上海未来经济的发展和城市空间的再筑；

（2）撬动了虹桥商务区核心区作为长三角 CBD 的形成和壮大；

（3）撬动了长三角区域经济社会一体化的进程。

总之，虹桥枢纽撬动了长三角经济社会的一次升级和爆发，获得了国内外的广泛好评，完美提升了项目自身的价值。未来，随着“打造长三角经济增长‘极中极’、联通国际国内市场‘彩虹桥’的虹桥国际开放枢纽”的建设，虹桥枢纽将发挥更加出色的“支点”作用！

参考文献

[1] 刘武君. 综合交通枢纽规划[M]. 上海：上海科学技术出版社，2021.

[2] 上海交通指挥中心. 上海门户，枢纽传说——虹桥枢纽十年运行数据解析[EB/OL].（2019-10-25）. https://mp.weixin.qq.com/s/0Hsx9IBau-ikbDaQIA1mPw.

[3] 曾刚. “虹桥模式”效益初现，内涵待丰富[EB/OL].（2022-02-25）. https://mp.weixin.qq.com/s/-uP1y_AOwBYp5gybN3Zb5Q.

虹桥国际开放枢纽规划简介

汪雨洋[1]　李　胜[2]

【摘要】 国务院于2021年2月正式批复了国家发展改革委提交的《虹桥国际开放枢纽建设总体方案》。本文回顾了虹桥综合交通枢纽十余年来的建设成果和区域影响力，以获批文件为基础简要介绍最新一轮的规划要求和建设进展。

【关键词】 虹桥国际开放枢纽；总体方案；简介

1　虹桥国际开放枢纽的规划背景

21世纪初，上海在城市交通基础设施建设方面开始大量投入，以此提升上海在区域发展中的辐射力和龙头作用。虹桥综合交通枢纽借着这股东风和上海筹办世博会的契机，开启了它波澜壮阔的建设发展史。

虹桥枢纽是综合了高铁、民航、公路、城市轨道交通、市内公共交通等多种交通方式于一体的大型交通枢纽。项目在规划建设之初不仅梳理了枢纽范围内的综合交通，还整合了沪宁、沪杭沿线的交通资源，使其作为长三角的门户型交通枢纽，高效联系起上海对外交通网络，并使上海城市空间结构和长三角城市群空间结构走向了一体化。

随着虹桥商务区的启动建设，枢纽开始逐步导入城市功能，发展成为世界500强企业和长三角企业总部的集聚地。配套住宅、公共服务设施的相继投入使用，也带来了就业和常住人口的迅速导入。在强大的交通系统的支撑下，虹桥商务区汇聚了大量的人流、物流、信息流和资金流。以虹桥商务区为核心的枢纽相关产业得以迅速发展，集聚了大量现代服务业，逐步稳固了其作为长三角产业链龙头的地位，同时为上海和长三角区域的产业转型和升级作出了巨大贡献。

在过去的十余年中，虹桥综合交通枢纽和虹桥商务区的影响力逐渐向外扩散，辐射范围也越来越广，亟需新一轮的规划重新定义“规划边界”，将其辐射拓展的范围进行统筹，共享虹桥资源、提升枢纽能级、激发经济潜力；同时继续推进长三角的一体化发展，以一体化推动国际化、以国际化促进一体化。为释放虹桥枢纽带来的强大的内外部扩张压力，国务院于2021年2月正式批复了《虹桥国际开放枢纽建设总体方案》，虹桥枢纽自此翻开了新篇章。

2　虹桥国际开放枢纽建设的总体方案

虹桥国际开放枢纽建设的**总体目标**是为了全面贯彻习近平总书记在扎实推进长三角一体化发展座谈会上的重要讲话精神，按照党中央、国务院决策部署，认真落实《长江三角洲区域一体化发展规划纲要》有关要求，立足新发展阶段、贯彻新发展理念、构建新发展格局，

1　汪雨洋，上海觐翔交通工程咨询有限公司高级咨询师。

2　李胜，上海觐翔交通工程咨询有限公司创始合伙人。

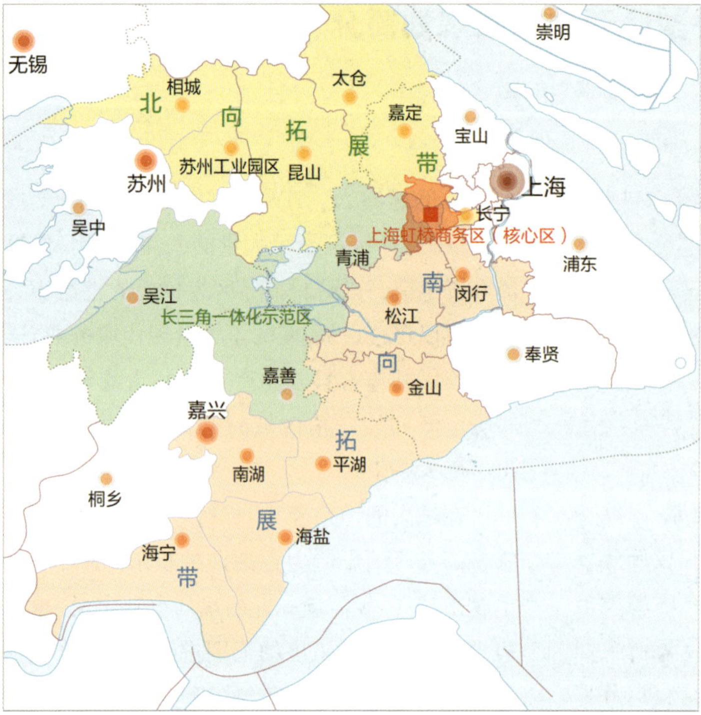

> **图 1** 虹桥国际开放枢纽规划范围示意图

紧扣“一体化”和“高质量”两个关键词，着力建设国际化中央商务区，着力构建国际贸易中心新平台，着力提高综合交通管理水平，着力提升服务长三角和联通国际的能力，以高水平协同开放引领长三角一体化发展。

虹桥国际开放枢纽的**规划范围**（图 1）包括上海虹桥商务区及相邻的长宁区、嘉定区、闵行区和松江区、金山区，以及江苏省苏州市的昆山市、太仓市、相城区和苏州工业园区，浙江省嘉兴市的南湖区、平湖市、海盐县和海宁市，即从苏南长江口经上海市域，一直延伸到杭州湾北岸，涵盖 14 个县区，总面积达 7 000 km^2。

虹桥国际开放枢纽规划按照提升能力、完善功能、优化布局的要求，统筹区域发展空间，形成“一核两带”**发展格局**。“一核”就是虹桥国际中央商务区，面积为 151 km^2，主要承担国际化中央商务区、国际贸易中心新平台和综合交通枢纽等功能。“两带”是指以虹桥商务区为起点延伸的北向拓展带和南向拓展带。北向拓展带包括虹桥—长宁—嘉定—昆山—太仓—相城—苏州工业园区，重点打造中央商务协作区、国际贸易协同发展区、综合交通枢纽功能拓展区；南向拓展带包括虹桥—闵行—松江—金山—平湖—南湖—海盐—海宁，重点打造具有文化特色和旅游功能的国际商务区、数字贸易创新发展区、江海河空铁联运新平台。

2.1 虹桥国际开放枢纽的实施路径

第一，建设高标准的国际化中央商务区。依托虹桥商务区推动高端商务、会展、交通功能深度融合，加快打造法治化、市场化、国际化营商环境，加快发展现代化服务业，持续深化长三角协同开放，引领长三角更好地参与国际合作与竞争。具体工作包括：构建国际会展之都的重要承载区；建设富有特色的现代服务业集聚区；构筑总部经济集聚升级新高地；厚植国际人才优势；提升公共服务国际化水平。

第二，构建高端资源配置国际贸易中心新平台。充分发挥中国国际进口博览会和虹桥国际经济论坛平台作用，打造联动长三角、服务全国、辐射亚太的要素出入境集散地，促进物流、信息流、资金流等更加高效便捷流动，全面提升全球资源配置能力。具体工作包括：办好中国国际进口博览会；高水平打造虹桥国际经济论坛；创新发展新型国际贸易；集聚高能级贸易平台和主体；促进金融与贸易深度融合；强化国际贸易产业支撑。

第三，全面提高综合交通枢纽管理水平。完善虹桥国际开放枢纽连通浦东国际机场和长三角全域的轨道交通体系，建立以虹桥国际机场为核心的国际航空运输协作机制，拓展虹桥国际开放枢纽港口集疏运功能，打造畅通便捷的综合交通门户。具体工作包括：强化国际航空运输服务功能；共建跨区域轨道交通网；加快港口集疏运体系建设等。

第四，显著提升服务长三角和联通国际的能力。加强服务长三角的功能平台建设，推动要素交互融通，促进公共资源普惠共享，为长三角走向国际提供商务、贸易、交通等领域的高端服务。具体工作包括：强化服务长三角的功能；扩大联通国际的服务效能等。

2.2 虹桥国际开放枢纽建设的保障措施

首先是要坚持党的全面领导。进一步增强"四个意识"、坚定"四个自信"、做到"两个维护"，把党的领导贯穿于虹桥国际开放枢纽建设的全过程和各领域，充分发挥基层党组织的战斗堡垒作用，创新治理理念，改革治理体制，提升社区、城市管理和服务水平，为虹桥国际开放枢纽建设提供组织保障。

其次是要增强要素支撑。在坚决遏制地方政府隐性债务增量的前提下，按照市场化方式设立服务长三角一体化发展的投资基金，主要用于跨区域重大基础设施建设、科技创新产业平台发展、公共服务信息系统集成等投入。充分发挥地方政府专项债券作用，允许省级政府在新增债务限额空间内自主发行地方政府债券，用于支持符合条件的重大项目。统筹空间设施共享利用，鼓励工业、仓储、研发、办公、商业等用地混合布置，提升土地资源配置效能。

再次是要强化风险防控。要防范贸易风险，有效预防和打击走私等行为。要防范金融风险，建立跨境资金流动监测预警机制。要防范数据安全风险，采取有效措施防御和处置来源于境内外的网络安全风险。要防范人员跨境流动风险，提升出入境管理服务水平，强化涉外场所和外国人集中居住区安全保障。要防范重大公共安全风险，提升综合交通安全管理水平。

最后是要加强统筹协调。在推动长三角一体化发展领导小组领导下，上海市、江苏省、浙江省、安徽省人民政府要切实履行实施主体责任，完善分工合作机制，推动方案落地见效。有关部门要按照职责分工，切实加强指导，在政策安排、改革创新、项目实施等方面予以积极支持。推动长三角一体化发展领导小组办公室要加强统筹协调，研究重大问题，总结成功经验，适时组织开展方案实施进展情况评估，督促落实各项重大任务。

3 虹桥国际开放枢纽建设的专项规划

3.1 空间规划

总体方案在上一轮规划的基础上吸收了

沪宁高速和申嘉湖高速沿线地区，将进一步承接虹桥商务区的溢出效应，形成“一核两带”的空间布局，在更大区域内建立起功能链接。

“一核”是虹桥国际中央商务区。作为虹桥国际开放枢纽区域功能布局的核心，它是上海服务构建新发展格局、推进落实长三角一体化发展国家战略、全面强化“四大功能”、加快发展“五型经济”的重要承载区。虹桥国际中央商务区要突出总部经济的能级提升、贸易功能的内涵拓展、流量价值的挖掘和创造，更好地为南北拓展带服务、为长三角服务。北向拓展带建设中央商务协作区，昆山、太仓、相城、苏州工业园区毗邻虹桥商务区，具备良好的港口和陆路运输条件。北向拓展带上新型国际贸易初具规模，协同发展空间较大，是长三角发展活力最强、潜力最大的地区之一，可以充分利用其实体经济的基础，为国际贸易平台提供支撑。南向拓展带可建设具有文化旅游功能的商务区，南湖、平湖、海盐、海宁地处杭州湾北岸，文化底蕴深厚，自然景观独特，数字贸易蓬勃发展，江海联运体系正在形成，与虹桥商务区互联互通的领域范围不断扩大，是国际开放枢纽功能的重要拓展区，未来可利用其在数字贸易方面的基础，打造数字贸易协同区。

虹桥国际开放枢纽的空间规划既要有统筹，又要聚焦各个地区的优势，塑造各自在细分领域的核心功能。虹桥国际开放枢纽规划将在上海周围形成更大的都市群，以虹桥国际中央商务区为核心，依托南北拓展带，更好地促进本地区的国际贸易合作，从而进一步促进长三角与世界经济的融合。

3.2 交通规划

首先要提升公铁联运效率，推进长三角都市圈同城化。随着区域一体化进程加速，虹桥枢纽面向近距短途的商务通勤人群需求增长迅速，服务城市内部交通的需求也迅速增长，未来交通组织的重心将转向搭建以城际网络为重点、枢纽地区为节点的整体架构，建设“轨道上的长三角”。总体方案中明确指出，要加强虹桥国际开放枢纽与苏浙周边站点协同发展，扩大高铁辐射范围，打造虹桥中央商务区与周边主要交通枢纽两小时的交通圈。同时，建设新的高速铁路和城际铁路，巩固现有线路与周边省份的连接，完善衔接体系，解决好“最后一公里”问题。要有效降低长三角地区的商务成本，推动长三角城市群的建设与融合，巩固和放大同城效应，使虹桥国际开放枢纽成为长三角的中央商务区，为长三角区域搭建完善的经贸交流平台，并吸引人才、资金、信息、技术等各种要素集聚，从而有效提升长三角区域的吸引力。

其次要强化浦东、虹桥两机场联动，提高虹桥枢纽的辐射能级。要优化拓展虹桥机场国际航运服务，明确与国际开放枢纽相适应的功能定位。要强化虹桥与浦东之间的两场联动，尽快打通快速联络轨道线，提升国际通达能力，使更多高端人流、信息流快速汇入虹桥枢纽，在虹桥商务区和长三角集聚并流动，产生更多的贸易活动和产业联动。只有贸易量得到快速提升，才能有效增加对制造业、金融业和航运业等服务的需求。

最后是要整合长三角港口资源，完善海空联动的航道网络。虹桥国际开放枢纽总体方案在原有的区域体系中纳入太仓最主要的原因就是太仓港，推动太仓港的枢纽建设可以进一步整合苏南、京杭大运河、浙北高等级航道之间的交通资源，提升交通完善度，形成虹桥国际开放枢纽高等级航道网络，同时联动嘉兴港、舟山港等港区，助力打造世界级港口群。

3.3 产业规划

要通过打造虹桥国际中央商务区与南北拓展带间的“一小时通勤圈”和长三角主要城市之间的“两小时轨道交通圈”，让“一核”与“两带”间产业联动变得更趋紧密。更便捷的交通网络将进一步整合长三角的产业，在区域一体化的背景下不再局限于城市功能本身，而是依托枢纽优势发展区域性功能产业，强化协同、相互赋能，携手推动区域内产业转型升级，提升产业基础高级化和产业链现代化水平，在虹桥商务区共同打造长三角各城市的“虹桥国际会客厅”。规划将以虹桥国际中央商务区为产业引擎，长宁、闵行、青浦和嘉定四区积极与“两带”市区县围绕航空服务、人工智能、数字金融、生命健康、商务商贸、智能网联汽车等产业开展深度合作。

虹桥国际中央商务区将重点打造“四高五新”产业体系，即打造**高能级**的总部经济，着力引进标志性、引领性的龙头企业总部机构，推动总部机构融合多元功能，向亚太或全球总部升级。打造**高端化**的服务经济，积极吸引管理、会计、法律等咨询服务机构入驻，推动专业服务业集聚发展，打造富有特色的现代服务业集聚区。提供国际化公共服务，大力吸引专业性、国际化、创新型人才进驻，创设虹桥国际商务人才港。打造**高流量**的贸易经济，积极布局和发展新型国际贸易，着力打造全球数字贸易港和国家数字服务出口基地，加快培育发展数字内容分发、知识产权交易等知识密集型服务贸易。打造**高溢出**的会展经济，办好中国国际进口博览会，打造会展产业集群，发展高端国际会展会议服务产业，建成国际会展之都的承载地。

虹桥国际中央商务区在产业门类上将聚焦数字**新经济**，把握新一轮科技革命和产业变革新机遇，建设虹桥数字经济生态区，以数字技术助力制造业智能化改造，大力发展工业互联网、电子竞技和北斗导航等产业，推动建设长三角数字干线。聚焦低碳**新能源**，坚持绿色低碳发展理念，加快集聚新能源龙头企业，聚焦新能源、节能环保和碳交易服务，打造绿色低碳先行引领区。聚焦生命**新科技**，依托新虹桥国际医学中心临床资源优势，大力发展特色医疗服务，支持国际创新医药器械贸易研发等，打造尖端生命科学临床转化基地、跨界融合数字医疗服务的示范区。聚焦汽车**新势力**，强化终端带动，加快智能网联汽车产业要素和配套资源集聚，支持新能源汽车进一步做强做大，发展智慧综合交通出行服务，打造智慧新交通创新高地。聚焦时尚**新消费**，发挥好中国进口博览会溢出带动效应，挖掘长三角消费市场潜力，集聚优质进口商品和服务，培育孵化本土品牌，做强生活消费品免税经济、做优时尚设计创意高地、打造全球新品首发地，建设国际级消费集聚区，助力国际消费中心城市建设。

同时，虹桥国际中央商务区将在南、北向拓展带上重点推进会展商务、航空服务、高新制造业等领域的导入和发展。

鼓励南北拓展带沿线的地区加快建设城市展示中心、长三角电子商务中心等区域功能性平台，承接虹桥中央商务区的溢出功能的同时建设相关配套载体，为打造国际会展之都提供有力支撑：依托苏州便捷交通条件和成熟商务配套设施，打造虹桥中央商务协作区；依托杭州湾北岸丰富文化资源、优美自然环境和良好商务条件，打造特色国际商务区。在大会展的功能基础上进行延伸，形成全球领先的会展产业集聚区，进一步扩大长三角城市群的虹吸效应，引领长三角更好地参与国际合作与竞争。

开展航空服务业重点企业特殊监管创新试点，支持建设金山华东无人机空港、平湖直升机空港，打造苏州（太仓、相城）航空航天材料产业基地，建设全球航空企业总部基地和高端临空服务业集聚区。

支持嘉定、昆山、太仓在汽车、智能制造、新材料等领域进一步延伸产业链；鼓励各类市场主体在嘉定、昆山、相城等地设立汽车、医疗领域研发机构和创新平台；支持松江、相城、南湖等建设工业互联网产业示范基地，研究创建苏州（相城）车联网先导区、区块链产业应用示范区。

加快建设金山—平湖张江长三角科技城、姑苏实验室（苏州工业园区），推进嘉昆太协同创新圈发展，以科技创新助力实现高水平国际贸易，打造杭州湾北岸高端产业集聚区（金山），以现代化产业体系提升国际贸易能级，推进嘉兴国家互联网产业国际创新园建设，为数字贸易提供基础性支撑。

3.4 规划管控机制

虹桥国际开放枢纽建设总体方案的建设主体为沪苏浙皖三省一市，涉及跨区域规划的统筹协调问题。总体方案为整个制度架构创造了良好的条件，在相应措施落地后可向国务院进一步争取升级版政策支持，相应的配套政策也有灵活调整的空间。规划区域将积极探索新型区域一体化发展模式，强化“管委会＋功能性企业集团＋属地政府＋相关市级部门”(1＋1＋4＋X)工作体系。管委会与功能性企业集团形成紧密合作，属地政府充分发挥主体作用，市级相关部门加强指导支持，各方协同配合、形成合力、高效运转。

此外，作为跨越长宁、闵行、青浦和嘉定四个行政区的空铁联运枢纽，虹桥地区还面临因跨行政边界而导致的道路交通不畅、开放空间割裂、设施标准不一等问题。四个区共同打造虹桥商务区，需要有更好的平台和手段。

4 虹桥国际开放枢纽的规划目标与建设进展

根据总体方案的要求，到2025年虹桥国际开放枢纽应该基本建成，虹桥中央商务区和国际贸易中心新平台功能框架与制度体系全面确立，综合交通管理水平显著提升，服务长三角和联通国际的作用进一步发挥。到2035年，虹桥国际开放枢纽将全面建成为推动长三角一体化发展、提升我国对外开放水平、增强国际竞争合作新优势的重要载体，将建成拥有高水平交通运输管理能力的国际贸易中心，将通过高水平、协同开放引领长三角一体化发展。

自总体方案得到批复后，上海市政府相继出台了《关于支持虹桥国际中央商务区进一步提升能级的若干政策措施》《促进虹桥国际中央商务区发展条例》《虹桥国际开放枢纽中央商务区“十四五”规划》等政策方针，用以指导虹桥国际开放枢纽的规划建设。在虹桥开放枢纽实施一周年之际，总体方案所明确的 29 项措施已经落地 26 项，另外 3 项也在紧锣密鼓地推进中；“总体方案”明确的 104 项重点任务已落地 99 项，落地率超过 95%，虹桥国际开放枢纽对经济社会发展的带动力得到显著提升。

2021 年虹桥国际开放枢纽 7 000 km^2 全域生产总值达到 2.58 万亿元，以占长三角 3.3% 的区域面积贡献了近 10%的经济总量；虹桥国际中央商务区税收收入达 346 亿元，同比增长 29.1%，高于上海全市 10 个百分点以上；国家会展中心 2021 年承接大型展会和品牌活动 40 余场，面积超 460 万 m^2，累计接待入场客流达 420 万人次；虹桥枢纽总客流量达到 3.17 亿人次，同比增长 18.9%，“空铁联运”已覆盖 16 座城市、18 座机场、22 座车站，通达火车站近 400 个。

《虹桥国际开放枢纽建设总体方案》获得批复以来，虹桥国际开放枢纽聚焦本土跨国公司、央企第二总部、长三角民营企业总部等，加大对落地营运、能级提升、人才发展、国际商务合作等方面的支持力度，吸引了一大批资源配置能力强劲、体现国际竞争力的企业总部。一批高能级贸易平台和主体在虹桥国际开放枢纽加快集聚。虹桥进口商品展示交易中心二期 A 栋建成投运，并在“两带”及长三角区域设立多个分中心。“上海号”中欧班列从虹桥国际开放枢纽始发，搭载进博会展品回程。虹桥国际中央商务区、昆山等进口贸易促进创新示范区建设全面推进，虹桥海外贸易中心等一批贸易功能平台加快提升能级。

这些出色的成绩除了政府的大力支持，也离不开社会企业的鼎力协助。虹桥枢纽从诞生之初就是政府和社会投资者共同打造的作品，也正是其多元化的构成使得虹桥枢纽拥有与众不同的盎然生机。

5 结语

《虹桥国际开放枢纽建设总体方案》以虹桥枢纽为原点，形成资源要素的交汇集聚，以交通网络为经纬线，构成了长三角新的坐标体系。虹桥国际开放枢纽是一个全新的对内开放平台，也是对外开放的窗口，广阔的长三角市场将为它提供巨大的发展空间和成长沃土，通过扩大对外开放、引领对内开放，打造国际国内双循环战略链接和长三角一体化发展的最大引擎。如果说虹桥综合交通枢纽的建设是在不断挑战极限，那么虹桥国际开放枢纽的建设将用极限突破局限，逐步成为具有国际影响力的“枢纽城市群”。

参考文献

[1] 国家发展改革委. 虹桥国际开放枢纽建设总体方案[Z]. 2021.

[2] 刘武君. 建设虹桥枢纽 服务区域经济——上海虹桥综合交通枢纽规划与运营[J]. 铁道经济研究, 2013(6): 53-56.

[3] 刘武君. 重大基础设施建设项目策划[M]. 上海：上海科学技术出版社，2010.

[4] 上海市城市规划管理局，上海虹桥综合交通枢纽工程建设指挥部. 上海虹桥综合交通枢纽区域功能定位研究汇报[R]. 2007.

[5] 熊健，孙娟，葛春晖，罗瀛. 区域一体化发展背景下枢纽地区规划的实践探索——以上海虹桥枢纽地区为例[J]. 城市规划学刊，2020(4): 73-80. DOI: 10.16361/j.upf.202004009.

建设评估篇

虹桥综合交通枢纽的建设组织与项目管控

周　林[1]

【摘要】 虹桥综合交通枢纽是一个集诸多专业工程于一体的超大型综合建设项目，项目的建设组织是一项极为庞大而复杂的工作。我们在虹桥枢纽的建设过程中将“指挥部＋申虹公司”作为工程指挥主体和项目实施主体，取得了巨大的成功。本文对其进行简要的回顾、梳理、总结和评估。

【关键词】 虹桥综合交通枢纽；建设组织；项目管控；指挥部；申虹公司

1　虹桥综合交通枢纽的建设概况和工程特点

2005 年 3 月 7 日，上海市确认了在虹桥机场西侧发展综合交通枢纽的构想，2005 年 5 月 14 日铁道部、上海市领导通过会议，确定了原七宝铁路客站北移，正式启动了虹桥综合交通枢纽的规划设计工作。虹桥枢纽的建设范围包括北至北翟路、南至沪青平高速公路、西至华翔路、东至外环路间 26.26 km^2 范围的城市用地，其中包括交通核心区，外围商业、居住开发等城建用地及机场用地。工程节点计划是 2006 年年底开工，2009 年年底竣工，2010 年世博会前投入使用。

虹桥枢纽的建设具有综合性强、建设内容齐全，立体性强、地上地下一体化，时效性强、建设期短，集聚度强、设施效能高，协调量大、各工种需协同推进，使用强度大、安全性要求高，科技含量高、技术难度大等七个方面的特点。

2　虹桥枢纽工程的实施机构和建设主体

虹桥综合交通枢纽工程是一个以上海市为主，涉及民航、铁路、交通、通信、安全等各部门以及市属两个区的超大规模的高度综合的建设项目，具有规模巨大、种类繁多、涉及面广、综合性强和工期紧迫等特点，需要有一个高层次、高效能、强有力的领导和协调机构来负责总体的组织实施。这个机构就是“上海虹桥综合交通枢纽建设领导小组”，领导小组由上海市委书记担任组长。

2006 年 3 月 24 日上海市政府召开会议，正式成立虹桥综合交通枢纽工程建设指挥部，2006 年 7 月，上海申虹投资发展有限公司（简称：申虹公司）正式成立，负责项目的正式启动和推进。虹桥综合交通枢纽工程建设指挥部与申虹公司在工程建设中实行“两块牌子、一套班子”的操作模式。申虹公司承担指挥部办公室的职能，是指挥部职能的具体实施和操作单位。市政府要求虹桥枢纽工程建设要坚持“五个统一”，即“统一规划”“统一设计”“统一建设”“统

1　周林，上海申虹投资发展有限公司综合办公室主任。

一开发”“统一还贷”。“五个统一”的使命由虹桥综合交通枢纽工程建设指挥部和申虹公司具体实施。

2.1 指挥部的组成结构

虹桥综合交通枢纽工程建设指挥部分别由指挥部成员单位、指挥部本部职能部门（常设机构）、各相关委办局驻场办公室、五个专项指挥部和各专业、专题协调组构成（图 1）。从管理层次划分来看，枢纽建设指挥部管理组织可分为领导层和日常运作层。其中，日常运作由指挥部办公室承担，其机构有指挥部职能部门、各区委办局驻场办公室和各专项指挥部。

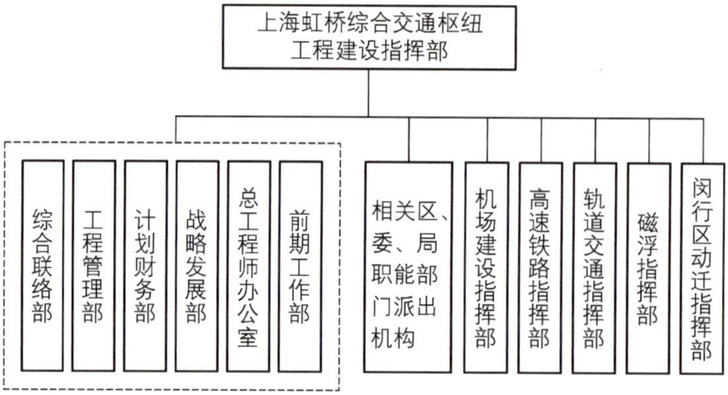

> **图 1** 虹桥综合交通枢纽工程建设指挥部组成结构

2.2 指挥部领导层

2006 年 10 月 8 日上海市政府办公厅发文（沪府办发〔2006〕32 号）明确了虹桥综合交通枢纽工程建设指挥部组成人员，分别由副市长、秘书长以及各委办局相关负责人组成。其组成人员分别代表不同单位，这些单位在枢纽工程建设过程中称为指挥部的成员单位，分别是：发改委、规划局、市政局、城交局、水务局、房地局、环保局、绿化局、劳动局、公安局、港口局、法制办、上海铁路局、民航华东局、申通集团、机场集团、久事公司、申虹公司、闵行区政府、长宁区政府、青浦区政府。

2.3 指挥部的职能部门

虹桥综合交通枢纽工程建设指挥部本部常设六个职能部门，即：综合联络部、工程管理部、计划财务部、战略发展部、总工程师办公室、前期工作部。

2.4 驻场办

各相关区、委、局的职能部门根据需要在虹桥枢纽工程设立驻场办公室（如建委驻场办、公安办等），各驻场办公室是指挥部的有机组成部分，现场行使政府的管理、监督、服务职能，负责其各自职能范围内与虹桥枢纽建设相关的规划协调、证照办理与监督指导工作。

2.5 各专项工程指挥部

按照建设项目的不同，枢纽指挥部下设五个专项工程指挥部，即机场建设指挥部、高速铁路指挥部、轨道交通指挥部、磁浮指挥部、闵行区动迁指挥部。

3 指挥部运行管理模式

虹桥枢纽工程建设从纵向来说，采用指挥部＋各专项指挥部的建设模式，其中申虹公司负责枢纽区域内的基础设施建设，机场建设指挥部负责机场跑道、航站楼、枢纽核心区站房及相关设施的建设，高速铁路指挥部负责高速铁路的站房、站台及线路的建设，轨道交通指挥部负责轨道交通线路的建设，磁浮指挥部负责磁浮线路的建设，闵行区动迁指挥部负责闵行区动拆迁工作。

指挥部具体的运行则是通过八大功能系统、三个工作平台和三个推动机制来实施的。

3.1 八大功能系统

为保证虹桥枢纽建设的顺利推进，必须建立相应的支持保障系统，根据工程项目的特点和要求，虹桥枢纽建设运行推进分为八大功能系统，各功能系统分别对应相关的主要响应机构和配合部门。

规划管理系统由指挥部牵头，市规划局、发改委、建设交通委、电力公司、水务局、市政局、交通局、绿化局、环卫局、信息委、房地局等参与、配合。规划管理系统在指挥部内的责任部门为总工程师办公室。

前期动迁系统由相关区政府牵头，市发改委、建设交通委、规划局、房地局、闵行区政府、长宁区政府配合。闵行、长宁两区政府分别对虹桥枢纽地区内所辖居民和企事业单位进行动迁补偿安置，完成场地平整工作。指挥部对虹桥枢纽地区内的特殊单位进行动迁补偿安置，完成场地平整工作。前期动迁系统由指挥部前期工作部作为责任部门。

基础设施系统由指挥部牵头，市建设交通委、发改委、各专业局配合，基础设施主要包括市政道路交通设施、水务设施、能源设施(供电、燃气)、电信邮政设施、绿化景观设施、地下空间设施和其他设施(环卫、防灾)等。

枢纽建设系统由指挥部、市建设交通委牵头，市发改委、各专业分指挥部配合。京沪高速铁路责任主体为高速铁路指挥部，航站楼、跑道、虹桥枢纽核心设施责任主体为机场建设指挥部，轨道交通责任主体为轨道交通指挥部，磁浮交通责任主体为磁浮指挥部，等等。

综合治理系统由指挥部牵头，由市公安局派驻指挥部公安办公室配合、落实。

宣传、立功竞赛、廉政建设、精神文明系统由指挥部、市建设交通委牵头，由综合联络部、建设交通委驻场办组织落实。

应急处置系统由指挥部牵头，各所属相关单位分别负责消防安全、公共卫生防疫、防汛抗台、重大质量安全事故以及其他重大意外事故的预防和处置。市建设交通委、指挥部公安办、气象局、消防局、卫生局、地震局配合。

科研及实施支持系统分别由指挥部牵头，市建设交通委、科委及相关设计、施工、监理、咨询、材料设备供应单位配合，组织协调工程建设中采用的新工艺、新技术、新设备的研究和使用，有关科研项目的开题、鉴定、使用和总结，并组织编制新工艺的操作规程和质量验收标准。

3.2 三大工作平台

进度、设计、施工在指挥部层面建立了协调推进的综合工作平台。

1）建设和投资进度总控平台

为实现统一指挥、总体协调推进虹桥枢纽各项工程的有序开展，指挥部构建了以进度计划为抓手的建设和投资进度总控平台。指挥部平衡了由相关投资方，包括枢纽工程本身投资方和外围相关配套工程投资方的总进度规划，编制了《虹桥综合交通枢纽工程总进度纲要》，总进度纲要是指导组织枢纽各项工程推进的纲领性文件。以总进度纲要为核心，由各投资方所投资工程的总进度规划，以及设计单位、施工单位、设备供应单位等其他参与各方各自编制的具体进度计划，一起构成一个相互配合的、分层次的和有机的多层立体体系。以此为依据，指挥部对各工程项目进度进行跟踪控制，围绕总进度 81 个纲要节点，实施动态跟踪管理。指挥部在汇总和检查复核各投资主体所报工程进度情况的基础上，通过综合分析，每月定期编制《上海虹桥综合交通枢纽工程进度月报》，并对其他各投资主体或建设单位围绕其编制的总进度、规划及其关键性控制节点进行动态进度跟踪控制工作。各投资主体和建设单位也每月定期编制进度跟踪控制月报。

2）规划设计管理平台

作为一个大型综合性交通枢纽项目，虹桥枢纽工程引入了新颖的规划设计理念和创新的设计管理模式来统一协调规划设计工作，并及时解决设计过程中出现的问题，构建了基于总体设计单位模式的规划设计管理协调平台，确保做到“统一规划，统一设计”。虹桥枢纽项目的主体投资单位——申虹公司，委托了上海市政工程设计研究总院作为整个虹桥枢纽工程的总体设计单位，负责对虹桥枢纽工程项目进行总体设计和总体设计管理；并委托华东建筑设计研究院作为核心区建筑的总体设计单位，负责对虹桥枢纽核心区工程项目进行总体设计和总体设计管理。这样，即以综合交通功能最优为基本目标，把多个业主、多个工程项目整合在一起，形成一个功能全面、互相衔接的整体，建立了由指挥部办公室技术管理部门——总工程师办公室直接领导，由总体设计单位牵头，枢纽内各个项目的规划和设计单位共同参与的管理协调工作平台。

3）施工管理协调平台

在建设过程中，由于枢纽工程项目种类繁多，参与单位多，涉及项目的利益相关者众多，致使枢纽工程多条线、多方面的动态施工协调工作，特别是界面协调工作非常繁杂。为此，枢纽工程建设指挥部办公室主要通过工程管理部门，召集各投资主体和施工单位，建立施工管理协调平台。主要通过组织召开不同层次的、定期和不定期的各类协调会，随时协商解决施工过程中碰到的各种疑难问题。在动态建设过程中，这类施工协调会议主要解决施工界面协调、大型临时设施布置协调、施工场地借用协调、管线穿越协调、大型临时设施退场协调等方面的问题。这种由指挥部牵头的施工协调平台，有助于工程项目各参与方之间以及项目与外部环境之间的协调合作，有效地优化了资源配置，提高了项目建设整体效率，成功地实现了项目整体目标。

3.3 指挥部工作的推进机制

指挥部通过三大会议机制来推进上述八大功能系统和三大工作平台的运行。

1）指挥部会议机制

指挥部会议由指挥部总指挥或副总指挥主持，参加的对象包括：指挥部全体成员、指挥部各相关组成单位、各分指挥部负责人、指挥部各职能部门负责人等。指挥部会议的主要内容是：通报有关工作，沟通有关信息，讨论有关问题，做出相关决策和决定，部署下一步工作，落实相关职责。会议原则上一年两次，根据情况增加或减少。指挥部会议是虹桥枢纽工程建设的最高决策、部署和协调机制，在工程建设的不同阶段和不同时机，适时地调动八大功能系统和三大工作平台，运筹帷幄，未雨绸缪，制订计划，部署工作，推进落实，协调矛盾，解决难题。

2）专题会议机制

指挥部专题会议根据指挥部会议的总体要求，对某类或某几项专门的工作内容进行专题研究，做出有关决策部署，推进落实有关工作。在四年的建设管理期间，指挥部组织召开了许多次不同层面和不同范围的专题会议。

3）工程例会机制

由指挥部层面定期召开工程建设方面的例会，包括设计推进会、动迁推进会、工程进度例会、工程协调例会等。一般由指挥部或建设单位主持，要求工程各相关方参加。不同的工程例会召开的频率不一样，如工程计划进度例会每月召开一次；工程协调例会在建设高峰期每周召开一次；质量、安全、监理等专题工程例会一般半月或一月召开一次。

此外，除了以上三大会议机制，指挥部还建立了一系列的日常管理制度，比如资讯管理制度、文档管理制度、廉政建设制度、立功竞赛制度等。

4 申虹公司的使命

申虹公司的注册资金为50亿元，其中上海机场（集团）有限公司占40%，上海久事（集团）有限公司和上海市土地储备中心各占30%。三大股东不仅解决了申虹公司资本金的问题，更重要的是将申虹公司的职能与股东单位的职能结合起来，更加有利于虹桥枢纽的建设和管理。申虹公司的使命就是如下两个方面。

一是将申虹公司的组织机构与指挥部办公机构统一，承担建设期的组织管理职能。在虹桥枢纽建设过程中，申虹公司的组织机构与指挥部办公室的职能部门有着高度的同一性。指挥部办公室不独立配置工作人员，而是与申虹公司一起被称为“两块牌子、一套班子”。申虹公司的部门设置为：综合办公室、计划财务部、建设管理部、开发经营部、总工室，后期增设了运营管理部。指挥部办公室设置六个日常工作部门，包括综合联络部、计划财务部、工程管理部、前期工作部、战略发展部、总工程师办公室，其中综合联络部由申虹公司综合办公室兼，工程管理部由申虹公司建设管理部兼，计划财务部由申虹公司计划财务部兼，战略发展部由申虹公司开发经营部兼，总工程师办公室由申虹公司总工室兼，只有前期工作部比较特殊，由机场建设指挥部（行政关系在机场集团）前期部兼，申虹公司设专门的联络员。作为指挥部的工作班子，申虹公司保障了虹桥枢纽投资、建设管理的有机统一。

二是申虹公司承担完成“五个统一”的职能。按照虹桥枢纽工程建设要坚持“五个统一”（即“统一规划”“统一设计”“统一开发”“统一建设”“统一还贷”）的要求，2006 年初上海市政府决定成立专门的项目公司，投资建设虹桥枢纽。根据市领导“由机场集团牵头负责”的批示，上海机场集团 2006 年初开始筹备项目公司。2006 年 7 月 7 日，上海申虹投资发展有限公司正式注册成立。申虹公司作为独立的法人实体承担完成“五个统一”的使命。申虹公司是虹桥枢纽主体投资公司，承担非经营性的公共基础设施投资建设任务，代表政府对虹桥枢纽相关土地进行储备；会同规划等相关部门编制控制性详细规划并报批；同时负责建成后“统一还贷”。

5 申虹公司对于虹桥枢纽建设的作用

申虹公司作为虹桥枢纽和地区开发的项目主体，发挥了四个方面的作用。

1）作为投资主体，行使政府投融资平台的职能

申虹公司在虹桥枢纽建设期，投资建设了 14 个项目，同时储备土地 13.59 km^2，共计投资近 700 亿元。城市交通基础设施具有建设成本较高、运营收入有限、投资回报期较长甚至没有盈利等特征。为此，申虹公司在先行注入资金作为公司资本金的前提下，启动了投融资工作，所有建设资金由公司通过资本市场融资和土地开发经营来解决，形成了“以土地收益平衡建设费用，以商业设施平衡运营费用”（简称“两个平衡”）的资金运作思路。

除了有限的自有资金，银行贷款成为枢纽建设期的主要融资手段。如申虹公司在 2008 年位列上海浦东发展银行第七大贷款客户，贷款额度高达 146 亿元。政府给申虹公司的政策支持，主要包括土地使用上的支持和提供政策性贷款。对于申虹公司投资的非经营性项目，政府给予一定的税收减免和财政贴息；对于申虹公司在投资过程中出现的暂时性资金周转困难，政府也会给予资金融通的便利。

2）作为建设主体，在建设时期承担指挥部的日常职能

作为虹桥枢纽工程项目的组织指挥和建设主体，“指挥部＋申虹公司”在枢纽建设过程中发挥了主导性的作用，成为八大功能系统、三大工作平台和主要工作机制的实施运作主体与协调推进主体。指挥部和申虹公司直接牵头组织进行了规模庞大、错综复杂的虹桥枢纽核心设施的建设。申虹公司负责投资建设的工程项目采用工程代建或委托建设管理模式；其中，枢纽交通中心工程、快速集散系统和地面市政道路与枢纽交通中心工程紧密相连部分，统一由机场建设指挥部进行建设管理，其中核心体建筑由上海建工集团进行施工总承包管理，对

范围内所有专业施工(或供货)承包单位协调管理。枢纽综合配套工程由上海市建设工程管理有限公司作为代建单位。工程代建和委托建设管理,有利于控制投资、提高投资效益和管理水平,体现和增强指挥部办公室职能。

3) 作为土地储备主体,保障枢纽建设,为后续开发打下基础

申虹公司作为地区土地储备主体,收储了大量开发用地来平衡枢纽建设投入。其在2006年下半年就开展了一期土地储备工作,共储备了13.43 km^2 土地。2007年上半年,建设方案一经确定,申虹公司立即进行了面积约0.16 km^2 的二期土地储备工作,保障了工程的实施。从成本角度看,2006年和2007年土地成本相对低廉,再加上虹桥枢纽的储备用地原属虹桥机场预备发展用地,相对其他地方动迁费用比较低,申虹公司及时进行土地储备,锁定了土地成本。另一方面,申虹公司研究交通枢纽相关设施方案时,倡导地下空间开发,力求减少地面的使用;对于旅客不直接使用的交通站场等设施,安排在不宜进行开发的边角地块;通过增加结构来使设施叠加放置(如长途蓄车场和出租车蓄车场叠放等),也就是现在经常提到的土地复合利用。

通过以上两个方面的工作,申虹公司储备了区位优越的开发用地4 000余亩,为用土地出让收入平衡枢纽建设资金打下了基础。

4) 作为运行管理主体,统筹枢纽运营准备和公共区域运营管理

与虹桥枢纽的建设一样,枢纽的运行也是一项相当复杂的系统工程。枢纽的运营管理主体有很多,如机场、高铁、轨道交通、公交客运和长途汽车等都有不同的管理主体。申虹公司在这方面的主要贡献,一是作为综合交通枢纽总牵头协调的运营集成单位,是负责这一总体任务的运行管理的主体,包括组织完成了枢纽指挥中心(HCC)、枢纽运控中心(HOC)项目的建设和HOC的日常运营管理。二是为了确保枢纽各相关项目的正常投运,申虹公司运营管理部于2008年6月成立,提前介入虹桥枢纽的建设过程。开始运营时又成立了虹桥枢纽交通中心公司,全面负责相应的运行管理。三是实施了对枢纽交通中心大楼公共区域的管理和商业、办公等服务设施的运营,尤其是对枢纽停车库的管理以及预留的磁浮车站的管理。

6 建设组织与项目管控的得与失

在虹桥枢纽规划建设中,指挥部和申虹公司都取得了丰硕的成果。

6.1 指挥部的工作特色

指挥部工作的特色就是“创造性的工作思路和管理创新”。主要体现在以下三个方面。

一是提级管理,加大了决策指挥和协调推进的力度。超大型的枢纽建设工程理应有权威的指挥协调机构来组织实施。由上海市主管城建的副市长直接指挥,20多个委办局分别派出主要领导担任指挥部成员,11次指挥部会议和若干次重要的专题会议,以及包括三大工作平台在内的简洁实用的工作机制和制度,确保了项目建设中各项重大决策的贯彻执行,确保了工程建设推进过程中不时出现的各类重大问题的协调解决。

二是共用人力资源，提高了效率，突显了专业性。指挥部常设机构和申虹公司采用“两块牌子、一套班子”，不超过40个人的编制，高度精简和专业的机构设置，显示出高度可靠的执行力。指挥部代表政府具有行政指令的权威性，申虹公司作为独立的法人实体，在融资、还贷、开发等各项经济、市场运作中，具有完全的主体合法性。指挥主体和建设主体的高度统一，在虹桥枢纽工程建设中充分展现了各项工作开展的权威性、灵活性和有效性。

三是重视前期规划研究和后期运行，以全生命周期的视角统揽项目的建设组织和管控工作。超大型的综合建设项目的策划、规划、建设、运营是一项极为复杂的系统工程。指挥部自始至终高瞻远瞩，既把策划、规划与未来的运营、开发相关联，更注重做好建设过程中的行业分工、区域衔接、纵横协调、次第推进的全方位工作。

6.2 申虹公司的工作特色

申虹公司工作的特色是“精干的机构和实用的机制”。主要体现在以下三个方面。

一是作为综合性项目公司，避免了专业投资对枢纽功能的分割和缺漏。申虹公司统一投资建设虹桥枢纽工程，加强了枢纽功能和建筑风格的统一性，保证了枢纽建设的整体性。如投资建设城市轨道交通车站，协调统一了枢纽的标准等。

二是申虹公司职能取向与指挥部一致，有力保障了虹桥枢纽的建设。指挥部在争取和协调政府部门的支持和配合方面起到了决定性的作用；申虹公司则在项目投资、进度推进、施工协调、资金拨付等方面发挥了自身特有的作用。

三是充分利用社会力量，公司结构简洁高效。申虹公司负责投资建设的项目分别采用了工程代建或委托建设等管理模式，达到了控制投资、保证进度、集中社会力量替指挥部管控好项目总体进展的目标。

6.3 不足之处

虹桥枢纽正是通过上述“指挥部＋申虹公司”模式，很好地完成了整体工程的建设，但从枢纽的长期发展来看，还有以下三点不足之处：

（1）纵横两个维度均有不足之处。在横向维度上，指挥部完满解决了建设期多业主、多行业、多主管部门等的问题，但在虹桥枢纽与虹桥商务区发展的关系上，缺少深层次、高质量的规划部署。在纵向维度上，指挥部充分重视前期策划研究，为顺利推进枢纽建设赢得了先机，但经过十数年的运营后，我们发现缺少对枢纽全生命周期负责的主体，没有人主动去做系统的后期评估和改善提升。

（2）申虹公司职能过多依赖于指挥部。申虹公司的职能完全按照指挥部的要求来设置，一方面顺利推进了枢纽建设，另一方面由于指挥部工作的短期性，申虹公司未能处理好短期工作和公司长期发展之间的平衡，与指挥部一样成为临时机构。事实上，在虹桥枢纽建成后，虹桥商务区的开发建设过程中需要一个代表政府的市场化主体，申虹公司坐失其责。

（3）综合交通枢纽的项目公司缺少政策支持。虹桥枢纽不仅是一个综合交通枢纽，它的建设运营还引发了虹桥商务区的开发，进而带动了虹桥国际开放枢纽的建设实施。“两个平衡”是申虹公司设立时的考虑，但在具体操作中由于政策原因无法按原计划执行，再加上其他体制机制方面的原因，申虹公司未能成为真正的区域开发主体，在一定程度上拖了虹桥商务区规划建设的后腿。我们发现在虹桥枢纽这样高度复杂的基础设施及其地区开发建设中，还需要有更多政策上的创新与突破。

总之，虹桥综合交通枢纽工程搭建了一个难得的工程实践平台，让我们在建设组织和项目管控方面有了一次实操的机会。我们也不负众望，在规定的时间和投资之内，圆满地完成了这一巨大而超级复杂的工程。

虹桥综合交通枢纽工程建设回顾

王晓鸿[1]

【摘要】 虹桥综合交通枢纽是世界上设施规模最大、功能最为复杂的空陆一体化交通枢纽之一，它集民用航空、高速铁路、城际铁路、高速公路、磁浮、轨道交通、地面公交、出租车等的功能于一体，开创了我国多种交通方式之间无缝衔接的先例。本文根据虹桥枢纽的工程建设，总结项目管理的经验与教训，希望对未来的大型枢纽工程的建设有所借鉴。

【关键词】 虹桥；综合交通枢纽；建设项目管理

1 项目特点

虹桥综合交通枢纽集中了各类交通模式，以及与之相关的配套设施，实现了土地资源、市政配套和城市环境资源的集约化使用。交通设施高度集成，不仅节地、节能效果明显，换乘也可集中在一个交通综合体中解决，消除了分散建设所带来的市内交通量。虹桥枢纽缩短了长三角经济圈的空间距离，使地区经济联系更加紧密，实现了以区域交通一体化促进区域经济一体化的目标。

虹桥枢纽遵循“功能即标志”的理念，建筑强调功能、流线的合理安排。通过“水平无缝衔接，垂直上下叠合”“三大层面、六条通道”“多出入口、多车道边”“五条轨道交通四个方向进入枢纽”以及“线路巴士、长途巴士等大载客率的公交在门前内侧车道边上下客”的建筑格局，巧妙地将每日110万人次旅客、56种换乘模式进行了整合，从而满足了旅客换乘的便捷和效率。枢纽功能分区明确，道路系统同向进出、单向循环，快慢分离。各设施模块水平贴临、垂直叠合、无缝衔接，为各种旅客提供最大程度的便捷换乘。

2 项目建设面临的课题

虹桥枢纽工程是一个复杂而巨大的系统，可以用3个字来概括，即“多、密、难”。一是项目数量“多”和参建单位“多”。虹桥枢纽工程包括8个紧密相关的项目群，多达46个项目，涉及12家主要投资主体和20多家建设单位与管理单位，另外还涉及20多家运营单位。枢纽工程建设先后共有上百家设计、咨询单位和科研院校以及几百家施工单位参加。二是“密”，虹桥枢纽的核心建筑在较小范围内集成了由多个业主投资的十多个单体建筑，总建筑面积约175万 m^2，其中地下建筑面积约50万 m^2，加上各种要素纠结在一起，工程施工时相互交叉，施工安排互为掣肘。三是“难”，枢纽建筑的施工时间不到3年，资金、材料、劳动力等要素投入非常大，不可预见的因素多，风险大，难度高。

虹桥枢纽工程作为一个由多个项目组成的功能一体化设施，地下、地面、地上几乎同时立体交错施工，如轨道交通虹桥2号航站楼站

---

1 王晓鸿，上海机场建设指挥部教授级高级工程师。

施工时必须面对地下东西向、南北向的轨道交通线穿越，以及地面道路、地上高铁虹桥站房、楼前高架等多项目施工的复杂环境。同时，虹桥枢纽工程在建设过程中还必须适时解决诸多的、少见而复杂的综合性问题，如征地和动拆迁、工程项目错综复杂界面的协调、各单体项目进度的协调平衡、复杂和动态的施工、总平面管理、施工期间的治安管理、汛期防汛排涝工作、施工区域的土方平衡等挑战。

2.1 投资界面、施工界面和运营准备界面复杂

虹桥枢纽工程界面错综复杂，特别是枢纽核心建筑。界面的复杂性体现在投资界面、施工界面和运营界面划分的复杂，如枢纽核心区高铁站房、机场 2 号航站楼及交通中心和楼前高架工程项目分属多个不同投资主体，但建筑结构上它们是相互关联对接的。京沪高速铁路公司投资建设的高铁站房部分位于由申虹公司投资建设的轨道交通虹桥 2 号航站楼站和相关线路结构上面；申虹公司负责投资建设的出租车道结构位于由京沪高速铁路公司投资建设的高铁站房下面；京沪高速铁路公司投资建设的高铁站房与由申虹公司投资建设的楼前高架连接成一体等。这些项目的施工界面不可能按投资界面划分，如果任由不同投资主体组织不同施工单位实施其本身投资范围内的工程项目，必定会产生巨大额外消耗，施工进度、质量和安全也得不到保证，有些工程甚至不可能完成。如何基于投资界面来对施工界面进行调整是一件十分困难的工作，它既要有利于工程施工优化，又必须平衡好各投资方的利益。另外，运营管理的界面也不能简单地按投资界面或施工界面划分，否则既可能影响枢纽整体运营的效率，又可能影响旅客使用的便利性，甚至影响运营的安全性。

2.2 多项目进度的协调平衡

虹桥枢纽工程围绕 2010 年 3 月 16 日虹桥机场扩建工程投入使用、2010 年 5 月 1 日世博会相关工程投入使用、2010 年 7 月 1 日虹桥火车站投入使用三大目标展开，各单体项目之间进度平衡错综复杂。虹桥枢纽工程许多项目之间相互依存、关系十分紧密，如 220 kV 变电站和相关供电线路工程的完成时间必须满足虹桥机场 2 号航站楼专业设备安装调试要求，雨污水、给水、电力、燃气、通信等管线铺设必须与市政道路进度一致。有些项目在建筑、设备或系统上属于一个整体，工程进行期间必须互相配合，但因空间限制，存在大量需及时协调进度和作业面交叉的情况。许多单体项目自身也十分复杂并具有很强的专业性要求，如火车站建设和机场扩建都必须符合相关行业标准，需按照自身规律来建设，再加上所有工程工期都非常紧，可供协调的弹性空间非常小。因此，如何协调平衡单体项目进度是虹桥枢纽建设面临的难题。

多项目进度协调的难度从组织上来看体现在虹桥枢纽工程所需协调的单位不仅数量多，而且分属在不同的行业系统中，如虹桥机场扩建工程属于民用航空业，高铁虹桥站及相关工程属于铁路运输业，220 kV 变电站和相关线路工程属于电力行业。许多项目行业特征明显，设计与评审方面都有特定的要求，行业验收

方面也有特定的要求。在协调这些项目进度的时候，必须充分考虑项目所在行业的特性以及建设模式的多样性，如高铁虹桥站及相关工程为京沪高速铁路公司负责投资建设，由铁道部和上海铁路局共同组建的上海虹桥站工程建设指挥部代建。

2.3 复杂和动态的施工总平面布置与管理

虹桥枢纽工程在约 26 km^2 的土地上密集施工，高峰期施工人员达 10 万人，施工总平面布置和施工总平面管理的复杂性不言而喻。施工总平面布置涉及施工临时用电、临时用水、临时排水、临时道路、临时房屋和设施等，若任由各家施工单位各自为政，势必造成秩序混乱，相互间产生大量的矛盾甚至冲突，以及重复建设和大量无谓耗费，更为要紧的是施工场地的矛盾会延误相关工程进度。因此，枢纽工程施工总平面布置需要从工程总体层次统筹规划，施工总平面管理也要从工程总体角度进行。如何实现有序、合理、安全以及兼顾各方利益的施工总平面布置和管理是枢纽工程建设面临的重要课题。

2.4 施工期间复杂的区域治安管理

虹桥枢纽位于闵行区、长宁区交界处，紧邻青浦区，在工程开工前该地区存在大量中小工厂，外来务工人员多，人员构成十分复杂，治安情况较差。在工程开工初期，工地上有大量房屋正待拆迁，治安形势十分严峻。建筑材料和施工器材被盗被抢、人员斗殴等治安事件时有发生，严重威胁施工环境的安全稳定。在工程的中后期，也有大量的治安问题待解决。这些情况单靠增加警力资源是行不通的，而且警力资源也是有限的。安全稳定的建设环境是保障虹桥枢纽工程顺利、有序、稳定推进的重要基础。确保施工人员的流动性与外围道路的通畅性、施工期间的治安稳定，也是枢纽工程建设面临的重要课题。

2.5 施工区域在汛期的防汛排涝

上海每年 6 月进入汛期，下雨天气较多、雨量大，而且在 7—8 月份还经常遭到热带风暴和台风的袭击。虹桥枢纽工程在近三年的施工期中，因老的排水系统要废止，新的排水系统尚未建成，要通过动态调整临时排水设施来解决排水问题，任务十分艰巨。特别是虹桥枢纽建设期间，虹桥机场一直处于繁忙的运营状态，防汛排涝工作若稍有不慎，影响到虹桥机场的正常运营，则后果不堪设想。

施工期间由于工期紧，地下、地面、地上不同工程项目同时立体化密集施工，防汛排涝工作若处理不好，一方面会造成已有设施的损毁，另一方面会造成整个工程进度的延误。例如，施工区域主要交通道路若一日被淹，多达上千辆施工、土方、建材车辆则无法正常进出，就会造成整个施工进程的停滞。由于项目投资主体众多且分散，无法由单个投资主体来承担枢纽工程整个施工区域的防汛排涝责任。虹桥枢纽工程必须解决由谁来承担枢纽工程施工区域的防汛排涝责任，以及由谁来对施工区域的临时防汛设施进行规划并实施的重大问题。

2.6 施工区域的土方平衡

对于一个巨型建设项目来说，如果经过精确的设计和计算，填挖方量基本平衡，尽量减少内运和外运的运输量，就能达到节约投资、减轻扬尘、减轻交通压力、缩短工期等目的。虹桥枢纽工程最棘手的问题之一，就是核心体建筑地下工程所产生的挖方。该地下基坑属国内罕见的超大体量深基坑，核心体建筑区域所包含的交通中心和高铁虹桥站地下工程产生的土方总量近千万方。如果交由各项目投资主体独立处理，高峰期每天需外运处理的土方量近3万方，不仅浪费大量的建设资金，而且会大大加重核心体建筑施工区域的临时交通负担，同时土方外运引起的道路破坏、扬尘、掉土问题将会对社会产生很大负面影响。在投资主体、设计和施工单位众多、各工程项目对土方的要求和工程进度不同的条件下，如何让枢纽工程做到土方平衡，包括工程实施过程中的动态平衡和最终的平衡，难度极大。

2.7 枢纽工程相关各方的利益平衡

虹桥枢纽工程建设的利益相关者包括枢纽动拆迁居民、虹桥机场扩建工程建设的相关单位、枢纽交通中心及综合配套工程建设的相关单位、高铁虹桥站及相关工程建设的相关单位、轨道交通2号线西延伸段和10号线建设的相关单位、磁浮专业工程建设的相关单位、枢纽公交站点及相关线路建设的相关单位等，以及枢纽电力、供水、燃气、排水、信息、邮政工程等专业配套建设相关单位，外围配套工程包括“一纵三横”建设的相关单位，周边区域居民和单位，等等。虹桥枢纽工程建设利益主体多，涉及面广，关系错综复杂。围绕虹桥枢纽工程项目，众多的利益相关者自觉或不自觉地在构建复杂关系网络，各相关方在其中相互作用、相互影响，交换信息、资源和成果。

虹桥枢纽工程交汇渗透了各方利益的诉求，必然存在着各种利益的矛盾和冲突。这些矛盾和冲突处理不好会对枢纽项目的进度、质量和投资产生重大影响。因此，如何以确保虹桥枢纽工程总进度目标实现为前提，处理平衡枢纽项目利益相关者之间的利益冲突，对工程最终的成功是至关重要的。要建立相应的组织机构来沟通和协调各枢纽项目相关者的利益。要让所有的枢纽项目利益相关者确信，只有虹桥枢纽项目达到既定的建设目标，各方的利益诉求才能真正实现。由此可见，虹桥枢纽工程需要强有力和健全合理的管理组织来做利益协调工作，以确保枢纽工程整体利益的实现和最大化。

有效沟通和协调各方利益必须贯彻于虹桥枢纽工程建设的整个过程，包括前期报批、前期动拆迁、设计、施工、验收、移交、运营准备和运营。其中最复杂的沟通和协调工作是前期的动拆迁工作以及投资、施工、运营等界面划分工作。另外，工程进展中的动态多变也给沟通和协调工作带来很大的困难。

3 项目建设管理的特点

虹桥枢纽工程有多个单体，围护结构同桩基的关系、同地铁盾构施工的关系，同磁浮线路施工、高铁车站、高铁线路等等的关系都必须系统考虑。需要统一策划，分阶段实施，尽量避免停航施工和减少立体交叉施工。枢纽核心区的航站楼工程和地下穿越工程是关键线路，其余项目按照制约、保障、配套分级管理。制约项目须随时关注，密切协作，关键是施工场地的时间、空间协调。保障项目须保证核心区工程道路、排水、供电、供冷、供热、排污等调试的要求。配套项目可同步或提前开工，提前使用。

3.1 总平面管理与资源调配

施工总平面既要满足工程的需要，服从总体规划，保障运行，同时也需要充分考虑施工的便捷和节约投资；一次规划，分期实施；临时设施与规划设施充分结合，节约投资；充分利用现有房屋、路网、水电等设施；生活区布置相对集中，便于管理；道路、材料堆场布置充分考虑材料运输和土方平衡，减少场内运输量。还需要考虑施工对于运行、对于周边居民的影响。

施工区域属于上海市水利排涝的“淀北片”，防汛能力未达标，而枢纽区更是最薄弱的地区，形势十分严峻。据有关资料，“99 梅雨”期间张正浦最高水位达 4.24 m，横沥港、周家浜多处漫堤，西郊动物园淹水，虹桥机场告急；2005 年“麦莎”台风期间，张正浦泵闸外水位达 4.48 m、新泾闸水位达 4.13 m，沿线许多市政雨水泵站被迫停机。横沥港是本区汇水、排水最重要的河道，但由于工程需要，横沥港部分河道必须填埋，而本区施工作业标高仅 3.9 m，施工排水无论如何重视都不过分！

核心区工程地下部分面积达 48 万 m^2，最大挖深达 30 m，挖土量近 400 万 m^3，预应力高强混凝土桩（PHC 桩）约 50 万延米、水泥搅拌桩 12.5 万 m^3、锚拉钢板桩 4 km、钻孔桩 50 万延米、混凝土总量达 73 万 m^3、钢筋总量达 11 万 t、地下连续墙长度达 4.2 km……如此多的单体、如此大体量的工程须在不足三年的时间内完成。同期施工的飞行区土方外运近 300 万 m^3、山皮石近 200 万 t……还有枢纽配套的其他市政工程也同期施工。施工道路必须进行系统思考、系统管理！

枢纽工程应在 2010 年上海世博会前完成，所有项目基本上同时大面积展开，需要大量机械设备的投入，如锤击桩架约 30 台、钻孔桩机 150 台、地下连续墙成槽机约 10 台、水泥土搅拌桩架 15 台、地基加固设备约 10 套、塔吊 70 台、其他吊机 30 台、出洞盾构约 6 台……而工程密集施工时间，又恰逢上海世博会及其城市配套工程建设高峰期，机械设备的资源调配、协调管理有较大的难度。

3.2 工程实施策划与总进度计划管理

工程实施策划作为项目实施的前瞻性研究工作，对项目施工具有战略性的指导意义。随着行业发展，施工技术及项目管理水平的不断提升，施工策划的价值越来越受到人们的重视。大型建设工程牵涉单位众多，施工策划旨在充分熟悉图纸的基础上，通过与项目各参与方的协调沟通，形成效益最大化的总体施工策划方案。施工策划在大型建设工程中的角色及作用非常关键。

核心区工程于 2006 年 12 月 28 日开工，2009 年 3 月虹桥机场 2 号航站楼投运、7 月高铁沪杭线通车。核心区同周边的楼前高架、磁浮线路、高铁线路、轨道交通线路等项目一起构成一个互相配合的、有机的多层立体体系，需根据各个子系统的进度计划及关键线路，确定总进度计划及关键工序。需做到规划、设计、招标、施工、安装、调试、运行等各阶段配合一致，以及建筑、土建、设备、信息、装饰各专业配合一致。从整体来看，计划除了需要在枢纽工程系统内配合一致外，还需要与周围大市政配套计划配合一致，例如水、电、煤气、高速公路、轨道交通等的接入。

总进度计划要实现两个协调：一是土建、安装、信息等各个专业的协调；二是与周围大市政配套计划的协调，如水、电、煤气、通信和市政道路的协调。机场还要实现与轨道交通、高铁、空管、航油的协调。总进度计划不可能一蹴而就、管用终身，必须要进行动态调整，一般半年调整一次，要有一个对总进度计划进行维护的班子，对总进度计划进行优化和细化。

3.3 界面管理

虹桥枢纽工程由多家专业设计单位同步开展各项目的规划及设计工作，为了确保工程的系统性、统一性和完整性，除了各单体、专业的规划设计外，必须进行总体上的协调、管理和系统集成，如航站楼、交通中心、磁浮车站分属民航机场坐标系、轨道交通城市坐标系和磁浮线路坐标系等不同的坐标系统，系统本身存在误差，必须重视。虹桥枢纽确定有设计总包单位、确定了一家测量单位，做好了以下技术接口和设计标准的管理：①指挥部制定了各项目之间的技术接口和对接方式；②设计单位编制了多项《设计标准》，如《建筑设计统一技术标准大纲》《室内设计标准大纲》《标识设计标准大纲》等，在技术协调中取得了显著效果；③签署《合作设计备忘录》，明确了相关设计院的工作界面及分工。

3.4 以运行为导向的工程建设管理

建设是运营的基础，运营是建设的目的。枢纽建设指挥部组织运营单位参与了设计方案讨论、可行性研究、扩初设计评审和施工图审查、验收等工程建设的全过程。在工程建设的不同阶段，指挥部组织运营单位参与了工程设计及施工的回头看，不断优化设计及施工方案，过程中还聘请了国内外专家一同参与。指挥部组织运营单位参与了工程竣工验收、专项验收和行业验收，并根据运营单位意见进行了整改。工程交付包括管理移交、工程接收、资产移交三个阶段，指挥部组织枢纽运营各方和社会各方参与了模拟运行，并根据各方建议进行了优化。指挥部还将其技术骨干转入运行一线岗位，组织设备厂商和施工单位保驾护航。

3.5 质量安全管理

虹桥枢纽工程实施了样板及首件引路制度。该制度为强化质量意识、规范施工管理、对不成熟工艺进行补充和完善，为大面积施工起到了保障作用。指挥部工程项目开工坚持“三不准”原则，严把工程开工关。“三不准”即监理大纲和监理细则没有编制、审核和交底不准开工；施工组织设计或专项施工方案没有编制、审核和交底不准开工；样板段未实施或未经验收不准大规模开工。指挥部严格开展关键工序的质量管理，加强对关键工序及部位的旁站：列出详细的旁站部位与工序清单，列出相应的控制点及旁站检查内容。加强对隐蔽工程及质量节点验收把关，一道工序不合格，不得进入下道工序施工，使问题在施工过程中能及时得到解决。同时抓关键技术、工艺的技术攻关，新工艺的质量标准制定，如清水混凝土、大型钢结构的验收标准制定。严格问题的“闭环”处理，过程检查发现问题，签发整改单或书面汇报；督促施工单位整改，并必须做到“闭环”处理；分析原因，总结经验，应用于新一轮质量问题的预防。以质量评比和立功竞赛为动力，调动质量管理积极性，虹桥枢纽工程作为上海市重大工程开展“立功竞赛”，宗旨为“建一流工程、育一流人才、出一流思想”，各参建单位通过参与立功竞赛，增强了质量意识，提高了质量管理素质，取得了很好的效果与成绩。

3.6 科技先行解决重大技术难题

虹桥枢纽工程重视科技攻关，以科技创新支撑工程建设。指挥部通过上海市科委立项、单位自筹等形式开展了开发策划与规划技术、机场信息系统、枢纽绿色策略与节能技术、枢纽防灾与应急技术、地下工程关键技术等的研究。虹桥枢纽规划方案和虹桥机场规划节约土地 8 km^2，节约配套投资近 20 亿元；虹桥机场绿色建筑策略研究实现节能 65%；虹桥枢纽综合防灾系统建设提高了枢纽防灾能力，实现了枢纽大灾不坏、中灾不停、小灾不乱的目标；盾构穿越机场飞行区研究指导轨道交通 10 号线、轨道交通 2 号线、仙霞西路实施，减少线路长度近 2 km，为我国类似机场地下穿越规划和实施提供了参考；大面积地下工程关键技术研究节约投资近 3.5 亿元，节约工期 12 个月，确保了基坑实施安全。

指挥部牵头的“飞行区地下穿越工程技术研究与实践”获民航科技进步一等奖，“虹桥综合交通枢纽综合防灾研究”获民航科技进步二等奖，“大型航站楼机电集成技术开发”获民航科技进步三等奖，“虹桥综合枢纽规划建设运营一体化防灾关键技术集成及应用”获上海市科技进步二等奖，并完成了《上海空港虹桥系列丛书》10 册的出版。

3.7 组织管理

虹桥枢纽建设组织架构分为领导小组、工作小组、指挥部或法人单位。工作小组的领导一般也是指挥部的主要领导，小组成员是领导小组单位的具体责任部门或单位。总指挥是常务副市长，方便调度政府各有关部门的资源协同。

指挥部按块设置工程部、按条设置职能部门，各部门之间的管理界面是指挥部管理的重点。工程部的人员组成采用“3＋3＋3”模式（有经验的工程管理人员、有运行管理经验的年轻管理人员、运行单位新招的毕业生各占 1/3），这种模式可以缓解工程管理人员紧缺的压力，也为运行人才的培训创造了很好的舞台。现场管理以区域划分，而不以专业划分，每个人的管理范围不超过 20 万 m^2（半天能够全面巡视完成），以减少管理的界面。

现在越来越多的机场航站楼、交通中心采取总承包的管理模式，合同金额越来越大，但是对于总承包的组织架构，特别是项目经理约束不足。由于虹桥枢纽工程专业过于复杂，指挥部明确总包项目经理的资质后，又明确了机电安装、钢结构、幕墙、装饰等专业的项目副经理。在二次招标的幕墙、精装修等的标段划分中，充分考虑了减少管理界面、降低管理强度、营造竞争氛围等因素。

4　结语

无论从哪个角度看，虹桥综合交通枢纽工程的建设管理都是非常成功的，这是一个成功的项目管理案例。

项目建设管理重要、运行管理更重要，建设与运营一体化一直是我们追求的目标！

参考文献

[1] 刘武君. 综合交通枢纽规划[M]. 上海：上海科学技术出版社，2021.

[2] 上海虹桥综合交通枢纽工程建设指挥部. 虹桥综合交通枢纽工程建设与管理创新研究与实践[M]. 上海：上海科学技术出版社，2011.

虹桥综合交通枢纽建设与运筹进度管控

陈建国[1] 唐可为[2]

【摘要】 在虹桥综合交通枢纽的建设过程中，针对由复杂整体性而涌现的传统进度管理方法难以应对的问题和挑战，工程建设指挥部开展了建设与运筹进度管控的研究和实践，取得了显著成效。本文对该案例进行研究和总结，探讨了总进度计划整体性系统方案及其综合管控整体性实施方法，阐述了建设与运筹进度管控的具体做法和实践过程。基于实践总结，本文对进度管控理论和应用方法进行了再思考，讨论了总进度计划及其综合管控在处理超越组织边界、超越项目边界等复杂整体性问题时有别于一般进度管理的本质问题和方法。

【关键词】 虹桥综合交通枢纽；复杂系统管理；进度计划；综合管控

1 引言

大型交通基础设施一般为复杂性重大工程，其复杂性主要体现在工程的技术、过程、环境和组织等的复杂性及其交叉融合的整体复杂性。对于此类工程，进度管理往往成为工程管理高层组织指挥调度推进建设实施的核心工作。这是因为从一定角度来看，工程建设的组织、安全、质量和投资等发生的问题均会反映到工程进度上，以进度管理为核心就抓住了大型复杂工程管理的纲。与一般工程的进度管理问题相比，大型基础设施工程的复杂性问题更是表现出复杂整体性特征，传统的进度管理理论与方法显得单薄，如何应对和解决这类问题是工程进度管理所面临的一个新的挑战。

虹桥综合交通枢纽是集各种交通方式于一体的超大型城市基础设施，其构想于 2004 年提出并开始项目策划，2007 年 4 月正式打桩开工，要求在 2010 年 3 月（上海世博会开幕前）投入使用。虹桥枢纽工程是一个巨型复杂系统，建设过程中系统内各子系统之间、系统与外部环境之间存在巨大的物质、能量、信息等的交换，各类建设资源和要素的投入强度空前，尤其是要在三年时间内完成如此复杂的超大型工程，似乎是一个“不可能完成的任务”。对此，虹桥枢纽工程建设指挥部（简称“建设指挥部”）积极应对，委托同济大学进度管理专业小组（简称“进度小组”）开展工程建设与运营筹备（简称“运筹”）的进度管控，实现了项目投运目标，被誉为“创造了奇迹”。

虹桥枢纽建设与运筹进度管控的研究与应用，为深度探索重大基础设施工程实践的持续发展中所涌现出的复杂整体性导致的一系列问题，研究实现超越组织边界、超越项目边界的管理应用工具，提供了有益的实践和经验积累。

---

1 陈建国，上海瑞科同航工程咨询有限公司教授。
2 唐可为，同济大学复杂工程管理研究院教授。

2 虹桥枢纽工程复杂性问题挑战

2.1 虹桥枢纽工程概况

虹桥枢纽由紧密相关的 8 个项目群组成，单体项目多达 46 个(图 1)，其中的核心体建筑东西向布局，由虹桥机场 2 号航站楼、东交通中心、磁浮虹桥站、虹桥火车站、西交通中心等构成，建筑面积达 150 万 m^2。

枢纽工程涉及主要投资主体 12 家、建设单位 20 多家以及运筹单位 20 多家，参建的设计、施工、供货和咨询单位达几百家。由此，形成各类界面，包括投资界面、工程界面、管理界面、设计界面、施工界面和运营界面等(图 2)，各界面交织重叠，其复杂性给建设与运筹的进度管理带来巨大挑战。

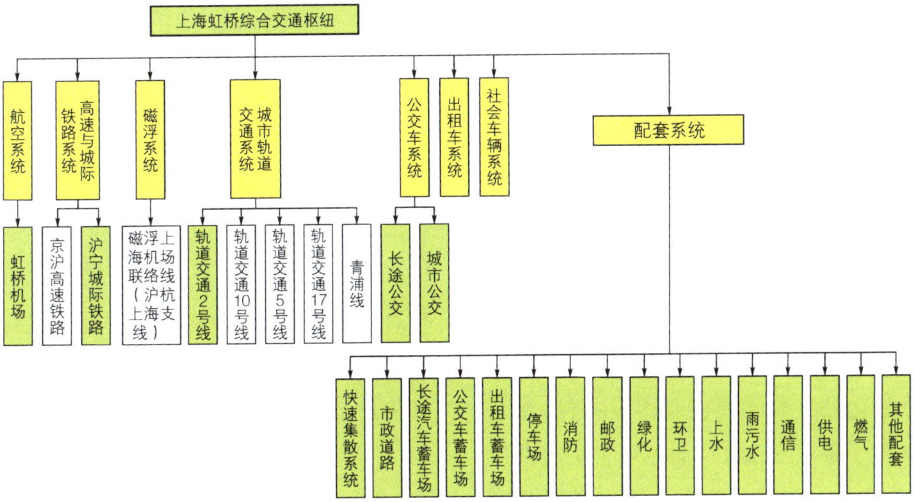

> **图 1** 虹桥综合交通枢纽汇集的交通方式及配套系统

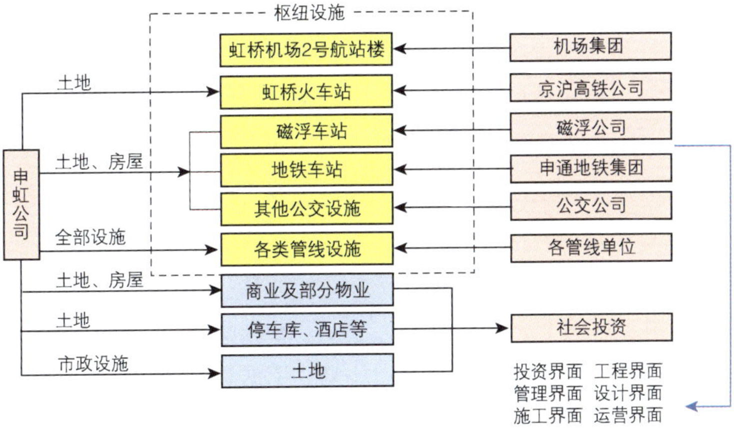

> **图 2** 虹桥综合交通枢纽投资主体分工示意图

2.2 工程进度管理及问题分析

虹桥枢纽工程的复杂性对建设与运筹管理组织的结构、内部过程及管理决策影响极大，是影响组织发展的重要变量，表现出多样性、动态性、变异性和不可预见性等组织特征。进度推进中将数量繁多的独立个体单位和机构协同关联，并组织起来实现工程总进度目标，需要非常大的管理强度。而传统的进度管理方法，所依据的主要还是还原论思维，即通过工作分解结构和责任分解结构将复杂工程分解，由相关主体按分解结构各自编制进度计划、分别自主分散地按计划实施项目并开展进度控制。

从各个建设和运营主体的视角，各自编制的进度计划看似科学合理，均能满足各项目进度目标；在计划执行和控制中，各主体又往往是根据理想化最有利的环境和边界条件，将自己的计划置于最优先地位加以执行并对进度加以控制，彼此间的进度信息沟通和矛盾处理缺乏统一紧密的统筹协调。由于虹桥枢纽工程为一整体系统，各单体项目间相互依赖，以互为存在和协同为前提，加之建设工期的要求特殊，导致如此巨大复杂工程实施的不确定性和不可预见因素剧增。如果缺乏复杂系统思维及其应用工具，就难以从整体上对各项目进度进行统领协同，协调各项目向着同一方向发展。由此，在工程整体推进过程中，各主体各项目之间非线性相互作用之后的非常规进度问题和矛盾就会涌现出来，投运目标的实现存在极大风险。

面对这一重大挑战，工程进度管理问题必须用整体论思维来研究，考虑各主体各项目间具有不确定属性的相互作用，需要创新的管理理论和应用工具。由此，为确保虹桥枢纽投运目标的实现，建设指挥部引入进度小组进行专项研究和创新实践，开展虹桥枢纽建设与运筹总进度综合管控。

进度小组自 2006 年 6 月开始工作，至 2010 年 3 月 16 日虹桥机场 2 号航站楼通航投入使用，开展了颇具成效的进度管控工作，核心就是计划和控制，具体为进度计划整体性系统方案的研究设计、进度管控整体性实施方法的研究和应用等。进度小组的工作任务就是对进度信息进行收集、加工、处理和提供使用，工作成果是提供如进度月报和各类专题报告等多种有价值的报告，为建设指挥部进度综合管控提供决策支持，进度小组因此成为枢纽工程进度信息集成中心。

3 虹桥枢纽工程总进度计划整体性系统方案

针对多界面多维交互整体复杂情景下的进度管理问题，要融合建设与运筹，统领和平衡投资、建设、运筹、设计和施工等众多参与单位的工程进度，确保总进度目标顺利实现，就需要对进度管理思想和实施路径、计划编制方法与技术等按整体论思维进行再思考和实践运用。

3.1 总进度综合管控计划理念

总进度综合管控，首先必须编制总进度计划。依据总进度计划，进度的跟踪控制才能真正有效地开展。编制总进度计划和构建进度计划体系，就是对建设与运筹作出合理安排和部署，统筹、协调、匹配、平衡各参与单位的计划，使建设与运筹各项工作能够有序高效地开展。

以整体论思维观察，虹桥枢纽的建设与运筹是互相关联、相互作用的整体，工程建设与运筹同属于枢纽工程系统的重要组成部分，运筹工作需融合于工程建设的全过程。进度小组深入研究分析了建设与运筹之间的关系和规律，认为虹桥枢纽的建设离不开运营需求的引导，运筹离不开建设的支撑，建设应以运营为导向并与运筹相融合进行一体化管理，总进度综合管控计划的编制必须基于建设运筹一体化理念。

3.2 虹桥枢纽工程进度计划体系

针对枢纽工程的复杂整体性特征，进度小组以总进度计划为核心构建进度计划体系（图3），即将为建设与运筹活动服务的各类计划分为不同的层次，同层次进度计划之间须相互配合一致、不同层次进度计划之间也须相互协同一致，且都须服从于总进度计划，如此构建形成指导工程整体有序实施的进度计划系统。

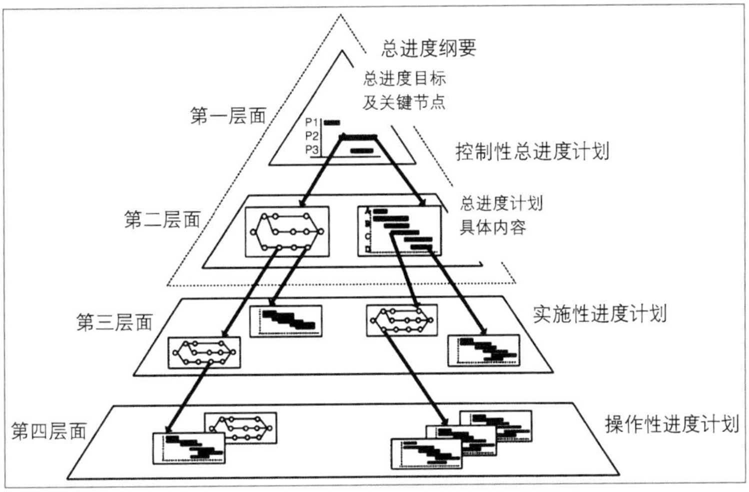

> **图3** 虹桥枢纽工程进度计划系统

其中，控制性总进度计划包含总进度纲要（总进度目标及关键节点）和总进度综合管控计划，总进度综合管控计划处于进度计划体系的核心位置，是总进度纲要的进一步细化。2007年8月，进度小组编制完成了《上海虹桥综合交通枢纽总进度纲要控制节点》，并于2008年1月、10月和2009年7月进行了三次修订，通过对重要界面节点的系统梳理和综合平衡，形成了81个关键控制节点。

3.3 总进度综合管控计划编制过程

为编制总进度综合管控计划，进度小组开展了多场现场访谈，与各参与单位直接交流和讨论，对工程进行深度理解并收集基础数据和信息，完整了解与掌握工程的基本特征和状况。针对工程的复杂整体性特征，进度小组运用多阶网络计划理论以多层次、多角度和全覆盖的计划模板对工程进行降解和细化，全面梳理建设与运筹以及各类专项工作等进度计划的内容，进行综合平衡。

总进度综合管控计划的编制是一个全面梳理、系统安排和反馈调整的过程，是将总进度目标进行层层深化，突破组织边界、项目边界将各主体各项目有机衔接与融合的过程，其实质是将虹桥枢纽建设与运筹的管理思想和思路具体化，并体现在进度计划的编制步骤中。

3.4 总进度综合管控计划综合平衡

在虹桥枢纽工程总进度综合管控计划形成之初，在同层平面不同主体或项目的进度计划之间以及不同层面进度计划之间不可避免地会产生矛盾和冲突。因此，进度计划的编制，并不仅仅在于确定计划的各项时间参数等，更重要的是要通过对工程建设全过程模拟仿真来发现问题、暴露矛盾，将进度计划做平衡。或者说，计划的综合平衡就是提前处理、解决项目未来推进中的问题、冲突和矛盾的过程。

由此，进度小组对进度计划中的矛盾和问题进行系统梳理及深入分析（表1），确定问题的真正症结所在，提出平衡进度计划的解决方案或方法。根据问题的性质及难易程度，进度小组会同问题涉及单位协商讨论，若难以解决则逐层提级协调，直至呈报建设指挥部高层进行决策。

表1 总进度计划问题梳理表（空白模板）

序号	所属范围	问题在工作分解结构（WBS）中的定位或名称	问题描述	关联部门	协商（协调）时间和结果

解决了进度计划编制过程中发现的矛盾和问题，或有了解决的方案或方法，使进度计划能够平衡后，再经关键节点的提取和计划责任的分配，运用 Primavera P6 进度软件编制，获得平衡的总进度计划就成为正式的虹桥枢纽工程总进度综合管控计划，其中的交通中心及相关项目总进度计划（部分）如图4所示。

4 虹桥枢纽工程总进度综合管控整体性实施方法

在总进度计划编制完成后，进度小组的工作重心就转移至建设与运筹实际进度的跟踪控制上。

4.1 进度计划执行过程综合管控方法论

进度计划在执行中，会受到各种因素的影响和干扰，相应环境和边界条件也可能发生变化，因此必须对工程实施过程进行控制。总进度综合管控，核心也是发现问题，揭示和暴露建设与运筹实施过程中存在的进度问题和可能的进度风险。

要确保总进度目标的实现，总进度综合管控需要构建进度动态控制体系，被动控制和

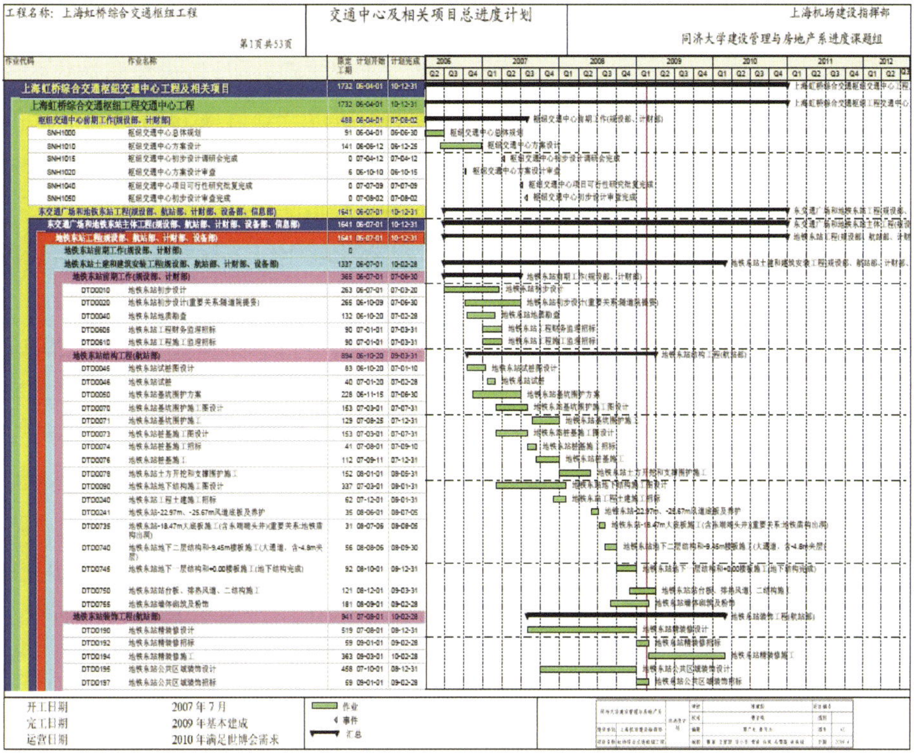

> **图 4** 虹桥枢纽交通中心及相关项目总进度计划示意(部分)

主动控制并重。被动控制是一个动态循环过程,是根据工程实施过程中时间和空间上主客观环境与条件的变化而进行的实时实地控制,即定期或不定期将工程的实际进展与进度计划进行比较,若发现进度偏差,就应及时采取措施进行纠偏。此外,还应开展主动控制,即及时进行进度预警,立足于事先采取预防措施,以尽可能减少或避免进度偏差的发生。

4.2 虹桥枢纽工程进度信息及其控制体系

进度计划执行过程综合管控的基础是信息,进度小组以信息技术为手段,对虹桥枢纽工程的各类进度信息进行收集、加工、处理和提供使用,用经过处理的信息流指导和控制工程建设与运筹的物质流。

虹桥枢纽工程的进度计划信息,包括总进度目标、子项目目标、关键控制节点、各主体各项目进度计划、各阶段进度计划等信息,不同层级不同维度的进度计划信息是工程有序实施和高效推进的基础,也是总进度综合管控的依据。进度计划的执行情况以及工程实际进展的相关信息,是进度小组通过数据收集、核查、处理后得出的，再经进度实际值与计划值的比较分析，可以获得进度偏差信息以及进度风险信息。

虹桥枢纽工程进度综合管控动态信息处理控制体系的主要功能包括信息收集、信息加工和信息服务。动态信息处理的内容，主要是目标跟踪控制动态信息处理、巡查与查验复核动态信息处理、管控实施与过程绩效评测动态信息处理、进度预警与风险管控动态信息处理、管控数据呈现与报告动态信息处理以及其他相关信息的处理。由此，进度小组成为虹桥枢纽工程总进度综合管控有效运作的神经中枢系统。

4.3 总进度综合管控信息动态处理

基于信息处理控制体系，进度小组通过虹桥枢纽建设与运筹实际进展信息的收集筛选、加工比较、分析反馈、成果呈现等工作的不断循环，全面精确地测量进度，准确把控工程的进度状态。

进度管控信息的收集是进度小组根据进度信息的多渠道、多形式和多方来源的特征，采用结构化和非结构化相结合的方式完整地收集信息。进度小组对收集到的进度信息进行复查核实，保证信息的完全准确和无缺漏等，包括工程现场的巡视检查，主要是对各区域各工程的关键控制节点及重点工作的实际完成情况进行巡查复核；通过走访、与现场相关人员交流等，多途径核对原始数据和信息。进度管控信息的分析是利用多种统计分析手段及对比分析方法处理各类进度数据，通过统计关键控制节点的完成情况来计算各类进度指标。

4.4 进度管控信息呈现与决策支持

工程实践表明，目标控制措施的制订和决策与对进度计划信息、实际进展信息、问题和风险信息等的掌握与否密切相关，工程越复杂，掌握信息对正确地决策越显重要。

在虹桥枢纽工程实施过程中，进度小组及时将进度管控信息分析和处理结果以各种进度报告的形式呈现和发布，将复杂的进度信息浓缩和提炼成简洁直观又不失全面的书面报告，或在工程例会及相关专题会议上进行专项报告，及时呈现所发现和揭示的进度问题与风险，为建设指挥部管理高层的管控协调、调度和决策提供支持。进度小组完成和提交的成果和产品主要有：《上海虹桥综合交通枢纽工程总进度纲要控制节点(81 个节点)》、《上海虹桥综合交通枢纽工程综合工作计划》、《上海虹桥综合交通枢纽交通中心工程及其他申虹委托建设项目进度跟踪与管理月度报告》(图 5)、《上海申虹投资发展有限公司虹桥综合交通枢纽

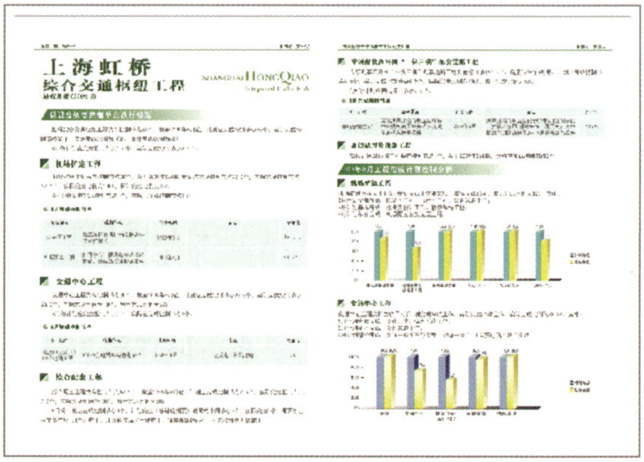

> 图 5　虹桥枢纽工程进度月报范本

项目工程投资和建设完成情况月度报告》(图6)、《上海虹桥综合交通枢纽运营准备工作进度跟踪与管理月度报告》、《虹桥机场扩建工程和虹桥综合交通枢纽交通中心工程风险管理报告》等。

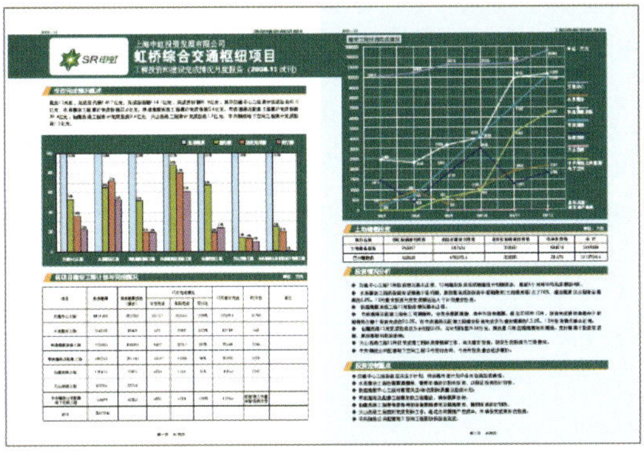

> 图 6 虹桥枢纽工程投资月报范本

5 虹桥枢纽建设与运筹进度管控的作用

虹桥枢纽工程进度管控的研究与实践,使建设与运筹进度始终处于协调一致、整体推进的状态,取得满意效果。2010 年 3 月 16 日虹桥枢纽相关交通设施及各专项配套项目同步投入使用,实现了似乎是难以完成的目标。至此,进度小组共编制了各类进度计划 35 项,参加进度会议千余次,形成会议纪要上千份,进行有关进度情况的汇报、讲评和风险评估 50 多次,编制各类进度月报 71 期,进度小组的工作对总进度目标的实现起到了关键性作用。

5.1 总进度综合管控计划的作用

进度小组研究编制的总进度计划,重点梳理了各主体各项目所对应的各种工作计划在整体推进中的关键线路和界面问题,实现了不同计划之间的统筹衔接。

(1)“抓手”和“龙头”作用。总进度综合管控计划是建设指挥部推进各项工作的“抓手”,也是所有参与单位各类计划的“龙头”计划,是整体性、综合性和控制性的“一盘棋”计划。

(2)深化细化总进度目标。总进度综合管控计划的编制,通过多层次、多角度、全覆盖的结构化降解体系对“2010 年 3 月投运”的总进度目标进行了深化和细化,细化前期准备、建设、验收及移交、运营筹备工作等节点目标。

(3)科学地找出了关键路径及理清了复杂的界面关系。通过广泛调研和访谈、结合反馈分析、运用理论方法等梳理出关键线路,提取关键性控制节点,明确了虹桥枢纽工程区域内外各投资主体、建设(管理)单位、运营(筹备)单位及其他相关部门的任务书和时间表,推动各参与单位间的相互沟通配合,积极协调解决跨组织跨项目的界面问题。

5.2 总进度跟踪控制的作用

(1)即时全面精确地测量进度状况。进度小组依据总进度综合管控计划,对各参与单位每个节点的实际进度都进行了精确及时的测量。与各单位保持紧密联系,及时获取进度信息;在各单位报送数据基础上,采取一致性检查、现场巡查和访谈等形式,对实际进度加以复核。经精确测量的各种进度数据,用以支持建设指挥部对工程进度的精确判断及精准调度。

(2)即时全面精确地定位进度问题和进度风险。进度小组利用多种手段对建设与运筹工作过程中的问题和风险进行了梳理。根据总进度计划对关键控制节点进行分析,对可能滞后的工作进行预警；通过巡查发现潜在的隐患和风险，分析影响进度的关键问题；基于以往的经验，指出各阶段可能存在的问题，提请建设指挥部关注和重视，有效规避相关风险。

(3) 科学地提出应对措施和建议。进度小组通过每月一期的月报和重大问题的报告制度，及时准确地向建设指挥部报告工程各方面的推进情况、存在的问题、纠偏措施的建议、重大风险及对策等。总进度综合管控全面支持建设指挥部管理高层全面了解情况，清楚掌握全局重点，为调度决策提供支撑，使工程整体进展始终处于可控状态。

6 进度管控的实践讨论与理论思考

通过虹桥枢纽建设与运筹进度管控的实践总结，我们可以看到基于整体论思维的多界面多维交互复杂情景下的进度管理问题解决方法的有效性价值，由此引发重大复杂工程进度管理问题包括管理思想、管控理念、实施管控路径、管控技术方法等的再思考。

6.1 建设运筹一体化的理念与思维

目前，许多重大基础设施建设与运筹之间相分离，工程建设期间往往只注重建设进度，缺乏运筹工作进度的计划及管理，或两者的计划相割裂，影响项目最终投运目标和交付价值的实现。按整体论思维，建设与运筹的终极目标是一致的，两者既关联也有矛盾，建设运筹一体化是要将工程建设与运筹进行高度融合，以实现建设和运营的无缝对接。

交通基础设施建设的最终产品是用来运营的，运营需求是交通基础设施建设的依据。因此，建设必须满足设施运营的功能要求和使用要求。在建设过程中，设施建设与设施运筹互相关联、相互作用，设施运筹工作融合于工程建设全过程。设施运筹可以为设施建设全过程提供并完善运营需求，工程建设可以逐步为设施运筹工作提供实物环境和条件。因此，建设离不开运营需求的引导，运筹离不开建设的支撑，建设应以运营为导向，与运筹相融合。

研究表明，在建设前期，建设任务量总体上大于运筹任务量；随着工程建设的推进，运筹任务量不断增大，而建设任务量逐步减少，直至工程建设完成投入使用，进入运营期。基于建设运筹一体化目标适应性优化路径的研究，开展工程总进度综合管控，需将建设运筹一体化理念贯穿于总进度目标确定、总进度计划编制、进度过程跟踪控制和管控机制建设等各方面，实现建设与运筹工作的整体优化。

6.2 进度综合管控计划的深度理解

传统意义上的项目进度计划，难以处理重大交通基础设施及其建设所具有的复杂整体性和多样多态性等系统属性问题，往往造成各主体各项目以及不同层面进度计划间的矛盾和冲突。对此，必须从复杂系统理论和整体论视角，理解和研究能统筹控制一切工作并使其互相平衡的总进度综合管控计划，构建各主体各项目互相匹配协同的进度计划体系。

针对重大交通基础设施建设与运筹的特征，项目群多阶进度计划体系的构建，应设立多层面计划框架，不同层级计划之间、同层级计划之间相互协同一致。总进度综合管控计划是进度计划体系中超越组织边界、超越项目边界的最重要、最核心的计划，其直接为工程管理高层的总进度综合管控服务。

总进度综合管控计划的编制，不仅是对各项工作作出时间安排的过程，更是发现问题、暴露矛盾并加以解决的过程，即总进度计划创建后的调整与平衡。这是各参与单位思考未来可能出现的问题并提前解决矛盾冲突的过程，是保证总进度综合管控计划未来可实施性的基本工作。这种把问题的复杂性分解到方案生成过程中的多个阶段，采用多次适应性迭代形成方案序列逼近问题最终解决的方法，既体现了主体的复杂性降解准则，又体现了适应性选择准则。因此，总进度综合管控计划编制的过程和结果同样重要。

6.3 进度综合管控技术及其本质思考

工程建设在按总进度综合管控计划实施过程中，存在影响和干扰工程推进的各种因素，且各类主客观环境和条件的变化是绝对的，由此不可避免地会造成进度偏差。因此，需要对进度计划执行过程进行综合管控。

进度计划执行过程的进度综合管控，核心是发现问题，即揭示和暴露工程建设与运筹实施过程中存在的进度问题和可能的进度风险。这就需要研究基于工程特点的大型复杂项目群进度动态监测和目标跟踪模型、多层级多维度的总进度计划执行管控技术和风险预警分析技术、基于多源信息解析聚合的总进度管控决策支持技术等。

按照控制理论，控制的基础是信息，为了“改善”某个或某些受控对象的功能或发展，需要获得并使用信息，以这种信息为基础而选出的于该对象上的作用，就叫作控制；信息反馈也是控制论中一个极其重要的概念，一切信息传递都是为了控制，任何控制又是依赖于信息反馈来实现的。运用于重大复杂工程总进度综合管控，计划是通过编制总进度综合管控计划而提供“计划信息”；控制是通过在总进度综合管控计划的执行过程中数据的不断收集和分析来提供“控制信息”，并将其反作用至工程实施的全过程当中。如此，通过“计划信息”的牵引和“控制信息”的动态循环反馈来为进度综合管控活动提供决策支持。

7 结语

虹桥枢纽建设与运筹的总进度综合管控，是面对重大工程复杂整体性问题导致进度管理的难题和挑战，基于复杂系统管理理论和整体论思维所开展的研究与实践，其对虹桥枢纽工程按预定目标正式投运起到了重要作用。本文主要对虹桥枢纽建设与运筹进度管控实践进行总结，阐述了进度管控的具体做法和实践过程。基于实践总结，本文对进度管控相关理论和应用方法进行了再思考，讨论并揭示了总进度综合管控计划及综合管控在处理超越组织边界、超越项目边界等复杂整体性问题时有别于一般进度管理的本质问题和方法。本文的总结和探索，丰富了对重大复杂工程进度管理问题的深入研究，对于重大交通基础设施工程进度管理问题的解决和管理实践具有较强的参考应用价值。

参考文献

[1] 乐云,胡毅,陈建国,等.从复杂项目管理到复杂系统管理：北京大兴国际机场工程进度管理实践[J].管理世界,2022,38(3)：14.

[2] 陈建国,贾广社,唐可为,等,虹桥综合交通枢纽项目进度总控的探索与实践[M]//工程管理年刊2011.北京：中国建筑工业出版社,2011：67-80.

[3] 陈建国,张林煦,唐可为,等.基于建设运筹一体化的北京大兴国际机场工程总进度综合管控计划研究[J].项目管理技术,2021,19(6)：88-94.

[4] 陈东方,徐肖海,蒋艾丽,等.基于P3e/c的虹桥综合交通枢纽工程总进度计划[M]//上海空港(第9辑).上海：上海科学技术出版社,2009：57-60.

[5] 陈建国,董伊静,唐可为,等.北京大兴国际机场总进度综合管控信息动态处理研究[J].民航学报,2021,5(4)：36-42.

虹桥综合交通枢纽结构美学实践

周 健[1]

【摘要】 除保证建筑物安全的基本功能外，结构也是建筑效果的有机组成部分，具有美学欣赏价值。基于建筑结构一体化的理念，本文首先从旅客的视角，沿着虹桥机场2号航站楼的出发流程和到达流程，对虹桥交通枢纽中的结构美学实践成果进行观察和评估；然后对虹桥机场1号航站楼改造中A、B楼立面和办票大厅内部空间的结构建筑学的探索进行了分析。最后得出“本真、简洁、精致”的结构特质符合虹桥枢纽的总体风格，并为建筑空间品质的提升提供了有力支撑的结论。

【关键词】 结构美学；建筑结构一体化；本真、简洁、精致；虹桥枢纽

作为支撑起整座建筑的受力骨架，结构的首要功能是保证建筑在正常使用状态和地震大风等极端条件下的安全工作。同时，作为组成建筑的最基本的元素，结构构件在建筑空间中的视觉存在是无处不在的，处理好受力需求与外观表达这二者关系的结构不但可以成就建筑之美，还可以通过建筑展示出结构自身之美；反之，二者关系处理不当，建筑和结构的效果都会受到伤害。建筑与结构的这一共生关系可以用一个合成词 Archi-neering 来形象地描述，中文将其译作“结构建筑学”。

结构的美可以通过建筑的宏大形态来轰轰烈烈地展示，像大多数门户建筑选择的那样；也可以通过对优雅空间中细部节点的精致呈现，润物细无声地传达给使用者。何种选择取决于设计者希望建筑具有怎样的气质。

对于虹桥综合交通枢纽这样的超大型综合交通枢纽建筑，从使用功能考虑，对结构的空间尺度有一定要求，但并不是很高，八九十米的大跨结构可以，三四十米的中等跨度结构也完全不影响使用。早已跨过了要靠增加一座标志性建筑来彰显自身存在感的历史阶段的大上海，建筑功能的实用高效和人性化体验成为规划者最为看重的特点。因此“功能即标志”成为其设计的宗旨。于是，摒弃对高大复杂空间的追求，采用平直朴实的建筑形象，以精致的细节表达展示建筑品质成为建筑设计原则。结构设计在这一整体原则下，也不进行宏大的结构体系展示，而是配合建筑功能的需求选择高效的结构布置，同时力求通过细部的处理展示结构的理性之美。

我们曾尝试总结出用“本真、秩序、有机、通透、异规、简洁、精致、极限”这八个关键词来描述结构表达的各种不同气质。其中“本真”是指展示完整清晰的结构逻辑；“简洁”是指简化层次，使外露的结构元素表现得纯粹、洗练，或是把结构与建筑要素融合，实现结构构件的消隐；“精致”是指对构件和节点精致性的展示，这三

1 周健，华东建筑设计研究院有限公司结构总工程师。

种气质最符合我们对于虹桥枢纽的期待，结构设计中也力求通过结构展示传递出这些信息。

没有设计特别高大的空间，结构构件大都处于可近距离观察的范围，虹桥枢纽的结构是可以让旅客感受的。下面我们以一个普通旅客的视角，沿虹桥机场 2 号航站楼的出发流程和到达流程，来体验和评估沿途的结构之美。

1 旅客出发流程

假定一个雨天，你搭出租车在 2 号航站楼出发层车道边下车，为你挡住雨丝的入口雨篷是你第一个感受到的外露结构(图 1)。索和撑杆组成的张弦结构形式让 20 m 宽的结构显得简洁轻盈，纤细的拉索近在咫尺却没有压抑感，反而以近人尺度的节点显示了这座航站楼的温度。

> **图 1** 入口雨篷

沿雨篷进入办票大厅大门，一个尺度适中的方正空间出现在面前。没有扑面而来的惊艳色彩，没有夺人眼球的结构强烈表达，只有装饰朴素的平直吊顶和同样简单的平板幕墙(图 2)。如果你时间紧迫匆忙赶路，这个空间不会打扰你的脚步，能轻易分辨长宽的平面形状会自然地引导你的走向；如果你不那么急迫，有时间不经意四周打量，你可能会注意到，支撑屋顶的结构骨架已经融入室内装饰系统中，完整的结构脉络可以清晰地看到或者判断出，结构的节点承担了简洁装饰中的细节展示的角色。屋盖结构采用了最简单的钢结构梁柱体系，支撑柱主要沿幕墙边和内部墙面布置，仅在总平面两侧拐角处各设置了 3 根 450 mm 直径的细长中柱，将整个屋面的最大结构跨度控制在 36 m 以内(图 3)。主梁下翼缘在吊顶间暴露，给简单的平吊顶增加了机理；梁端截面收小、与柱顶的连接采用了精致的销轴铰接，给简洁的结构体系注入了灵气，吊顶也因此有了细节(图 4，图 5)。

> **图 2** 办票大厅场景一

> **图 3** 办票大厅细高柱

> **图 4** 梁柱节点

> **图 5** 梁端节点

> **图 6** 陆侧幕墙柱

沿陆侧立面的幕墙高 12 m，幕墙柱采用了 3 m 间隔的紧凑箱型截面，借助支撑屋盖柱的侧向辅助，高 12 m 的幕墙柱被控制在 120 mm×250 mm 的较小截面（图 6）。幕墙边设置了从室外通往屋面的逃生楼梯，为使其显得更为轻巧，设计采用了钢拉杆悬挂的方式，可惜由于边框结构与梯段间距过近，悬浮的效果并没能清楚展示出来（图 7）。在自动扶梯区域，由于大量的楼板缺失，幕墙由地下一层楼面直达屋面，幕墙和支撑屋盖柱的高度都达到 38 m。通过柱与幕墙桁架间的相互支撑，将屋盖柱与幕墙柱的截面都控制在与正常高度处的柱子同样尺寸，保证了整体的统一效果和局部的适宜尺度（图 8）。自动扶梯旁的通高透明电梯也是自立式钢结构框架结构，电梯设备自身的辅助构架容易在透明的玻璃盒子里显得杂乱，结构布置中尽量兼顾其需求以使构件最为简洁，航站楼内其他的透明电梯也都采用了同样的处理手法（图 9）。

> **图 7** 逃生楼梯

> **图 8** 超高屋盖支撑柱

> 图 9 透明电梯钢架

> 图 10 屋顶餐厅人行天桥

办完票前往安检区的途中，视线避不开办票大厅中轴位置空中横跨着的通往屋顶餐厅的人行天桥。占据着大厅中最显著的位置，这座人行桥在整体朴素的空间基调中作为焦点进行了收敛的展示。结构采用了与结构弯矩受力图完全符合的梭形桁架，形式与内在需求统一。为了使其看上去更为精致，斜腹杆采用了纤细的钢拉杆将其截面尺寸与直腹杆区分开，下弦节点采用了铸钢件。在灯光的配合下，桥体显得玲珑剔透(图 10)。

从安检排队区到候机区，就进入了主体结构为混凝土的区域。不同于国内机场通常在候机区也采用大跨钢结构将整体屋盖作为表达主体的情况，18 m×18 m 的混凝土柱网使得矩阵状的柱列成为虹桥机场建筑空间中的最重要元素。柱列长向引导动态流线，短向划分功能空间，表面以本真的清水混凝土质感再次强化航站楼朴实与亲切的气质(图 11)。屋顶总体以白色吊顶包覆，不再作为展示重点，但是在局部区域的周边偶尔露出混凝土梁的侧面或底面，勾勒出一种结构的整体感。在层高紧张的夹层区域，空调送风口直接布置在梁侧，既节省了层高，也将结构与使用功能拉近，给冰冷的结构赋予了温度(图 12)。

> 图 11 清水混凝土柱列

> 图 12 清水混凝土梁

两侧三角区的贵宾候机区局部做了大跨度的钢结构屋顶。结构采用了双向张弦的结构形式，索的元素和节点的展示与雨篷、天桥一脉相承，构件布置的方向充分考虑了建筑将天窗作为行进指向的意图（图 13）。

候机空间中还点缀着一些轻巧的附属钢结构，衬托着混凝土结构的厚重，或者说在厚重混凝土结构的衬托下那些附属钢结构显得更为轻巧，比如指廊端头的剪式楼梯（图 14），又如柱上悬挂的登机坡道（图 15）。

> 图 13　贵宾候机区大跨度钢屋盖

> 图 14　剪式楼梯

> 图 15　悬挂登机坡道

登机前的最后一段路程是走过 30 多米跨度的登机桥，仍采用矩形钢桁架结构，以及一如既往的索和销轴节点。

2　旅客到达流程

随着飞机的滑行，一座朴素的建筑缓缓靠近，清水混凝土边框，框架间规则的平板玻璃幕墙（图 16）徐徐展现，欢迎你的到来。

跨过登机桥，走过混凝土柱列指引的到达通道，就来到了行李提取大厅。如果没有托运行李，你就会走过一座被称作彩虹桥的无行李快捷通道；如果有行李，你也会在等待行李时看到它，从行李提取大厅 45°方向斜穿而过。总长 70 m 的彩虹桥南北各有一座，箱型截面的桥体结合边缘的收窄最大限度消解其在空间中的体量，从两边混凝土柱侧的斜拉支承方式让桥体悬浮于空中，更显轻盈。拉索两根一组，上索承担荷载，下索提供稳定，减小人行激励导致的桥体振动(图 17)。

> **图 16** 空侧立面

> **图 17** 无行李通道(南北彩虹桥)

出了行李提取厅，如果你乘坐网约车或者开车离开，那就需要经过吊挂于楼前高架之下的跨路通道，进入开敞式地下车库。地下车库最下层位于－9.000 m 标高，由于采用了四周下沉庭院的设计，实际感觉是座完全的地上车库。下沉庭院的护坡是主体结构的一部分，整体形成了个带碗形底盘的建筑，斜撑的碗边结合环境设计隐藏在绿化之下(图 18)。

车库是座清水混凝土框架结构建筑，没有任何复杂装饰，设备管线均在梁高范围内穿洞通行，留出了干净的底面梁格。车库周边的实体翻口形成的连续线形，给清水混凝土的展示提供了舞台(图 19)。从地面进入车库的人行通道也是一座轻型的钢连桥，铰接柱与拉索的结合提供抗侧刚度，创造了节点的展示机会，也形成了与混凝土间轻与重、虚与实的对比(图 20)。

> **图 18** 开敞式地下车库

> **图 19** 车库清水混凝土立面

> 图 20　车库连桥

如果你是乘坐轨道交通离开机场，就只要从车库继续往前，便可进入交通中心的通高中庭区域。中庭顶部的采光天窗由环向布置的斜柱支撑，七彩斑斓的柱子让整个空间显得轻松活泼（图 21）。横跨中庭有一个 54 m 跨的人行通道，与无行李通道类似，拉索与箱型梁结合（图 22）。跨中单一弹性吊点的大跨箱梁，截面需求明显较大，通过对其锥形化的处理，消解梁体的可感知尺度，保证在空间中的轻盈感（图 23）。

如果你是要换乘高铁去附近的城市，那就继续往前走，经过两组橘色的屈曲约束钢支撑——这是在地震作用下能够耗散能量的减震构件（图 24），往前不远，就到了虹桥火车站。

> 图 21　交通中心中庭屋顶支撑柱

> 图 22　交通中心中庭人行通道

> 图 23 人行通道梁截面锥形化处理

> 图 24 屈曲约束支撑

3 虹桥机场 1 号航站楼

作为虹桥枢纽的有机组成部分，虹桥机场 1 号航站楼在机场跑道的东侧，与枢纽主体通过轨道交通 10 号线相连。1 号航站楼分为 A 楼和 B 楼，在上世纪经过了多次改扩建，是一个根据时代发展需求逐渐形成的建筑（图 25，图 26）。2019 年完成的改造意在提升其整体服务品质、安全保障系统和环境空间形态，使之与 2 号航站楼相匹配。根据结构鉴定结果和投资情况，本次为部分拆除新建、部分加固改造，与结构美学表达相关的主要是 A 楼、B 楼立面和办票大厅内部空间改造。

> 图 25 1 号航站楼 A 楼原外立面

> 图 26 1 号航站楼 B 楼原外立面

A 楼出发层办票大厅展开面长约 270 m，进深 24.5 m，属于中等偏小的空间尺度，结构改造涉及内容为办票大厅楼面以上立面及钢筋混凝土屋顶拆除，加建抬高的立面、屋顶和外挑加大的雨篷（图 27）。结构上实现这样的跨越是轻而易举的，但要构建出具有表现力的结构并不容易，通常用于大跨建筑的桁架、网架、张弦梁等结构体系在这个空间中都显得过于强烈，而一跨而过的钢梁又显得单调和笨重，没有一种现成的结构体系可以直接满足设计诉求。构造一种适合这样的空间尺度、结构逻辑合理、自然显示出表现力的结构体系，是结构设计的关键。

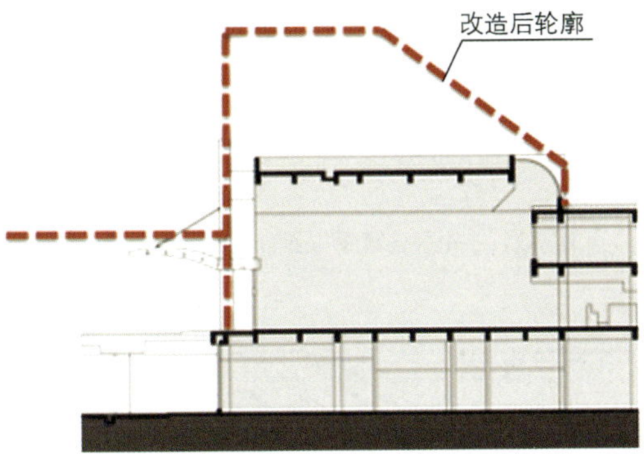

> **图 27**　A 楼 A 段办票大厅改造情况

结构形式的选择取决于两个关键因素：一是下部混凝土结构加固条件的约束；二是希望结构在这个空间中起到怎样的表达作用。

将屋盖由混凝土改为钢结构是减小传至支承柱的竖向力和水平力最直接的方法，钢结构也更适合折线形屋面的实现，因而首先被确定采用；弱化新增结构与混凝土柱的连接刚度也是减少柱受力的有效方法，而能够实现弱化连接的前提是屋面、立面、雨篷三者形成一体化的整体结构，让大悬挑雨篷的弯矩与大跨屋盖的弯矩内外自平衡，从而最大限度减小传至混凝土柱顶的弯矩(图 28)；弱化与下部连接的一体化钢结构方案呈现为稳重的混凝土基座支托轻盈屋盖的漂浮感，也为屋面、立面、雨篷结构在外观上形成统一表达效果创造了条件。至此，屋盖-立面-雨篷结构一体化的方案方向被锁定。

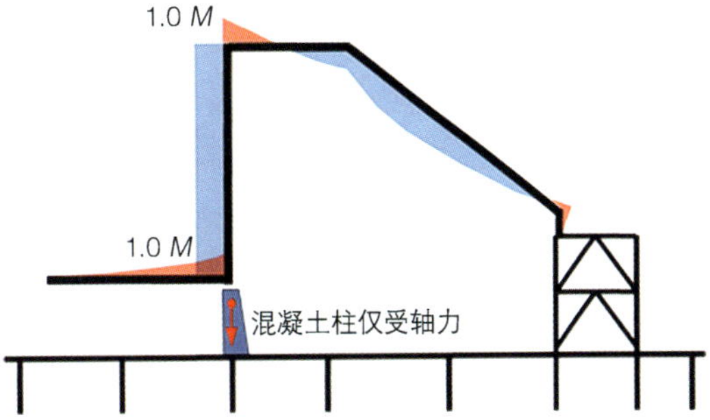

> **图 28**　屋面-立面-雨篷一体化结构竖向荷载下弯矩图

为与 2 号航站楼风格相协调，结构的表达也追求一种精致的呈现。结构构成的研究从构件的尺度与建筑空间尺度相协调开始：支承屋盖-立面-雨篷一体化系统的混凝土柱间距为 24.5 m，屋面的跨度为 23 m，并由单坡的折点划分为 9.5 m+13.5 m，外挑雨篷 12 m，在这些跨度条件下，各种现成的格构化结构体系如桁架、网架都会因杆件过多而显得繁复，常规的梁式跨越对构件的截面需求相对于这个空间尺度又显偏大。设计通过将构件格构化离散的方式，将伞形柱、支撑、V 形屋面梁等以简洁的三角形稳定体系重新构造(图 29，图 30)，柱类支撑杆件全部采用圆形截面以减小阻挡面宽，并为多杆相交处节点的实现创造条件；外轮廓上所有杆件采用箱型截面，便于围护系统的连接；雨篷撑杆采用不常用的矩形锥管，以增加趣味性；所有轴向受力杆外露节点都采用销轴节点，并做了三维模拟和大比例模型推敲。最终完成的结构受力逻辑清晰，杆件尺度适宜，细节设计精致、细腻，结构形式活泼，建筑空间有趣，给旅客带来了轻松愉悦的感受(图 31—图 33)。

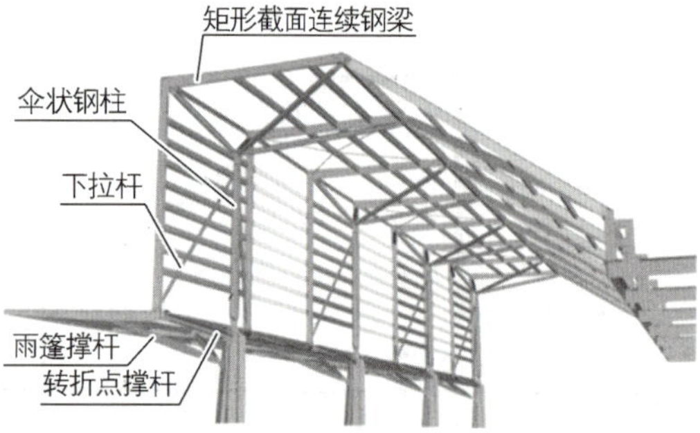

> **图 29** 结构单元的构成

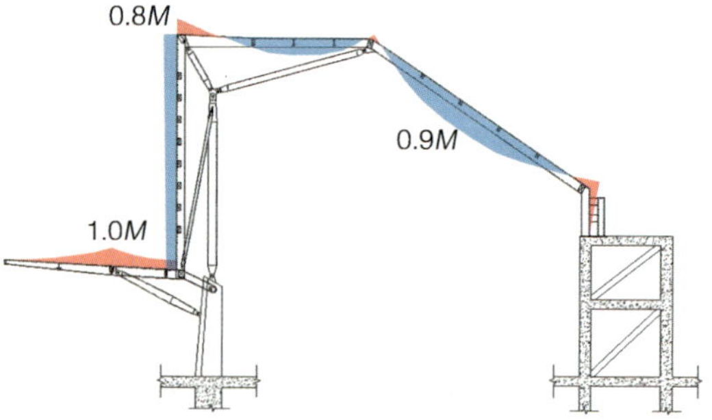

> **图 30** 外轮廓连续钢梁竖向荷载下弯矩图

> **图 31** 虹桥机场 1 号航站楼办票大厅室内整体实景效果

> **图 32** 伞状柱

> **图 33** 楼前雨篷

B楼与A楼原有各自完全独立的立面，本次改造将二者统一形成一个完整的连续面。与A楼原本钢筋混凝土结构屋面不同，B楼屋面原本就是较大跨度的钢桁架结构。建筑设计将入门首跨的屋面高度抬高至与A楼相同，内部仍保留原高度，这样就可以保留大部分的原有结构。同时，为了在楼内保留一些原有的历史痕迹，首跨位置的原桁架被要求保留并暴露在空间中(图34，图35)。

基于这些条件，结构将A楼采用的格构形式支撑与保留的钢桁架结合并适当变形，形成与A楼传力路径不同但构成元素统一的一种结构形式(图36)，室内效果实现了高度协调(图37)。

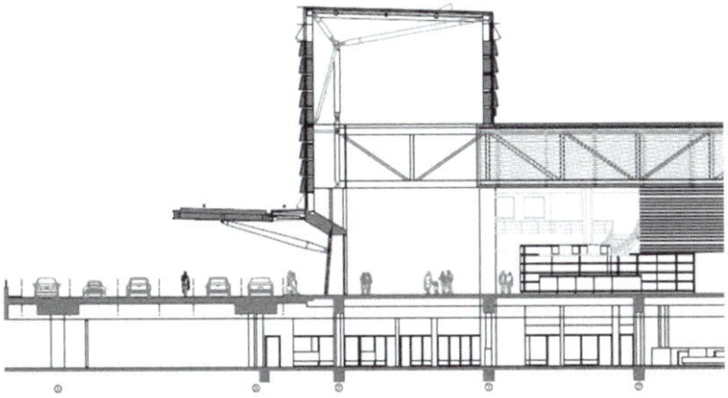

> **图 34** B楼办票厅改造需求

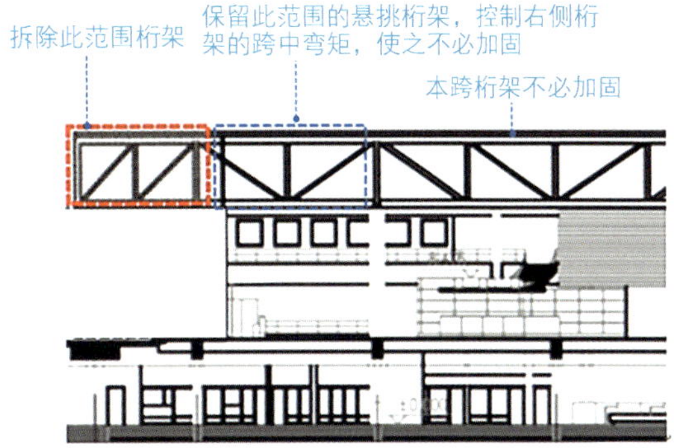

> **图 35** B楼原桁架的拆除与保留情况

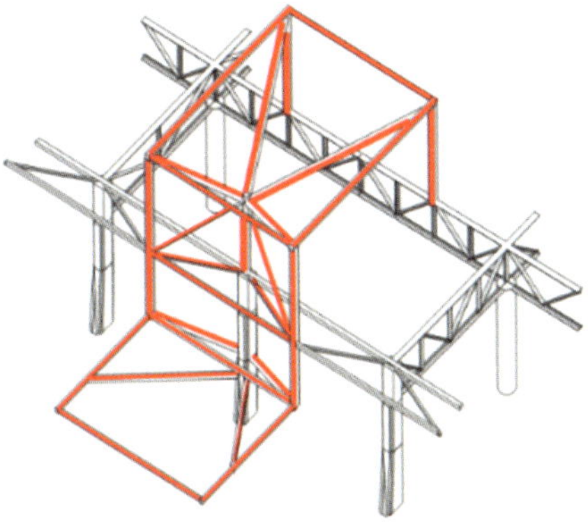

> **图 36** B楼新建屋盖及支撑结构示意

> **图 37** B楼完成效果

4 结语

虹桥综合交通枢纽里的建筑，总体都是外观平直方正、内部空间规则的，没有用到太复杂的结构体系，结构的表达采取的也是含蓄的方式。结构的设计总体遵循了建筑空间简洁、精细、内敛这个统一逻辑，用本真、简洁、精致的结构对建筑空间品质的提升提供支撑，建筑与结构达成了有机的融合，为营造人性化环境、提高旅客使用体验创造了条件。

运营评估篇

虹桥火车站运行评估

钟　剑

【摘要】 虹桥火车站是虹桥综合交通枢纽客流量最大的对外交通设施。本文通过评估虹桥火车站的客流和列车班次情况，研究虹桥站的客运能力，以及集散交通的状况，分析存在的问题及主要成因，提出改进建议，以完善和提升虹桥枢纽运营体系，主动应对未来客流增长。

【关键词】 虹桥火车站；到发能力；集散交通

虹桥综合交通枢纽自2010年开通以来，正常运营已经超过10年，现状对外交通方式主要有航空、铁路和长途客运三种，而虹桥火车站（简称：虹桥站）占据了虹桥枢纽一大半对外客流量，有着极其重要的地位。为不断完善枢纽运营体系，并为类似综合交通枢纽的建设运营提供参考，有必要对虹桥火车站的运营状况进行评估研究。

虹桥火车站接入线路均为客运专线。列车经区间线路通过咽喉区进出车站到发线，旅客通过多种市内交通集散方式和航空、长途客运等对外交通方式与虹桥火车站换乘，形成了铁路客运枢纽体系。其中决定最高列车班次的区间通过能力和车站到发能力，旅客流程中的集散交通，是本文研究的重点。

1　运营情况

虹桥火车站设计日均发送人数214 740人次、高峰小时上车人数20 340人次、最高聚集人数10 000人次；车站规模按到发线30条、基本站台2座、中间站台14座设计。在过去十年的运营中，由于磁浮未建成、高速公路社会车辆未独立统计等原因，本文对原设计客流做了一些归并，其中将原设计中两场磁浮的客流并入城市轨道交通，沪杭磁浮的换乘量归入铁路换乘量，高速公路小客车客流并入社会车辆等，形成了原设计客流量（表1）。

表1　虹桥火车站设计客流量　（人次/d）

设计年度	年发送量（万人次）	设计日客流量	城市集散交通				换乘对外交通		
			公交车	出租车	社会车辆	轨道交通	航空	长途客运	铁路
2020	5 272	328 597	36 801	49 688	73 582	142 095	10 399	3 543	12 488
2030	7 838	488 534	49 315	73 280	102 818	224 499	15 127	5 347	18 148

1.1 铁路客流量

受2020年以来新冠肺炎疫情影响，虹桥枢纽及虹桥火车站的客流量均有一定程度的降低，2020年以后的客流不具有代表性。2015—2019年客流量及开行列车班次见表2。2019年是虹桥站客流量最大的一年，在日统计中选取30个最高的日客流量及其列车班次，见表3。

表2 2015—2019年虹桥火车站运营列次和客流量

年度	开行(列次)			客流量(万人次)		
	到达	出发	合计	到达	出发	合计
2015	86 009	85 851	171 860	4 659.7	4 901.5	9 561.2
2016	98 207	98 005	196 212	5 452.1	5 645.3	11 097.4
2017	106 255	106 160	212 415	6 129.0	6 329.0	12 458.0
2018	107 522	107 329	214 851	6 396.9	6 666.7	13 063.6
2019	115 322	115 265	230 587	6 766.4	6 969.4	13 735.8

表3 2019年虹桥火车站客流量最大30日统计

统计日期	客流量总计	列车班次	统计日期	客流量总计	列车班次
4/5	510 161.0	646	8/13	466 746.0	655
4/8	497 413.0	622	8/17	518 134.0	667
4/30	469 369.0	654	8/19	514 972.0	668
5/1	517 772.0	660	8/23	464 393.0	666
5/3	467 733.0	635	8/24	511 002.0	665
5/4	533 629.0	660	8/26	509 843.0	663
5/5	504 483.0	637	9/13	483 252.0	686
6/7	508 941.0	627	9/16	464 855.0	660
6/10	470 095.0	632	10/1	557 431.0	723
7/15	470 756.0	661	10/2	537 353.0	689
7/20	466 156.0	656	10/3	469 268.0	656
7/22	475 872.0	660	10/5	469 851.0	666
7/27	479 138.0	666	10/6	503 688.0	711
8/3	475 357.0	660	10/7	522 379.0	729
8/5	489 325.0	659	10/8	476 871.0	681

总体来说，铁路客流持续增加，车次不断增加。虹桥火车站2016年达到了设计近期(2020年)年发送量，2019年虽未达到设计远期(2030年)年发送量，但已经有15日超过设计远期日客流量。从年度来看，车次数量与客流量是同一趋势；但从日客流量来看，由于上座率并不稳定，班次多的时候日客流量不一定高。

由表3可见，客流量最高峰是10月1日，国庆假期的客流量均为高峰客流量，其次是五一假期，再次是学生暑假开始时段，而春运期间的客流量峰值不明显。这说明一方面乘坐高铁的打工返乡人流并不多，高峰已经让位于休闲度假或学生客流；另一方面，高铁客流以中长途和城际交通为主，一日商务和通勤的同城化客流比例还不高，因此节假日同城化客流量下降远小于中长途和城际客流量的增加。

在候车规模方面，车站有效候车面积约4万m^2，运营中最高聚集人数约2.5万～3万人，高峰小时发送量约为2.4万人，超过设计远期规模，但人均候车面积仍然满足规范标准(1.2 m^2/人)，并有一定余量。

1.2 列车班次

选取2017—2019年列车时刻表来研究列车班次分布，车次分布一定程度上代表了客流量分布，尤其是一日内客流量分布(图1)。列车班次每年上升23～24对，客流量也随之同步增加。一日内的列车班次分布，除去高峰车外，均分布在6:00—22:00，上午11:30之前出发车次较多，下午13:00之后到达车次较多，到发车次最密集的时段在12:00—15:00之间。

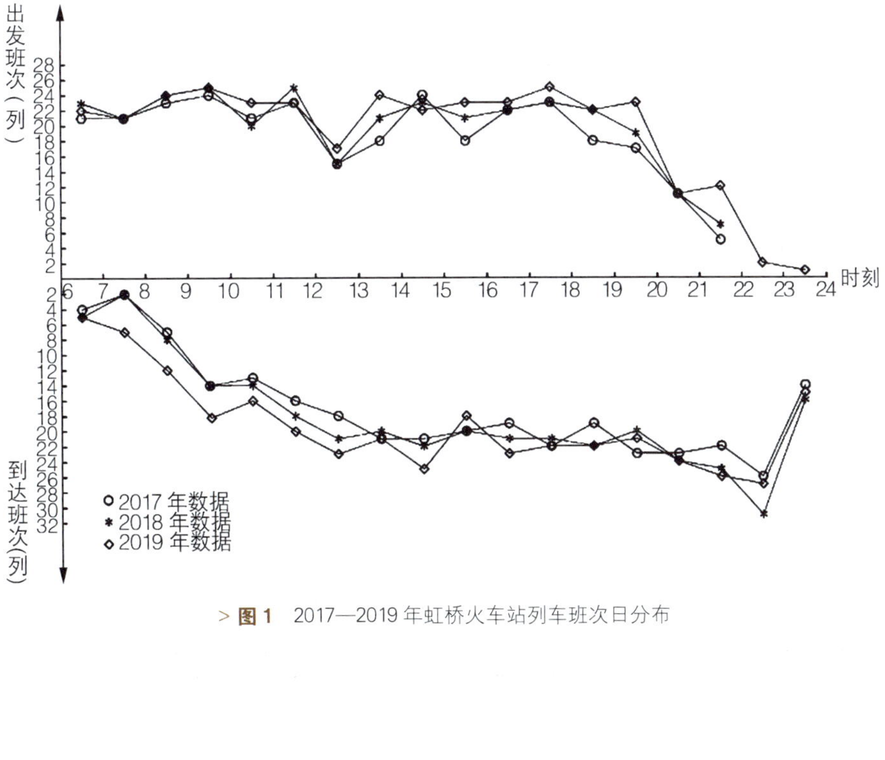

> 图1 2017—2019年虹桥火车站列车班次日分布

得益于高速铁路网络规模的逐步扩大，虹桥站开行的高铁列车占比稳步提高（表 4），其中高铁列车每年约增加 20 多对，而普通动车数量稳定，所占比例逐渐降低。一般来说，高铁列车开行速度高于普通动车，说明虹桥站到发的列车平均开行速度也在逐步提高。

表 4　2017—2019 年日到达列车班次统计

年度	高铁列车班次	动车班次
2017	252	53
2018	277	51
2019	298	54

从列车班次的日分布图上来看，班次曲线大体上是平缓的弱双峰型，出发峰值早于到达峰值，峰值不明显。再结合客流到发目的地来看，客流量增加较多的城市前三位是杭州、苏州和南京（表 5），它们均在上海的一日商务圈之内，商务交通为主的客流量增加较快，说明铁路直接促进了长三角一体化。在整个车次分布中，通勤的比例还比较小，基本看不出通勤客流的规律性峰谷。

表 5　客流量增长前三位城市客流量及增量

目的地城市	日均客流量（万人次）	客流量增量（人次）
杭州	2.8	2 400
苏州	1.7	1 200
南京	1.5	1 200

2　集散交通

虹桥站换乘交通分为铁路内部换乘、对外交通间换乘和与城市集散交通换乘三类。对外交通有航空和长途客车，城市集散交通有轨道交通、公交车、出租车及社会车辆。其中航空、长途客车和公交车均为站外换乘，步行距离较长，且换乘量较小，这里仅讨论轨道交通、出租车和社会车辆。根据虹桥枢纽运行中心的客流记录和相关资料，可得出换乘客流量（表 6）。

表 6　虹桥火车站换乘客流量　　（万人次/d）

年份	铁路总量	内部换乘	换乘对外交通		换乘城市集散交通			
			航空	长途客车	轨道交通	公交车	出租车	社会车辆
2015	26.2	0.13	0.87	0.21	16.51	0.82	3.74	3.92
2016	30.5	0.17	0.90	0.22	18.95	0.82	4.04	5.20
2017	34.2	0.21	0.95	0.23	20.53	0.87	4.93	6.48
2018	35.8	0.22	0.98	0.22	21.32	0.68	5.16	7.22
2019	37.6	0.26	1.02	0.21	23.14	0.65	5.46	6.86
2019 年换算设计客流量	42.5	0.29	1.15	0.24	26.15	0.73	6.17	7.75
与远期设计分担率比较	—	↓↓	↓	↓	↑	↓↓	↓	↓

铁路客流中铁路内部换乘比例很少,不足1%,几乎可以忽略。铁路内部换乘比例小的原因有两个,一是现有铁路线路基本为干线,至多服务到中小城市,客流覆盖深度不够,仅有部分接续换乘需求,而枢纽型的干支线换乘基本没有。将来铁路车站内引入市域铁路、地方铁路等支线铁路,会带来一定的换乘量。二是列车班次编排只有一小部分是大站快车,其他基本上是混合编排,可以做到很高的直通率,无需太多的换乘。但随着大站之间(如京沪之间)的客流越来越多,列车班次编排要求大站直达的频次也越高,兼顾中小站的混合编排车次就越少,今后虹桥站的内部换乘需求会越来越大。现在铁路内部换乘需要通过楼梯或垂直电梯上到出发大厅,再下至换乘的站台,流线复杂,换乘通行能力小。有必要在站内设置直接的内部换乘通道。

2.1 轨道交通

轨道交通虹桥火车站站,现有2号线、10号线、17号线三条线路运营。2号线与17号线同台换乘,而10号线与其平行换乘,站台均位于地下二层。预留的原规划17号线及5号线北延伸车站,位于地下三层。轨道交通对于铁路旅客集散的占比超过60%。2018年后,出租车和社会车辆的集散能力基本饱和,增长的铁路客流基本上依靠轨道交通集散。

虹桥站的轨道交通集散有几个特点。第一是虹桥火车站站出入口负荷不均匀。大部分乘客使用西出口,东出口乘客较少。轨道交通车站入口客流南多北少,南北之比约为1.13∶1。第二个特点是铁路客流通过两个轨道交通站集散。分析通过磁浮通道进出虹桥站的客流情况可以得知,铁路旅客有一部分使用了轨道交通的虹桥2号航站楼站,2019年超过2万人次/d。第三个特点是轨道交通进站量大于出站量,2019年铁路集散的轨道交通进站客流大于出站客流约0.8万人次/d。

磁浮通道客流2017年及以前进出虹桥站差值较小,同期轨道交通虹桥火车站站进站客流大于出站客流。但随着铁路客流增加,轨道交通由于安检产生了进站瓶颈,在铁路列车到达高峰时段,铁路旅客进轨道交通站排队时间较长,一部分旅客选择从虹桥2号航站楼站进站,导致虹桥火车站站进站客流小于出站客流,虹桥2号航站楼站进站客流则大大高于出站客流。2019年年底,虹桥站进行安检改造,铁路到达旅客无需安检即可进入轨道交通车站,简化了流程,相信轨道交通虹桥火车站站进站客流会重新增加。

2.2 出租车上客

虹桥火车站南北分别设出租车蓄车场、出租车地道及上客车道边。出租车在蓄车场排队后,通过专用的通道进入车道边排队接客,出租车车道边为出租车专用,位于高铁站厅地下一层南北两侧。出租车接客车道边的服务能力直接决定其旅客疏散能力。

在2016年之前,轨道交通、公交车等疏散交通与铁路的配合不够密切,在夜间出租车成为主要的疏散交通工具,但只有南北各一个出租车上客点开放,导致晚间高峰出租车上客排队往往达到2 h以上。2017年4个出租车上客点全部开放，同时轨道交通配合铁路旅客延长夜间运营已经成为常态，出租车上客排队时间得以缩短。2018 年年底虹桥站完善了出租车排队动态信息提示系统，出租车上客排队状况大为好转，平日高峰时段排队 40 min，极端高峰时段略高于 1 h。

2.3 社会车辆(含出租车下客)

虹桥枢纽社会车辆以小客车为主，大客车等其他车型很少。铁路旅客小客车主要通过高架出发车道边和西交通中心停车库到达虹桥站。与轨道交通集散的情况类似，有一部分铁路旅客使用了东交通中心的社会车辆设施，即东交磁浮车道边和东交通中心停车库。

1) 铁路出发层车道边

乘坐小客车的铁路出发旅客一部分使用出发车道边，一部分进停车库；而乘坐出租车的旅客基本全部使用出发车道边，所以出发层车道边要同时满足社会车辆和出租车下客的能力要求。

出发高峰小时按列车时刻表中出发车次数最高的时段，高峰小时系数约为 0.085，而设计取用高峰小时系数为 0.12，实际高峰小时系数比设计低，并且出租车和社会车辆 2019 年客流量还明显低于设计远期客流，但从现状看，全天的大部分时段出发车道边都是十分拥堵的，在高峰时段甚至堵到循环圈外的连接段上，这说明车道边的能力是严重不足的。分析车道边能力不足的原因，一是社会车辆使用出发车道边的比例高于设计取用的 40%，或者实际车辆数大于设计远期规模；二是每车占用车道边长度大于设计的 7.5 m；三是平均停车时间大于设计的 2 min。

在管理方面也有一定的原因。根据铁路部门的管理习惯，面对约 300 m 的车道边，虽然铁路车站有四组门，但只开一组，使得车辆停车都往开门处的车道边挤，导致其余车道边利用不充分。

2) 虹桥火车站停车库

虹桥枢纽 P9、P10 停车库供铁路旅客使用，共有车位约 3 000 个。现在停车库使用爆满，高峰期间在库车辆超过 3 800 辆，车库饱和度为 127%。2019 年停车库日均车位周转率为 7.4，高峰日车位周转率为 9.5。极端情况下停车库入口段高架拥堵到了机场出口以外，导致部分航空旅客不得不在高架上下车步行至机场出发大厅。

由于出发车道边和停车库的超饱和，社会小客车的集散体验非常差，抑制了社会小客车集散量的增加，2019 年铁路客流量较 2018 年有所上升，但社会车辆的集散量反而下降。

3 虹桥站列车到发能力分析

虹桥站的到发能力由区间通过能力和车站到发能力组成，由能力较小的一项决定。

3.1 区间通过能力

对于高速铁路而言，即便同一区段运行同一速度的高速列车，但为满足沿线各站客运的需求，列车在区段内停站地点、停站时间将不尽相同，使得高速列车难以形成平行运行图。若需考虑日常运营调整的需求，还要进一步降低能力利用率或采用较大的行车间隔或预留较多的起停车附加时分。对于虹桥站来说，客运区段是指虹桥至南京和虹桥至杭州这两个区段。根据规范计算，单一速度的全高速列车的区间通过能力，速度匹配 300 km/h 时为 340 列/d，速度匹配 200 km/h 时为 330 列/d，这是理论上在 3 min 列车追踪间隔下区间的最大通过能力。

在混合速度运行时，不同速度等级列车间的速度差越大，通过能力折减越大；速度低的列车越多，能力折减越大。由于旅客出行存在平峰和高峰时段，高速列车特别是跨线运行区段运距不同，全日不同时段的列车行车量存在差异，使得部分时段的能力不能充分利用。另外为减少运营调整对更多旅客列车运行的影响，须考虑留有一定能力供运营调整用。综合考虑上述因素适当取用调整系数，计算得到区间通过能力如表 7 所示。

表 7 区间单向通过能力

匹配速度(km/h)	300	200	300/200
理论通过能力(列/d)	340	330	—
使用通过能力(列/d)	181	176	124

3.2 车站到发能力

高速铁路车站的通过能力由到发线通过能力和咽喉区通过能力组成，二者中能力较小的一项决定了车站的始发终到能力。

1) 到发线通过能力

全日到发线通过能力与到发线数、到发线可用时间及平均一列客车占用到发线时间相关。经计算得虹桥站全日到发线通过能力约为 1 166 列。

2) 咽喉区通过能力

各方向的咽喉区通过能力是指各道岔组的通过能力之和。由于咽喉区通过能力计算十分繁琐，这里引用利用插值计算法的计算结果，虹桥站高速场的咽喉区通过能力为 634 列。综合场情况复杂，混有少量普速铁路列车，类比估算综合场的咽喉区通过能力大于 350 列。

3.3 虹桥站通过能力评价

传统的车站通过能力计算方法难以准确计算与评估虹桥站的通过能力和能力利用率，前述计算结果仅可用于半定量分析虹桥站的通过能力。

虹桥站北接线有京沪高速、沪宁城际两组进站线，南线有沪杭客专、沪杭城际两组进站线；虽然还有既有沪杭外环线，但这些线路均需与上海站及上海南站合用，所以以南北各两组进站线路计算为宜。这样，虹桥站的进站线路区间通过能力为 610 对/d，到发线通过能力为 1 166 列/d，咽喉区通过能力约为 984 列/d。2019 年时刻表为每日 352 对、650 列，咽喉区通过量达到了能力的三分之二，其余能力的富余量要大一点。这与其他铁路大型车站如深圳北站咽喉区通过能力与到发线通过能力不匹配的情况是一样的。

4 提升虹桥站能力的措施

虹桥站客流量提升，取决于列车通过能力、候车厅规模和集散交通能力等因素。根据前面的分析，如果将现有余量用足，铁路到发客流量可以达到 80 万人次/d，届时高峰小时发送量达到3.3万人次，人均候车面积依然满足规范要求的1.2 m^2，铁路对外交通的能力是足够的。如果对标国际先进水平的枢纽站，虹桥站还有更大的能力上升空间(表8)。

表8 虹桥火车站能力利用情况与国际先进水平的枢纽对比

名称		站房面积（万 m^2）	日均客流量（万人次）	单位面积作业量（人次/ m^2）
上海虹桥火车站		35	37.6	1.07
国外铁路客运枢纽	日本东京站	29	150	5.17
	德国柏林火车站	1.5	15	10
	西班牙王子车站	4.5	30	6.68

表9 通过能力提升措施探讨

措施		区间通过能力	车站通过能力	
			到发线	咽喉区
管理措施	增加停站列车比例	不变	提高	不变
	增加立折列车比例	不变	提高	提高
	减少列车站台作业时间	不变	提高	不变
改造措施	增加进站线路	提高	不变	提高
	增加到发线数量	不变	提高	不变

4.1 提升通过能力

为提高虹桥站列车通过能力，可选择表9所示的各项措施。对虹桥站来说，首先要提高咽喉区通过能力，借鉴国际大型铁路客运站采用多条进站线路的经验，最好的办法是增加进站线路，不仅可增加区间通过能力，而且会简化道岔组，减少道岔组占用时间，提高咽喉区通过能力。新建沪苏湖铁路即从南咽喉区增加一股进站线路。

4.2 提升集散能力

根据铁路旅客的特点及发展趋势，换乘航空、长途客车等对外交通的比例仍然不会很高，换乘是以城市集散交通为主。城市集散交通中，普通公交车难当大任；出租车和社会车辆还可以有一定的提升空间，但无太大的潜力，且均为个体交通，不宜过多发展；只有城市轨道交通和市域铁路尚有巨大余力，应该着重提升。比如正在建设的机场联络线和嘉闵线市域铁路在虹桥枢纽磁浮站设站，将磁浮站改造成市域铁路和城市轨道交通的枢纽站，将非常有力地提高虹桥火车站的集散能力。

需要指出的是，社会小客车和出租车等均为个体交通，不仅不属于绿色交通，而且其空间使用效率低下，大规模配置会挤占其他交通方式的功能空间。因此，应适当控制出租车和社会车辆的集散量，优先发展轨道交通；在利用预留的车站建设地铁之外，可结合商务区发展需要，布局适合商务区的中低运量轨道交通，加建远端社会车辆停车设施，这可能是最好的选择。

5 总结和建议

本文从铁路运营客流和班次出发，评估虹桥站的运营状况，并与设计规模比对；针对虹桥站的到发能力，分析制约因素，探讨了提升虹桥站能力的方法。提出结论和建议如下：

(1) 作为国内铁路客流量第一大站，虹桥站客流量稳定增长，运行态势良好，基本达到了设计远期客流量。客流以中长途和城际为主，同城化客流正在发展之中。

(2) 通过粗略估算，铁路车站通过能力尚有 1/3 富余，如增加进站线路等改造提升后，列车通过能力还将进一步提高，铁路对外交通的潜力巨大。

(3) 换乘交通以城市集散交通为主，换乘对外交通量远未达到预期。现状城市集散交通以轨道交通为主，且集散量超出设计预期；其余交通方式未达到设计分担量，出租车和社会车辆基本达到饱和。

(4) 车道边的方式在车流量较大时，难以按照设计状况运行。如何在超大型车站中运用车道边，需要专门的研究。

(5) 优先发展城市轨道交通和市域铁路集散功能，建议尽快将磁浮车站改造为城市轨道交通与市域铁路的枢纽站。

(6) 建议结合商务区开发增加中运量轨道交通，并连接远端(长期)停车场，既可应对社会小客车的压力，又能促进商务区发展。

(注：除注明引用外，主要数据来源于虹桥枢纽运行中心的数据报表。)

参考文献

[1] 上海市城乡建设和交通发展研究院，上海城市综合交通规划科技咨询有限公司. 虹桥枢纽交通运营评估及交通优化(中期成果)[R]. 2019.

[2] 上海市城乡建设和交通发展研究院. 虹桥综合交通枢纽交通后评估[R]. 2014.

[3] 刘嘉河. 硕士学位论文：高速铁路车站通过能力计算及动态指标评价研究[D]. 成都：西南交通大学，2018.

[4] 朱逸云. 第四代高铁枢纽综合体开发与运营实践[M]. 北京：人民邮电出版社，2019.

[5] 吴家豪. 铁路枢纽设计优化[M]. 北京：中国铁道出版社，2011.

[6] 樊一江. 综合交通枢纽经济[M]. 北京：人民交通出版社股份有限公司，2017.

虹桥综合交通枢纽设施运营安全风险评估

周红波[1] 张 辉[2]

【摘要】 本文以研究建立的综合交通枢纽设施运营安全事故数据库为基础，识别分析综合交通枢纽设施运营安全典型风险事件，采用 WBS-RBS 和故障树结合的风险识别方法和基于贝叶斯网络技术的风险评估方法，以玻璃幕墙为算例，依据虹桥枢纽 2 号航站楼和东交通中心现场调研数据，对虹桥枢纽 2 号航站楼和东交通中心“幕墙损坏”风险进行了评估。

【关键词】 虹桥综合交通枢纽；设施运营；安全事故数据库；风险评估

1 引言

我国在城市综合交通枢纽设施安全保障技术方面，较多地停留在对结构的常规保养、结构检测、健康监测等方面的研究，对综合交通枢纽设施运营安全方面的研究很少。本文以虹桥综合交通枢纽为例，进行设施运营安全风险评估。虹桥枢纽运营安全风险评估的主要思路如下：首先，基于综合交通枢纽设施安全事故案例数据统计和分析，识别发生频率较高的安全事故，作为运营过程中可能会发生的安全风险事件；其次，以这些主要风险事件作为研究的出发点和落脚点开展初步总体评估，得到综合交通枢纽设施运营阶段主要的安全风险事件、风险发生概率，从而得到综合交通枢纽设施安全风险初步评估结果；再次，在总体风险结果基础上，通过对虹桥枢纽运营过程安全事故进行详细调研，获得最新的运营安全风险事件发生数据；最后，基于安全事故调查新数据进行更新风险评估，得到虹桥枢纽设施运营安全风险等级。

2 综合交通枢纽设施运营安全风险分析

风险识别的方法很多，常用方法包括专家调查法、故障树分析法（FTA）、工作分解结构-风险分解结构（WBS-RBS）分析法等。本文采用基于 WBS-RBS 和故障树分析相结合的分析与识别技术，结合已建立的综合交通枢纽设施运营安全事故案例数据库分析结构，分析运营安全风险因素，识别风险事件、风险因素及其耦合关系。

综合交通枢纽设施运营安全事故在世界范围内都有发生，往往会带来巨大的经济损失和人员伤亡。国内外尚未见针对综合交通枢纽设施运营安全事故案例数据库的研究报道，因此，建立城市综合交通枢纽设施运营安全事故案例的数据库十分必要，可为综合交通枢纽设施运营安全风险分析和有效控制提供数据基础。

本文收集整理了国内外综合交通枢纽设施相关典型安全事故 441 例。针对 441 例事故

1 周红波，上海建科集团股份有限公司总工程师。

2 张辉，上海市建筑科学研究院有限公司教授级高级工程师。

建立了安全事故数据库，从不同角度进行统计分析，揭示事故发生发展规律，为风险识别和评估提供基础数据。

综合交通枢纽设施运营安全风险因素主要分为三类：一是管理类风险因素，包括人为因素、运营管理因素等；二是技术类风险因素，主要包括设计、工艺、材料等；三是环境类风险因素，主要包括自然环境、施工环境等。本文暂不考虑社会风险、政治风险和经济风险等大环境风险。

本文采用分部分项工程划分的基本原则，按照建筑结构分部划分寻找每一个分部中可能存在的风险事件。而且，针对每个事件的风险分析也是采用分项处理的技术，防止漏项。通过分析，典型风险事件主要包括结构坍塌/倒塌、构件破坏、火灾、渗漏、幕墙损坏等，也包括极少数的恐怖袭击、风灾、水淹、电梯故障、供电系统故障、空调系统故障等。

例如，结构坍塌/倒塌风险识别步骤如下：

第一步，工作分项分解。综合交通枢纽结构坍塌/倒塌的分项分解结构(WBS)如图1所示。

第二步，风险源分解。综合交通枢纽结构坍塌/倒塌的风险源分解结构(RBS)如图2所示。

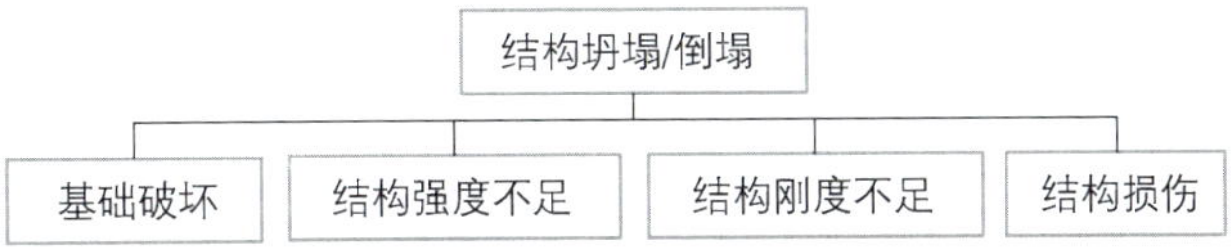

> **图 1** 结构坍塌/倒塌 WBS 分解图

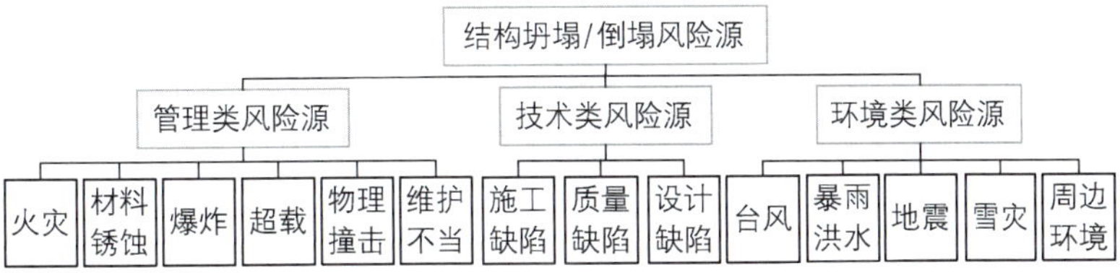

> **图 2** 结构坍塌/倒塌 RBS 分解图

风险源经过 WBS 和 RBS 分解后，可以形成耦合矩阵，判断风险因素，即以 WBS 分解后的工作单元作为行向量，风险源作为列向量，针对每个工作单元分别与所有风险源进行耦合，结果即为可能存在的导致结构坍塌/倒塌的风险因素。根据上述 WBS 分解和 RBS 分解结构，对综合交通枢纽结构坍塌/倒塌风险进行 WBS-RBS 耦合分析。

第三步，建立结构坍塌/倒塌故障树。根据综合交通枢纽结构坍塌/倒塌事故发生机理，以 WBS-RBS 分析得到的风险因素及风险事件(故障树中间事件)为主，结合事故调查结果，建立结构坍塌/倒塌故障树，如图 3 所示。

第四步，建立风险因素耦合关系。根据上述分析，建立结构坍塌/倒塌风险因素耦合关系图，如图 4 所示。

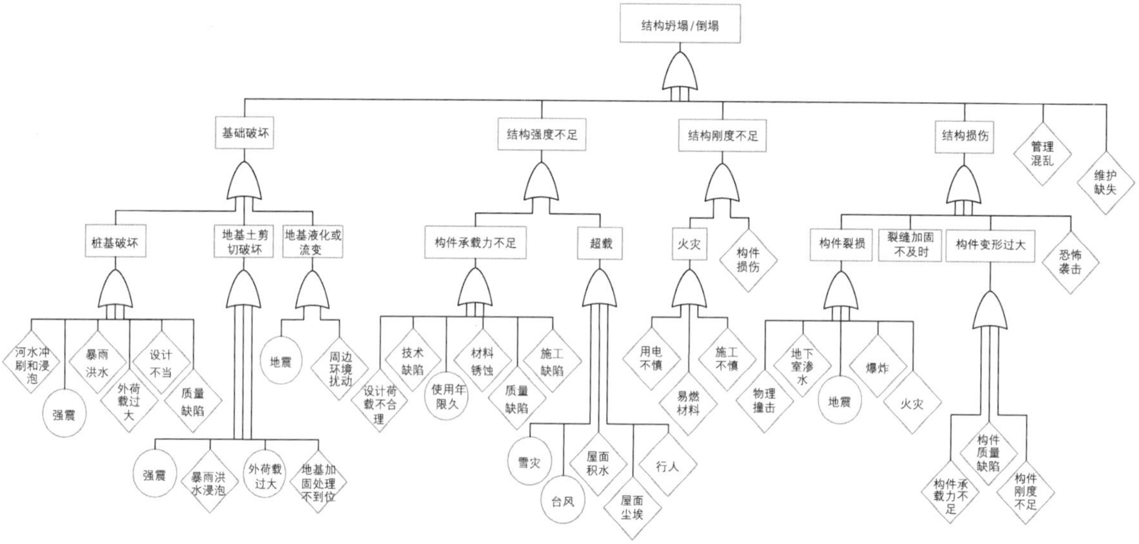

> **图 3** 结构坍塌/倒塌故障树

图例说明：矩形代表“结果事件”，表示由其他事件或事件组合所导致的事件；菱形和圆形代表“底事件”，其中菱形表示原则上应进一步探明原因但暂时不必或者暂时不能探明其原因的底事件，圆形表示无须探明其发生原因的底事件

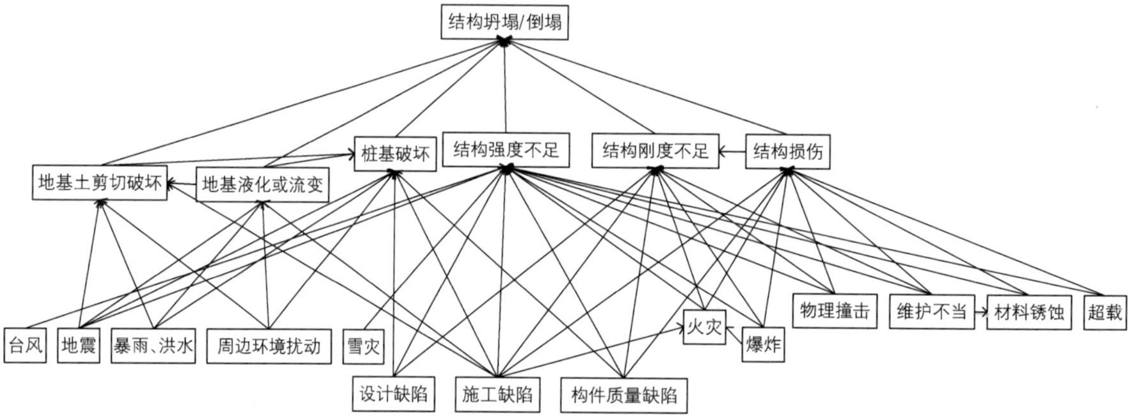

> **图 4** 结构坍塌/倒塌风险因素耦合关系

同上，可以建立构件破坏、火灾、渗漏、幕墙损坏等风险事件的故障树。

本节建立了综合交通枢纽设施运营安全风险事故案例库，基于案例分析得到了综合交通枢纽设施运营安全典型风险事件，并采用WBS-RBS和故障树结合的风险识别方法对风险事件和风险因素耦合关系进行分析，为虹桥枢纽安全风险评估提供基础依据。

3 综合交通枢纽设施运营安全风险评估

风险评估一般采用专家调查、头脑风暴等定性技术，或层次分析法、模糊综合评判法等定量技术。对于建筑物运营阶段的风险而言，风险事件与事件、事件与因素、因素与因素之间存在交错的内在关系。因此，本节提出基于贝叶斯技术的综合交通枢纽运营安全风险评估技术。该评估技术包括三个方面内容：① 建立综合交通枢纽风险等级综合评价标准。结合自然环境、社会环境和建筑本体功能特征，建立风险发生概率、风险损失和综合风险等级。② 建立综合交通枢纽运营安全风险评价模型。利用贝叶斯网络技术的推理和诊断功能，梳理风险事件和风险因素网络关系，形成综合交通枢纽运营安全风险事件的网络计算模型。③ 提出基于贝叶斯网络技术的风险评估方法。

风险一般是指对人身安全、财产、环境有潜在损害和对工程有潜在经济损失或延期的不利事件发生的频率和影响结果的综合。根据这一定义，可将风险表达为：

$$R = f(P, C) \tag{1}$$

式中，P 为风险事件发生的可能性(概率)；C 为风险事件发生对工程项目的影响结果，可用人员伤亡、费用损失、工期延误、环境影响等来表示。

本文为了计算综合交通枢纽设施运营安全风险的可能性，定义对数概率：

$$P = 4 + \lg p \tag{2}$$

式中，p 为任意一个风险事件的自然概率，在本文中为通过数据库得到的基本风险事件的统计条件概率和通过贝叶斯网络推理得到的风险事件的概率。概率计算是以收集到的事故案例为基础，即统计的案例中每类事件发生的概率。如果收集的事故案例足够多，则本文中的统计条件概率越来越接近风险事件发生的自然概率。风险发生频率区间划分标准见表1。

表1 风险发生频率区间划分标准

自然概率(p)	对数概率(P)	概率	说明
<0.001	0～1	罕见的	不大会出现
0.001～0.01	1～2	可能的	可能会出现
0.01～0.1	2～3	预期的	不止一次地发生
>0.1	3～4	频繁的	频繁发生

损失区间划分的主要目的是为了给公众一个理解风险损失大小的概念，以便更好地进行风险等级评估和分级管理。本文主要对综合交通枢纽设施运营安全风险的直接损失进行计算，即人员伤亡和直接经济损失。直接经

济损失分运营方经济损失和第三方经济损失。

本文定义综合交通枢纽设施运营安全风险的损失为：

$$C=\max(C_1, C_2, C_3) \tag{3}$$

式中：C——任一个风险事件的对数损失，且 $C, C_1, C_2, C_3 \in [0, 4]$。

（1）人员伤亡方面的对数损失

$$C_1=\lg(k_1 \cdot a_1+k_2 \cdot a_2+a_3) \tag{4}$$

式中：a_1——死亡人数；

a_2——重伤人数；

a_3——轻伤人数；

k_1——死亡人数与轻伤人数的等量转换系数，即 1 人死亡$=k_1$ 人轻伤；

k_2——重伤人数与轻伤人数的等量转换系数，即 1 人重伤$=k_2$ 人轻伤；

本文中，取 $k_1=100$；$k_2=10$。

（2）运营方经济损失方面的对数损失

$$C_2=\lg b \tag{5}$$

式中：b——运营方经济损失（万元）。

（3）第三方经济损失方面的对数损失

$$C_3=1+\lg c \tag{6}$$

式中：c——第三方经济损失（万元）。

通过上述公式可以求得每个风险事件的对数损失（数值在 0～4 之间，小于 0 的取值为 0，大于 4 的取值为 4），从而得出风险损失区间划分标准，见表 2。

风险等级是指风险发生概率和风险影响严重性的组合，根据判断的风险对数概率和对数损失，以风险因素发生的概率为横坐标，以风险因素发生后产生的后果大小为纵坐标，通过下式计算单个风险事件的风险值，风险等级的划分标准见表 3 和图 5。

$$R=P \cdot C \tag{7}$$

表 2 风险损失等级划分标准

对数损失 C	人员伤亡（换算后轻伤总人数）	直接经济损失		严重程度
		运营方	第三方	
0～1	轻伤 10 人以下	10 万元以下	1 万元以下	轻微
1～2	轻伤 10～100 人	10 万～100 万元	1 万～10 万元	较大
2～3	轻伤 100～1 000 人	100 万～1 000 万元	10 万～100 万元	严重
3～4	轻伤 1 000～10 000 人	1 000 万～1 亿元	100 万～1 000 万元	灾难

注：经换算后轻伤总人数在 1 万人以上，运营方直接经济损失在 1 亿元以上，第三方直接经济损失在 1 000 万元以上的不包括在本文研究的范围内。

表 3　风险等级划分标准

风险等级	$R=P\times C$	等级描述
1	$3^2\leqslant R\leqslant 4^2$	风险水平很高的等级，风险发生产生的后果很严重，综合交通枢纽设施停止运营，经济损失巨大
2	$2^2\leqslant R<3^2$	风险水平较高的等级，风险发生产生的后果较严重，可以控制在一定范围内，对综合交通枢纽设施正常运营产生严重影响
3	$1^2\leqslant R<2^2$	风险水平较低的等级，风险发生产生的后果可以控制在一定范围内，对综合交通枢纽设施正常运营有一定影响
4	$0^2\leqslant R<1^2$	风险水平最低的等级，风险发生产生的后果基本可以控制，对综合交通枢纽设施运营影响不大

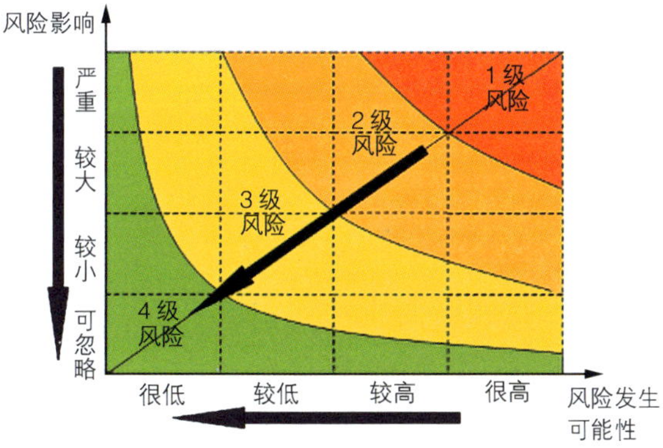

> **图 5**　风险等级划分示意图

注：(a)1 级风险与 2 级风险的临界处为双曲线：$PC=3^2$；
(b)2 级风险与 3 级风险的临界处为双曲线：$PC=2^2$；
(c)3 级风险与 4 级风险的临界处为双曲线：$PC=1^2$。

本文针对综合交通枢纽运营安全阶段的典型风险“幕墙损坏”为例，采用贝叶斯网络技术进行风险评估。根据案例库和有关数据资料，将外界环境因素等效为风险因素的权重度作为监控和评估指标，进行动态评估。

对于“幕墙损坏”风险事件而言，建筑物抗此风险的能力取决于玻璃面板和幕墙支承结构的稳定性，包括幕墙工程设计、施工安装、维护管理等多方面因素。本文结合过去 25 年间建筑幕墙损坏情况以及对今后幕墙损坏的分析，给出 1995—2020 年间幕墙坠落事故造成的损失金额和对数损失率的估算结果，见表 4，并依据综合交通枢纽运营风险损失等级标准，给出风险造成损失的严重程度变化。结果显示对数损失率不断增长，但均在区间[2，3]之间，即幕墙坠落导致严重损失。

表 4　建筑幕墙损坏事故损失情况及等级

年份	损失金额（万元）	对数损失率	严重程度
1995	11	2.028	严重
2000	13	2.099	严重
2005	17	2.221	严重
2010	22	2.351	严重
2015	31	2.492	严重
2020	44	2.646	严重

根据前文给出的综合交通枢纽运营安全风险等级标准，以及 1995—2020 年间每隔 5 年因“持续高温”导致“幕墙损坏”风险事件发生的

概率值，幕墙系统发生“幕墙损坏”风险动态评估结果，风险值和风险等级变化如表 5 所示。

表 5 “幕墙损坏”风险动态评估结果

年份	概率	对数概率 P	对数损失率 C	风险值 $R=P\cdot C$	风险等级
1995	0.049 0	2.690	2.028	5.455	2 级
2000	0.050 7	2.705	2.099	5.678	2 级
2005	0.051 9	2.715	2.221	6.030	2 级
2010	0.052 7	2.722	2.351	6.399	2 级
2015	0.053 4	2.728	2.492	6.798	2 级
2020	0.053 8	2.731	2.646	7.226	2 级

本节基于综合交通枢纽运营安全的典型风险事件，给出贝叶斯网络风险评价模型，建立了一套定量化的综合交通枢纽运营安全风险等级划分标准和接受准则，并以“幕墙损坏”为例，评估了综合交通枢纽运营安全风险等级。

4 虹桥综合交通枢纽设施安全风险后评估

我们以虹桥枢纽中 2 号航站楼和东交通中心作为评估对象，通过调查 2 号航站楼和东交通中心的运营情况发现，其运营安全风险主要包括渗漏和幕墙损坏，而结构坍塌 / 倒塌、构件破坏、恐怖袭击、火灾等基本没有发生。

根据调研，在暴雨或者雨季情况下，虹桥枢纽各设施几乎都会出现渗漏情况。近 5 年 2 号航站楼和东交通中心共发生渗漏事件 215 起，其中东交通中心发生渗漏事件 56 起，2 号航站楼发生渗漏事件 159 起。统计发现渗漏主要集中在玻璃天窗采光顶、屋面玻璃钢风管、屋面防水卷材、结构沉降缝、屋面伸缩缝、门斗及 42 m 玻璃采光顶位置。

经过分析，渗漏原因主要包括四个方面（图 6）：① 玻璃幕墙采光顶的密封胶老化、脱胶或开裂，施工质量差、设计缺陷、人为破坏以及暴雨等原因引起防水系统失效；② 屋面设备漏水；③ 排水管接头松动；④ 吊顶内虹吸式雨水管开裂损坏。

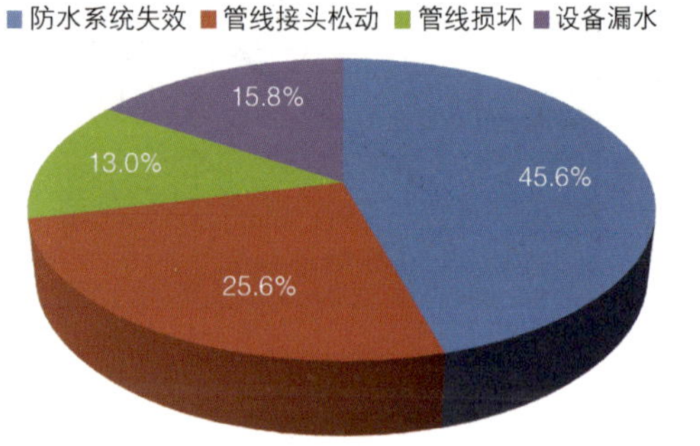

> 图 6 虹桥综合交通枢纽渗漏数据分析

2 号航站楼结构的大部分外立面、东交通中心的南北立面、高空通廊和登机桥固定端两侧等都采用了玻璃幕墙系统。幕墙包括半单元玻璃幕墙、点式或隐框幕墙、铝板幕墙等形式，分别与主体结构、钢结构、机电设施、装饰装修构件等搭接联系。东交通中心幕墙系统包括半单元玻璃幕墙、铝板幕墙（局部采用玻璃幕墙）、全玻璃顶雨篷和圆锥形采光通风玻璃竖井。2 号航站楼的立面幕墙系统有半单元铝合金玻璃幕墙和铝板幕墙两种结构形式，车道边布置有独立雨篷，内侧雨篷为铝板雨篷，支柱顶布置窄条玻璃采光带，外侧雨篷和入口厅雨篷为全玻璃顶雨篷。根据调研，近 5 年 2 号航站楼和东交通中心发生玻璃幕墙损坏事件 172 起，其中登机口幕墙、结构与幕墙交接处是事故的敏感区域，幕墙损坏的主要原因是玻璃质量缺陷、温差过大和持续高温。

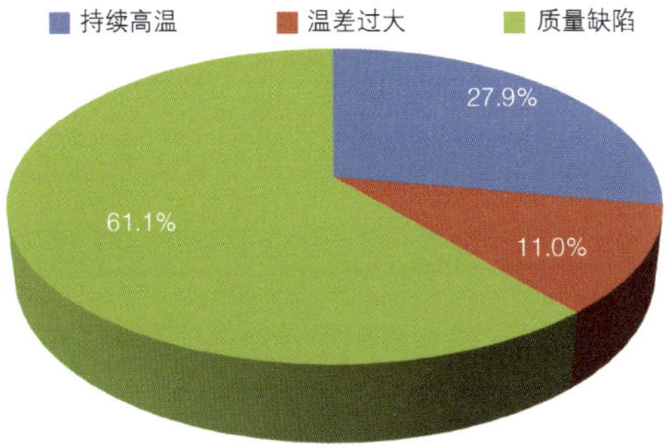

> 图 7　虹桥综合交通枢纽幕墙损坏数据分析

为了验证前述研究成果的适用性，我们对 2 号航站楼和东交通中心的幕墙损坏和渗漏进行了基于风险链的风险识别，并应用贝叶斯网络技术对 2 号航站楼和东交通中心运营安全风险进行了评估，确定运营阶段的风险等级。根据前面调研情况的汇总，近 5 年 2 号航站楼和东交通中心发生"幕墙损坏"共 172 起、"渗漏"事件 215 例，其中，"幕墙损坏"全部由"玻璃自爆"引起，主要是由于玻璃质量缺陷、持续高温和温差过大等原因造成的。同时，密封胶缺陷、脱胶或开裂等原因，造成 2 号航站楼和东交通中心结构漏水现象较为严重。下面以"幕墙损坏"为例，阐述虹桥枢纽运营安全风险评估的过程。

首先，将虹桥枢纽运营期间发生的风险事件按照数据库结构记录于风险事件案例库中，调查发现风险事件基本上均为"幕墙损坏"和"渗漏"，表 6 为按照数据库结构分解"幕墙损坏"风险事件得到的与其关联风险因素发生次数的情况。同时以此对"幕墙损坏"风险事件的底层风险因素初始概率进行调整，原数据库中共有 441 个案例，现增加"幕墙损坏"事件 172 例和"渗漏"事件 215 例，则共有 828 个案例；其中"持续高温"增加 48 次，加上案例库中原来 42 次，更新后"持续高温"共 90 次，则更新后风险因素"持续高温"的发生概率值为 0.108 7，采用该方法计算案例库更新后其他风险因素的概率值，见表 7。

需要说明的是，由于"渗漏"事件的关联风险因素中并没有"持续高温""温差过大"和"质量缺陷"，因此"渗漏"事件的关联风险因素对"幕墙损坏"事件的底层风险因素概率计算并没有影响，所以下面的计算没有详细分析"渗漏"事件的关联风险因素。

根据更新的风险事件案例库，再次对"幕墙损坏"风险源进行识别分析。由于案例库中增加的"幕墙损坏"事件全是由"玻璃自爆"因素引起的，且其各层风险因素均属于前述"幕墙损坏"中的风险源，因此，更新后的综合交通枢纽"幕墙损坏"故障树节点不变。

案例库更新后的"幕墙损坏"风险事件故障树未发生变化，因此建立的贝叶斯网络模型不变。将表 7 中案例库更新后的风险因素概率值代入贝叶斯网络模型中进行计算，得到"幕墙损坏"发生的概率为 0.083 1。

表 6 运营期间“幕墙损坏”风险事件及其关联风险因素的发生情况

风险事件发生次数		第一层风险因素关联次数		第二层风险因素关联次数		第三层风险因素关联次数	
幕墙损坏	172	玻璃自爆	172	变形过大	67	持续高温	48
						温差过大	19
				质量缺陷	105	—	—

表 7 “幕墙损坏”事件底层风险因素的发生概率

序号	风险因素	原发生概率	增加案例后的发生概率
1	持续高温	0.095 2	0.146 8
2	老化失效	0.004 5	0.002 4
3	火灾	0.015 9	0.008 5
4	质量缺陷	0.036 3	0.164 1
5	温差过大	0.027 2	0.037 4
6	台风	0.036 3	0.019 3
7	安装不当	0.004 5	0.002 4
8	二次施工不当	0.013 6	0.007 2

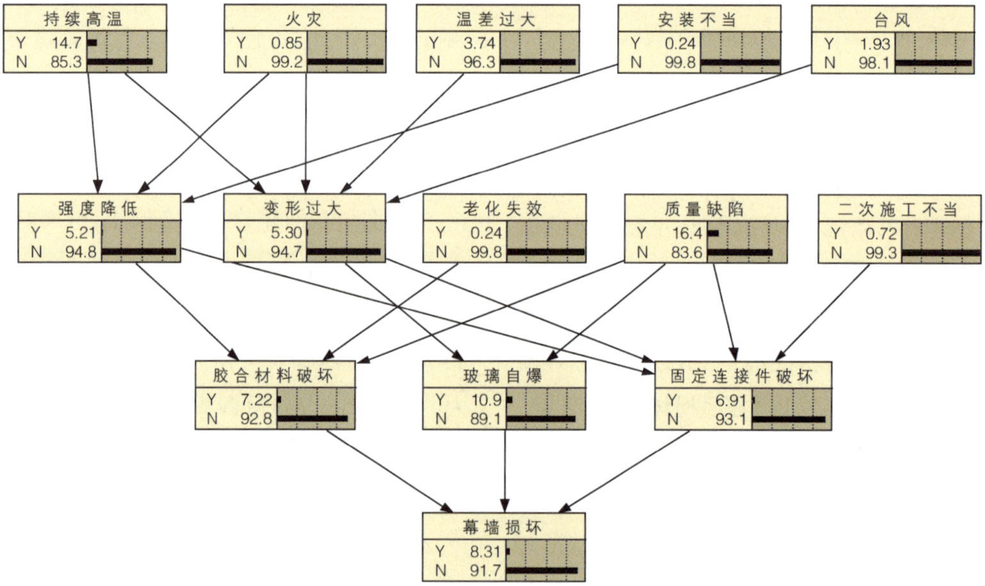

> **图 8** “幕墙损坏”风险事件贝叶斯网络概率计算

通过上述风险评估计算出“幕墙损坏”的概率值为 0.083 1，说明幕墙损坏风险事件常有发生，根据公式(2)计算得到其对数概率为 2.919 6。由于进行虹桥枢纽风险事件调研时，无法完全详细统计幕墙损坏的损失情况，因此，选取表 5 中 2020 年“幕墙损坏”的对数损失率 2.646 作为参考值，利用公式(7)计算得到“幕墙损坏”风险值为 7.725 3，可确定“幕墙损坏”的风险等级为 2 级。

同理，可对运营期间火灾、恐怖袭击、渗漏、风灾等运营安全风险进行识别与分析，见表 8。

表 8　虹桥综合交通枢纽运营安全风险等级

	风险等级	风险种类	风险等级
虹桥综合交通枢纽(2 号航站楼和东交通中心)运营安全风险等级	2	火灾	2
		恐怖袭击	2
		渗漏	1
		风灾	1
		幕墙损坏	2
		设备故障	2

本节通过虹桥枢纽 2 号航站楼和东交通中心现场调研，基于更新的案例数据为基础，以“幕墙损坏”为例，对虹桥枢纽进行风险评估。虹桥枢纽设施运营安全风险目前相对较低，但是综合考虑人流、设备老化、管理等诸多因素，对各类风险不能疏忽，尤其是火灾和恐怖袭击，虽然发生的概率较小，但一旦发生其后果和影响较为严重。同时，需要加强设备、幕墙等方面的日常检查和维护；加强结构漏水的防范与整治工作。当然，管理人员培训教育也是有效降低各类运营安全风险的有效措施。

5　结语

本文以研究建立的综合交通枢纽设施运营安全风险事故数据库为基础，分析得到综合交通枢纽设施运营安全典型风险事件，采用 WBS-RBS 与故障树结合的风险识别方法和基于贝叶斯网络技术的动态风险评估方法，以“幕墙损坏”为算例，依据虹桥综合交通枢纽 2 号航站楼和东交通中心现场调研最新数据，对虹桥枢纽 2 号航站楼和东交通中心进行了风险评估，评估后得出结论：目前虹桥综合交通枢纽设施运营安全风险等级相对较低。但是在运营过程中，考虑到人流、设备老化、运维管理等诸多因素，风险等级会发生变化，因此仍应采取相应措施，加强风险防范工作。

虹桥国际机场运行管理市场化的实践与思考

叶铁锋[1]

【摘要】 本文从要不要市场化、哪些业务市场化、怎么市场化、市场化后怎么管等维度，通过理论与实践两个方面进行探讨和思考，总结了四种市场化外包模式，分析了外包的风险管理，同时建议对市场化运行管理进行法规层面的完善及倡导。

【关键词】 民用机场；运行管理；市场化；外包管理

1 引言

随着民航业的蓬勃发展，越来越多的机场迈入大中型机场的行列，这对机场管理提出了更高的要求。中国民航在2002年进行属地化改革以后，民用机场产生了多种管理模式，为区域国民经济发展作出了巨大贡献。由于区域发展和航空资源的不均衡，各地运行管理的组织模式和管理水平有较大的不同。许多研究认为市场化的业务外包是重要的发展方向，鼓励进行外包管理。业务外包是指通过契约关系将一定的内部职能或业务外包给外部成本优势较大、专业性较强的企业。

《民用机场管理条例》将民用机场定性为公共基础设施，运行管理是民用机场管理的核心内容。关于如何采用市场化的业务外包模式进行运行管理，已有较多文章进行了分析和论证，但仍存在以下几方面的情况：① 探讨聚焦于经营外包的较多，尤其是特许经营的管理，而针对运行管理的很少；② 进行理论分析的较多，结合具体市场化实践进行探讨的很少；③对模式研究、外包范围和外包后管理探讨较少，且认为核心业务不能外包。可以看出，最关键最重要的问题是“外包哪些业务”，但少有人系统涉及运行管理。

我们认为，对机场的运行管理进行以市场化为导向的外包管理，是机场提升管理水平的方向之一，也是机场从经营型转为管理型的关键措施。上海机场集团在1998年提出投资社会化、运作市场化、经营专业化，就开始了市场化运行管理的尝试和探索。虹桥机场从2010年开始进行较为系统的市场化运行管理实践，目前除安检外，外包员工数量已超过机场自有员工数量，航站楼管理的外包人员数量已是自有员工的4倍多。本文结合虹桥机场多年外包管理实践，聚焦大中型机场的运行保障管理，从“要不要市场化、哪些业务市场化、怎么市场化、市场化后怎么管”等维度进行探讨。

2 市场化的必要性

2.1 传统运行管理品质提升的内驱力不足

机场运行管理尤其是大中型机场的运行保障管理本身较为复杂，存在一些难题，比如人工成本高、机构臃肿、管理能力低等，笔者认为

1 叶铁锋，沪港机场管理（上海）有限公司技术工程部副部长、高级工程师。

核心问题如下：

1）优化人工结构和组织结构的内驱力不足

大中型机场的现金流较好，其员工的基本工资较容易高于当地平均工资，但也要看到机场属于第三产业，其员工相对来说工资水平本就较高，需要关注的问题不是降低员工的薪资，而是应优化人工配置，通过内部管理和组织优化控制员工数量，但这方面的内在驱动力较小，存在一定程度的人力资源浪费。

很多机场存在大而全的思想，从中小型机场发展为中大型机场的过程中，机构趋于复杂，人员增加较多。邱嘉臣列举了2018年旅客吞吐量超过千万人次机场的组织架构图，认为运量相差不大的机场其组织架构差别较大。各种组织架构各有其优势和短板，但国内机场的组织架构往往长期保持不变，在运量达到500万人次和1 500万人次的时候，其实组织架构是应该有所不同的。

2）提升管理水平的驱动力不足

机场属地化管理以后，为当地的经济社会发展带来更多边际效益，但管理和人员在不同机场间的横向流动缺少了组织土壤，缺少外部的驱动，以内部优化为主。内部革旧创新，进行自我变革和优化，一方面需要管理层的战略思考，或者需要外部危机；另一方面即使有内部提升的想法，常常也较难找到行之有效的方式和手段。因此，进行市场化的运行管理，可以引进外部的力量，同时也是内部革新的机遇。

2.2 市场化运行管理的优势

机场的经营受限于地域、运量等，但运行管理从行业上来说，有更多的共通性，更容易通过市场化的机制来进行系统的提升。林伟认为降低成本和减少运营风险是机场选择业务外包的主要原因，从更深的层次来说，更可以归纳为提质、增效、降本。

1）提质

大中型机场因机场发展历史、客运量等多方面的原因，客观上在管理能力方面存在一定的差异，虽然不同机场间有考察、调研等交流活动，或者互相之间派员工挂职交流，但这些交流仍然是浅层次的，如果采取市场化的方式，由同一家单位服务于多个不同的机场，管理和人员的交流则是深层次的。

更值得注意的是，市场化的运行管理一般可以带来跨行业的管理融合，获得优势互补的合作伙伴。一方面，从目前虹桥机场的市场化管理实践来看，外包单位大多为某一细分业务领域的佼佼者，在外包管理的过程中，双方企业进行管理融合。例如白云机场保洁业务曾因成本较高但服务品质不高，在2015年被旅游网站The Guide to Sleeping in Airports评为亚洲第六差机场，其将保洁服务外包给专业公司两年后，保洁的管理和品质有了质的提高，助推白云机场荣获2018年国际机场协会服务质量评价全球机场最佳服务第9名。另一方面，为机场的运行业务服务的企业，往往也为其他行业服务，对不同行业的管理特点容易取长补短、相互融合。虹桥机场的能源设施运行管理外包单位同时也为大众汽车和通用汽车的能源系统提供运行服务，给虹桥机场带来了汽车制造企业的流程管理以及SOT跟踪、PCR制度、四色评定等制造企业常用的特色安全管理方法，也为汽车制造企业带去了机场行业的精细化管理和内控管理模式，甚至促成了原本不相往来的汽车制造企业和民航企业之间的考察交流。

2）增效

采用市场化的方式选择外包单位，虹桥机场大多采用公开招标的方式，一方面，招标要求中技术、服务等管理因素一般占40%～50%的权重，促使外包企业不断优化管理，对于技术和管理含量较高的合约，机场往往还与外包单位签订中标后优化管理的条款。

在采用市场化方式进行市场管理的早期，根据当时的管理和市场环境，虹桥机场选择固定人数的方式。在外包管理方面逐渐形成成熟的监管经验后，开始探索从“数人头”向“看效果”的管理方式转变，部分业务在采取人数限制措施的基础上由外包单位根据其效率和管理进行选择。虹桥机场候机楼管理的部分业务在2015年采取这一方式后，外包单位采取了多种方式优化管理，人员数量降幅达12.9%。增效的另一方面还在于，除了本机场的人数减少、效率增加外，还提高了社会生产力水平。

3）降本

虹桥机场在实践中，一方面在采用招标的方式选择外包单位时，价格权重一般占到50%左右，虽然并非最低价投标者商务标得分最高，但仍然采取的是合理低价的商务招标策略，人工成本相较于自有员工大大降低。

另一方面，为了一体化管理和进一步降本，虹桥机场将部分通用类设备的维保也打包到外包的运行管理中一并招标。外包单位可以将维保人员和运行人员合理调配，即使其委托其他企业实施，也会因其有多处同类维保业务而有规模效应，就有更多的议价能力。表1对比了价格弹性空间较小的电试维保价格，采用打包招标以后下降10%以上。

表1 维保打包招标价格对比

比较项目	2013—2015年委外电试单独招标	2016—2018年委外电试项目整合	降幅
招标价格	512万元	460万元	10.2%

总之，不同机场之间的运行管理，比经营管理有更多通适性，更利于推广市场化。市场化的运行管理，可降本增效，有利于进行跨行业的管理融合，是民航机场由运营型转向管理型的重要方向。

3 市场化的可行性

劳动分工理论、比较优势理论、价值链理论、核心竞争力理论、市场化分工理论等，管理业界在理论上已经讨论得较为充分。许多人认为核心业务不能外包，从理论上是基于核心竞争力理论，该理论认为，企业应该确定自己的核心业务和核心优势，如果一项业务不是核心业务，则可以将其外包给专业公司，企业可将更多的资源导入核心业务、创造核心优势。笔者认为机场在管理上的核心优势是资源整合、组织及调度，所以从理论体系上是支持运行管理进行较大范围外包的。

在市场经济环境下，市场化的企业有更灵活的机制，可以为高端管理和技术人员提供更有竞争力的薪资，因而能够在各细分领域获得明显的竞争力。较多机场已经通过市场化的方式来进行运行管理，在实践上真正的难点是，是否将外包作为运行管理的战略选择，以及选择什么业务外包和外包后怎样管理的问题。

4 运行管理市场化的实践与浅析

本文讨论的外包，不是将机场的运行管理整体外包给一家单位负责，这种方式在我国澳门得到较好的应用，但在内地尚存在一些法规上的问题。本文主要探讨将运行管理业务选择合适的模式、按一定的颗粒度进行市场化的外包。

4.1 外包的模式

1）四种外包模式

虹桥机场从2010年开始进行较为全面的市场化运行管理，取得了较大收益，也一直在优化相关的管理模式。采用什么模式和选择什么内容外包，是两个需要协同考虑的问题，模式和内容须协调统一。经过多年探索，我们提出了四种市场化外包的模式，即管理层外包、整体外包、劳动力外包、合作外包，这是较为重要的管理创新，其特性及优缺点见表2。通过模式分类，运行管理核心业务进行外包也有了可操作性。

2）外包模式的合理选择

根据机场的管理现状、市场潜在可供选择外包单位的情况、拟外包业务在机场的性质和定位等情况选择合适的模式，是外包能否获得成功的关键。以虹桥机场能源系统为例，虹桥机场两个航站区中的旧航站区的能源系统以自管为主，新航站区的能源系统进行市场化管理，给水站及管网、排水站及管网、高压供电、航站楼水电暖（含能源中心）等均进行外包管理，如表3所示。通过合理选择外包模式，取得了提质、增效、降本的效果，并和自管部分起到了互相竞争和促进的作用。

表2 外包模式及优缺点

模式	特性	优点	缺点
管理层外包	适合一线员工充足，缺乏优秀管理者管理的情况	有助于提升管理水平和理念	长期的自我提升慢，容易水土不服
整体外包	目前虹桥机场采用的外包方式，适应于初期探索	初期成本下降明显	管理要求提升与人工成本上升之间存在矛盾
劳动力外包	适合自有管理水平高，仅需较为廉价劳动力的情况，适应于劳动密集型项目	人工成本低	对管理者要求高
合作外包	机场与外包单位协作互补，大部分人员由外包单位派出，共同运营	优势互补	对双方要求都较高

表3　虹桥机场能源系统市场化模式选择

系统	外包模式	选择因素	效果
给水站及管网	整体外包	系统较为简单,市场上可供选择单位多	稳定运行10年,并平稳过渡新单位
雨污水站及河道	劳动力外包	当地政府推动水环境整治,难度高、任务重,而自有员工能力强	自有员工作为管理者和发动机,多种措施获市环境整治部门效仿
高压供电及电网	整体外包	系统成熟度高,市场上可供选择单位多	稳定运行10年,处理多次突发情况
航站楼水电暖(含能源中心)	合作外包	系统复杂,直接面向旅客,自有员工能力强	管理质量高,磨合好,获得市质量管理体系一等奖

虹桥机场航站楼的水电暖进行合作外包,自有员工和外包员工的比例约为1∶4,自有员工以管理、技术、值班调度等人员为主,外包单位派出管理、技术、值班、巡视、维护等人员,双方组成同一个团队。这在民航机场的市场化外包管理上是一个创新性的尝试,获得了较好的效果。自有员工深度参与运行管理,解决了业务外包后受制于人的担忧,也解决了管理层对缺失技术型和技能型自有员工的担忧。

管理层外包的模式,在机场运行管理上运用较少。上海机场和香港机场管理局成立合资公司,由香港机场管理局派出管理人员与虹桥机场组成管理团队,负责虹桥机场的航站楼管理,这种情况属于合作管理,尚不能视为管理层外包或合作外包的模式。

另外,王伟凡等将业务外包分为两种模式,即直接外包和内包,内包作为外包的一种应变措施,是将外包业务交给内部成立的子公司来执行。如果子公司是进行市场化运作的,也承接其他企业业务,那是市场化的外包,但如只承接自有机场的业务,这和自管没有大的区别,不能算真正意义上的外包。

4.2 哪些业务进行外包管理

1) 外包业务的类别和颗粒度

在明确了外包的四种模式后,我们认为运行保障管理的大部分业务能进行外包,关键在于外包模式选择和单个外包业务颗粒度的协调统一。颗粒度是指单个外包业务的范围,按专业为主进行外包,还是按业务区域进行外包,需要视机场实际情况,也需要结合市场上潜在外包服务公司的情况。例如高压供电可以和低压供电一起外包给电力服务公司;但高压供电无法和供水系统合并外包,其潜在专业单位不能两者兼顾;高压供电一般也不和综合物业一起外包,而低压供电可以和供水系统一起外包给物业服务公司。

虹桥机场通过多年实践,总结了“专业为主、区域为辅”的外包颗粒度考量方式,将较为专业的运行服务单独外包给专业服务公司,然后按区域将其他业务外包给综合物业服务公司,形成专业运行类、物业服务类、辅助管理类三类外包业务。专业运行类如上文提到的4项能源系统运行、行李系统运行和维护、登机桥及桥载设备操作、信息系统运行和维保、出入口安检等；物业服务类主要按区域进行外包，如航站楼综合物业服务维修、保安保洁、绿化服务、停车场运行服务等；辅助管理主要包括行李寄存、手推车管理、行李打包、问询等，作为前两者的补充。

对运行复杂或体量较大的同类外包业务，一般分为多个包件进行招标，发包给不同的服务商，这一方面可解决单个服务商力量有限的问题，另一方面也可从机制的层面解决受制于人的隐患。例如虹桥机场有两个大型集中式的能源中心，如果外包单位非计划性撤出，则会对机场方造成较大的冲击，而采用两个包件发包给不同的两家单位，遇到突发情况就可以两家单位互相补充。又如航站楼的保洁服务，体量很大且对服务品质要求高，是劳动密集型工作，如果外包给同一家单位，则服务商在新中标或者原中标单位退出时，服务商招聘员工或解散员工都会对机场的运营造成重大影响，因此我们将保洁服务分为多个包件进行市场化外包，既避免了采用单一服务商所隐含的风险，多家单位之间日常还能同台竞争。根据多年实践经验，我们认为一家单位完成 8 万～10 万 m^2 的保洁服务既有规模效应，又能减少服务商调整时对机场运营造成的冲击。

2）哪些业务不建议外包

我们认为运行管理中的运行指挥、协调管理、信息集成等不建议进行外包。运行指挥一方面是需要对机场运行有深刻的理解，涉及多个专业领域，需要长时间的积累才能胜任，建议由自有员工负责。协调管理的内容较为宽泛，《民用机场管理条例》第二十八条规定由机场管理机构对运输机场的安全运营实施统一协调管理，需要较多的权限和权威性，外包单位的员工在协调管理中较为弱势。运行指挥、协调管理、信息集成三个类别的内容，往往也难以区分界限，也是创建管理型机场的重要内容，适合由自有员工完成。

4.3 如何进行市场化外包

既然是市场化的外包管理，就宜采用公开招标的方式确定外包服务商。具体方案不在此探讨，根据实践情况有几点体会：

（1）应采取合适的商务标策略。随着社会发展，人工成本逐年上涨，而运行管理主要以人工成本为主，核算外包业务的预算时，也主要考虑人工成本和岗位数量，而机场在同等条件下对人员素质的要求更高。虹桥机场曾使用过低价商务标得分高，以及均价商务标得分高的策略，而低价导向使得部分潜在服务商为了中标采用超低价的方式中标，虽使成本得到降低，但造成现场管理存在一定困难；均价导向时，容易推高成本，且容易出现围标的情况。既然市场化管理，就需要用市场化的方式解决问题，应确立“用合理价格购买优质服务”的思路。目前，我们采用均价偏低商务标得分高的策略，根据具体业务的情况，采用“投标单位平均报价下浮3%”或者“投标单位平均报价下浮 5%”的商务标得分最高的策略，这样既控制了成本，又给外包单位合理利润，以保障其能够提供良好的服务。

（2）合理划分标段。在招标策划阶段，需

要合理地划分标段,如上文提到的保洁服务、集中能源中心运行等,划分多标段时要明确同一家潜在投标商是否可以同时中标。

(3) 管理上采取合理的“数人头”和“看效果”的模式。运行管理发生的费用主要是人工费,在提高效率或者优化岗位的情况下,降低人数对机场和外包服务商都有非常重要的意义,在招标策划阶段,要考虑后期涉及人工的考核措施并在招标中予以明确。经过多年实践总结,尝试不同的方式后,我们认为保安等人工数量重要的服务,应按“数人头”的模式;能源中心运行服务等组织管理和技术性要求高的服务,应按“看效果”的模式,但提出最低人数要求。

(4) 通用类设备维保和小修建议纳入运行外包的招标范围,既能节约费用,又能提高效率。

4.4 市场化外包后怎么管

市场化外包以后如何管理,是采用外包模式进行运行管理的核心问题之一,更是机场转型为管理型公司的核心问题之一。虹桥机场的外包服务员工数量和机场方管理人员数量的比例约为 14 : 1,对技术和管理要求高的业务,则配备更多的机场方管理人员。我们主要采用了监管机制、考核机制、督查机制、后评估机制四种常态化的机制进行外包单位的管理。

1) 监管机制

机场监管人员与外包单位深度接触,根据机场的管理制度、服务合同、实际情况、外包单位制订的方案等,对外包单位进行日常工作监管和工作量的抽查,比如是否进行日常巡视,巡视是否到位等。监管时间安排一般按日常监管、月度小结、季度总结等时间节点进行。

2) 考核机制

一般按月度进行考核,考核是合同付款最为重要的依据,合同约定付款情况和考核结果高度挂钩。监管以过程管理为主,考核以结果管理为主,看效果。

虹桥机场一般在合同中事先约定考核内容,事先约定一方面明示机场的管理导向,也体现甲乙双方平等,防止考核人员滥用权利;另一方面也对机场提出更高的管理要求,机场方需要在招标时就谋划好考核内容。但约定考核条款也会带来一定的问题,如对部分未预见的内容进行考核时就会缺乏合同依据。

考核有总分制和扣分制两种方式,虹桥机场早期的考核采用满分为 100 分的总分制,初始分值为 100 分,约定扣分条款,90 分以上为合格,外包单位磨合一定时间后大多能达到 90 分以上,压力传导不足;目前大多采用扣分制,明确扣分项,发现不合格即进行扣分,只要扣分即扣考核款,同时也设立加分项,压力和激励的传导更为直接。若采用扣分制,则对外包单位有更高的管理要求,可促使其不断提高服务水平。

3) 督查机制

外包督查分机场督查和第三方督查。机场督查一般不由实施层的员工负责,而由其上级单位进行,督查的对象以监管人员为主,以外包单位为辅,主要看监管人员是否尽职、有无违规以及复核外包单位是否完成合同约定工作内容。第三方督查聘请专业单位进行项目过程审计或结果审计。督查由按季度定期督查和不定期督查两方面组成,督查是用另一只眼睛看项目、看整体、看效果。

4）后评估机制

后评估是外包管理的重要内容，在开始下一期招标前进行，从开始市场化的策划到项目结果进行全过程回顾，制订下一期运行管理的方案。

4.5 培育双方核心能力

进行市场化的运行管理后，对机场方和外包方的核心能力的思考，也是外包管理的重点内容。用外包的方式创建管理型机场，需要机场具备怎样的核心能力，期望乙方具备怎样的核心能力，每个企业有不同的思考和结果。虹桥机场经过长期实践，认为机场方核心能力是市场掌握、标准与规则制定、管理与考核、数据分析能力；外包方的核心能力则是合理配置资源能力、管理能力、技术能力。

5 风险及其控制

进行外包的运行管理，有收益必然有风险，风险控制是进行市场化管理的另一个重点。

1）责任风险

在外包的风险中，常常谈到的问题是：工作可以委托，但责任无法委托。张宝佳详细分析了外包管理的法律问题，认为委托管理合同约定受托人承担安全责任，主要是民事法律责任，即主要是经济赔偿责任，而与安全相关的行政和刑事法律责任仍在机场方，委托管理合同没有改变《民用机场管理条例》规定的机场管理机构是机场安全运营法律责任方。委托管理的效果和主体责任由机场方来承担，对委外单位的服务与管控需持续完善；对于重要的和复杂的业务内容，要采用合作外包的方式，更利于控制风险、提高管理水平；应选择综合能力较强的外包单位，并在合同中明确风险承担内容。

2）能力风险

采用市场化的外包进行运行管理之后，管理层往往有自有员工能力下降的担忧，担心技术型和技能型的员工能力下降。笔者认为这要分两方面来看，一是要转变观念，上述情况不是能力下降，而是能力转变，自有员工要从技术型和技能型往管理型转变，需要重点培养；二是在市场化的环境里，如何用市场和竞争的机制留住与吸引外包单位人才来服务机场，是需要思考的。从控制风险的角度，一方面对关键技术领域的自有员工确实需要培养和掌握；另一方面应会同外包方制定技术指导书、作业手册等；同时宜在高端技术领域做潜在市场化备份，建立第三方技术型和技能型人员的名单。

3）退出风险

外包方因为合同纠纷、能力问题等进行非计划性退出时，严重的情况下可能会导致机场停摆，这是实践中需要考虑的重要风险，也是管理层较为担忧的。在风险控制方面，要靠市场化的契约精神，双方一旦签订合同，就需要按合同办事；机场方要做好前期市场调研，对潜在外包单位的能力和违约情况进行重点排摸；应合理地选择外包模式，对于重要的和复杂的业务采用合作外包模式时，要在消化自有人员的同时控制好退出风险；应合理划分标段，一些业务可以招多个不同单位，互相之间可以作为备份；应做好督查管理和合同管理。

4）外包方人员流动风险

人员流动风险在外包方案策划时容易被

忽视，外包方员工能力不足被甲方要求调离、外包方员工离职、外包方抽调骨干支援其他项目等，在虹桥机场的外包实践中经常遇到。若外包单位人员流动过大，则新人需要花较长时间熟悉机场的规则和特性，会影响运行服务。在风险控制方面，机场方在招标文件和合同中应提出进入和退出要求，进入的员工需要甲方参与面试，外包方的主要管理和技术人员退出则需要甲方同意；合同应明确约定全体人员流动率指标和主要人员流动率指标，采取对缺岗人员加倍扣钱等措施。通过以上两项主要措施，虹桥机场外包业务的人员流动率年均在4％～6％，在合理的范围内。

6 思考与小结

采用市场化的外包方式进行机场运行管理，应成为战略层面的思考和行动，也需要政策层面的导向。采用市场化的方式进行运行管理，助推机场从经营性向管理型转型，提质、增效、降本，这些是针对机场本身提升管理水平而言的，而这对机场还有较大的边际效益，有助于其在参与全球航空资源再分配中更好地占据主动地位。

机场应树立与外包方协作共赢的理念。机场方开展业务外包不仅仅要考虑自身人工成本的降低，达到提升管理水平和降低成本的目标，同时也要兼顾外包单位的利益，使外包单位能够获取合理的收益和提升市场竞争力，协作共赢才是可持续发展之道。此外，要注意培育运行管理领域的核心供应商，使之在长期合作中成为机场的可靠伙伴。

应合理选择外包的模式和外包业务颗粒度。对重要的和复杂的外包业务采用合作外包的模式，是核心业务也能够外包的要点。

应注意过程管理与结果考核相结合。结果考核以目标为导向，以人为中心，以成果为标准，过程管理则是对过程中的节点进行质量控制，从而达到全面质量管理的目标。过程和结果应有机结合，“结果”是“过程”的终点，管理要聚焦于“过程”中，考核要聚焦在“结果”上。

应充分考虑到外包后自有人员安置的问题。应先确立外包策略方向，逐步推行市场化外包管理，对自有员工逐渐进行消纳和促使其转型。

外包管理要树立“用合理的成本购买合适的服务”的理念。外包管理是建立在成本之上的，不能一味压缩成本，期望用廉价的成本购买优质的服务，往往容易导致合作双方都达不到初始目标。

参考文献

[1] 谢泗薪，陈亚蕊. 机场服务外包发展模式及运营策略[J]. 中国民用航空，2013(9)：62-63.
[2] 邱嘉臣. 中国大型机场运营管理[M]. 北京：中国民航出版社，2019.
[3] 王伟凡，管申，郑向荣. 机场业务外包离我们还远吗？[J]. 民航管理，2016(7)：36-42.
[4] 林伟. 机场业务外包的利益与风险[J]. 江苏航空，2010(2)：14-16.
[5] 张宝佳. 机场委托管理的若干法律问题[J]. 北京航空航天大学学报(社会科学版)，2012，25(5)：33-36.

虹桥国际机场十年运营评估

裴 晶[1] 杜飞航[2]

【摘要】 本文从三个主体(旅客、机场、航司)、三个区域(飞行区、航站楼、陆侧交通)、三个阶段(规划、建设、运营)总结回顾了虹桥国际机场的规划建设和过去十年的运营管理,并对其运营实绩进行了初步的评估,提出了一些改进的建议和希望。

【关键词】 虹桥国际机场;运营管理;评估

1 虹桥国际机场规划目标

2005 年上海机场集团在开展浦东国际机场二期工程建设的同时,适时启动了虹桥国际机场的总体规划修订工作。2005 年版虹桥机场总体规划的特点是将原规划中的两条远距离跑道改为两条间距为 365 m 的近距离跑道(图 1),在当时的虹桥机场西侧让出了约 8 km^2 的控制用地,在满足虹桥机场终端容量的同时,最大限度地集约利用了土地,减少了对周边环境的影响,为虹桥综合交通枢纽的建设提供了空间。

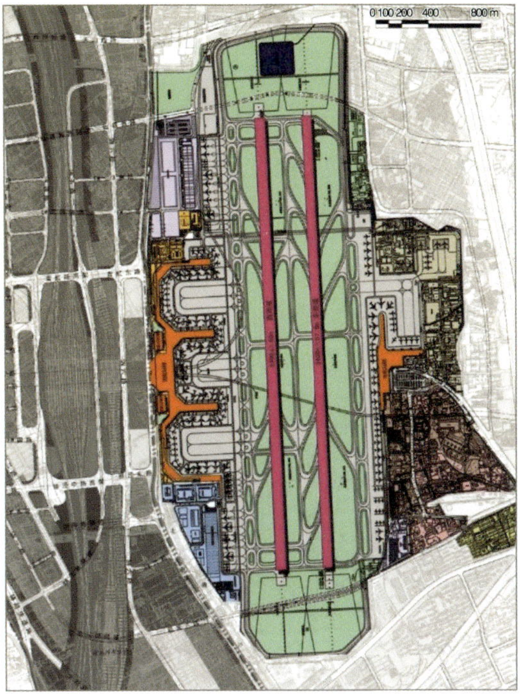

> 图 1 虹桥国际机场 2005 年版总体规划

2007 年国家发展和改革委员会在对虹桥机场扩建工程可行性研究报告的批复中明确:“上海虹桥国际机场扩建工程以 2015 年为建设目标年,按满足年旅客吞吐量 4 000 万人次、货邮吞吐量 100 万 t 和飞机起降量 30 万架次需要设计。”与 2015 年实际业务量对比,我们可以看出 2015 年旅客吞吐量(3 909 万人次)与批复目标接近;起降架次(25.1 万架次)主要受到跑道运行容量、空域条件等的限制,未达到批复目标;货邮吞吐量(43.4 万 t)一方面受上海两机场货运业务分工与定位的影响,另一方面也受到跑道运行容量的影响(虹桥机场宝贵的时刻资源主要用来保障客运航班),与批复目标有差距。在随后的 2016 年,虹桥机场旅客吞吐量便

1 裴晶,SPS 航空咨询公司项目经理。

2 杜飞航,SPS 航空咨询公司项目经理。

达到 4 046 万人次，超过批复容量。

本文一方面对虹桥机场本身的设施发展及运营进行回顾与评估，另一方面试图探讨已超过设计容量且不具备土地资源扩建条件的机场如何保持业务量的稳定增长，同时设施服务、运行效率依然保持较高水平。

2 虹桥国际机场航空业务量回顾

2010 年虹桥机场西区扩建工程正式投用，机场正式迈入双跑道、双航站楼运行时代。2019 年虹桥机场年旅客吞吐量达到 4 564 万人次。图 2 所示为 1994—2019 年间虹桥机场年旅客吞吐量和客运架次。

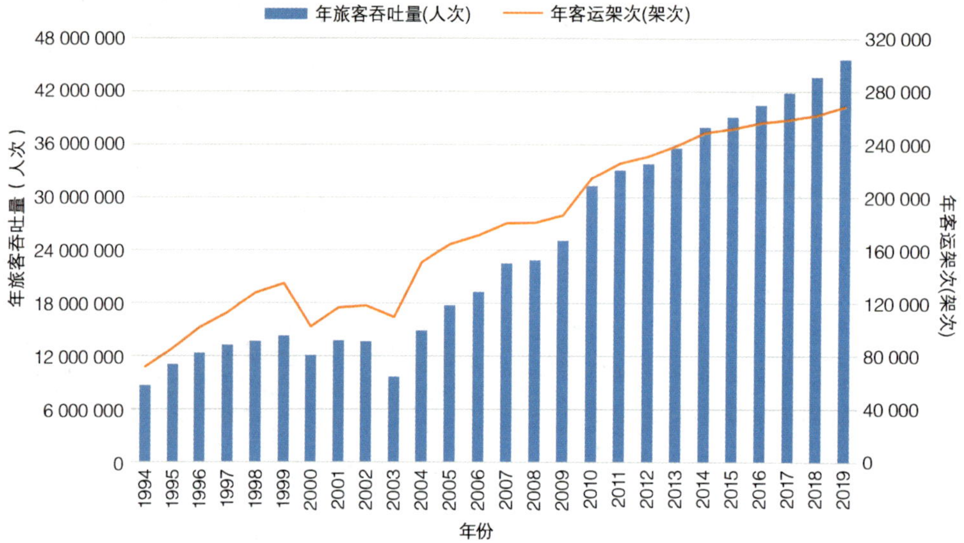

> **图 2** 虹桥机场年旅客吞吐量和客运架次发展

回顾 2010—2019 年（表 1），机场业务量在这十年间的发展主要分为以下三个阶段：① 在 2010 年上海世博会开幕前，虹桥机场 2 号航站楼和第二跑道启用，提供了需要的增长容量，使 2010 年的旅客吞吐量比前一年有相当大的增长，全场增长率达到 24. 8%；② 2010—2014 年期间，国内旅客吞吐量年均增长率达到 4. 0%，国际业务发展迅速，年均增长率达到 21. 0%，全场年均增长率达到 4. 9%；③ 2015—2019 年期间，机场受到跑道容量限制明显，全场年均旅客吞吐量增长率仅为 3. 9%。

然而商务旅客量占较大比重的虹桥机场，不得不提的便是其商务快线，自 2010 年起虹桥机场商务快线市场比例不断攀升，仅京沪、沪广、沪深三条商务快线，至 2019 年便达到机场国内业务量的 40%以上。同时在客运业务量增长受限的 2015—2019 年间，三条商务快线的年均旅客吞吐量增长率也达到了 5. 2%，高于平均水平（表 2）。

表1 虹桥机场年旅客吞吐量历史数据 (万人次)

年份	国内旅客吞吐量	国际及地区旅客吞吐量	总计
2010	2 996	134	3 130
2011	3 085	226	3 311
2012	3 134	249	3 383
2013	3 297	263	3 560
2014	3 511	286	3 797
2015	3 605	304	3 909
2016	3 723	323	4 046
2017	3 866	323	4 189
2018	4 022	341	4 363
2019	4 221	342	4 563

表2 虹桥机场商务快线旅客吞吐量历史数据 (万人次)

年份		2015	2016	2017	2018	2019	年均增长率
精品快线	京沪	634.8	651.9	649.7	676.6	683.4	5.2%
	沪广	393.8	427.5	446.9	478.6	521.4	
	沪深	379.3	383.9	438.4	481.2	520.4	
	总计	1 407.9	1 463.3	1 535.0	1 636.4	1 725.2	
其他国内航线		2 197.1	2 259.7	2 331.0	2 385.6	2 495.8	3.2%

本文将重点回顾2015—2019年，机场受到跑道及基础设施容量一定限制情况下的运行情况。

3 飞行区运行与航班特征

机场的客运业务量增长主要取决于起降架次、机型组合以及客座率。在这三个影响因素当中，起降架次是关键因素。虹桥机场2015—2019年起降架次增长明显放缓，2010—2014年起降架次年均增长率为3.6%，2015—2019年仅为1.8%(表3)。然而在起降架次增长放缓的情况下，2015—2019年机场旅客吞吐量还是保持了约4%的年均增长率。这主要得益于航空公司大机型的持续加入、客座率的不断提高。

表3 虹桥机场2010—2019年起降架次

年份	起降架次(万架次)	年均增长率
2010	21.6	3.6%
2011	22.6	
2012	23.1	
2013	23.9	
2014	24.9	
2015	25.2	1.8%
2016	25.9	
2017	26.2	
2018	26.5	
2019	27.1	

3.1 起降架次与跑道运行

跑道容量是机场业务量发展的基础，我们将机场跑道高峰小时可以容纳的飞机起降架次描述为机场时刻资源，来显示跑道容量对机场发展至关重要的作用。2015—2019年虹桥机场整点高峰小时架次保持在48架次，这一情况主要是由于跑道运行规则及空域带来了限制。

详细对比2015年和2019年的数据可以发现，在2015年高峰日，仅有2个整点高峰小时架次达到48架次；而在2019年高峰日，一天已有8个整点高峰小时架次达到48架次(图3)。也就是说，在这五年期间虽然批复的整点架次上限未突破，但达到架次上限的频率有了大幅增长。

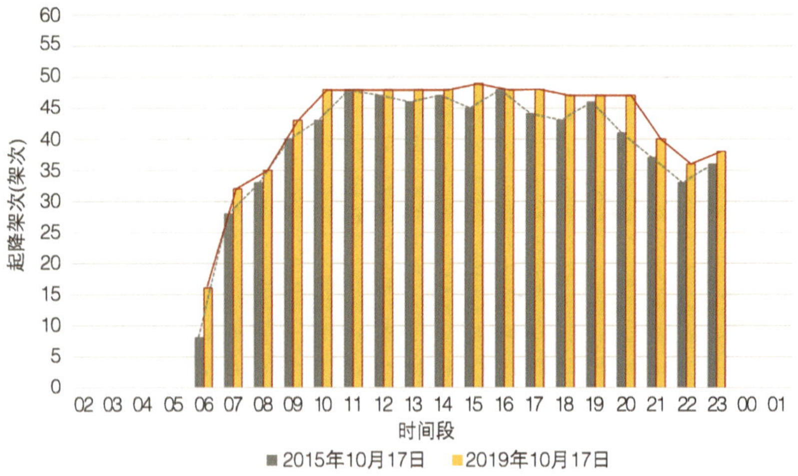

> 图3　2015年和2019年虹桥机场的高峰日航班起降架次整点小时分布

对比2019年和2015年的航班波，也可以看出2019年的航班波相较2015年有了进一步"填谷"(图4)。这意味着在跑道设施资源不变、批复的整点小时架次不突破的情况下，实际上跑道运行水平保持了增长，一方面增加了运行整点小时48架次的时间，另一方面航班波更加密集和平均，从而实现了日均起降架次和年起降架次的增长。

在提升跑道运行水平的同时，2019年虹桥机场也开始筹备绕滑道的建设，以跑滑系统设施优化来减少跑道穿越、缓解运行压力，为进一步提升跑道容量作准备。

3.2 机型发展与机位布局

2015—2019年，虹桥机场尽管通过跑道运行水平的提升实现了年起降架次的增长，然而起降架次的增长速率仍难以满足旅客需求增长，航空公司便加大了在虹桥机场的宽体机运力投入。2019年虹桥机场宽体机年起降架次相较2015年增长了近70%(表4)。

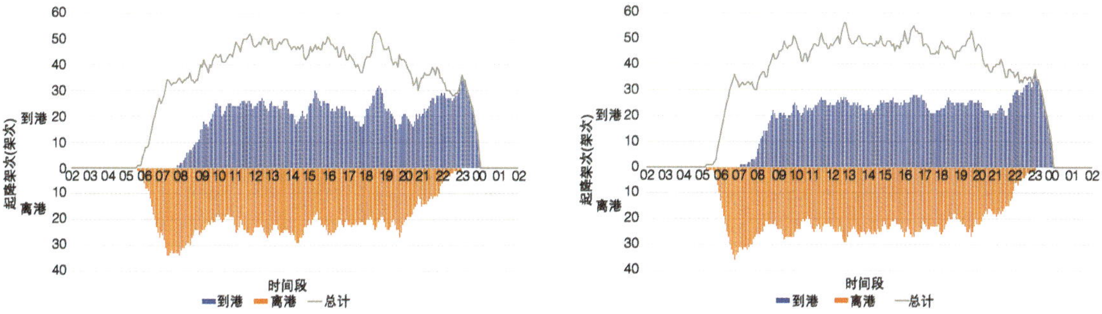

(a) 2015 年高峰日航班波　　(b) 2019 年高峰日航班波

> **图 4**　2015 年和 2019 年虹桥机场高峰日航班波示意(60 min 动态累计,每 5 min 为单位)

表 4　虹桥机场宽体机航班量历史数据　(万架次 /年)

年份	2015	2016	2017	2018	2019
宽体机航班量	4.0	4.2	4.6	5.4	6.7

这五年期间,虹桥机场 E 类机型比例有了大幅度提升,从 2015 年的 15.8%达到 2019 年的 24.7%(图 5)。值得一提的是,虹桥机场 2005 年版总体规划中预测至 2015 年 E 类机型占比为 6.0%,而实际上虹桥机场的宽体机发展远超预期。

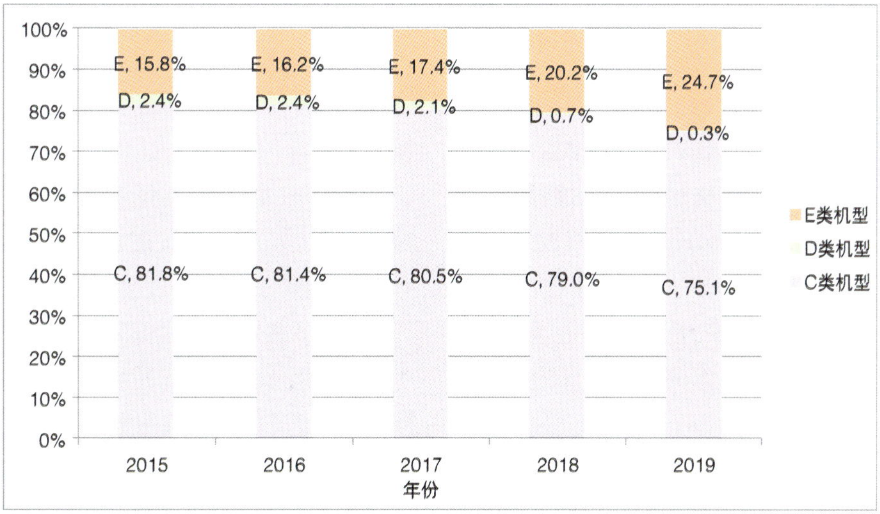

> **图 5**　2015—2019 年典型高峰日虹桥机场 2 号航站楼近机位使用情况

另外，虹桥机场在E类机型比例快速增长过程中，其三条商务快线的E类机型比例尤为亮眼，尤其是京沪快线，2015年宽体机比例就超过了65%，2019年更是高达77.7%（表5）。

表5 虹桥机场商务快线宽体机比例

航线＼年份	2015	2016	2017	2018	2019
京沪	67.3%	65.3%	69.4%	75.7%	77.7%
沪广	31.8%	33.2%	35.5%	41.5%	54.0%
沪深	11.0%	8.9%	11.3%	19.2%	30.0%

值得注意的是，虹桥机场在E类机型比例超预期发展的情况下，其E类机位并未出现明显缺口，这在很大程度上得益于组合机位的规划设计。组合机位是虹桥机场2号航站楼设计中的一个亮点，当时是在我国航站楼设计中首次应用。

尽管2006年虹桥机场西区规划设计时，C类机型是机场的主力机型，但规划已经考虑到机场在运营后期旅客量增长而跑道容量受限的情况下，宽体机比例将有所提升，同时考虑到投运初期仍然要提升机位使用效率，避免过多E类机位停放C类机型带来的资源浪费，于是规划设计团队在虹桥机场开创性地设计了组合机位。虹桥机场在2010年投运初期，大部分组合机位按照小机型运行，而至2019年，大部分组合机位已按照大机型运行，这也验证了当初规划设计为运行所作的考虑是十分合理且成功的。

3.3 机位运行效率与靠桥率

除了提供足够的机位设施满足航班停靠需求外，机位运行效率也是虹桥机场能够在有限资源条件下实现超过4 500万人次年旅客吞吐量的重要因素，尤其是提升近机位运行效率以提升航班靠桥率，从而提升旅客服务水平。

虹桥机场2号航站楼主楼设计容量为3 000万人次/年，而指廊（近机位）设计容量为2 100万人次/年。2019年2号航站楼服务旅客量达3 783万人次，其中近机位服务旅客量为2 998万人次，近机位实际运行容量远超规划预期。

分析2019年虹桥机场高峰月（10月）数据（表6），2号航站楼航班靠桥率达到80%，旅客靠桥率达到81.4%，近机位日周转率达到6.2（相当于单个近机位每天服务超过6起6降，共12架次以上航班）。因近机位运行效率高，远机位主要服务过夜航班。

从图6也可看出，航班排布密集，机位利用率极高。能够达到如此高的效率主要有四方面原因：① 2号航站楼纯服务国内航班；② 近机位数量处于紧平衡状态；③ 跑道容量受限情况下航班波分布均匀且密集，近机位全天均处于繁忙状态；④ 基地航空公司和多家非基地航空公司错峰共用机位，实现效率最大化。

表 6　2019 年高峰月虹桥机场 2 号航站楼机位运行效率

2019 年 10 月(高峰月)	近机位	远机位	小计
平均日机位数	41	55	96
10 月服务架次	15 820	3 956	19 776
月平均日服务架次	511	128	639
高峰月平均每日机位周转率	6.2	1.2	3.3
高峰月航班靠桥率		80.00%	

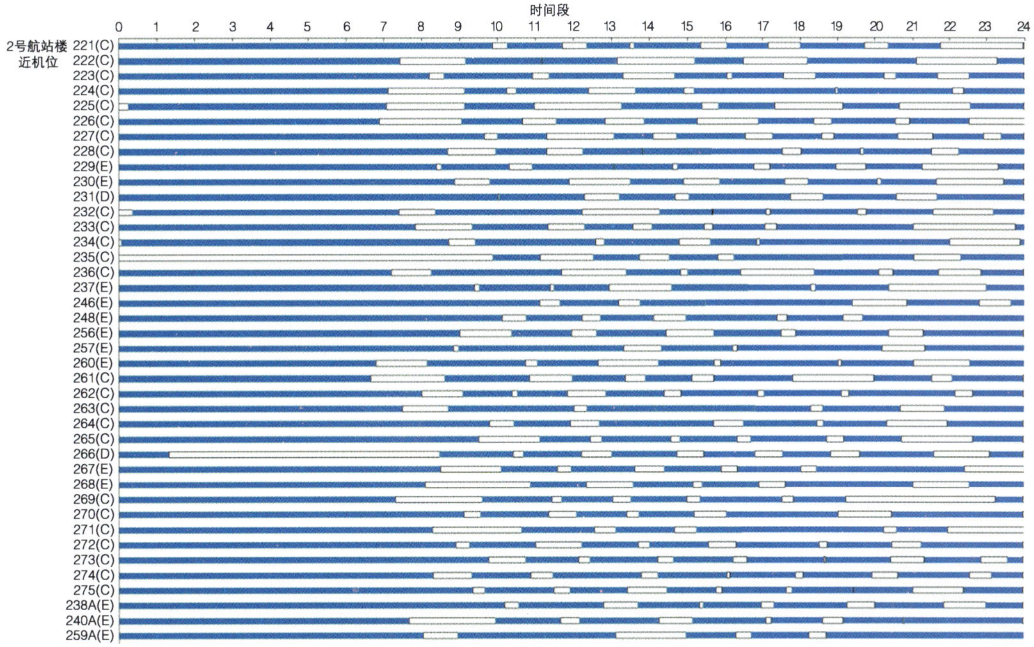

> **图 6**　虹桥机场 2 号航站楼近机位运行甘特图

4　航站楼运行与航空公司特征

4.1　航站楼业务量分配

虹桥机场在规划 2 号航站楼时，就根据机场航班运行特点及 1 号、2 号航站楼的具体情况，确定两楼分工，即 2 号航站楼服务国内定期商业航班，低成本航空及国际航班留驻 1 号航站楼。

2015—2019 年间，1 号航站楼国内、国际业务量均较为稳定，增长幅度较小；而 2 号航站楼业务量涨幅较大(表 7)，这得益于 2 号航站楼是虹桥枢纽的核心组成部分及主力航空公司在 2 号航站楼的更好发展。

表 7 虹桥机场各航站楼业务量分配

（万人次）

年份		2015	2016	2017	2018	2019
2 号航站楼	国内	3 196	3 316	3 434	3 596	3 783
1 号航站楼	国内	409	407	432	426	438
	国际	304	323	323	341	342

4.2 航空公司特征

虹桥机场 1 号航站楼国内主要服务春秋航空；国际服务东方（上海）航空、中国国际航空、国泰航空、中华航空、日本航空、大韩航空等 12 家航空公司。2 号航站楼主要服务东方（上海）航空、中国国际航空、南方航空、吉祥航空等 15 家航空公司，根据航司联盟及地服代理关系，2 号航站楼的航空公司可分为 5 组，如图 7 所示。

多家航空公司共用 2 号航站楼，一方面成为 2 号航站楼业务量稳定增长的原因，另一方面也提升了设施使用效率，使得 2 号航站楼可高品质服务接近 3 800 万人次的旅客量（图 8）。

4.3 航站楼运行优化与设施提升

得益于虹桥枢纽在上海和长三角经济发展中的引擎作用，虹桥机场 2 号航站楼各航空公司竞相发展，旅客量增长迅速。虽然 2 号航站楼规划设计进行了充分考虑，但以 3 000 万人次设计容量服务接近 3 800 万人次年旅客量，旅客服务及运行保障还是存在一定的压力，机场从运行和设施两方面采取了一系列优化措施。

（1）2019 年厦门航空公司（简称：厦航）搬迁。为了保证 2 号航站楼以及各航空公司的旅客服务水平，2019 年虹桥机场与厦航达成一致，

> 图 7 虹桥机场 2 号航站楼航空公司分组

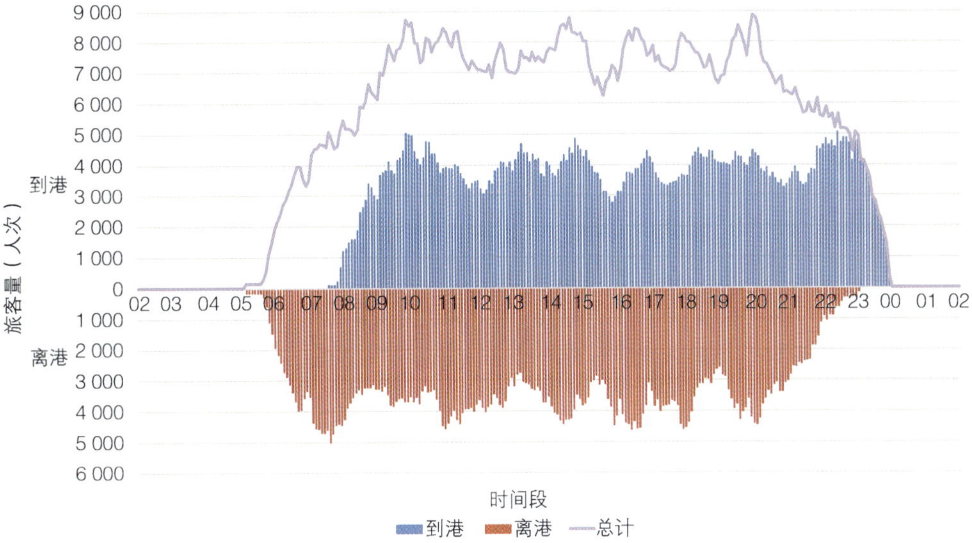

> 图 8　2019 年虹桥机场 2 号航站楼高峰日旅客量分布

（2019 年 10 月 17 日数据，60 min 动态累计，每 5 min 为单位，含厦门航空公司）

厦航从 2 号航站楼搬迁至 1 号航站楼。这一方面缓解了 2 号航站楼的压力，另一方面我们也发现因为厦航和春秋航空航班运行时刻不同，厦航搬迁至 1 号航站楼后，1 号航站楼高峰小时旅客量保持不变，且较好地填补了原来春秋航空使用 1 号航站楼时的航班低谷，使全天的旅客量显著增加(图 9)。这样的航空公司分配调整，既不会对 1 号航站楼设施增加额外保障压力，又大大地提升了 1 号航站楼的整体业务量，最大限度实现了航空公司错峰共用设施，提升了机场设施的使用效率。

(2) 2 号航站楼值机柜台溢出至交通中心。随着 2 号航站楼业务量和服务多样性增加，航站楼内 A/B/C/D 四个值机岛难以满足旅客服务需求，故机场充分利用了交通中心中靠近 2 号航站楼的 E、F 值机岛，作为 2 号航站楼的值机柜台，并提供相应的增值服务。

(3) 2 号航站楼 4.500 m 层办公室改造。由于 2 号航站楼旅客量发展及商务旅客比例增长，原有航空公司贵宾室难以满足需求，因此在航站楼无扩建的条件下，机场巧妙利用 4.500 m层办公室，将其改造为航空公司贵宾室，增加 8.500 m出发层至贵宾室的垂直交通设施，将原有办公室功能迁至交通中心，从而实现了资源的充分利用。

(4) 规划 2 号航站楼指廊扩建。如前述分析，2 号航站楼近机位运行高效，然而 2019 年服务 3 783万人次旅客量时，仍有接近 800 万旅客使用远机位，服务水平欠理想，远机位候机厅压力较大。虹桥机场因此开展了 2 号航站楼指廊扩建前期研究，以便未来提升靠桥率与旅客服务水平。

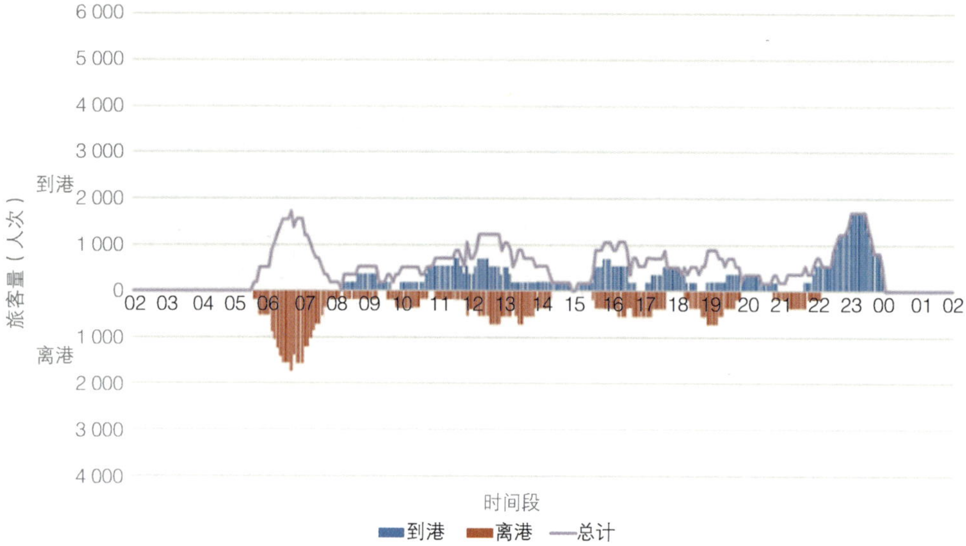

（a）搬迁之前

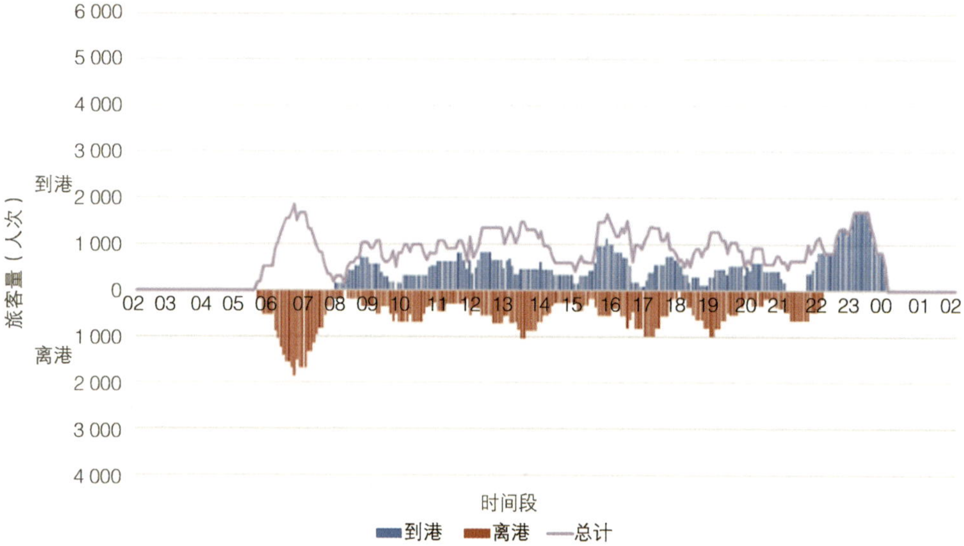

（b）搬迁之后

> **图 9** 厦门航空公司在虹桥机场搬迁至 1 号航站楼前、后高峰日旅客量分布图对比（60 min 动态累计，每 5 min 为单位）

5 陆侧交通与旅客特征

虹桥枢纽投用超过十年，而机场的陆侧交通基础条件及交通方式相比当初规划已经产生了一些变化，包括：航空业务量增长和运行特征的变化；虹桥机场距离市区较近，个体交通的价格因素不明显；精品机场导向下商务旅客比例高，更倾向于个体交通方式；新的交通方式，如网约车的出现。

以下从航班及旅客特征的角度进一步分析机场东西航站区交通特征。

5.1 西区交通与旅客特征

虹桥机场 2 号航站楼主要服务国内商务旅客，私家车停车需求较高，同时因火车站停车设施容量有限，2 号航站楼停车库承担了部分高铁溢出的停车需求，停车库使用已趋于极限容量，建议未来进行停车库扩建(规划设计考虑了现有南北两侧停车场未来可扩建为停车库)。虹桥机场与城市中心直接相连，在城市通勤早、晚高峰，商务旅客因注重时间和效率，出发时更倾向于轨道交通出行。而在晚上 9 点之后，机场主要运行降落航班，到达旅客集中度高，大量旅客乘坐出租车、网约车离场，相应保障设施极为繁忙。

5.2 东区交通与旅客特征

由于 1 号航站楼既服务国际及地区旅客，又服务低成本航空公司国内旅客，两种旅客进出场交通方式有明显不同。1 号航站楼国际及地区方面所服务的日、韩及港、澳、台地区航班同样也是商务旅客占比高，这类旅客更倾向于乘坐私家车及出租车出行，而到达的国际及地区旅客因乘坐出租车安全、有保障，在到港高峰时，大量旅客乘坐出租车离场，相应运行保障较为繁忙。1 号航站楼国内方面主要服务春秋航空旅客(2019 年之前)，这类旅客更倾向于公共交通出行，目前主要依靠轨道交通 10 号线，机场正积极促进其他城市公共交通衔接 1 号航站楼。

6 结语及思考

本文回顾了虹桥机场西航站区投运十年来的航空客运业务发展，对于这座百年机场，十年只是其经历的漫长岁月中的一个片段，当然这十年的运营也很难以短短的一篇文章讲述清楚，因而本文从以下三个主体(旅客、机场、航空公司)、三个区域(飞行区、航站楼、陆侧交通)、三个阶段(规划、建设、运营)对虹桥机场十年运营进行了总结和回顾。

(1) 旅客、机场、航空公司：网络上一直流传着关于虹桥枢纽的浪漫爱情故事，也同样流行用“双向奔赴”形容爱情的美好。回顾虹桥机场十年运营，旅客、机场、航空公司三者之间两两双向奔赴——旅客与机场相互选择，机场与航空公司彼此成就，航空公司与旅客互相信任，促成了虹桥业务精品。

(2) 飞行区、航站楼、陆侧交通：飞行区、航站楼、陆侧交通是机场规划的三大重点，也是机场运行中的三个重要领域。在过去十年的运营中，飞行区因航空器及航班特征变化，进行了及时的调整；航站楼与航空公司的共同发展，实现了设施运行高效，也为旅客类型变化进行了资源优化整合；陆侧交通保障结合旅客出行方式变化进行调整。三大区域相结合，形成了机场服务精品。

（3）规划、建设、运营：回顾虹桥机场十年运营情况，不可否认的是规划为运营打下了坚实的基础，过程中的设施建设落实和优化了规划设想，也与运营形成良好互动与互补。当然也是贯彻始终的精品机场运营理念让总体规划发挥出更好的效果，设施建设获得更佳的收益。三个阶段环环相扣，铸就了机场管理精品。

就像描绘理想与实现理想同样伟大，虹桥机场之所以成为精品虹桥机场，离不开现场运行人的脚踏实地和精益求精，离不开设施建设者的理性务实和精雕细琢，同样离不开规划决策方的雄心壮志和深谋远虑。

虹桥机场的规划、设计、运营都值得机场规划设计从业者全面学习。在回顾和学习的过程中，我们更对虹桥机场的下一个十年充满期待。关于机场未来运营提升有以下思考与希望：

（1）希望国际业务与枢纽衔接更加紧密。虹桥机场在上海机场系统中的功能定位主要就是服务于始发终到旅客，2 号航站楼作为综合交通枢纽的一部分服务国内航班，机场国际业务位于 1 号航站楼，两座航站楼相对独立运营。同时出于建设、运营成本的考虑，虹桥机场通过轨道交通 10 号线为工作人员以及旅客提供东、西航站楼之间的陆侧联系。随着虹桥枢纽地位的不断上升，充分利用虹桥火车站实现与国际航班高品质联运的需求日益突显，建议与机场快线同时开通浦东国际机场在虹桥枢纽的远程值机业务，为“虹桥国际开放枢纽”的建设提供更加全面的服务。

（2）希望商业模式更加多元化。无论是已经运行十年的 2 号航站楼还是近年改造完成的 1 号航站楼，均集优雅与时尚于一身，航站楼内商业环境舒适、空间宽敞、光线适宜，契合了旅客对虹桥机场的期待。而 2014 年著名时尚品牌 Michael Kors 将 JetSet 盛典搬到上海虹桥机场的停机坪更是令人印象深刻，期待未来能有更加多元化、体验式、展览性商业入驻虹桥机场。

（3）希望绿色机场运营更加精细化。回顾虹桥机场设施建设及运营，已实现资源集约、效率最大化，并且在建筑、暖通、照明等方面采取了多项节能措施，从某种程度上来说虹桥机场已然迈入绿色机场行列。而未来要实现更精细化的绿色机场运营，虹桥机场在管控噪声、降低碳排放（航空器及车辆）、建立统一的地服车辆调度平台、减少不必要的运行调度等方面还有值得进一步探讨的空间。

最后借用一句宋词表达作者对于虹桥机场过去 10 年运营回顾的感想，也是对虹桥机场未来 10 年运营的期待：

“十年重见，依旧秀色照清眸。”（王以宁《水调歌头·呈汉阳使君》）。

参考文献

[1] 刘武君. 虹桥国际机场规划[M]. 上海：上海科学技术出版社，2016.
[2] 吴念祖. 虹桥国际机场总体规划[M]. 上海：上海科学技术出版社，2010.
[3] 吴念祖. 虹桥国际机场二号航站楼综合体设计[M]. 上海：上海科学技术出版社，2010.

虹桥综合交通枢纽东交通中心停车设施运营评估

徐锡斌[1]

【摘要】 虹桥综合交通枢纽东交通中心停车场库，作为虹桥国际机场2号航站楼航班生产运行服务保障的重要配套功能设施，既承载了动线流程转换与衔接的开放空间，又内嵌了使动线流程更便捷与高效的管理系统。基于东交通中心停车场库规划设计理念，结合当前停车设施的现状及运营状态进行全面分析与评估，是提高保障能级与提升服务体验的切入点。本文重点就停车场库的设施容量、动线流程、管理系统三方面进行对标对表与分析评估。

【关键词】 停车场库；设施容量；动线流程；管理系统；运营评估

1 引言

虹桥综合交通枢纽东交通中心停车场库（简称：东交停车场库），与虹桥国际机场2号航站楼于2010年3月同步启用。十余年来，有关停车设施系统的改建与管理措施优化调整也持续了近10年。一方面，随着虹桥机场航班客流量不断攀升，以及虹桥枢纽效应日益放大，2014年起东交停车场库已处于饱和状态；另一方面，随着网约车等新交通出行方式在2017年爆发式发展，以及租赁车等个性化交通出行方式的激增，更使东交停车场库处于常态化超饱和状态。

面对交通行业日新月异发展过程中的新形势、新业态、新需求，我们有必要对东交停车场库进行一次后评估，以此作为持续改进软硬件设施配置、优化管理方式的抓手与切入点。基于此，本文重点就东交停车场库的设施容量、动线流程及管理系统进行总结与评估。

2 东交停车场库设施的设计容量与评估

东交停车场库由P5、P6、P7和P8四部分组成（图1）。P5和P8为露天停车场，P6和P7为室内停车库、各由5个楼层组成（楼层编号：2F、M1、1F、BM1、B1）；规划设计了3 040个停车位，P5—P8的停车位数量分别为107个、1 413个、1 413个和107个。P5和P8以大中型停车位为主，P6和P7则全部是小型停车位。在“南进南出、北进北出”总的交通组织理念指导下，P5、P6与P7、P8分别位于东交通中心的北、南两侧；物理界面上，南北两侧的人流动线（2F与B1）互连，但车流动线不通。

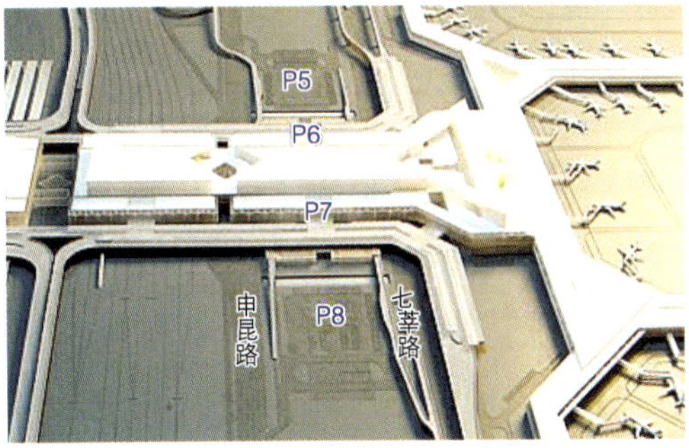

> 图1 虹桥综合交通枢纽P5—P8停车场库分布

1 徐锡斌，上海虹桥国际机场有限责任公司交通管理部总经理。

2015年年初，为满足快速增长的停车需求，经内部挖潜与布局优化，东交停车场库增加了临时停车位并将部分中大型车位调整为小型车位，使停车位总数达到3 835个，P5—P8的停车位数量分别达到316个、1 601个、1 601个和317个。与此同时，2015年初同步调整了停车收费标准，以期借助价格杠杆进行综合调控。

目前，业界普遍采用停车位配置水平，即以停车位数量(个)除以年旅客吞吐量(万人次)，来衡量停车设施规划设计容量。根据东交停车场库规划设计，停车位总数为3 040个，2号航站楼年旅客吞吐量为3 000万人次，停车位配置水平约1.01。经统计，2014年，旅客吞吐量约3 098万元人次，停车位配置水平为0.98，基本处于饱和状态。2015年停车位总数调整至3 835个后，年旅客吞吐量约3 199万人次，停车位配置水平为1.2，再配合停车收费价格杠杆，停车运行秩序明显好转。到2019年，2号航站楼年旅客吞吐量达到3 700万人次，停车位配置水平仅约1.04，又恢复到常态化饱和状态。根据东交停车场库规划设计相关参数，结合现场运行实际情况，究其原因，主要是：

(1) 停车场库出库车流量年均增量远大于年旅客吞吐量增幅。据统计，2019年虹桥机场2号航站楼旅客吞吐量约3 700万人次，2013—2019年旅客吞吐量年增幅约4%，最近几年更是仅不足3%。与此对应的是，东交停车场库出库车流量年均增幅约15%，2019年日均约2.02万车次。近三年尽管受新冠肺炎疫情影响，日均出库车流量有所降低，但2021年4月16日出库车流量创下记录，达到3.12万车次，4月份日均出库车流量约2.45万车次，较2019年同期增幅超20%。可以预见，疫情常态化防控下东交停车场库出库车流量还将再创新高。

(2) 停车场库过夜车辆占比居高不下。2019年车辆停车时长分布统计结果表明，停车时长在20 min以内的车辆占比约50%，20～60 min的占比约30%，60～120 min的占比约12%，120～180 min的占比约2%，180 min及以上的占比约6%。这与每天航班结束后仍有约1 200辆在库车辆(俗称为“过夜车辆”)的情况保持一致。也就是说，每天约有1 200个停车位被占用，约占3 835个停车位的30%；每周四、周五高峰时占比更是高达50%，严重影响停车位周转。然而，过夜车量占比在停车场库设施容量规划设计时并未予以考虑。

(3) 停车场库疏散客流量占比持续增高。虹桥机场2号航站楼三种主要交通方式疏散客流统计结果表明：出租车疏散客流量占比保持相对稳定，约为30%；轨道交通疏散客流占比不断降低，目前约30%；社会车辆(含网约车)疏散客流占比持续攀升，目前已达约35%，较规划设计提升了10个百分点；公交巴士等其他交通方式疏散客流占比不足5%。这一方面是由于高铁客流的激增，换乘轨道交通体验降低；另一方面是疫情影响下，更多旅客选择出租车或网约车等个体交通方式抵离。

因此，经对标国内外同级别机场的停车位配置水平，并统筹考虑过夜车辆占比(30%)、汽车保有量自然增量(兼顾员工部分停车需求)叠加下出库车流量大幅增加(10%),以及个体交通出行需求增量等因素,经合计,要维持东交停车场库较好的服务保障水平,停车位配置水平应达到 1.5。当然,其中还需停车收费管理政策予以配套。

3 东交停车场库动线流程的设计与评估

东交停车场库南北出入通道均位于 ±0.000 m层,分别在七莘路与申昆路侧,设有五进五出(3 个小型车通道和 2 个大中型车通道),另外还设计了专用辅助通道(一进一出)快速进出 6.600 m 层(2F)接客车道边,方便接客社会车辆快速通过。

机动车流线以单向周边大循环流线为主线,以小循环划分不同的停车位区,车辆垂直上下则作为另外的循环独立于大循环之外,从而使得垂直上下的车流与水平循环的车流分开。

停车场库内设计有 1.2 m 宽的专用行人通道,并与竖向交通系统(电梯厅)直接相连,形成了较为完善的人车分行系统。行人和车辆各行其道,提高了车库的使用效率并保障了行人安全。

出发旅客在时间上分布比较均匀,进入停车场库后通过中央电梯厅四部垂直电梯衔接 12.150 m 层出发大厅。到达旅客在时间上分布比较集中,基本上通过南北彩虹桥进入停车库,就近通过两侧四部电梯系统(两部垂直电梯、两部自动扶梯)快速疏散。

东交停车场库动线规划设计,既要做到客流动线步行距离最简短,又要实现车流动线通行路径最顺畅,基本避免两条动线的交织冲突。从实际使用上来看,东交停车场库无论是在停车位布局,还是动线流程设计方面都做到了最优化。运营管理上我们在标识引导系统、人流车流动线以及进出通道布局等方面做了如下工作:

1) 关于标识系统与服务柜台的配套设置

"不需要标识系统的引导,也不会走错的规划设计方案才是最好的",这是目标,难以实现,但力求"少而精",以人为本。东交停车场库将不同楼层涂成不同的颜色,每个楼层再设置不同的标识物[P6 停车库为水果,P7 停车库为动物(图 2)],简洁明了、容易区分和识别,标识系统设计得非常成功。但在布局上,基本上是大而全、应设尽设,反而降低了吸引力。为此,在 2020 年"回头看"时,我们确定了以下基本原则:一是要在动线流程由面到线再到点全覆盖、可视范围内点到为止布局;二是要针对航空旅客的类型分布及出行习惯等属性,在动线流程转换点或换乘节点等点位布设服务柜台,辅以人工服务进行衔接与过渡,如 2 号航站楼交

> 图 2 P7 停车库内的识别标识

通服务中心与停车库会合点设置服务柜台等；三是还应在库内设置服务中心，实现问询咨询与会合点等公共功能，将人性化服务延伸至动线流程末端，从而构建起完整的引导标识体系。

2）关于人行通道与接客通道的配套设置

东交停车场库基本实现"人车分离"，步行通道设置在两排停车位的车尾（图 3），旅客从后备箱中取出行李后，沿着步行通道即可汇聚到库内垂直电梯厅，这极大方便了自驾旅客。同时，在 6.600 m 层设置了库内车道边，以方便待接旅客。实际上，因行业主管部门与行政执法部门都忽视管理，运行管理部门又缺乏执法权，使车道边出现被占用、运行秩序混乱等情况。也就是说，在现行管理体系架构下，停车场库内不宜设置车道边。为此，为充分利用场地资源，我们将车道边调整为应急停车位，并设置专用的道闸设备作为预约停车位，提供停车预约增值服务，并拓展出代客泊车业务。与此同时，为满足待接旅客的便捷需求，我们在行车主通道设置了"即停即走"通道，作为接客上客点，让行驶中车辆在相互督促下实现快速有序通行。即停即走通道的设置，已演变成网约车等接客上客点，这又极大方便了待接旅客。对此，在即停即走通道数量设置上，最好是设置 2 条，不宜超过 3 条，这样既可避免瞬时高峰拥堵，又可满足快速疏散需求，还可使通道资源得到最大程度利用。

> **图 3** 停车位车尾的步行通道

3）关于进出通道与特殊通道的配套设置

针对进出港旅客在出行时间分布上比较均匀与比较集中的差异，进口通道数量配置方面，4 条通道可完全满足运行要求，偶发拥堵也是因停车位不足导致的；出口通道数量配置方面，尽管 5 条通道均实现无感支付（含 ETC）与扫码支付等多种支付方式，但还需借助辅助通道的 2 条通道分流，7 条通道基本确保常态饱和下车辆出库排队时间不超过 15 min；也就是说，目前东交停车场库进出口通道数量配置为"4 进 7 出"。因此，针对航班保障配套停车场库，应重点关注出口通道数量及其位置布局，进出通道数量配置以 1∶2 为宜。另外，因东交停车场库内通行限高为 1.9 m，120 救护车与故障救援车等特殊车辆都不能驶入。虽说通过管理举措弥补，但面对频发突发的疾病或故障等事件，需大量人工干预，不仅延误救助时间，还增加救援难度，导致机场方被诟病、被质疑。虹桥机场 1 号航站楼交通中心 P1 停车库虽设置了超高停车区，但因进出通道并未同步建设到位（限高）而成为"摆设"。因此，从管理者的角度，停车场库应考虑设置特殊通道或特殊流程，以满足多场景下服务保障需求。对此，东交停车场库已在辅助通道进行适应性改造调整，以满足 120 救护车等特殊车辆快速进出的需求。

4 东交停车场库管理系统的设计与评估

根据东交通中心规划设计，东交停车场库主要采用停车库内集中收费方式，在每楼层两侧垂直电梯、人流必经之处设置集中收费亭。相应的5个出口通道功能定位上，3个为已缴费快捷通道，2个为人工收费通道。经集中缴费后，车辆需在15 min内离开停车场库；若超时或者未缴费，需从人工收费通道出库。然而，因当时的观念、习惯，或是枢纽停车场库的复杂性，上述方式启用后不久集中收费方式就取消了。究其原因，一是旅客进场取卡或取票后并未随身携带卡、票，无法在集中收费亭缴费；二是旅客尚未习惯或适应库内集中收费模式，集中收费亭使用率较低；三是车辆经常会有超时情况，出库时须折返至人工收费通道，体验感较差；四是集中收费模式既未达到方便收费的预期，又未减少管理成本，整体来看不经济。尽管如此，东交停车场库集中收费方式的设置与应用，已是相当先进的理念。此外，在每楼层入口处设置停车位电子指示牌，方便旅客快捷选择停车楼层，在技术应用方面也是领先的。

近年来，停车场库管理系统在信息技术支撑下，越来越成熟与多样化。其中有关收费系统部分，就有人工收费（含岗亭扫码支付）、无感支付（含ETC支付）和场库内扫码支付（集中收费亭的演变）等多种方式，均已普及化使用。有关引导系统部分，有超声波技术与视频技术等，也都有应用。

东交停车场库由于服务多类型的用户，包括网约车驾驶员、私家车主、单位驾驶员等，其中有本地的、也有异地的，有首次停车的、也有频繁停车的等，对停车管理系统提出更高要求，需结合运行场景进行定制化设计。现在，经过我们的持续建设与深化，东交停车场库管理系统已初步建成，主要包括：

1）停车运行管理系统

该系统与一般性的停车运行管理系统最大的特点或差异在于，道闸设备只是按照要求采集车辆车牌、进场时间等基础信息，系统运行部分则另行组织定制开发，做到道闸设备与运行系统的相互独立、各司其职，降低数据冗余，使系统处于“零冗余”状态下运行。运行数据信息的有效管控，也为停车服务业务增值开发提供了支持。

在此基础上，针对东交停车场库南北分布与多楼层布局，为进一步强化运行管控与服务保障，场库内建设了二次道闸系统，设备包括道闸、车牌识别摄像机以及信息显示屏等，并接入停车运行管理系统。这既可补充采集车辆信息，经停车运行管理系统加工后，实现用户车辆反向寻车查询功能；也可进行限流与授权，均衡各楼层停车位饱和度，实现分区分类等差异化管理。

2）停车支付管理系统

停车支付管理系统是从停车运行管理系统中剥离出收费功能模块，并将ETC支付、无感支付和扫码支付等各种支付方式融合与聚合而成的。其核心作用在于，一是为停车运行管理系统减负，确保系统持续稳定高效运转；二是借助于配套的小程序，支持用户自主选择线上支付方式；三是支持停车业务经营拓展与开发，提供多样化产品服务，实现经营资源增值。

此外，在运行管理系统与支付管理系统基础上，可通过从数据库实时抽取停车交易数据导入税控设备完成发票开具。电子发票系统的建设，彻底打破了各种支付方式自行单独开票的壁垒，实现了在各官方平台进行全部交易开票。

3）停车泊位引导系统

针对东交停车场库各楼层具有较好通透性与可视性的特点，经实用性与经济性分析比较，我们选用了基于无线超声波探测器技术的停车泊位引导系统。系统功能主要包括：一是采用红、黄、绿三种颜色，对应于停车位的占用、预留、空闲三种状态，方便用户识别并缩短停车位找寻时间；二是采用三级引导方式加强全过程导引，一级引导屏定位为场（库）引导，二级引导屏定位为楼层引导，三级引导屏定位为停车位引导；三是基于停车位矢量图，开发可视化管理界面，清晰掌握每一楼层车辆的精细停放状态（图 4）。

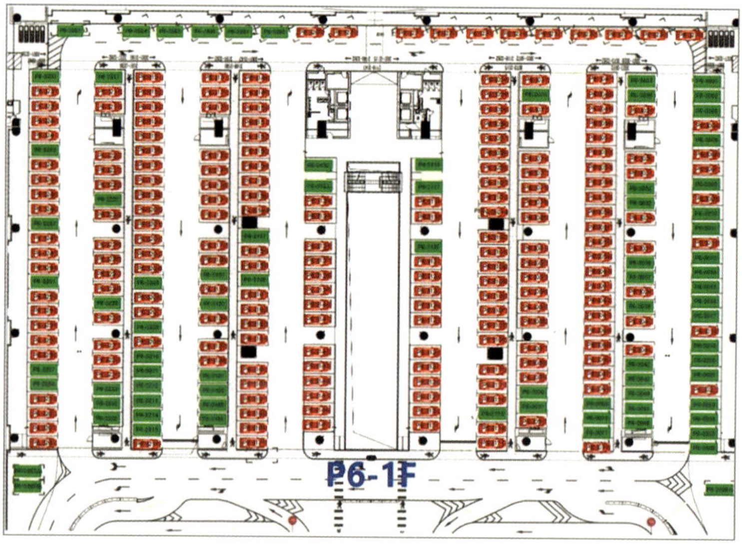

> 图 4　虹桥综合交通枢纽东交通中心 P6 停车库 1F 各停车位使用状态示意

停车泊位引导系统的数据统计功能，可以精准区分各楼层各时段各停车位使用率，为动线流程优化调整提供支持，同时也方便运行管控与经营开发。此外，配合与二次道闸系统功能联动开发，不但可充分利用停车位资源，而且还能实现停车库各层动态调控。

5　总结与思考

本评估针对虹桥综合交通枢纽东交通中心停车场库的设施容量、动线流程及管理系统等元素，从初始规划设计切入，以运行数据与体验反馈为导向，分析并探讨了其合理性与实用程度。通过总结与评估，我们获得了以下认知与启示：

(1) 停车位配置水平(个/万人次)是衡量停车设施容量的关键指标。经对过夜车辆占比、年旅客吞运量与出库车流量年增量对比，以及社会车辆疏散客流量占比等因素分析，并对标国内外同级别机场的停车位配置水平，明确要维持东交停车场库较好的服务保障水平，停车位配置水平应达到1.5。

(2) 东交停车设施布局与动线规划，既做到客流动线步行距离最简短，又实现车流动线通行路径最顺畅，并基本避免车流动线与人流动线的交织冲突。但基于标识引导、运行管理与服务保障等维度，我们提出了标识系统与服务柜台、人行通道与接客通道，以及进出通道与特殊通道等的配套设置的管理认知。

(3) 受制于规划建设时信息技术的约束，停车收费理念虽较为先进，但管理系统支持度不够，未得以广泛使用。基于当前信息技术的支持，结合运行管理实际需求，我们建成了较为完善的停车管理系统。该系统包括停车运行管理系统、停车支付管理系统、停车泊位引导系统等三个子系统，不仅大大提升了运行效率与效益，而且为服务与经营的多样性实现提供了支撑。

虹桥枢纽投运十多年来，外部环境已发生了巨大的变化。汽车保有量的大幅增加、交通方式的丰富多元、旅客对于设施和服务体验的需求多样化等，对管理者在安全运行和高质量服务等方面均提出了严苛的要求。信息技术的飞速发展也要求虹桥机场陆侧交通运行管理必须与时俱进。我们正在积极适应这些时代的变化，并于2022年年底建成陆侧交通智能管理平台，虹桥枢纽整体设施的运行水平一定会上升一个台阶。

参考文献

[1] 同济大学建筑设计研究院. 虹桥机场东交停车库车位引导系统项目工程可行性研究[R]. 2020.

[2] 中元国际(上海)工程设计研究院. 虹桥机场东交 P5 停车场整体改建项目可行性研究[R]. 2021.

[3] 虹桥机场交通管理部. 虹桥机场陆侧交通智能管理平台建设方案[R]. 2021.

[4] 刘武君. 航站楼规划[M]. 上海：上海科学技术出版社，2017.

[5] 张丽，李明月. 国际枢纽机场停车收费特征分析[R]. 上海综合经济简报，2019.

虹桥国际机场爆炸物检测与旅客捷运系统探讨

徐文清[1] 叶铁锋[2] 贺胜中[3]

【摘要】 虹桥国际机场2号航站楼运行流程顺畅，其中爆炸物检测对原规划的功能、流程有一定影响，本文提出探索和优化的方向。旅客捷运系统是后续指廊扩建需要重点考虑的因素之一，建议可探索磁钉数字轨道技术在机场捷运系统中的应用。

【关键词】 民航机场；旅客流程；爆炸物检测；捷运

1 引言

虹桥综合交通枢纽2019年实际集散总量日均达115.4万人次，旅客流程总体便捷可靠，成为国内交通枢纽规划开发建设的典范。航站楼作为枢纽的重要组成部分，运行十多年来，客流量已超过规划值，总体上旅客流程顺畅、可靠，但也存在部分问题。在规划设计之时，根据当时的情况，入口无需考虑爆炸物检测流程，而后续运行中增加了爆炸物检测流程，对总体旅客流程和功能分区造成一定影响。另外，虹桥机场2号航站楼分两期建设，一期建成的航站楼最远登机口距离安检区600 m左右，并采用了自动人行道以减少步行距离，服务体验较好。但远期进行指廊扩建的时候，根据不同的建设方案，远端登机口距离安检区在800～1 000 m，是否需要设置捷运系统是旅客流程上的关键问题之一。

2 爆炸物检测

目前国内大陆(内地)的主要机场均设置了航站楼入口爆炸物检测流程，上海虹桥机场和浦东机场在入口处除了设置爆炸物检测流程外，还设置了行李和人身检查流程。爆炸物检测一般使用爆炸物探测器(采用痕量爆炸物探测技术)进行查验，在入口用试纸擦拭进入人员的衣服和箱包，再插入台式痕量爆炸物探测设备中，如果试纸沾染了痕量爆炸物则自动报警。

虹桥机场2号航站楼主要出入口设置于B1到F3层之间，总共设置旅客入口10个，且原规划在B1层、F3层和磁浮车站是直通设计，旅客可以在该两处经垂直交通到达其他交通工具换乘区域，在该两层直通处可视为至少有5个出入口，共计15个出入口。

设置爆炸物检测流程后，日常在航站楼的旅客入口处设置有8个入口，远少于设计入口数量，且在航站楼内设置了物理隔断，对旅客流程造成影响。以F3出发层为例(图1)，原规划从车道边6个入口(实际共有8个入口，部分区域尚无需开放值机，未计算在内)、东交通中心方向上全楼层可通，设置爆炸物检测流程后，总共开放了4个入口(含东交通中心方向)，且在原

1 徐文清，沪港机场管理(上海)有限公司技术工程部机电经理、高级技师。
2 叶铁锋，沪港机场管理(上海)有限公司技术工程部副部长、高级工程师。
3 贺胜中，上海虹桥国际机场有限责任公司副总经理。

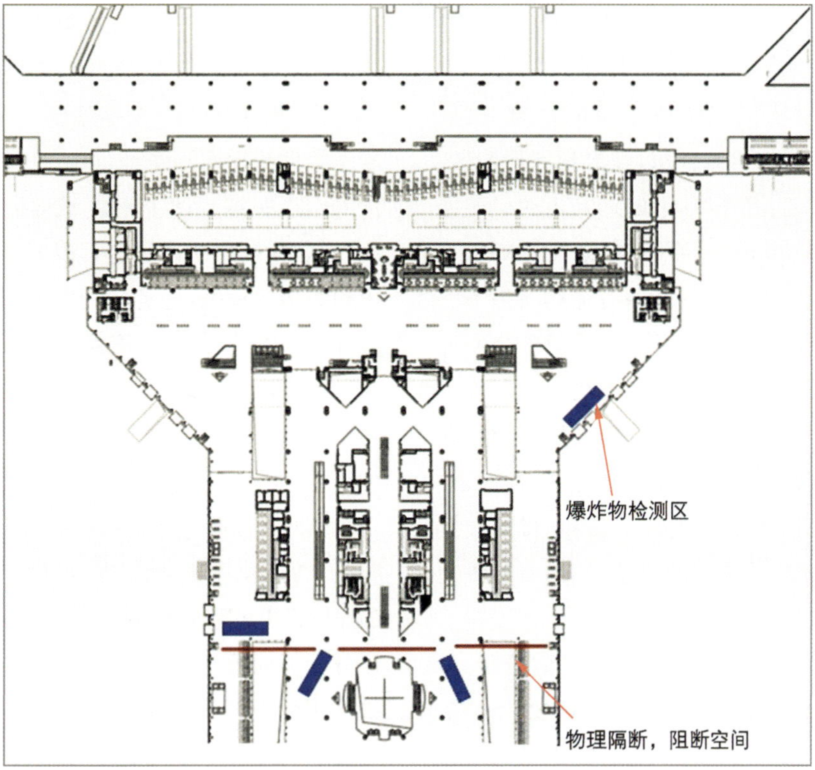

> **图 1** 爆炸物检测和物理隔断示意图

直通东交通中心的方向上采用透明物理隔断的形式，对空间进行了隔离，也形成了旅客心理上的隔离，造成其通过爆炸物检测区后，不再会进入东交通中心。

2 号航站楼规划设计时，并不需要设置爆炸物检测流程和功能区域，但在航站楼后续运行中增加了爆炸物检测流程后，对旅客流程影响较大。虹桥机场除了设置爆炸物查验外，尚设置了随身行李 X 射线机查验、随身金属物查验两个流程，这样一来就带来以下问题：

（1）造成车道边拥挤和入口处拥挤，通行效率下降。为保持良好的车辆通行效率，航站楼需较长的车道边以供社会车辆和出租车停靠下客，原规划南北方向分别从 3 个入口进入，在车道边可以通过标记牌引导在不同区域值机的旅客从更便捷的入口进入，使车辆更均匀地分布在车道边。目前在一个车道边设置了一处旅客入口，使得车辆集中在该入口的车道边附近下客，造成车道边拥堵。

爆炸物检测流程的设置还造成了入口处拥挤。在入口处爆炸物检测流程通常是：旅客需先进行试纸采集，然后等待爆炸物检测后，再进入X射线机查验区放置随身行李到X射线机上，排队等待人身查验后，再取随身行李。在客流高峰期，往往造成入口处拥堵。

爆炸物检测流程造成了功能区域分割。一方面，在爆炸物检测区域，需要设置缓冲区、等待区、检测区、工作区等区域，需占用航站楼入口处150～250 m^2 的面积，规划设计时未考虑该部分面积，往往会打断原有流程。另一方面，2号航站楼规划时的一个重要理念是便捷换乘和顺畅通行，将航站楼和东交通中心等区域融为一体，进行一体化的功能规划，设置爆炸物检测流程后，增加了爆炸物探测器检查、随身行李检查、人身查验三个流程，将航站楼和交通中心进行了区域的分割，使原本一体化的流程被切割。

(2) 增加了流程，旅客体验下降。增设爆炸物检测流程后，旅客进入航站楼需要2～3次排队等待，在客流较小时一般需要20～30 s通过爆炸物检测，在客流高峰期则需要数倍于该时间。同时，入口处安检旅客需要放置行李到安检机上，对于行李较多的旅客较为麻烦。

(3) 增加了成本费用和影响东交通中心延伸的商业开发和旅客服务。入口处进行爆炸物检测，一般需要4～6名工作人员，增加了成本费用。另一方面，航站楼不仅是旅客搭乘飞机的场所，也是为旅客提供商业等多元化服务的场所，枢纽区域规划设计按航空城的理念，设计有酒店、办公、餐饮、购物等多种商业业态，东交通中心区域则是航站楼功能和服务的有效延伸。增设爆炸物检测流程后，旅客在心理上有“尽快通过这一流程，并尽快进入下一个流程”的想法，一旦经过爆炸物检测区域后，非必要一般不会返程，因此在爆炸物检测区域以外的东交通中心的人流会随之减少。

由于虹桥机场2号航站楼在规划和建设时未考虑爆炸物检测流程，该流程在保障安全的同时也在一定程度上对航站楼运营造成了影响，民航领域的建设和运行规范目前尚无对该流程的指导意见，笔者认为可以统计梳理目前爆炸物检测流程，进行流程优化，并引入信息技术和爆炸物检测新技术，逐步发展“弱感”爆炸物检测和“无感”爆炸物检测。具体措施建议如下：

(1) 流程优化。目前采用了三种检测技术相结合的爆炸物检测方式，可以进行三种技术的单独及互相组合的测试、评估和统计分析，统计分析不同检测技术以及相互结合后的爆炸物检测可靠性，并参考仅采用爆炸物探测器检测技术的机场的经验，进一步优化流程，提高通过效率。

(2) 引入新技术。信息和数字化技术、爆炸物检测技术，尤其是微量爆炸物痕迹检测技术在不断进步，应将航站楼入口处爆炸物检测、身份识别等多种要求进行整合，一方面可减少区域面积占用，另一方面可更好地提升便捷度和旅客通过速度，大大改善入口处爆炸物检测的流程。

集合防爆检查、测温、人脸识别、健康码识别四位一体的多功能自助式入口检测闸机已在国内机场逐步使用(图2)，其工作原理为通过一系列自动流程查验旅客身份证上的微量爆炸物，查验流程简化为：①旅客将身份证件插入；②采样带转动擦拭证件；③采样被输送到检测口；④通过气化和多通道纳米分子印迹化学发光技术检测爆炸物；⑤旅客取证件并通过检测，其中流程②—④对旅客来说是无感的，旅客感受仅为证件插入、取证件并通过检测两个流程，从而可大大优化旅客体验。该技术在北京首都机场及大兴机场、哈尔滨机场、天津机场、福州机场等已进行前期试用。

远期人脸识别技术结合安全肖像侧写等技术的应用，也将进一步优化爆炸物检测流程。

> **图 2** 多功能自助式入口检测闸机

3 旅客捷运系统

捷运系统是大型交通枢纽和机场旅客运输组织的重要组成部分，目前世界上已经投入使用的机场捷运系统有 40 多个，李文沛、刘武君对机场捷运进行过系统的论述。大型机场建筑面积大，往往有多座航站楼，需要捷运系统进行连接，国内首都机场、昆明机场、深圳机场等大型机场均采用了捷运系统。虹桥机场 2 号航站楼在规划时为捷运系统预留了空间。

按照虹桥机场总体规划，2 号航站楼建设分两期进行，二期指廊根据需要进行扩建。指廊扩建可有多种方案，按指廊的长短，可以分为短指廊的方案(图 3)和长指廊的方案(图 4)。如采用短指廊的方案，使用近机位比例能提高到 85%；如采用长指廊的方案，有望实现 100% 近机位，机场的服务质量将获得较大提升。

虹桥机场 2 号航站楼规划中，通过对各捷运系统方案进行分析和比较研究，重点考虑了两种旅客捷运系统对 2 号航站楼的预留要求，一种是有轨捷运系统，一种是高速步道系统。捷运系统是影响指廊扩建方案的关键因素，需要认真分析。

(1) 如不采用捷运系统，则旅客步行距离过长，影响服务质量。如果采用短指廊的方案，则旅客从安检区到远端登机口的距离将超过 800 m，不采用捷运系统尚可，但步行距离过长会对服务品质造成影响。如果采用长指廊的方案，则旅客步行距离将超过 1 100 m，可能难以接受。当然，若不采用捷运系统，沿线设置较为丰富的商业资源，旅客体验度会得到一定的改善。

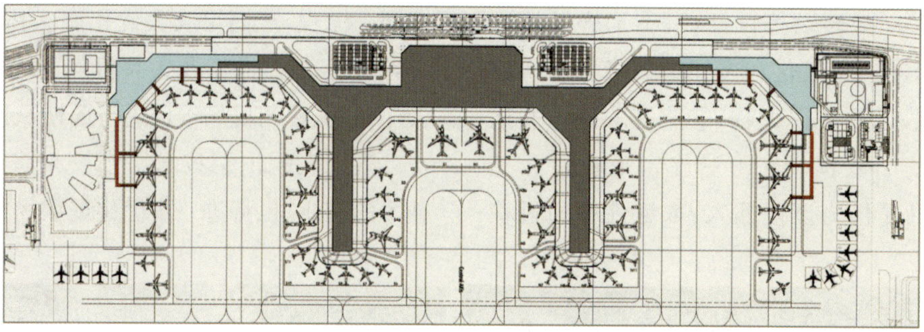

> 图 3 短指廊方案示意图

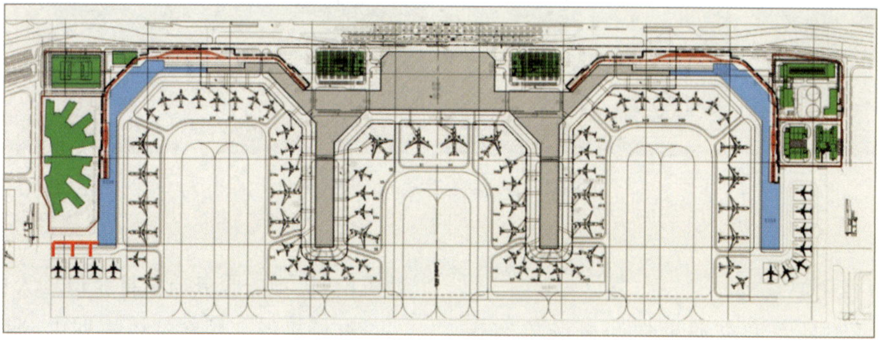

> 图 4 长指廊方案示意图

（2）采用高速自动步道系统存在安全风险。采用自动步道系统，步道长度需要设置为400～600 m，如果采用常用的步道系统，一般梯速为0.5～0.65 m/s，旅客需要在自动步道上站立十多分钟，时间较长，对服务品质改善有限。2号航站楼为了缩短旅客步行距离，采用了大量的自动人行步道，在一期投运时梯速设置为0.6 m/s，但发生多起老年旅客摔倒事件。经分析评估，总结原因为梯速过快，调整梯速为0.5 m/s后得以改善，摔倒事件就很少发生了。

如果采用变速步道系统，一般是乘客从低速段进入，然后进入高速平稳运行段，最后从低速段离开。通力、蒂森克虏伯、CNIM等公司开发的可变速自动步道，实际上是由几个不同速度的自动步道系统组合在一起，出入口的低速区段和中间段的高速区段各自独立、以匀速运行，各个区段之间并不是以连续的匀加速或匀减速过渡，存在较大的安全风险，且实际投用量并不大。若采用变速步道系统，则2号航站楼指廊需设置3段步道，平均梯速为1.5 m/s左右，旅客在自动步道上需要站立7 min左右，且需要反复在低速段和高速段跨越，存在安全上的不确定性，需要进一步论证。另外，因为市场需求过于小众化，该类步道系统属于定制类产品，造价较为昂贵。

值得一提的是，蒂森克虏伯电梯公司在2008年推出了TurboTrack™可自动变速的步道系统，采用了特殊的叠加式结构设计，在入口处踏板互相重叠在一起，随着速度的增加，相邻踏板之间产生滑动并逐渐延展开，在最大速度时完全展开到全尺寸，然后保持匀速运行，到临近出口处，踏板开始减速并开始叠加收缩，在出口处完全叠加在一起（图5）。该自动变速步道系统的扶手及踏板机械传动结构、运行噪声和可靠性等尚待进一步检验，经改进后的自动变速步道尚未见到安装实例。

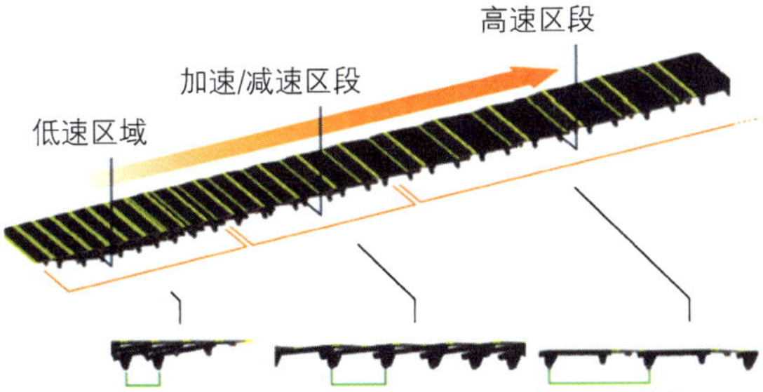

> **图5** 可自动变速的步道系统踏板变速过程示意

（3）如采用捷运系统，成本效用比较低。机场捷运系统目前基本采用有轨系统，基础设施建设成本和后期运维成本均昂贵，如使用捷运的旅客量很大，捷运方案是可行的。根据测算，指廊扩建后，南指廊和北指廊独立运行，从一边指廊来看，预测使用捷运系统的高峰小时单向客流为1 500人左右，成本费用过高。

另外，目前常用的捷运系统一般需要专门的维修基地，西航站区空间有限，在航站楼附近设置专用的维修基地难度较大。

基于上述分析，我们加强了新型技术应用于捷运系统的研究。就虹桥机场2号航站楼指廊1 000 m左右的短距离、1 500人左右的高峰小时单向客流，我们认为既有的钢轨钢轮、胶轮等常用机场捷运系统的造价和运营维护费用均过高，效用比过低，且需在土地极为紧张的机场内设置维修基地，可行性不强。

近年来，随着自动驾驶技术的高速发展，自动驾驶车辆的行驶稳定性和精确度越来越高，于是我们探索了用其替代轨道式捷运的可行性。以下就磁钉数字轨道技术进行简单介绍。

磁钉数字轨道是指精确埋设于道路路面中心的一系列磁钉组成的数字轨道。具有编码属性的磁钉道路构成被赋予信息的数字化轨道，车辆行驶时可实时读取数字化轨道编码信息，将各类道路信息传递给数字轨道系统。数字轨道车载系统安装在车辆上（也可安装在普通客车、机场摆渡车上），车载系统、数字轨道共同组成自动驾驶系统。该系统优势为：

（1）适合虹桥机场2号航站楼的小运量情况。捷运系统的技术选型需要与运量和客观条件相适应，据测算，南指廊或北指廊高峰小时单向客流量约1 500人，运行线路长度为1 000 m左右，有客流量低和运送距离短的特点，适合采用磁钉数字轨道技术，1～2辆机场摆渡车大小的车辆往返运行即可满足要求。

（2）运行稳定性高。在封闭道路上采用磁钉数字轨道系统，运行稳定性将比摆渡车在机坪上运行的稳定性更高，乘客舒适性好，不过具体的稳定性参数还需要进一步研究和测试。

（3）节约成本。在普通道路上埋设磁钉形成数字轨道，再在普通车辆上安装控制系统即可实现自动驾驶，如能深度定制，让控制系统和车辆匹配得更好，则轨道和车辆的基础设施成本和维护成本较常规有轨捷运系统将大大节省。另外，鉴于车辆能够在普通市政道路上有人驾驶，故无需在场内设置检修基地，可节约费用和场地。

基于上述磁钉数字轨道系统的方案，我们还研究了指廊中间段的商业业态问题。采用捷运系统后，步行经过指廊中间段的客流量将减小，中间段的面积较大，其商业业态可以考虑针对性较强的商业业态，吸引目标旅客愿意步行较长时间前往，如创意图书馆、亲子乐园等，也可论证集中商业区的可行性。

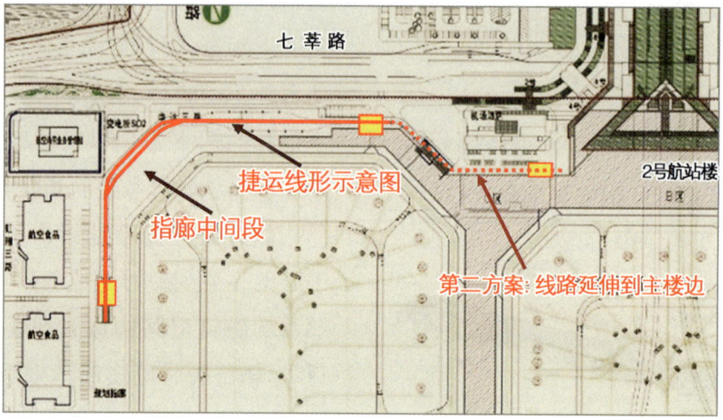

> **图 6** 虹桥机场 2 号航站楼旅客捷运系统规划预留示意图

4 小结与思考

爆炸物检测对虹桥机场原规划的功能、流程影响较大，需要引起重视，建议统计梳理目前爆炸物检测流程，进行流程优化，并引入信息技术和爆炸物检测新技术，逐步发展“弱感爆炸物检测”和“无感爆炸物检测”。

旅客捷运系统是机场指廊扩建中，旅客流程方面较为关键的因素，需要予以重点关注，可探索新技术在机场捷运系统中的应用，如能成熟应用，则对于类似体量的机场将有很大的引导作用。

参考文献

[1] 林晨，万元，朱忠隆，姬永红. 虹桥国际机场西航站楼旅客捷运系统客流分布预测研究[M]//上海空港(第 8 辑). 上海：上海科学技术出版社，2008：9-14.

[2] 李文沛，刘武君. 机场旅客捷运系统规划[M]. 上海：上海科学技术出版社，2015.

[3] 范进泉. 浅谈自动人行道技术的发展[J]. 中国电梯. 2020，31(2)：32-36.

虹桥国际机场2号航站楼节能减排实践和探索

忻奇峰[1] 王建文 陈鹏俊 冯晓栋 叶铁锋

【摘要】 虹桥国际机场2号航站楼在建设和运行阶段,均把节能降耗作为重点进行考虑,单位旅客综合能耗和单位旅客电耗分别低于能效评价引导值的23%、12%,空调和照明占总能耗的72%。本文建议航站楼节能降耗管理的目标是不断探索节能降耗和舒适度的平衡点,需要对环境舒适度指标进行不断探索,对关键指标及其相互关系进行研究。

【关键词】 民航机场;绿色航站楼;节能减排;航站楼能效评价

1 引言

公共建筑占全国总建筑面积的19%,其能耗占全国建筑运行能耗的38%。航站楼作为大型公共建筑的代表,因空间高大、围护结构透明、舒适性要求高等特点,单位面积能耗在140~285 kW·h之间,远高于其他公共建筑,研究和探讨如何在节约能源的同时又为旅客提供舒适的服务具有重要意义。

虹桥机场2号航站楼投运十多年来发展迅速,2019年旅客吞吐量超过3 700万人次,超过规划设计值。虹桥机场从规划建设开始就将节能减排作为重点进行考虑,投运后持续进行节能降耗的探索和实践。

我国公共建筑的能耗,50%~60%用于制冷和采暖,20%~30%用于照明,其中围护结构影响制冷和采暖的20%~50%的能耗(夏热冬冷地区约占35%),有实测分析认为航站楼暖通系统耗电量占总耗电量的35%,以下主要聚焦于建筑围护结构、暖通系统、照明系统等影响能耗较明显的方面进行探讨。

2 节能规划和建设

2.1 建筑结构节能

建筑耗能对空调能耗影响大,降低建筑能耗对空调节能及改善室内热环境有着极其重要的意义。航站楼大量采用幕墙结构,应综合考虑空间通透、自然采光和节能降耗,控制幕墙结构的比例。虹桥机场2号航站楼主立面为东西朝向,西立面主要朝向陆侧且主要为人行空间,为防止西晒和节能,西立面以实体墙为主,部分区域采用幕墙;东立面朝向空侧,为旅客候机等长时间停留区域,采用了较大面积的幕墙结构。在出发大厅、值机大厅等人行区域,采用了天窗。经综合考虑,经优化后东向、南向、西向、北向的窗墙面积比分别为0.57、0.66、0.14、0.66,天窗的窗墙面积比为0.14。玻璃幕墙的热工性能对空调负荷及室内热舒适度影响较大,幕墙综合表面换热系数K值须小于1.8 W/(m^2·℃),玻璃遮阳系数小于0.5。

2.2 暖通系统节能

暖通系统节能主要考虑集中供暖和大温

1 忻奇峰,上海虹桥国际机场有限责任公司技术设备部副部长、高级工程师。

差供回水系统、自然通风、高大空间气流组织等方面。

1）大温差供回水系统

冷源为能源中心提供的空调用冷冻水，通过地下共同沟接至各热力交换站房，24 m 以下楼层采用冷冻水直供系统，24 m 及以上采用板式热交换器。能源中心冷冻水供、回水温度为 5.0℃/13.0℃，通过大温差的供回水温度，能较大幅度节约能源，有研究表明 9℃温差和 5℃温差，空调整体节能 8%左右。另外能源中心建设有水蓄冷系统，能在电网压力较小的晚上进行蓄冷，起到削峰填谷的作用。热源为能源中心提供的 110℃/70℃空调用热水，在各热力交换站房通过热水水-水板式热交换器产生 60℃/50℃的空调用热水，系统工作压力为 1.0 MPa。二次侧空调热水泵采用变频水泵，由设在系统最不利环路区域的压差传感器和设在热力交换站房内的流量计控制水泵的流量。

2）自然通风

东立面玻璃幕墙 4.2 m 以上共设置了 3 排 3 m×1.2 m 的可开启电动窗，供过渡季自然通风使用，一般在 4 月、11 月根据空气情况开启。另外，主楼东向虽为迎风面，但该立面面向停机坪，由于噪声问题无法打开，所以主楼及指廊无法实现过渡季节自然通风。但新风机组可考虑采用全新风方式运行，在过渡季不开启冷水机组。

3）高大空间气流组织

航站楼的建筑以大空间为主，空调的气流组织会直接影响空调效果，在设计时采用 CFD 技术辅助空调系统的气流组织设计，重点对复杂大空间的空调气流设计方案进行了效果模拟，使室内的温度场、速度场达到设计要求。高大空间实现分层空调，将空调区控制在 4 m 高度内。

2.3 照明系统节能

虹桥机场重点考虑了自然采光策略，基于计算机模拟分析、方案比较和优化，充分考虑利用自然采光，以减少人工照明的使用。

综合考虑旅客视觉通透性要求和自然采光性能要求，2 号航站楼到达层立面玻璃采用遮阳型 Low-E 玻璃，在距离外窗 4～5 m 的区域内照度达到 250lx 以上，能满足自然采光需求，但是距墙 5 m 以外的走廊区域在阴天时需要补充一定的人工照明。在办票厅、候机厅、南北三角区等处的平面上均设置了部分幕墙天窗，并在天窗下吊挂穿孔板或者在天窗外设置遮阳百叶，在改善室内照明的同时节约能源。

2 号航站楼在设计时就针对候机大厅、行李大厅等大空间场所采用智能照明控制系统进行节能控制，充分利用自然采光，及时关闭不需要的灯具来最大限度节约能源，从而利用自动化、信息化的自动控制技术来保障运行的节能可靠。

3 节能改造与节能管理

3.1 空调系统控制策略持续优化

航站楼暖通系统机房多，投资大，改造困难，建成后改造的空间较小，主要通过节能管理进行优化，经多年摸索，主要通过分层分区运行、航班联动运行、运行多模式探索、办公和机房温度控制、过渡季利用侧窗通风、提高系统设备运行效率等方面来提高节能水平。

1）分层分区控制

根据出发、到达航班运行特点，空调系统运行采取分层、分区管理模式。2 号航站楼分层分区控制运行策略是针对航站楼出发与到达航班的实际运营情况而制定的节能运行管理策略，策略制定后再在历年运行过程中不断进行优化，目前根据航站楼各区域的实际情况做了更加细化的分区，总共分了 16 个区域，并以此为基础将服务于 16 个小区域的空调箱进行分类打包，依托楼宇设备自控系统（Building Automation System，简称：BA 系统），实现更精准的运行控制（图 1）。

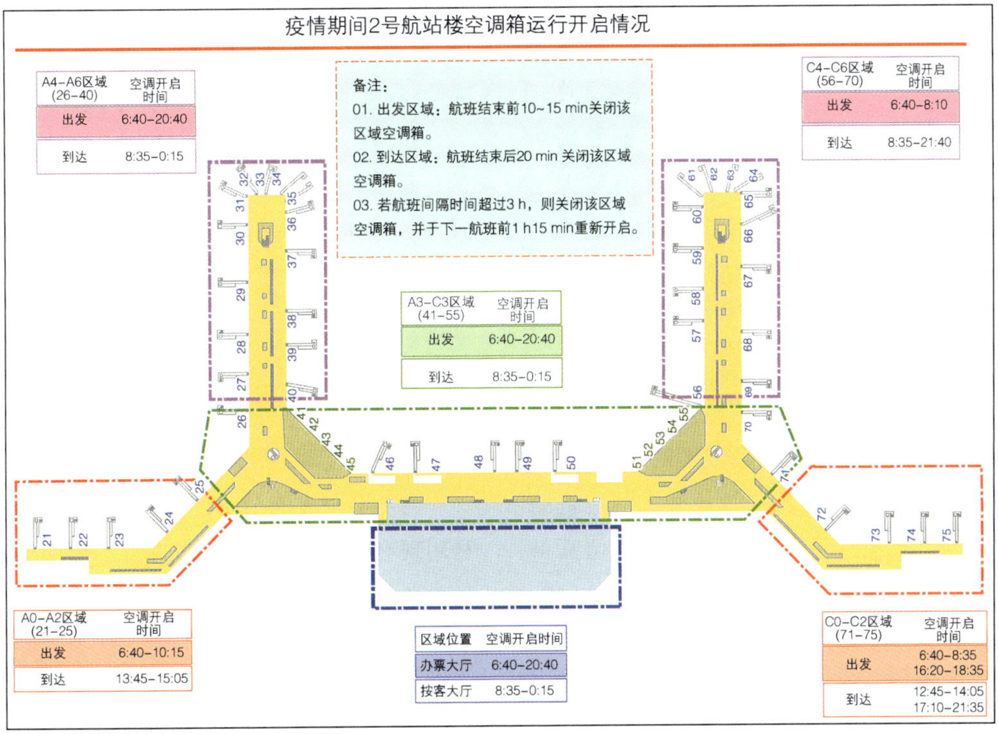

> **图 1** 虹桥机场 2 号航站楼出发层区域划分示意图

2）航班联动控制

暖通系统的航班联动控制策略，即航站楼暖通空调的开启及关闭时间需要根据航班运行时间进行调整。航班联动控制程序是根据航班信息表来控制航站楼暖通空调的运行状态，包含出发控制模块 87 个，进港控制模块 68 个，以及登机桥 VRV（Variable Refrigerant Volume，变制冷剂流量多联式）控制模块，通过缩短航站楼空调设备的运行时间以达到节约能源和延长设备生命周期的目的。航班联动控制程序运行逻辑是根据航班信息提前 90 min 开启对应区域的机组，办票安检大厅、主楼 B

区与C3区域作为旅客必经的动线区域保持常开状态，判断逻辑主要以室内外的温度条件来启停机组，当室内外温度条件满足停机要求时，各区域的机组不运行；当室内外的温度条件符合开机要求时，机组开启运行。

航班联动控制从2017年供热季开始试运行，经过5个供热季与4个供冷季的运行能耗对比，航班联动程序在供热运行中的节能优势较为明显，对比航站楼北侧人工控制的供热能耗平均下降19%，航班联动模式节能效果明显。鉴于人流对于能耗控制策略也有较大影响，我们正研究基于人流的控制策略。

3）中央空调系统多模式应用探索

常规的暖通中央空调系统三大运行模式为：供冷模式、供热模式和过渡季模式。我们结合运行特点提出了“虹桥机场2号航站楼多模式运行策略”，即在保证舒适度的前提下，根据室外环境温度，设置不同数量和不同位置的空调箱开启模式。我们通过CFD模拟仿真得到楼内空调箱多模式运行的温度场和速度场，并对不同组合的模拟仿真结果加以试验，结合现场实际测温和体感舒适度体验对运行模式不断优化，最终确定了“弱冷、中冷、强冷，高热、中热、低热，春夏过渡和秋冬过渡”八个不同模式下空调箱开启的最佳数量和最佳分布组合，并与BA系统有效结合，实现了空调多模式运行的一键启动和切换。

经过反复测试验证，多模式运行在确保旅客舒适度的同时有效降低了建筑空调系统能耗，尤其是在暖通运行供冷初期和末期节约电量尤为显著，可有效降低空调箱开启率达60%以上，仅供冷季就可实现节约电量近百万千万时。

3.2 照明系统节能改造

虹桥机场2号航站楼于2014年采用合同能源管理的模式将原先的金卤灯、节能灯、泛光灯更新为LED灯，更换灯具35 795套，更新后节电约41%，由节能服务公司负责投资及建设，机场与其共享节电收益。更新后不仅能耗降低，现场照度也较更新前有较大提升。

我们还针对办公区域进行了节能改造探索。考虑到经常有员工忘记关闭照明、关闭空调、关闭饮水机等情况，导致楼内办公区内用电浪费，我们对办公室空调照明自动化控制做了可行性研究，通过人体感应模块实现了相关用电设备的自动启闭，节电率约16%。

3.3 照明系统节能管理

1）照明系统航班联动

为从管理上充分节能，2014年2号航站楼利用现有的楼宇自控系统，进行了照明航班联动改造。我们将航站楼根据区域特点进行区域细分，共分为458个控制分区，分别判定是否有航班涉及，精细度为全国机场第一，且对值机大厅、值机柜台、安检通道、登机口等不同区域采取差异化控制策略，节能效果较为显著，每年节省约300万元。

2）光照度细化管理

2021年2号航站楼照明系统针对光照度进行了细化管理。根据楼内建筑结构和灯具分布，我们将原先出发、到达共计3个光照度分区细化调整为出发10个、到达5个共计15个分区，对每个分区试行更精细化的控制，进而取得了较好的节能效果。同时，针对筒灯、灯箱等确保楼内照度的功能性照明与洗顶灯、洗墙灯、天窗灯等景观性照明制定差异化控制策略，在楼内旅客稀少时关闭景观性照明，进一步挖掘照明节能潜力。

以安检区的“三线六段”控制模式为例(图 2)，安检区原先是灯带加筒灯照明，我们选用均匀发光灯箱替换原有灯具，每个灯箱有 6 条 LED 灯带，将其划分为 3 组线路，每组 2 根灯带，按照实际需求开 1/3 灯或 2/3 灯，在提升照明品质同时，根据现场运行需要进行灯具开启量调节，充分实现了节能减排。安检区更换的 2 527 套灯具总功率明显高于原有灯具，通过光照度控制动态开启 1/3 或 2/3 灯具，从而使总能耗与之前基本持平，达到了提升效果但不增加能耗的目标。

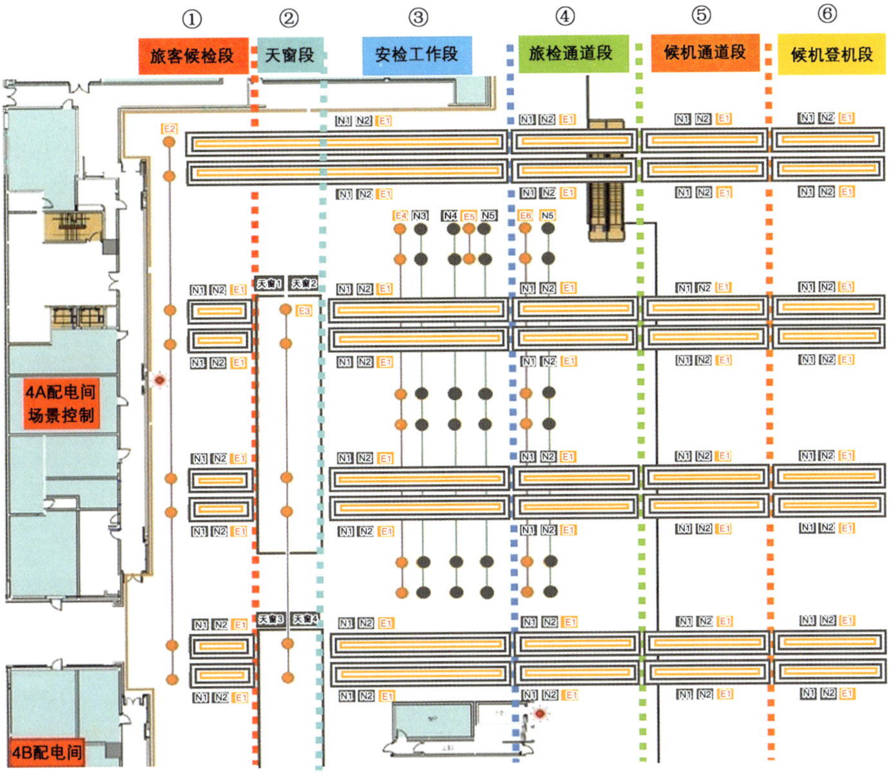

> **图 2** 安检区“三线六段”控制模式示意图

3.4 分项计量与能源管理平台

虹桥机场 2 号航站楼建设时，分项计量的理念尚未普及，能耗分析往往因缺乏数据而无法进行。2017—2019 年期间实施了分项计量改造，在对 10 kV 变电站、强电间和空调机房等的低压配电回路和表具进行实际安装排摸梳理的基础上，我们进行了精细化分项计量的电力回路改造，解决了由于现场就近接线导致的照明插座系统回路分项计量不精准、登机桥设备用电与VRV空调用电混合计量等问题。电力回路改造采用载波通信方式，克服了电缆线铺设距离过长、现场桥架饱和且无预留管线等施工难点，实现了计量数据的远程传输。

为了实现能源消耗情况的集中动态监测和有效提升对各类能源数据的优化分析，我们在分项计量改造的基础上进行了能源管理平台搭建。通过4G和NB-IOT的无线通信方式，分别实现了以户为单位对2号航站楼内商业用户的水电能耗进行远程计量。同时通过数据集成的方式将2号航站楼内的水、电、冷、热能耗进行可视化展示和数据分析，形成以日为单位的能耗追踪分析机制。

4 能耗及指标情况

通过近些年的节能技术改造以及管理模式的改进，2019年虹桥机场2号航站楼（建筑面积36万 m^2、旅客吞吐量达3 700万人次）耗电5 232万 kW·h、耗冷量为993万冷吨（729万kW·h）、耗热量为9 626 MW·h（963万kW·h），全部换算成千瓦时为6 925万kW·h，换算成标准煤为8 518 t标准煤。

根据《民用机场航站楼能效评价指南》（MH/T 5112—2016），虹桥机场2号航站楼属于甲类Ⅱ类机场航站楼，各项指标情况如表1所示，从单位面积综合能耗（机场航站楼运行中能源总消耗除以总面积，总能耗包括维持航站楼建筑环境和航站楼内各专业系统及设备的用电、用气、用油等的能源总量，不包含向航空器、车辆等移动设施供应的能源）和单位面积综合电耗指标看，实际值在约束值和引导值之间，且比较靠近引导值，能耗指标较好；从单位旅客综合能耗和单位旅客电耗指标看，分别低于引导值的23%和12%。2号航站楼规划年旅客吞吐量为3 000万人次，实际2019年已达到3 700万人次，预计实际运量在规划量时，能耗指标更靠近引导值甚至低于引导值。

各分项指标情况如表2、表3所示，从电耗用能占比看，空调系统、照明系统和商业三类占86%，照明和空调两者占62%。按总能耗情况看，空调和照明的总能耗占72%，低于设计时预测的78%，这与十多年来2号航站楼从硬件和管理上持续进行节能降耗的实践分不开，后续节能降耗的优化工作也要聚焦该两项开展。

表1　2019年虹桥机场2号航站楼能耗指标情况表

指标 情况	单位面积综合能耗 （标准煤）（kg/m²）	单位面积综合电耗 （kW·h/m²）	单位旅客综合能耗 （标准煤）（kg）	单位旅客电耗 （kW·h）
约束值	30	170	0.40	2.00
引导值	20	140	0.30	1.60
实际值	24	145	0.23	1.41

表 2 2019 年虹桥机场 2 号航站楼电耗分项表

分项	商业电耗	照明插座	空调系统	普通动力系统	行李系统	专用弱电系统	消防系统
分项电耗（万 kW·h）	1 248	1 367	1 902	119	59	476	59
分项占比	24%	26%	36%	2%	1%	9%	1%

表 3 2019 年虹桥机场 2 号航站楼总能耗分项表

分项	商业电耗	照明插座	空调系统	普通动力系统	行李系统	专用弱电系统	消防系统
分项能耗（万 kW·h）	1 248	1 367	3 595	119	59	476	59
分项占比	18%	20%	52%	2%	1%	7%	1%

5 舒适度和节能降耗的辩证关系

为旅客提供高品质的服务是各地机场的主要目标之一，而航站楼是机场为旅客提供服务的主要建筑，其功能流程和环境舒适度都是高品质服务的重要组成部分。

航站楼运营已从过去的重视效率发展到现在的越来越重视旅客的体验和人文关怀，经调查，旅客主观满意度和客观环境舒适度参数的相关系数绝对值大于 0.8，具有较强的相关性，航站楼节能降耗管理的目标是不断探索节能降耗和舒适度的平衡点，不能只考虑两者中的一方面，而是要不断探寻其中的平衡点，从某种意义上来说，节能降耗和提供高品质的空间舒适性是相互矛盾的，这需要从规划建设时就考虑两者的平衡，也需要在运营阶段重点考虑。

虹桥机场 2 号航站楼在规划建设时考虑了节能和舒适度的平衡，以玻璃幕墙为例，玻璃幕墙能提升视野但不利于冷热季节的能耗控制，建设时对玻璃幕墙使用的位置、朝向和面积等均从舒适度和节能方面进行了考虑。在运营阶段，也不断探索环境的舒适性和能耗平衡，如不同的旅客功能区域探索差异化的温度指标以提升旅客总体舒适性，采用更节能的灯具但更重视照度和光照均匀性，虽未大量节能但提升了旅客舒适度。

同时，也需要对环境舒适度指标情况进行不断探索。环境舒适度有热环境、光环境、声环境、空气品质、空间感等综合组成，涉及温度、湿度、空气洁净度（$PM_{2.5}$、PM_5 等）、CO_2 浓度、照度、噪声、视野等多项指标。航站楼以往在运行中关注较多的是热环境和光环境，主要是温度、湿度及照度等，而即使热环境和光环境，也还有暖通风速和风向、光照均匀度、色温等多种因素，也还有不同流程空间涉及不同的舒适度标准。航站楼作为比较特殊的一类公共建筑物，后续应对不同指标情况进行优化探索，对其中的关键指标及其相互关系进行研究。

6 小结与思考

虹桥机场2号航站楼在建设和运行阶段均把节能降耗作为重点进行考虑，单位面积综合能耗(标准煤)为24 kg/m^2、单位面积电耗为145 kW·h/m^2，均接近能效评价指标的引导值，单位旅客综合能耗(标准煤)为0.23 kg、单位旅客电耗为1.41 kW·h，分别低于能效评价引导值的23%、12%。空调和照明总能耗占航站楼总能耗的72%，后续节能降耗需聚焦于该两者开展工作。

航站楼节能降耗管理的目标是不断探索节能降耗和舒适度的平衡点，需要对环境舒适度指标进行不断探索，对其关键指标及其相互关系进行研究。

参考文献

[1] 贺舒，韦航，李娟，尹奎超，史安. 航站楼暖通空调系统节能措施及节能技术应用探讨[J]. 暖通空调，2021，51(S1)：131-135.

[2] 司鹏飞，戎向阳，石利军，杨正武，刘希臣. 机场航站楼能耗构成特征案例分析[J]. 暖通空调，2019，49(6)：63-67.

[3] 衣健光. 虹桥交通枢纽T2航站楼节能研究[J]. 暖通空调，2011，41(11)：11-14.

[4] 耿阳，余娟，林波荣，黄彦祥，潘建，陈刚. 我国大型航站楼室内环境质量与旅客满意度实测研究[J]. 暖通空调，2016，46(9)：60-63.

虹桥综合交通枢纽开展浦东国际机场远程值机的建议

唐 炜[1] 万 钧[2]

【摘要】 虹桥综合交通枢纽开通运营至今,很好地发挥了服务长三角、服务全国的作用,与浦东国际机场共同构筑起上海面向我国内陆、国际两个扇面的门户。本文综合运营十年来旅客需求的变化、虹桥枢纽现有条件、市域铁路机场联络线即将开通运营等多重因素,探讨了虹桥枢纽开启浦东机场远程值机服务功能的议题,提出了空铁联运设施的改造方案,以此进一步完善虹桥枢纽空铁联运的功能。

【关键词】 虹桥综合交通枢纽;空铁联运;机场联络线;远程值机

在长三角城市群经济活动中,综合交通发挥着关键连接作用,其中航空出行是长三角对外高质量开发开放的旺盛需求之一。上海国际航空枢纽除了服务行政区范围内的航空出行需求之外,也承接着区域性的航空出行功能。浦东国际机场在新冠肺炎疫情前的2019年,旅客吞吐量已超过7 600万人次,其中出入境人员数量超过3 900万人次,连续17年位居全国空港口岸首位。对于虹桥商务区来说,如何利用虹桥综合交通枢纽预留的浦东机场值机设施,在机场快线开通之际吸引更多的浦东机场的国际客人来往商务区,更加有效地推进"虹桥国际开放枢纽规划"的实施落地,是大家十分关注、需要我们研究的紧迫课题。

1 信息化时代的"分布式"机场规划

每个时代都有其代表性的交通方式。工业化后期,也就是我们所处的这个时代,交通是以高铁和民航为代表的。工业化时代的一个共同特点就是集中产生效益,体现在机场的规划设计中,就是不断地把各种流程上的设施集中,包括集中的车道边,集中的值机大厅,集中的安检,集中的行李分拣,集中的海关、边防、检验检疫,集中的商业设施,等等。机场设施的集中带来的是运营成本的降低和运营效率的提高,这也体现了"越集中越产生效益,单位成本越低"的工业化时代的特征。

目前,我国仍处于工业化时代后期,但实际上有一只脚已经踏进了信息化时代。信息化时代的特点是去中心化、去中间层次化,与之相对应的就是"分布式系统"。分布式系统是一个硬件或软件组件分布在不同的网络计算机上,彼此之间仅仅通过消息传递进行通信和协调的系统。

2006年启动规划设计,2010年建成的虹桥枢纽就很好地融入了分布式系统的理念,大大降低了设施规模。在十几年前的虹桥枢纽规划设计中,东交通中心便预留了2～4组浦东机场值机柜台,为浦东机场在虹桥枢纽提供远程服

1 唐炜,上海觐翔交通工程咨询有限公司高级咨询师、高级工程师。
2 万钧,上海觐翔交通工程咨询有限公司总建筑师。

务，前置值机及行李交运等航空功能，奠定了基础设施条件。

2 虹桥综合交通枢纽的远程值机功能

虹桥枢纽在规划建设之初，就在设施上提供了虹桥机场与浦东机场的连接，为浦东机场在此开展空铁联运预留了条件。虹桥枢纽已经在东交通中心 12.000 m 层毗邻磁浮车站的区域，预留了浦东机场值机与交运行李设施，并已将设备安装到位(图 1)。按原规划设计，虹桥枢纽值机收到的行李通过皮带运送到虹桥机场 2 号航站楼行李处理区后，用货车运往浦东机场。2010 年已经开放浦东机场在虹桥枢纽的值机功能，但由于磁浮机场快线未能同时开通运营，导致在这里值机的旅客非常少，只能暂时关闭。由于在此交运的行李量很少，也曾经采用虹桥枢纽与浦东机场之间穿梭巴士运输的方式。

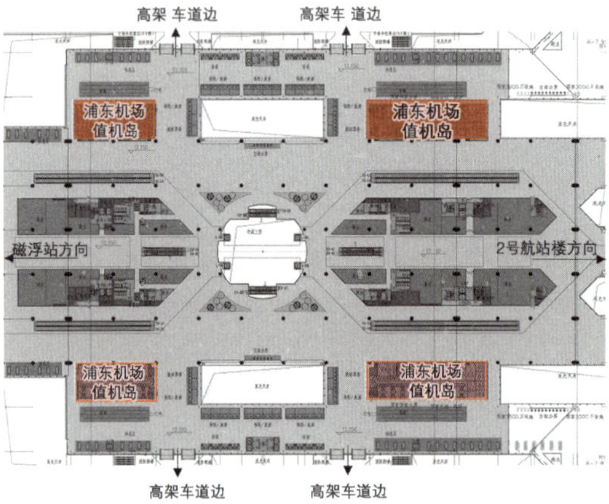

> 图 1 虹桥综合交通枢纽东交通中心浦东机场值机岛

原虹桥枢纽的联运方案是考虑多票联运的方式，现在已经可以实现无票联运。由于大量信息化手段的支撑，票务电子化占据了主要地位，旅客通过一部手机就能解决从家中到机场的所有出行服务的预订(预约)、支付等流程。现在，无票联运让旅客出行便捷度大幅提高，旅客使用身份证或者手机二维码，就能快速在不同交通方式之间转换。制约航空旅客选择公共交通出行方式，经虹桥枢纽进出浦东机场的信息化问题，经过虹桥枢纽十余年的运营实践，已经完全得到解决。而航空旅客的行李交运，成为影响浦东机场能否在虹桥枢纽开展相关航空服务的关键所在。

随着虹桥枢纽向更高质量发展，必然需要引导旅客更多地利用各种联运方式，优先选择公共交通模式进出枢纽。这不仅会给城市带来减少旅客个体机动化交通使用量、降低基础设施运行压力的好处，也是落实国家“碳达峰、碳中和"战略目标的有益实践。对于航空和高铁而言，有利于提升旅客进场的可靠性，实现时间可控。同时，让一部分浦东机场的值机功能前置，可以有效缓解旅客过于集中到达浦东机场给机场航站楼和陆侧设施带来的峰值压力。

3 上海机场联络线的建设与运营

为支持上海国际航空枢纽建设，上海在虹桥枢纽与浦东机场之间规划了三个连接通道，即上海磁浮机场联络线、城市轨道交通2号线，以及正在实施的市域铁路机场快线。各通道所服务的旅客市场有所差异，市域铁路机场快线应当成为支撑浦东机场在虹桥枢纽远程值机服务的重要载体。

市域铁路机场快线起于虹桥枢纽，途经闵行区、徐汇区、浦东新区3个行政区，线路正线全长68.6 km，设有虹桥站、七宝站、华泾站、三林南站、张江站、度假区站、浦东机场站、浦东机场规划航站楼站、上海东站共9个车站。项目投资约480亿元，2019年6月开工建设。

> **图2** 上海市域铁路机场快线走向示意图

按照可行性研究针对项目的定位分析，机场快线是上海市东西主轴内的市域快速通道，主要承担市域内虹桥、浦东两机场间以及市中心与机场间的城市客流，并兼顾浦东新区与长三角近沪地区的城际客流；是浦东衔接上海市对外主要铁路客运通道的重要联络线，是沪宁铁路通道和沪杭铁路通道向浦东地区的延伸。因此，项目采用本线市域列车与区域城际列车共线运行的运营组织模式，其中市域列车采用时速160 km的CRHF型车，8节编组。

从机场快线可行性研究报告来看，虹桥枢纽直达浦东机场的大站直达列车旅行时间为32 min，站站停列车旅行时间为39 min。本线还将有跨线运行的国铁城际列车、服务市域内部的城市列车。按照可行性研究报告的分析，远期高峰小时开行大站快车2对、站站停列车

4对，据此测算虹桥枢纽至浦东机场之间考虑候车等候时间后，旅客在虹桥枢纽与浦东机场之间转换实际仍需预留近1h。因此，应该结合运营计划调整进一步压缩虹桥枢纽和浦东机场之间的全程旅行时间。

同时，机场快线在浦东机场和虹桥枢纽各车站的土建设施、设备、系统等方面，必须考虑空铁联运的需求，特别是航空旅客行李交运的需求。

4 在虹桥枢纽开展浦东机场远程值机的建议

空铁联运旅客量，在德国法兰克福机场占7.2%（2019年数据），在法国戴高乐机场占5.2%（2019年数据）。因此，我们建议应当全力提升空铁联运在虹桥枢纽的占比，既支撑浦东机场做强区域性的国际航空市场，也为虹桥商务区吸引更多的国际客人和商机。

机场快线利用虹桥枢纽规划预留的磁浮站场设施，并在原磁浮车站设置车站，向东即为东交通中心、虹桥机场2号航站楼，向西连接虹桥火车站。面向空空联运旅客（国内抵达虹桥机场，前往浦东机场转乘航班），可由2号航站楼到达层出楼后，上至交通中心12.000 m层办理下一程航班值机和行李托运。面向空铁联运旅客，由地下一层到达的高铁旅客前往浦东机场搭乘飞机，可在地下一层出站后步行至机场快线的地下站厅，办理值机及行李托运。

虹桥枢纽东交通中心预留给浦东机场的值机设施除了连接2号航站楼外，还可以通过改造将行李传输设施向西延伸至机场快线的站台层，然后分类装车运往浦东机场。在车站地下一层大厅设置的航空值机柜台收运的托运行李，也可通过行李输送装置送至机场快线站台层（如图3中①、②两条路径所示）。上述两种路径的行李，均安排在站台进行装箱处理，推入机场快线列车的行李车厢。

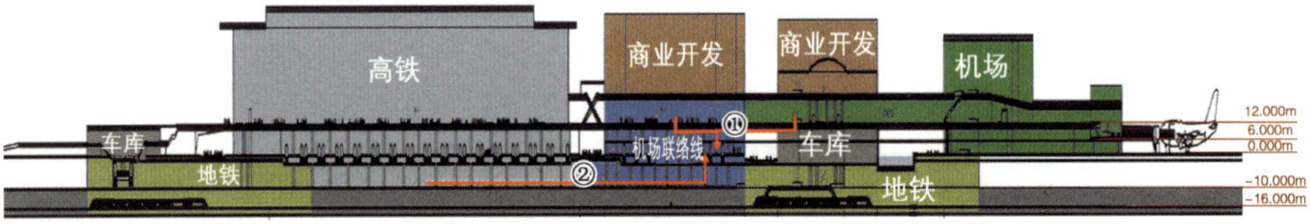

> 图3 机场快线虹桥站旅客与行李流向示意图

原磁浮虹桥站的站台规划长度为210 m、宽度为10 m，稍做延长即可满足8节编组的机场快线列车停靠要求（北京大兴机场快线列车为8节编组，其中1节为行李车厢），站台面有足够的富余量，可用于航空交运行李装卸作业。在虹桥枢纽，机场快线可利用其站台的一端设置行李操作空间，平面上直接对应行李车厢，竖向与虹桥枢纽12.000 m出发层和地下一层换乘大通道的行李交运设施直接相连。

在浦东机场站需要考虑如何接收行李，并分别接入1号、2号航站楼的行李分拣系统。机场快线浦东机场站采用正线临靠岛式站台、外侧设越行线的布置方案，站台长度为220 m、宽度为16.5 m，车站为地下两层式车站。建议在地下结构中尽量能够预留行李进出车站的运输通道。旅客行李可以通过专用通道，用皮带输送对接1号、2号航站楼行李分拣系统中的中转行李投送口。

5 结语

为了持续强化虹桥枢纽服务长三角、服务全中国的功能定位，以机场快线的建设运营为契机，在虹桥枢纽为长三角前往浦东机场的旅客提供前置的远程值机服务（包括行李托运），既是上海进一步巩固国际航空枢纽地位的重要路径，也是虹桥国际开放枢纽规划建设的需要。机场快线是浦东机场通过虹桥枢纽对接长三角广大市场的关键一步，是上海航空枢纽实现两场联动、一体化运营的基础和纽带。在虹桥枢纽开展浦东机场的远程值机服务，涉及枢纽、铁路、机场等多个运营管理主体，需要建立一个共同的机制开展工作。机场快线的运营和在虹桥枢纽开展浦东机场的值机服务，都需要认清其服务的客户群体的特征（包括旅客数量、使用时间等）和需求。只有这样，才能编制出合理的运行组织方案，为旅客提供高效便捷的服务。

虹桥枢纽已经是中国综合交通系统规划建设和运营管理的典范之作，若能在机场快线开通运营之际，在虹桥枢纽开启浦东机场的远程值机服务，那就将为虹桥国际开放枢纽的建设奠定一个新的发展台阶。

参考文献

[1] 刘武君. 浦东国际机场规划故事[M]. 上海：上海科学技术出版社，2019.
[2] 吴念祖. 虹桥综合交通枢纽旅客联运研究[M]. 上海：上海科学技术出版社，2010.
[3] 吴念祖. 虹桥国际机场二号航站楼综合体设计[M]. 上海：上海科学技术出版社，2010.
[4] 中铁第四勘察设计研究院集团有限公司. 上海轨道交通市域线机场联络线工程（东段）可行性研究[R]. 2018.

专项评估篇

虹桥综合交通枢纽地下空间开发与地下穿越再认识

乔亚飞[1] 丁文其[2] 朱合华 廖少明 夏才初

【摘要】 地下空间是虹桥综合交通枢纽的重要组成部分，是枢纽东西向大贯通的第二通道，也是轨道交通、地下综合体的载体。虹桥枢纽运营以来，地下空间的业态、人流组织方式等不断优化，在提升枢纽功能和乘客满意度方面发挥了重大作用。随着生态文明的建设和数字化信息技术的快速发展，地下空间开发建设出现了新的特点和要求，其中以韧性和智能化最为突出。在回顾虹桥枢纽地下空间建设的基础上，本文从韧性的视角重新评估了交通枢纽地下空间的开发利用，并结合智能化技术给出了飞行区地下穿越技术的发展建议。

【关键词】 地下空间；综合枢纽；地下穿越；微扰动；韧性

1 引言

地下空间作为土体资源的基本属性，是土体资源集约化开发利用的重要部分。合理规划地下空间是实现综合枢纽体量增容、效率优化、低碳绿色和韧性提升的必要环节。因此，国内众多城市枢纽均重视地下空间的最优化利用。

虹桥枢纽作为国内第一个世界级的综合枢纽，涵盖了航空、高铁、高速公路、市域铁路、轨道交通、公交汽车等多种交通方式，规划建设了面积超过 50 万 m^2 的地下空间，是上海最大的单体地下空间之一。通过地下空间的合理规划，各个交通分区实现了直接换乘，提高了枢纽的效率。自 2010 年正式投入使用以来，虹桥枢纽已经高效运营 12 年多，成为上海的西大门，有机串联起江浙地区，并与虹桥商务区互相促进，整体协调发展。

虹桥枢纽已经成为中国“空铁一体、高效换乘、快速集散、港城融合”新一代大型综合交通枢纽的重要代表，多年来引领了中国城市综合交通枢纽发展的潮流，在国内产生了较大影响。近年随着“大虹桥”的催生和快速发展，枢纽存在的交通问题也逐渐显现。地下空间作为枢纽扩容的重要途径之一，系统分析其开发利用经验，结合生态文明建设和信息化技术发展分析地下空间发展的新趋势，对未来虹桥枢纽的再升级和可持续发展具有重大意义。

2 虹桥枢纽地下空间概述

虹桥枢纽的地下空间由枢纽核心设施的地下综合体和延伸范围的轨道交通线路组成。图 1(a)为虹桥枢纽的东西向剖面图。由图可知，有两条实现东西向贯通的走廊，一条是 12.000 m 层的高架出发层，另一条是 −9.500 m 层的地下通道层；这两条东西走廊是不同交通形式换乘的重要通道。图 1(b)是虹桥枢纽“一纵三横”的轨道交通网络，包括 2 号、10 号和 17 号线；尤其是 10 号线，直接穿越两

---

1 乔亚飞，同济大学土木工程学院地下建筑与工程系副研究员。

2 丁文其，同济大学土木工程学院地下建筑与工程系系主任、教授。

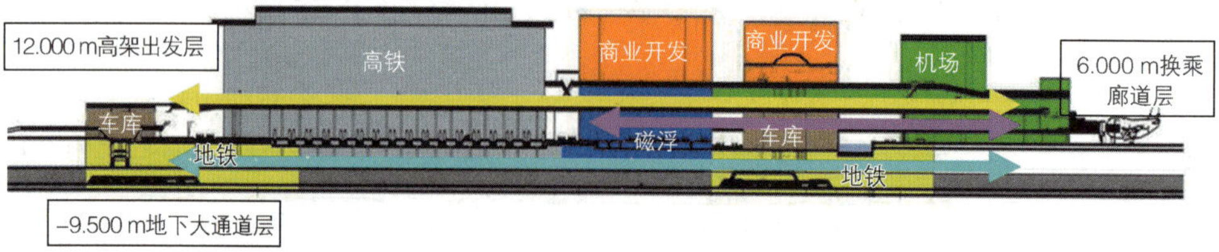

(a) 垂直布局示意图

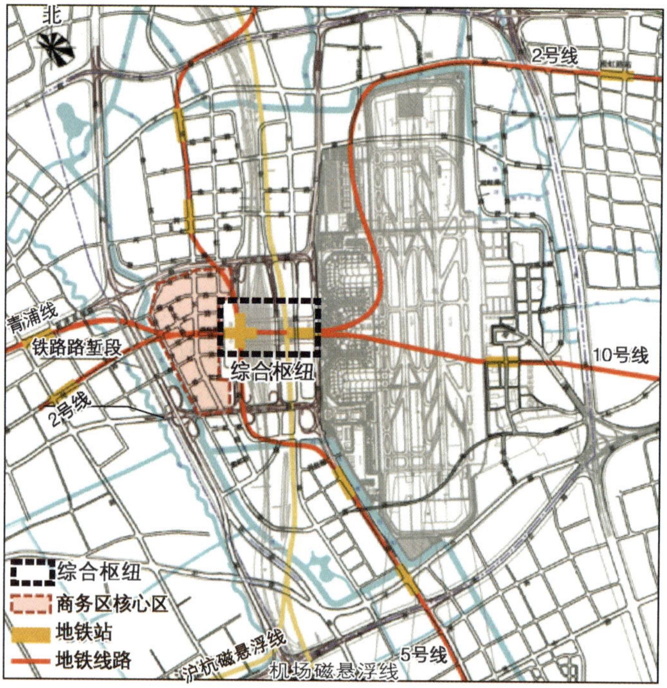

(b) 轨道交通线路图(含规划)

> **图 1** 虹桥综合交通枢纽地下空间概况

条机场跑道，实现了 1 号、2 号航站楼的换乘，以轨道交通线路解决了机场内部的衔接问题。

虹桥枢纽的地下空间主要分为两层，第一层是东西向的地下通道以及部分地下车库，深度为 9.5 m；第二层是轨道交通的站台层和线路，深度约为 16.5 m。在建设阶段，虹桥枢纽地下空间采用一体化建设，创新性地提出并采用了多项新技术，解决了一系列设计、施工难题，降低了施工难度，提高了施工效率，节约了工程造价。自 2004 年的规划建设初期，上海机场建设指挥部就联合同济大学、上海申通地铁集团有限公司、上海隧道工程股份有限公司等单位，分别完成了浦东国际机场飞行区地下穿越可行性及控制条件研究、软土地层飞行区地下穿越关键技术研究、盾构微扰动穿越飞行区关键技术研究等课题。上海轨道交通 10 号线建设期间，提出了机场飞行区盾构下穿越微扰动控制成套关键技术，并成功穿越了飞行区运营跑道，实现了软土地层跑道的首次不停航穿越，优化了轨道交通线路，缩短了隧道距离，减少了不必要的工程投资。上述两项建造技术对空铁一体化枢纽建设具有重要的指导意义，直到现在仍是国内其他枢纽升级改造参考的典范。

2.1 虹桥枢纽地下工程建造关键技术

虹桥枢纽地下综合体一次性整体建设，考虑到工程体量大、开挖深度分层次，且周边环境相对宽松等特点，建设团队研发了多级梯次联合支护体系（图 2）。针对枢纽基坑中间深两侧浅的特点，基坑被划分为地下一层浅基坑和地下二层深基坑，并采用三级联合支护体系。第一级支护采用二级放坡，第二级支护采用重力式围护墙，第三级支护采用变形控制能力强的“两墙合一”地下连续墙结合内支撑的板式支护。基于整个工程的实施过程，建设团队通过理论分析和室内试验，揭示了多级梯次联合支护体系的受力和变形特性，提出了设计计算方法与关键施工技术，形成了一套大型基坑施工关键技术，包括超长灌注桩注浆和扩底工艺、光纤监测技术、基坑-基础-结构一体化设计理论等。该套技术的成功实施，迄今仍有重大意义，可作为一体化规划建设枢纽地下空间的示范，为新城建设和配套枢纽建设提供了技术支撑和借鉴。

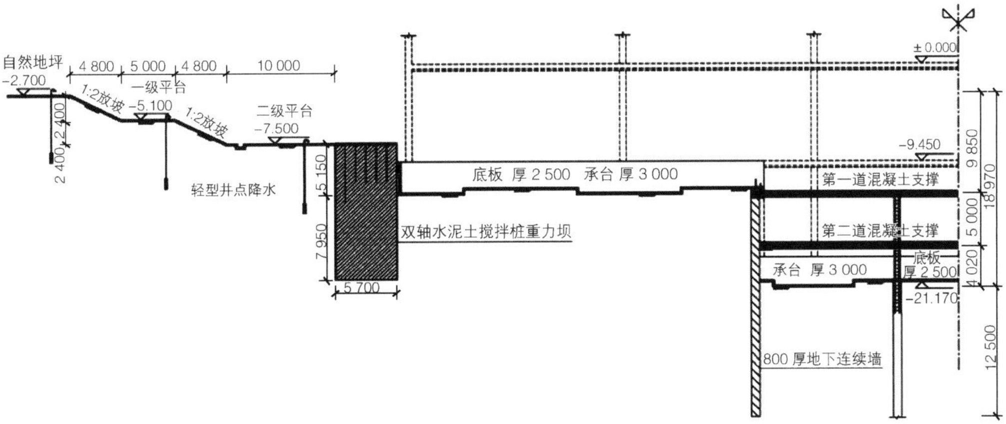

> **图 2** 多级梯次联合支护体系典型剖面图

2.2 机场飞行区盾构下穿越微扰动控制技术

轨道交通 10 号线不停航成功穿越虹桥机场跑道具有标志性意义，开启了轨道交通线路直接穿越飞行区的先河，引领了国内十多年来城市轨道交通与机场的衔接设计。飞行区盾构下穿越微扰动控制技术是集盾构施工扰动机理、微扰动理念、飞行区无线实时监测体系、动态反馈技术和扰动控制标准为一体的成套技术。盾构微扰动施工的流程如图 3 所示，包括施工前的查勘预测与抉择、施工过程中的监控量测与反馈控制和施工结束后的长期预测与控制三部分内容。施工前的查勘预测与抉择是基础，施工过程中的监控量测与反馈控制是核心，施工结束后的长期预测与控制是延伸和保证。

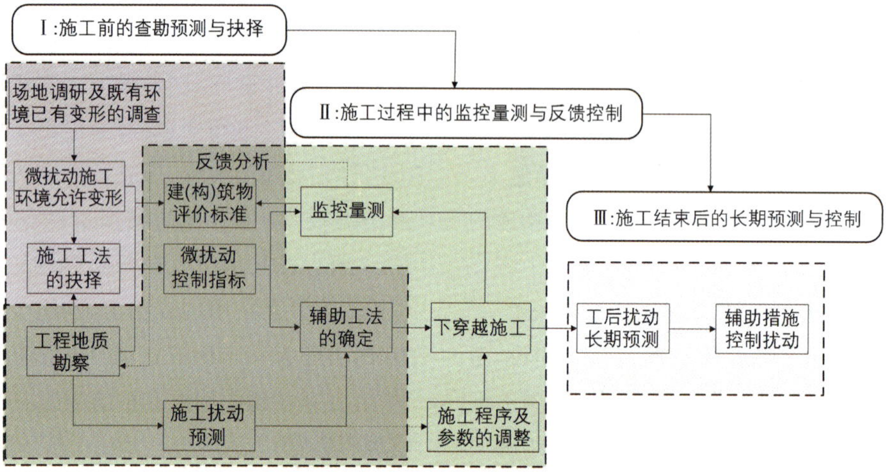

> 图 3 盾构穿越微扰动控制体系

基于轨道交通 10 号线成功穿越跑道的经验，上海机场先后实施了仙霞西路隧道穿越虹桥飞行区工程、浦东机场捷运系统穿越北垂滑行道工程，规划了浦东机场南北向货物地下通道工程等，对促进机场内部的高效运行和与城市的衔接发挥了重大作用。基于上述实施经验，上海机场集团编制了《机场飞行区地下穿越工程管理指南》，为机场飞行区地下空间的进一步开发利用提供了规范、标准和参考。

3 基于韧性的虹桥枢纽地下空间开发规划再认识

城市地下空间作为建设韧性城市的重要一环，在提供物理空间、抵御自然灾害、功能快速恢复等方面有着重要作用。同时，地下空间系统也有其对应的韧性特征和机制，需要在规划、开发利用和运维中综合考量，以提升地下空间的自身韧性，保障城市韧性的有机运转。

地下空间开发具有不可逆性和难修复性，其韧性内涵具有自身特征。首先，地下空间的赋存环境是区域地质体，其规模和布局应保证区域地质体尽快达到再平衡状态，尽可能降低对区域地质体韧性的影响，如不宜大面积隔断地下水，形成屏障等。其次，地下结构是地下空间形成的基础，应满足结构韧性的要求，具有一定的扰动再平衡能力或者快速修复的预留措施；地下结构因与岩土体相互作用，其韧性还涉及建设过程中的微扰动控制，以保证岩土体与结构的共同承载。最后，地下空间应具有灾害/扰动后功能的快速恢复机制，在结构安全的前提下，这主要取决于地下空间的运维和管理；其中，地下空间的分区标识和指引、预警和应急预案至关重要。

随着地下空间韧性内涵的不断丰富，结合虹桥枢纽规划、建设和运维的经验，我们对未来综合交通枢纽地下空间开发规划形成了如下新认识(图 4)：

(1) 综合枢纽地下空间的规模、分区和连通方式应充分考虑区域地质环境因素，避免对地下水连通、地下生态环境恢复、地质体承载等造成过大影响，实现地下空间与区域地质环境的融合共生。在有条件时，应通过地下空间的优化布局提升区域地质体的韧性。

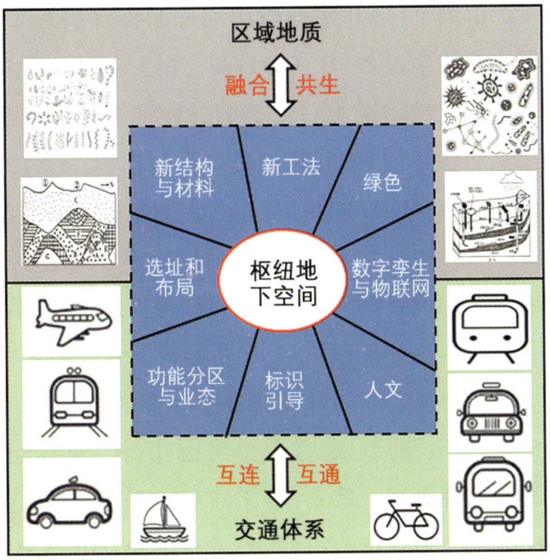

> **图 4** 枢纽地下空间规划新认识

(2) 综合枢纽地下空间的功能分区应充分考虑与城市交通网络的互联互通，平衡不同交通方式的人流量，避免功能分区利用的不充分和不协调。

(3) 综合枢纽地下空间功能复杂，应合理规划人流，优先采用数字孪生、物联网等新技术，实现地下空间运维的集成化、智能化、可视化和可预测性，避免不同系统管理的信息孤岛和不对称。

(4) 宜重视人文设计，注重标识的清晰化和引导性；同时还应注重不同业态的串联和布局，增强乘客的体验舒适度。

(5) 应选用合理的地下结构形式和建设方案，做到“一张蓝图，留有余量，有序建设，控制扰动”。地下结构宜优先选用适配的工法、新技术、新材料和新形式等，提升结构体系的韧性，同时在关键节点设置感知体系，实现结构体系及关键节点韧性的扰动灾变的可预测性和可修复性。

4 机场飞行区地下穿越工程管理要点与发展方向

城市交通枢纽随经济发展不断建设，常晚于所依托的机场或高铁站。交通枢纽的地下空间建设不可避免地要穿越机场或高铁站，进而实现不同交通功能的互联互通。因此，机场或高铁站的地下穿越施工是城市综合交通枢纽建设或更新的必经之路。机场飞行区和高铁轨道运营要求高，对穿越扰动的控制严格，必须采用或研发针对性的技术。

虹桥枢纽地下空间建设过程中实现了软土地层飞行区跑道的首次不停航施工，积累了丰富的经验(2.2 节)，起到了示范作用，并推广到浦东机场等国内多座机场的下穿越工程建设。在推广应用过程中，飞行区地下穿越技术得到了完善，同时结合地下工程施工技术的自身发展，建设人员形成了对飞行区地下穿越工程要点的新认识。

4.1 飞行区地下穿越工程的管理与建造要点

飞行区是指供飞机起飞、着陆、滑行和停放使用的场地。飞行区对净空、地面作业时间和建(构)筑物变形均有明确规定，这严格限制了地下穿越工程的施工场地、施工空间、施工时间和施工扰动程度。因此，应依据飞行区的具体功能，按照《民用机场飞行区技术标准》确定允许的施工范围和扰动，进而选择合理的施工工法。其中，飞行区工后沉降和工后差异沉降指标可参考表1选取。

表1 机场飞行区工后沉降和工后差异沉降指标

飞行区类型	跑道	滑行道	机坪
工后沉降(m)	0.2～0.3	0.3～0.4	0.3～0.4
工后差异沉降(‰)	沿纵向1.0～1.5	沿纵向1.5～2.0	沿排水方向沿纵向1.5～2.0

注：工后差异沉降的度量水平距离为50 m。

在飞行区地下穿越工程的实施过程中，首先需要制定明确的安全管理体系，确定参建各方的主体责任，并实施风险管理，考虑突发事件的控制。安全管理体系宜由管理组织机构、各方职责、管理政策和执行程序组成；其中，管理组织机构应由机场管理单位、联合建设单位、施工单位、监理单位、空中交通管理部门及相关单位和部门组成。其次，在施工过程中应注重禁区施工管理和不停航施工管理，确保运营和施工的双安全。为了确保施工扰动的有效控制，飞行区地下工程应采取精细化设计、微扰动施工和高精度监测措施，实施分区域、分阶段、分级别的扰动控制。一般情况下，飞行区地下穿越工程可参考以下原则管控：预防为主，管口前移；运行为建设开绿灯，建设为运行做贡献。

4.2 飞行区地下穿越微扰动控制技术新认识

由图3可知，穿越微扰动控制需要贯穿工程实施的全过程，并在穿越前、穿越中和穿越后采取针对性的措施。穿越前的评估是基础，包括扰动控制标准的制定和阶段匹配、施工工法与扰动控制标准的匹配；穿越中的控制是核心，依赖于穿越过程的动态反馈调整，涉及工艺优化和风险预测转移；穿越后的监控是保障，包括定期的监控方案和技术、必备的修复预案等。

穿越扰动控制标准的制定应遵循“分阶段、分区、分级”的原则，并充分考虑建(构)筑物的既有服役状态。首先，基于建(构)筑物的总量控制标准和既有服役状态，确定允许的最大扰动指标，并考虑一定的安全系数。然后，按照穿越过程，将扰动指标分配到穿越前、穿越中和穿越后三个阶段；在分配过程中，需结合地下工程施工扰动的空间分布规律，进行扰动指标的空间分区（图5），并与监测方案匹配。最后，在实施过程中，应分三级或四级实施预警，依据每个施工阶段指标的接近程度进行分级管控。

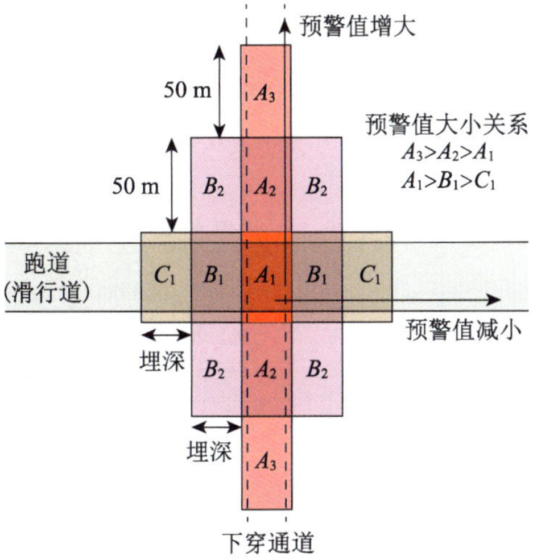

> **图5** 跑道（滑行道）扰动指标分区建议示意图

随着人工智能和大数据技术的发展，穿越中的扰动控制技术日益完善。基于施工过程海量数据的动态反演和大数据分析至关重要，这有利于实时掌握地下穿越工程的施工状态，并逐渐向数字孪生方向发展，实现风险的超前预测和管控。可用于施工扰动控制的新技术包括：穿越地层的可视化和数字化技术，盾构掘进姿态的实时预测与控制技术，基于图像的全局非接触式监测技术，施工过程的精细化、快速化数值分析技术，多模式盾构掘进技术，补偿式开挖新技术等。考虑到飞行区穿越工程的重要性，应优先采用相对成熟的新技术，保障施工扰动被控制在有限空间和有限量值内。

地下工程施工扰动—再平衡是一个相对漫长的过程，尤其是对软土地层，可持续数年甚至数十年。因此，穿越后的监控尤为重要。监控除了借助飞行区的日常检测外，还应制订专门的方案。尤其是随着数字化的快速发展，应整合穿越工程和被穿越建（构）筑物，借助岩土感知和结构监测技术，实现飞行区和穿越工程的数字孪生运维，实现风险早预测、干预早布局，确保穿越工程和飞行区的运营安全。

4.3 微扰动修复加固技术

采用微扰动施工技术，虽然可以保障飞行区穿越工程的安全建造，但考虑到后期运营中开挖加卸载等多种不确定扰动因素，飞行区可能会出现多种病害或灾害。因此，针对可能出现的飞行区风险，应尽可能做到一次规划、两期建设，为后续工程留有余量或储备，并发展具有针对性的微扰动修复加固技术。

微扰动注浆技术是较为有效的修复加固技术之一，并可借助囊袋工艺实现定向补偿功能。以盾构隧道为例，可以在需要补偿的区域进行土体注浆加固，施加补偿应力，对已发生变形的隧道结构起到治理效果。辅助微扰动注浆技术，还可以配合隔断结构等，确保修复加固的长期效果。

5 结语

本文首先回顾了虹桥枢纽地下空间的开发建设历程，简要总结了地下空间建造过程中大规模基坑建造新技术和飞行区微扰动穿越技术。然后，结合城市地下空间开发利用和地下工程建造技术的新发展，考虑虹桥枢纽地下空间的运营现状，提出了城市综合交通枢纽地下空间开发利用的新认识，具体包括：基于韧性的城市综合交通枢纽地下空间开发规划原则和要点，利用新技术和标准的飞行区地下穿越工程展望。

参考文献

[1] 翁其平，王卫东. 多级梯次联合支护体系在上海虹桥综合交通枢纽基坑工程中的设计与实践[J]. 建筑结构，2012，42(5)：172-176.

[2] 朱合华，丁文其，乔亚飞，等. 盾构隧道微扰动施工控制技术体系及其应用[J]. 岩土工程学报，2014，36(11)：1983-1993.

[3] 乔亚飞，丁文其，逯兴邦，等. 机场飞行区地下穿越工程管理与建造要点[J]. 地学前缘，2019，26(3)：113-121.

虹桥综合交通枢纽灾害防治体系后评估

高文杰[1] 李 言[2]

【摘要】 本文收集了虹桥综合交通枢纽运营阶段近10年的工程灾害实例，以及国内外类似灾害案例，运用对比＋统计分析方法，对虹桥枢纽的防灾规划、灾害辨识评估体系以及安全运营阶段防灾效果进行了后评估。分析了各灾种的灾害等级和影响因素，明确了需要改进的地方，既为虹桥枢纽综合防灾体系的完善提供支撑，也为国内外大型综合交通枢纽的规划建设和运营管理提供参考。

【关键词】 综合交通枢纽；灾害防治体系；对比＋统计分析法

1 虹桥枢纽综合防灾项目介绍

虹桥枢纽是集民航机场、城际铁路、高速铁路、轨道交通、长途客运、市内公交等多种交通设施和交通方式于一体的超大型、世界级综合交通枢纽。作为城市交通功能集中体现的综合交通枢纽，具有设施规模巨大且建筑密度高、客流量巨大且高度集中、换乘种类复杂且方式众多、管理界面与产权区分交叉等诸多特点；在这样一个高密度、高速度、规模大、人流集中的复杂工程建设中，防灾体系的构建和实施就显得十分紧迫而必要。

虹桥枢纽综合防灾项目基于大型枢纽多种灾害综合防治思想，从策划阶段开始引入灾害风险管理理念，系统研究了灾害识别评估、防御、监测、预警和应急疏散救援，并集成应用各种防灾关键技术成果，初步构建了枢纽的防灾管理体系；形成了一批核心技术和专利，并建立了工程示范。项目研究成果为虹桥枢纽的规划设计和工程实施提供了全面有力的技术支撑，提高了枢纽建设和运行的安全性与经济性，为枢纽灾害防御水平提供了多方位的保障，具有较为重大的社会效益和经济价值。作为一种大胆尝试与突破，虹桥枢纽首次将各种灾害防御分析及应用技术综合集成于项目建设中，可为国内外类似工程建设积累非常重要的建设管理经验，并为城市综合交通枢纽防灾管理体系的构建提供实践依据。

2 后评估方法及步骤

本文收集了虹桥枢纽运营阶段近10年的工程灾害实例，以及国内外类似灾害案例，运用对比＋统计分析方法，对虹桥枢纽的防灾规划、灾害辨识评估体系以及安全运营阶段防灾效果进行了后评估分析（图1），以确定虹桥枢纽综合防灾体系的合理性、有效性，明确需要改进的地方，既为不断完善虹桥枢纽综合防灾体系、提高灾害防御水平提供科学依据，也为国内外大型综合交通枢纽的规划及运营提供参考。

---

1 高文杰，上海建科工程咨询有限公司重庆公司总经理。

2 李言，上海建科工程咨询有限公司重庆公司总工程师助理。

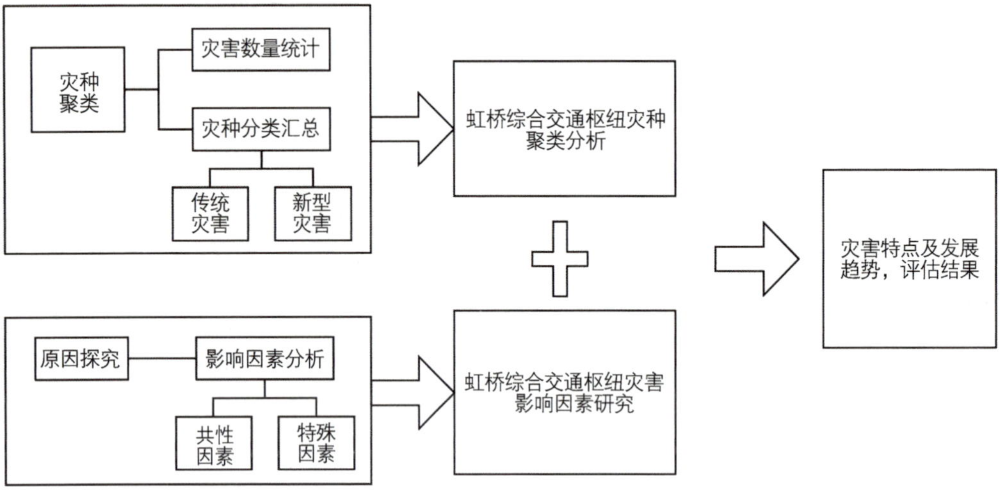

> **图 1** 评估流程图

3 项目后评估基本内容

3.1 工程灾害案例介绍

虹桥枢纽于2010年正式投入使用，至今已过去十余年。在上海市委市政府的坚强领导和各部门各单位的共同努力下，虹桥枢纽取得了生产安全事故起数和死亡人数逐年减少、自然灾害因灾死亡人数近乎为零的成效。通过统计分析方法，本文汇总了虹桥枢纽运营阶段近10年灾害情况共计26例，其中，近2/3灾害为火灾案例。通过分析，发现如下特点：①整体受灾情况与综合防灾规划主题密切相关，而并非简单罗列；②火灾等传统灾害受灾比例依然较高，同时恐怖袭击(暴力犯罪)等人为社会灾害成为新的关注点；③虹桥枢纽各主体呈分列式布局，同时主体之间又有隔离装置，可使灾情有效控制，减少损失；④各灾种的发生背景及原因，既有共性，也存在一定的特殊性。

近年来，随着各国防灾水平及管理经验的提升，传统自然灾害将逐渐演变成为一种普遍性灾害。在新的时代条件和环境变化下，大型枢纽面临的新型安全与综合防灾问题日益突出，逐渐成为关注重点。为验证虹桥枢纽综合防灾体系的应用推广情况，本文还收集了近10年国内外同类大型交通枢纽发生灾害的案例共计21例，其中国内案例16例、国际案例5例。通过分析，发现如下特点：①大型枢纽面临的安全问题与灾害种类越来越多样化；②国内案例中火灾占比仍然较高，但在枢纽范围内的触电、高坠等安全事故占比也很高；③受全球局势影响，国外案例中恐怖袭击类案例明显偏高，且受灾范围与程度更严重；④公共安全和防灾问题在大型枢纽间具有一定的共性；⑤安全生产事故类灾害逐年增多，大型枢纽的生产生活安全逐渐成为关注重点。

3.2 虹桥枢纽安全运营后评估

1）灾种统计与分类

将近10年虹桥枢纽发生的所有问题进行归类合并，累计各灾害发生次数（频数），并按降序绘制柱状图（图2），各灾害的频数从15次到0次不等，频数越高，表明其灾害等级越高，灾害损失程度及发生几率也越大，反之则越小。我们按照频数将灾害问题分为四个等级（表1）：第一等级，频数为8次及以上的灾害问题，包括火灾；第二等级，频数为4～7次的灾害，包括恐怖袭击、其他灾害（公共安全事故）；第三等级，频数为2～3次的灾害问题，包括水灾；第四等级，频数为0～1次的灾害问题，包括地震、风灾。

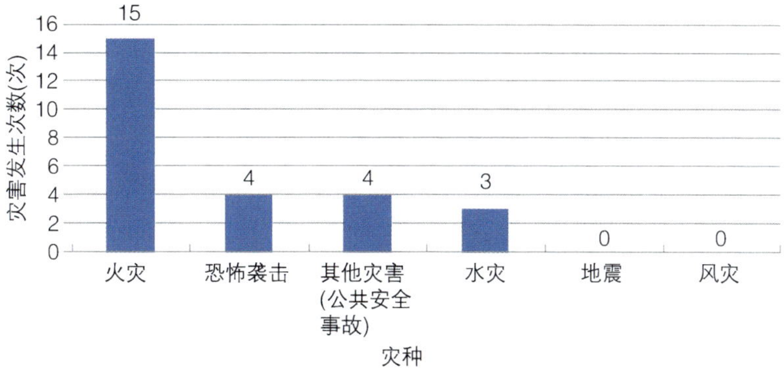

> **图2** 虹桥枢纽运营阶段(2012—2021年)工程灾害汇总图

表1 虹桥枢纽近10年发生灾种等级划分

等级	频数	问题个数	问题
第一	8及以上	1	火灾
第二	4～7	2	恐怖袭击、其他灾害(公共安全事故)
第三	2～3	1	水灾
第四	0～1	2	地震、风灾

需要说明的是，近几年我国经济长足发展，综合国力不断增强，国际地位持续提升，对外，我国与各国和平共处；对内，得益于人民民主专政的政治体制，倡导全国共建和谐社会，人民内部矛盾得以有效解决，安全大环境较为乐观，因此，国内的恐怖袭击事件近乎没有，上述虹桥枢纽案例中的恐怖袭击也并不是真正意义上的恐怖袭击，而主要是一些维修施工现场遗留刀片、维保人员非法进入控制区等事件，虽不构成较大威胁，但存在发生恶意伤人恐怖事件的安全风险，会造成不好的社会影响，故将其划分为恐怖袭击类。

通过对不同灾种发生位置的分析，得出虹桥枢纽近10年发生灾种的主要区域，如表

2 所示。

表 2 虹桥枢纽近 10 年发生灾种主要区域

灾种	区域灾害	次数
火灾	动火商业区	7
	设备机房	5
	办公区、公共区	3
恐怖袭击	地坪控制区、公安空防处等控制区	4
其他灾害(公共安全事故)	设备机房	1
	航站楼公共区域	3
水灾	给排水管道失效	3
地震	—	0
风灾	—	0

由此可见,虹桥枢纽近 10 年发生次数最多的灾害为火灾,且发生区域主要集中在商业动火区以及设备机房;其次是恐怖袭击,发生区域主要集中在航站楼控制区;再次是水灾,主要为内部水源灾害,不会对工程造成大的灾害;地震与风灾发生概率很小,近 10 年内没有发生过。

对比分析项目研究成果中的灾害等级发现,灾害等级最高的是火灾和恐怖袭击,其次是水灾,最后是风灾和地震灾害,这与近 10 年灾害数据基本吻合。分析区域敏感带发现,针对火灾,等级最高的区域或隐患是商业动火区及设备机房区;针对水灾,等级最高的区域或隐患是给排水管道失效,这也与近 10 年数据相符;对于恐怖袭击类,由于所统计的案例并非真正意义上的恐怖袭击,故不作分析;针对地震、风灾,由于近 10 年内没有发生过,故也不作分析。

综上,虹桥枢纽灾害等级较高,布置防灾工作时要突出重点,重点防护火灾、恐怖袭击灾害,对各灾害的敏感带也要重点关注,提前采取防范措施。

2)影响因素分析

由于虹桥枢纽受灾大多偏事故类灾害,因此我们借鉴安全事故原因的分类方法。所谓安全事故,是指生产经营单位在生产经营活动(包括与生产经营有关的活动)中突然发生的,伤害人身安全和健康,或者损坏设备设施,或者造成经济损失,导致原生产经营活动(包括与生产经营活动有关的活动)暂时中止或永远终止的意外事件。酿成安全事故发生的原因主要有人的不安全行为、物的不安全状态、管理上的缺陷和不安全的环境因素四个方面。

(1)人的不安全行为。指操作错误、忽视安全、忽视警告,造成安全装置失效,使用不安全设备,手工代替工具操作,冒险进入危险场所,攀、坐不安全位置,在必须使用个人防护用品用具的作业或场合中忽视其使用,不安全装束,物体存放不当,对易燃易爆等危险物品处理不当或错误,有分散注意力的行为,机器运转时维修、清扫、加油等。

(2)物的不安全状态。指防护、保险、信号等装置缺乏或有缺陷,设备、设施、工具、附件有缺陷或强度不够,如机械强度不够、电气设备绝缘强度不够等;设备在非正常状态下运行,如设备带“病”运转、超负荷运转等;维修、调整不良,如设备失修、保养不当等;个人防护用品缺乏或不符合安全要求。

(3)管理上的缺陷。指技术和设计上缺陷,安全生产培训教育不符合要求,人员安排不当、劳动组织不合理,没有安全生产管理规章制度和操作规程或者不健全，没有事故防范和应急措施或者不健全，对事故隐患整改不力，安全投入不足等。

(4) 不安全的环境因素。指照明不足、通风不足，温度、湿度不良，过度噪声，作业场所杂乱、狭窄，地面湿滑，消防疏散不良等。

根据虹桥枢纽灾害案例汇报（2012—2021年），我们统计汇总了虹桥枢纽近10年发生的26次灾害的原因，如图3所示。

由上述内容可知：①尽管对于同一种灾害而言，其发生的部位有所不同，但对于大多数灾害来说，其致灾原因是相似的，如：火灾发生大都由于人员违规作业、操作失误、忽视安全等造成。②造成不同类型灾害的原因有可能相似，如：火灾、水灾、恐怖袭击、安全事故等都可能由于人的因素造成。③不同灾害原因之间相互影响，一种灾害的发生可能包含多种原因。例如：脚手架坍塌事件（2012年1月13日）中，由于保洁员工违章操作，导致脚手架整体倒塌，人员坠落、头部着地造成重伤；同时作业人员无视现场作业环境，发现当时地面有斜坡却未做出任何防范措施，仍然进行清洗作业，也是导致事故发生的重要原因；相关监管人员监管不到位，对现场作业环境存在的风险没有及时进行识别和控制，存在管理失职。④综合分析所有事故原因后，我们发现：人为的不安全因素是造成虹桥枢纽灾害事故的主要原因，占比最高，达58%；物的不安全状态的影响次之，占比为27%；剩下的为管理因素，占比为15%；虹桥枢纽地理位置优越，设计先进，各方面功能完备，工程等级高，因此受环境因素影响较小。

3）与国内外其他案例对比

除此之外，本文还收集了近10年国内外类似大型交通枢纽发生灾害的案例共计21例，其中，国内案例16例，国外案例5例。灾害汇总如图4所示。

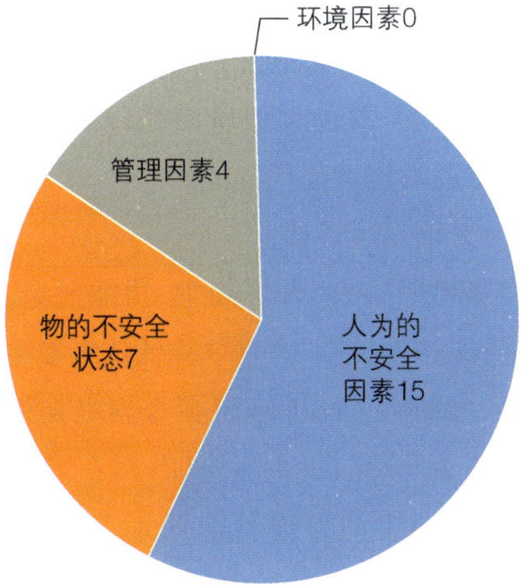

> **图3** 虹桥枢纽近10年发生灾种原因分析

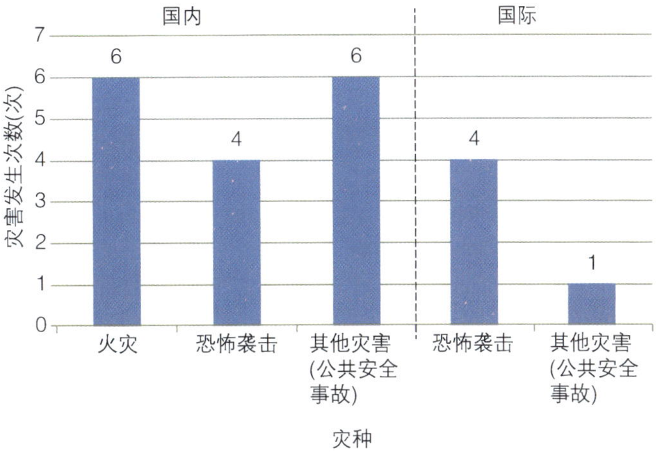

> **图4** 近10年国内外类似交通枢纽灾害汇总图

由图 4 可知，与虹桥枢纽灾种分布情况类似，火灾仍然是目前国内大型交通枢纽第一大灾，发生频率最高；其次是恐怖袭击，在布置防灾工作时要重点突出，加强火灾、恐怖袭击安全隐患排查，提前采取防范措施。另外值得注意的是，分析国内受灾案例发现，除防灾规划考虑的五大灾害外，在枢纽范围内的车辆事故、触电、高坠等常见安全事故占比也很高。从国外案例可以看出，其恐怖袭击案例占比较高，受灾范围及损失程度也远大于国内，这也与当地政治局势与极端恐怖组织有关。

同样，根据上一小节，按照安全事故或灾害发生的四大原因分类，对近 10 年国内外类似大型交通枢纽发生灾害案例进行原因分析，并绘制饼状图，如图 5 所示。

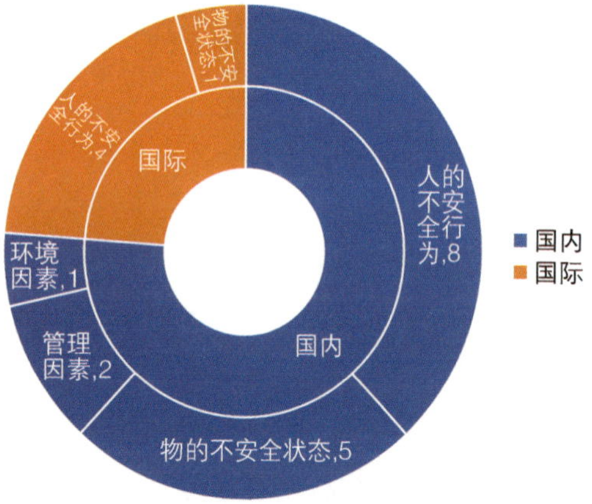

> **图 5** 近 10 年国内外类似交通枢纽灾害原因分析

由图 5 可知，16 例国内案例中，有 8 例是由于人的不安全行为造成的，其次，有 5 例是由于物的不安全状态造成的，再次，有 2 例是管理因素造成的，只有 1 例是由环境因素造成的。对于 5 例国外案例，人的因素占 4 例，物的因素占 1 例。

与虹桥枢纽灾害原因分类相类似，人的不安全行为是造成大型交通枢纽安全事故 / 灾害发生的第一大原因，除有意为之外，如能提高安全意识，规范人员操作，则会有效降低灾害发生的频率。另外，国内外其他交通枢纽灾害原因也呈现出多因素的影响，需要管理者（政府）、技术人员（研究人员）以及民众共同努力，达到综合防灾减灾的目的。

4）后评估小结

综上，虹桥枢纽开通运营十余年，未发生重大以上灾害事故，整体受灾情况平稳，处于可接受范围。通过实际案例检验，项目建立的虹桥枢纽灾害等级标准、评估模型和综合防灾体系与实践案例发生情况及规律基本吻合，研究成果合理、可信，对虹桥枢纽建成后的安全运行具有重要的指导作用，提高了枢纽的抗灾能力，保障了枢纽的运行安全，具有显著的经济与社会意义。同时，可为国内外类似工程建设积累宝贵的建设管理经验，并为类似城市综合交通枢纽防灾管理体系的构建提供参考。

3.3 防灾规划后评估

虹桥枢纽规模巨大、人流集中、功能复杂，必须高度重视防灾规划。为有效降低灾害发生几率或减少灾害损失，虹桥枢纽在规划之初就开展了防灾专题研究，针对枢纽中存在的火灾、风灾、水灾、地震和恐怖袭击五大类灾害，从灾害作用机理和危害途径等不同角度开展了大量工作。虹桥枢纽的防灾规划主要策略如下。

1）区域内河道改造，降低受灾几率

从源头出发，杜绝灾害发生，是灾害防护的最重要一环。虹桥枢纽通过调整水系，避免河道穿越交通枢纽范围，从源头上降低了洪涝灾害发生几率，并且虹桥枢纽地坪高于周边区域，一般外围水系水位增高不会引起河流倒灌等灾害。虹桥枢纽的规划防排水等级高，设计考虑 50 年一遇的暴雨强度，因此一般的降雨、漏水均不会对枢纽造成大的灾害。

结合虹桥枢纽近 10 年灾害案例汇总，我们发现，得益于虹桥枢纽先进的防灾规划，枢纽开通运营以来，整体受水灾影响较小，且水灾均为枢纽内部管道破损造成，受灾范围及损失程度均在较小水平。

因此，虹桥枢纽的水系规划，既满足了建设需要，改善了水质及生态环境，又实现了枢纽区域的防汛除涝功能，与枢纽整体防灾规划建设目标相契合。

2）各交通主体分列式布局，提高灾害免疫力

虹桥枢纽核心区内各交通主体的平面布局，由东向西依次为：航站楼、交通中心、磁浮车站、高铁车站。各交通主体通过联络通道或楼前高架等连为整体，同时各主体间设置有防火门等隔离装置。通过在各交通主体间设置隔离门、防火卷帘等设施，枢纽能够在灾害发生时启动隔离装置，控制灾情的蔓延，减少灾害损失，并为救灾行动提供充足的时间。

结合虹桥枢纽近 10 年灾害案例汇总，我们发现，得益于虹桥枢纽分体式规划布局，枢纽开通运营以来，整体火灾受灾区域较为固定，火灾出现频次最多的是位于航站楼内的商业动火区以及设备机房内；且灾害通过紧急处置，均得以有效控制，未出现大面积或涉及多交通主体的受灾事件，也未出现人员伤亡事故，仅带来部分经济损失，真正实现了“大灾不坏、中灾不停、小灾不乱”的总体规划建设目标。

虹桥枢纽的分体式布局，既能满足规范防火要求，形成天然防火分隔，满足各个区域的消防安全水平，又能最大限度地保持建筑功能。同时各主体通过换乘通道连接，互有出入口，既能隔离灾害，又能保持疏散通道畅通，具有较高的灾害免疫能力。

3）敞开式结构设计，利于应急疏散和防灾防恐

虹桥枢纽地下空间规模巨大，且采用开放式设计，设施周边地区规划了 15 万 m^2 以上的绿地和开敞空间，同时还在建筑中设计了许多开敞空间、庭院、屋顶平台等。这些建筑结构规划能使灾害发生时，地下设施中的人群能够就近迅速逃出建筑物，进入室外绿地，从而有效减少灾害时的人员伤亡。

结合虹桥枢纽近 10 年灾害案例汇总，我们发现，得益于虹桥枢纽先进的防灾规划，枢纽自开通运营来，整体受灾情况平稳可控，未发生重大以上公共安全事故（恐怖袭击）或地震、台风等严重自然灾害。但考虑到防灾规划中的应急疏散和应急运输要求，在系统规划中充分考虑周边疏散场地的冗余，充分考虑疏散及避难安全场地的保障，还是很有必要的。

虹桥枢纽采用整体敞开式的结构设计，既满足了枢纽应对大型突发事件或灾害的疏散

需求，保证了枢纽内的步行疏散以及枢纽周边车辆疏散互联、畅通，又充分预留了疏散空间及避难场地。通过十余年的运营效果验证，证明该设计理念科学、可靠，具有借鉴意义。

虹桥枢纽综合防灾研究项目提出的防灾规划理念已在虹桥枢纽水系改造、建筑空间布局、开敞式结构设计等方面得到了贯彻落实。

4）后评估小结

综上所述，虹桥枢纽防灾规划系统、全面地考虑了火灾、风灾、水灾、地震、恐怖袭击等多灾害种类；内容分布涵盖了灾害识别、灾害评估、灾害对策、工程实施、运行方案和应急方案等不同的阶段；构建了“大灾不坏、中灾不停、小灾不乱”的规划建设目标；强调结构功能一体化，分列式布局，多通道疏散，大面积避难场地预留等，确保疏散及救援通道生命线系统的畅通，最大限度地减少灾害带来的损失，同时提出的防灾规划理念已在虹桥枢纽水系改造、建筑空间布局、开敞式结构设计等方面得到了贯彻落实，应用效果显著，经过专家论证达到国际先进水平。

3.4 灾害辨识与评估体系后评估

虹桥枢纽综合防灾在灾害辨识与评估方面主要做了以下研究：

1）确定灾害种类

通过对虹桥枢纽灾害类型调研，然后综合利用历史记录法、成因分析法、预测法等灾害识别技术对虹桥枢纽工程的各种灾害及其因素进行识别，确定虹桥枢纽可能遭受的5大灾害种类：火灾、风灾、水灾、地震和恐怖袭击。

2）确定灾害清单

利用故障树方法对确定的各类灾害进行作用机理分析，分区域（航站楼、交通中心、磁浮车站、高铁车站四大单体）、分灾种（火灾、风灾、水灾、地震、恐怖袭击五大灾害）地建立了灾害评估模型（故障树），确定了枢纽的灾害清单。

3）分析灾害风险等级和灾害敏感带

针对虹桥枢纽的复杂性和灾害的随机性、模糊性，以及在运营过程中出现的一些灾害难以用准确的量化数据加以表达的特点，将模糊综合评判法应用到枢纽工程的灾害等级评估中，同时结合灾害链理论，考虑灾害的相互影响，系统分析了虹桥枢纽灾害风险等级及对应的灾害敏感带（表3）。

结合3.1节，针对虹桥枢纽近10年灾害案例汇总，与表3中项目研究成果的灾害等级对比，我们发现，虹桥枢纽灾害等级最高的为火灾，且发生区域主要集中在商业动火区以及设备机房；其次是恐怖袭击，发生区域主要集中在航站楼控制区；再次是水灾，主要为内部水源灾害，不会对工程造成大的灾害；地震与风灾发生概率很小，等级最低；这与近10年灾害数据基本吻合。

分析区域敏感带发现，针对火灾，等级最高的区域或隐患是设备机房区；针对水灾，等级最高的区域或隐患是给排水管道失效，这也与近10年灾害发生数据相符；对于恐怖袭击类，由于并非真正意义上的恐怖袭击，只是在事件发生区域存在潜在安全隐患及人为恐怖袭击苗头，暂不能直接作为灾害数据得出结论；针对地震、风灾，由于近10年内没有发生过，且在防灾研究中也没有给出相应的敏感带，故不作分析。需要说明的是，对于地震灾害，考虑到上海市有史以来记录在案的地震事件，震中在上海且烈

表 3 虹桥综合交通枢纽灾害等级

虹桥综合交通枢纽灾害等级	灾害种类	灾害等级	区域火灾(敏感带)	灾害等级
4	火灾	4	动火商业区	3
			设备机房	4
	恐怖袭击	4	陆侧主楼安检前区	4
			设备机房	3
			高架及道路	3
	水灾	3	给排水管道失效	3
			地下室涌水	3
	风灾	2	—	—
	地震	2	—	—

度达 6 度以上的事件只发生过一次，而且要追溯到明朝时期，而虹桥枢纽作为上海市重大工程，地震设防等级高达 8 级，即使烈度为 6 度的地震再次发生，也不会对工程造成大的影响，因此风险等级较低也比较合理。对于风灾，上海虽然地处沿海，经常受台风的光顾，但虹桥枢纽位于长宁板块，紧邻江苏，台风登陆后到达枢纽时，风力已大大减弱，不会产生大的影响，故其灾害等级也不高。

虹桥枢纽综合灾害等级为 4 级。通过近 10 年灾害案例分析以及对各类相关人员的调研都表明，大家对虹桥枢纽整体防灾水平有很高的评价，经过收集数据分析，其结论基本与现场情况相符合。

4）后评估小结

综上所述，虹桥综合交通枢纽灾害辨识较为系统、全面，灾害等级评估结果科学、合理。但由于灾害等级是采纳了专家打分法的数据，在具有专业可靠性的同时，又有一定的主观性。例如，对上海影响大的地震记录为东边沿海，实际烈度尚未达到 6 度，由专家打分得到的数据计算出来的地震等级偏高、偏保守。同时，对虹桥枢纽运营期间灾害案例的汇总分析对比，再一次印证了项目评估体系中的灾害清单、等级标准、评估模型和综合防灾体系与实际发生灾害案例的情况及规律基本吻合，研究成果科学、可信，可指导人们快速准确识别虹桥枢纽面临的各类风险，针对性地进行防灾布局，科学有效地预防和处置各种突发应急事件，提高相应建设管理水平，最大限度地减少灾害对枢纽的负面影响。

4 需要改进的地方

（1）虹桥枢纽开通运营至今已 10 年之久，受防灾研究课题年代影响，研究时提出的防灾规划考虑了虹桥枢纽面临的多种灾害类型，但仍更多聚焦于自然灾害与传统灾害的防治，对人为灾害仅考虑了恐怖袭击，不够全面，对出现的新型灾害(如新冠肺炎疫情等公共卫生事件、信息安全事件等)缺乏判断。

(2) 受地理条件、经济条件、社会局势影响，虹桥枢纽运营至今未受到大型地震、水灾、风灾、恐怖袭击等特种灾害，虽然建立的应急疏散体系通过计算机仿真具有良好效果，但真实地应对特种灾害的应急疏散能力仍需实践检验。

(3) 目前，虹桥枢纽层面建立了应急响应中心，作为“信息共享，应急联动”的工作平台，然而现阶段仅有机场、铁路的运营动态信息和轨道交通的实时客流信息接入了枢纽信息共享平台。随着商务区核心区的开发，尤其是大型展会期间，现有系统恐怕难以承担各类交通方式实时信息交流的重任。

5 结语

当前我国交通建设事业正处于高速发展阶段，各地将兴建大批机场、铁路、轨道交通，类似虹桥枢纽的大型交通枢纽不断涌现。由于交通枢纽具有人流集中等特点，灾害防治十分重要，因此交通枢纽综合防灾技术将有广阔的应用前景。

虹桥枢纽作为上海城市对外的重大枢纽，从策划阶段开始引入灾害风险管理理念，系统研究了灾害识别、评估、防御、监测、预警和应急疏散救援，并集成应用各种防灾关键技术成果，初步构建了枢纽的防灾管理体系；形成了一批核心技术和专利，并建立了工程示范。防灾课题研究成果为虹桥枢纽的规划设计和工程实施提供了全面有力的技术支撑，提高了枢纽建设和运行的安全性与经济性，为枢纽保证灾害防御水平提供了多方位的保障，具有较为重大的社会效益和经济价值。虹桥枢纽首次将各种灾害防御分析及应用技术综合集成于项目建设中，为国内外类似工程建设积累了非常重要的建设管理经验，并为城市综合交通枢纽防灾管理体系的构建提供了实践依据。

参考文献

[1] 周红波，高文杰，刘成清. 上海虹桥综合交通枢纽灾害链及其在灾害评估中的应用[J]. 灾害学，2009，24(1)：6-12.

[2] 赫磊，戴慎志，解子昂，陈琦，胡群芳，刘飞萍. 全球城市综合防灾规划中灾害特点及发展趋势研究[J]. 国际城市规划，2019，34(6)：92-99.

[3] 许镇. 考虑多灾害的重要公共建筑后评估——以地震次生灾害为例[J]. 住区，2018(1)：86-90.

[4] 王江波，戴慎志，苟爱萍. 城市综合防灾规划编制体系探讨[J]. 规划师，2013，29(1)：45-49.

[5] 冯浩，张方，戴慎志. 综合防灾规划灾害风险评估方法体系研究[J]. 现代城市研究，2017(8)：93-98.

虹桥综合交通枢纽空铁联运的实践与展望

秦灿灿[1]

【摘要】 虹桥综合交通枢纽在国内率先开展了空铁联运的探索，至今已成功运营逾 10 年。本文首先分析了虹桥枢纽空铁联运基础设施现状及问题，探讨了虹桥枢纽航空及铁路客流变化的规律，分析了空铁联运背景下联运客流的基本组成及规模；然后基于航空和高铁快速发展的实际，基于多元化、联程化出行链的需求，提出了空铁联运发展的对策建议。

【关键词】 综合交通枢纽；空铁联运；一站式换乘；智能交通

1 引言

近年来，我国基础设施建设飞速发展，随着各大都市圈的进一步扩张，机场及高铁站在促进城市群协同发展、参与全球分工方面起到了重要作用，“空铁联运”成为大家研究的热点。2018 年 5 月，中国民用航空局与中国铁路总公司签署《推进空铁联运战略合作协议》，就充分发挥各自优势、推动航空与高铁协同发展达成一致意见。以机场、高铁站为中心打造综合交通枢纽，实现航空与高速铁路的联运已成为我国综合交通体系发展的大势所趋，发展空铁联运已成为“交通强国”战略的重要组成部分。

虹桥综合交通枢纽建成至今已成功运营逾十年，其客流量增长迅猛，成为国内综合交通枢纽的示范性工程。虹桥枢纽衔接了高速铁路、航空、公路客运等城市对外交通方式以及城市轨道交通、常规公交、市域(郊)铁路等对内交通方式。枢纽内虹桥机场 2 号航站楼与高铁虹桥站处于“同一屋檐下”，为我们开展空铁联运提供了良好的条件。

2022 年 8 月，全球性航空公司联盟“星空联盟”牵手德国联邦铁路公司开展全面合作，这一消息引起业界广泛关注。这是德国汉莎航空公司和德国联邦铁路公司以法兰克福机场为中心开展空铁联运二十多年来的又一突破，其合作从最早的“Rail & Fly”产品，逐步发展为空铁一票制的“空铁(AIRail)服务”，到今天德国联邦铁路公司成为星空联盟的首个联运合作伙伴。这种跨界合作的模式将航空与铁路、公交等运输方式在联盟内整合，并在不同运输方式之间实现了无缝对接。这将空铁联运在深度和广度上推到了一个新的高度。

虹桥枢纽作为东方航空公司(简称：东航)与中国国家铁路集团有限公司(简称：国铁)空铁联运的试点，经过十余年的运营实践起到了先行者的示范作用，空铁联运在我国由点到面不断推进，加快了各种交通运输方式的深度融合，提升了综合运输效率。十多年来，从东航的“空铁通”到如今的东航、国铁 APP 系统全面对接，“飞机＋高铁一站式联订”开创了中国民航和高铁销售平台全国首次互联互通，推出

1 秦灿灿，上海机场集团临空产业投资发展有限公司副总经理。

了双向购买“空铁联运”的产品，成为空铁联运票务互联互通服务的标杆。不过，目前空铁联运的产品种类、覆盖站点等有待进一步完善，联运票务系统仍存在参与的航空公司单一、区域性票务系统需要进一步融合，以及联程票务需要精准清分等问题。

2 虹桥枢纽空铁联运基础设施分析

虹桥枢纽机场、铁路等基础设施的一体化设计、建设，为开展空铁联运提供了极为有利的条件。近年来长三角区域高速铁路、城际及市域(郊)铁路快速建设运营，其覆盖范围不断扩大，吸引客流量大幅增加，也为实施空铁联运提供了可靠的客流保障。

在虹桥枢纽，机场航站楼和高铁车站通过平面交通相互衔接(图 1)，具备实施空铁联运的基础设施条件。枢纽综合体共分五大功能层面，其中 12.000 m 层、6.000 m 层和−9.500 m 层为枢纽三大重要换乘通道。高铁车站在地下一层(−9.500 m)的换乘通道，位于铁路站台正下方，串联起航站楼和长途客运站这两个交通枢纽，往东可以到达虹桥机场 2 号航站楼和东交通中心，旅客前往 2 号航站楼步行约 10 min。除此之外，2 号航站楼与铁路车站之间通过出发层(12.000 m 层)也是相连的，方便旅客换乘。这两大换乘通道均设有双向自动人行步道。

在垂直交通方面(图 2)，虹桥高铁车站东西两侧各设有 4 组扶梯连接出发层(12.000 m 层)与到达层(−9.500 m 层)。在虹桥机场 2 号航站楼，南北两端各有 1 组扶梯自−9.500 m 层直通机场出发大堂、1 组扶梯前往地面到达层。

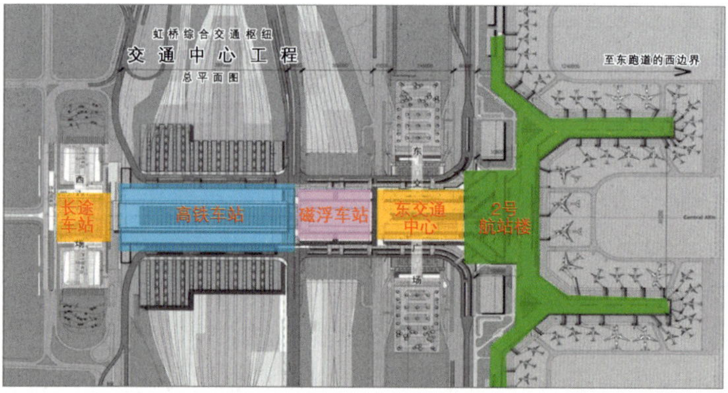

> 图 1　虹桥枢纽平面布置示意图

> 图 2　虹桥枢纽剖面示意图

在安检设施方面，目前乘机旅客进出航站楼均需通过常规防爆检查，其在进入航站楼后，乘机前需进行航空安全检查；铁路进站旅客也需通过进站安检后乘车。在现有安检流程下，航站楼出发及到达大厅、候机区域及铁路到发区域为相互独立的安检区域。铁路换乘航空旅客从铁路到发大厅前往航站楼出发、到达大厅均需要通过航站楼防爆安检，乘机需进行额外安检；航空到达旅客换乘铁路时，只需在到达铁路出发大堂前进行铁路进站安检即可。若通过轨道交通换乘，航空到达旅客在进入轨道交通车站前还需通过安检方可进入付费区，铁路到达旅客则无需安检即可搭乘轨道交通前往航站楼，但进入航站楼仍需进行防爆检查。

虹桥枢纽在设施上提供了空铁联运的可能性，基础设施的衔接布局上做到了“一站式换乘”，实现了“无缝衔接”，为旅客带来了极大的便利，极大地提高了空铁联运的服务质量和效率。但由于航空、铁路在旅客运输服务、安检及行李托运等方面的差异，目前空铁联运在行李全程托运、旅客安检以及枢纽内部流线标识设置等方面仍有很大的改善空间。

长三角地区是以虹桥枢纽为核心开展空铁联运的主战场。2019 年长三角地区机场群完成旅客吞吐量 26 557.2 万人次，较上年增长 7.0%，占全国吞吐量的 19.65%，其中江苏省和浙江省旅客吞吐量占长三角地区三省市总量的 89.43%。铁路方面，2020 年长三角地区铁路发送旅客达到 4.78 亿人次，日均发送 130.7 万人次，占全国铁路旅客发送总量的 22%。长三角地区巨大的交通量和过硬的经济实力为空铁联运提供了市场资源和发展潜力。

长三角的主要机场，除了上海虹桥机场采用一站式换乘外，其他机场主要采用城市轨道交通和机场大巴连接机场和高铁站（表 1），这也是国内大部分城市采用的形式。在时效方面，德国汉莎航空公司的研究表明，如果换乘时间超过 45 min，则空铁联运的优势就开始消失。除上海虹桥机场外，其他机场与高铁站的换乘时间基本大于或等于 45 min，联运优势不明显。其中上海浦东机场和合肥新桥机场距离市区各站较远，高铁换乘条件较差。

表 1　长三角地区主要机场空铁联运情况

机场	站点联运形式	可联运高铁站	机场与高铁站距离	换乘时长
上海浦东机场	机场通过磁浮列车和城市轨道交通与市区相连，无铁路联运条件	—	—	搭乘机场直达巴士至上海虹桥高铁站约 1.5 h
上海虹桥机场	一站式换乘高铁	上海虹桥站	同一屋檐下	步行约 15 min
杭州萧山机场	规划机场快线和机场大巴连接机场与杭州东站	杭州东站	30 km	机场快线约 48 min，机场大巴约 1.5 h
南京禄口机场	通过城市轨道交通和机场巴士连接南京南站	南京南站	33 km	S1 号线约 50 min，机场巴士约 45 min

3 虹桥枢纽空铁联运客流分析

虹桥枢纽自2010年建成投运以来，航空、铁路到发客流量稳步增长（表2）。2019年虹桥枢纽旅客到发总量已达到4.2亿人次，日均客流量约为116万人次，相较于2015年，涨幅达36%。受新冠肺炎疫情影响，2020年后客流量出现显著下滑。因此本文主要针对疫情发生之前，即2020年之前的客流进行进一步分析。

随着高速铁路网的不断扩展，高速铁路占枢纽日均到发客流量的比重不断增大，运输能力逐步增强，长三角地区人民群众的出行需求也愈发旺盛，其出行方式也由单一方式出行向多方式组合出行转变，虹桥枢纽作为长三角地区发达的综合集散中心，集合了多种运输方式，加上客流的不断增加，为开展旅客联运提供了坚实的基础。

表2 虹桥枢纽铁路、航空的到发量

（万人次/d）

年份	机场到发量	铁路到发量	枢纽到发量
2015	10.43	26.10	84.90
2016	10.81	30.39	96.22
2017	11.32	34.13	107.14
2018	11.84	35.79	112.61
2019	12.44	37.63	115.52
2020	8.27	21.84	72.65

如前文所述，虹桥枢纽空铁联运旅客主要通过地下一层的“2号航站楼—磁浮车站—高铁车站”的通道进行中转换乘。根据2015—2019年虹桥枢纽通道客流统计，枢纽换乘通道的分方向客流一定程度上反映了航空与高铁间的客流换乘关系。

表3 2015—2019年虹桥枢纽通道客流量

（人次/d）

年份	磁浮—高铁通道日均客流量	高铁出发日均客流量	通道客流量占比	高铁—磁浮通道日均客流量	机场出发日均客流量	通道客流量占比
2015	13 925	134 287	10.37%	16 092	51 784	31.08%
2016	19 326	154 244	12.53%	21 520	53 782	40.01%
2017	21 617	173 397	12.47%	24 254	57 066	42.50%
2018	13 500	182 648	7.39%	29 457	59 742	49.31%
2019	11 165	190 944	5.85%	32 133	62 199	51.66%

由表3可知，通道东向西客流量约占高铁日均出发客流量的5%～10%，基本反映了虹桥枢纽航空换乘高铁的旅客占比；通道西向东客流量约占航空日均出发客流量的30%～50%，数据直观反映出选择空铁联运的航空旅客比例较高。但经现场调研分析，发现两大因素导致数据有虚高成分，一是由于轨道交通虹桥火车站站和虹桥2号航站楼站本身相距不远，不少高铁到达旅客选择向东步行到虹桥2号航站楼站乘坐轨道交通；二是磁浮站上部办公区域办公人群的通勤及各类出入活动，对统计数据也有较大干扰。经对比虹桥商务区

管委会和上海市交通研究部门的相关运营调研数据可得知，去除以上因素干扰，仍有10%～20%的航空出发旅客选择了空铁联运出行。

根据上海市建设和交通发展研究院《虹桥枢纽交通运营评估及交通优化数据》报告，2015—2019年间虹桥枢纽内部自机场换乘高铁出发，即选择空铁联运的旅客日均在1万～2万人次，基本实现规划目标，该类客流量占虹桥高铁站出发客流量的5%～10%(图3)。

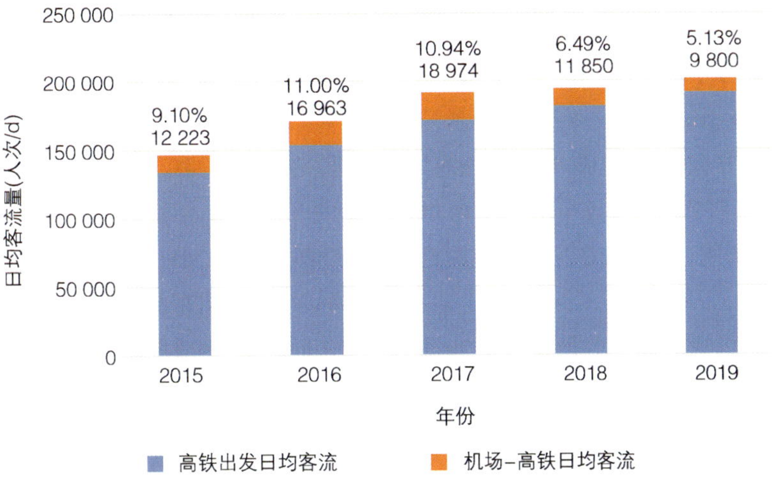

> **图3** 虹桥枢纽空铁联运客流量占高铁出发客流量比例

现在，东方航空集团针对长三角区域的近20座城市车站和230多条城际客运专线及高速铁路列车开展了空铁联运，为旅客出行提供了诸多便利，基本上已经达到了我们策划、规划的目的：空铁通、通天下。但是，应该指出，现在空铁联运客流以虹桥机场2号航站楼的东航航班客流为主，随着参与空铁联运的航空公司增加和长三角铁路网络不断完善和加密，高铁一小时到达虹桥机场所覆盖的城市与人口将更多，虹桥机场对长三角的服务作用将更加明显，空铁联运需求也将进一步增加。

4 虹桥枢纽空铁联运的发展展望

近年来，我国铁路、民航、公路等主干旅客运输方式快速发展，交通运输事业取得举世瞩目的成就，交通基础设施网络日趋完善，运能和服务水平不断提高。在交通基础设施不断完善并提质增效的同时，旅客出行需求也愈发旺盛，2019年全国旅客周转量达到35 429.20亿人公里。2010—2020年间的全国旅客周转量年均增长率达7%，连续20年保持增长态势。对于未来的发展，我们可做如下展望。

(1) 更加旺盛的多元化、联程化客运需求将会呈现。随着现代社会的快速发展与交通工具速度的提升，人们的活动半径大幅度增加，区域综合交通体系的地位日益重要。根据《交通强国建设纲要》，我国旅客出行主要矛盾转变为人民对美好生活的向往与交通发展不平衡不充分的矛盾。广大群众不但要“走得了”，还要“走得好”，出行方式选择趋向多元化，出行距离趋于远程化，传统的各种交通运输方式各自为政、分段购票、信息不共享的客运服务，已经难以满足旅客出行需要。旅客出行越来越依赖多种运输方式组合完成，“一票到底”“无缝衔接”“全程服务”的出行需求正不断增长。在这样的背景下，空铁联运需求也将快速增长。

(2) 机场、铁路基础设施的衔接将更加紧密。机场与铁路一体化规划设计、建设运营可以促使航空与铁路形成相互配合、相互支撑的交通网络格局，提高交通运输效率，为城市群发展提供新的动能。我国正处于民航新一轮大规模基础设施建设和高铁“八纵八横”铁路网建设的关键时期，机场和高铁将发挥各自优势，从规划设计、工程建设、运营管理和标准体系等方面开展全方位合作，形成优势互补、互相支撑、相互诱发的良性发展环境，从而打造出中国特色的空铁联运体系，最大限度地发挥机场作为国家或地区经济发展之动力源的作用。

为进一步促进枢纽机场联通轨道交通，结合当前我国航空枢纽基础设施建设和发展实际，国家发展改革委发布了《关于促进枢纽机场联通轨道交通的意见》，提出“国际枢纽机场应联通干线铁路或城际铁路或市域(郊)铁路或城市轨道交通，有效辐射周边 800～1 000 km 范围内的地区；区域枢纽机场应尽可能联通干线铁路或城际铁路或市域(郊)铁路或城市轨道交通，有效辐射周边 300～500 km 范围内的地区。”

(3) 巨大的世界级机场群联运潜力将很快出现。近年上海市出台了一系列交通与城市规划政策，强有力地支撑了上海地区空铁联运的发展。新近上海东站又选址于浦东机场西侧，定位为上海铁路枢纽总图中“四主多辅”客运体系的客运主站，将引入沪通铁路、沪乍杭铁路等国家铁路线以及机场联络线、南汇支线等市域(郊)铁路，与浦东机场组合形成浦东国际级枢纽。同时，为提升虹桥机场与浦东机场的辐射范围和服务功能，上海市东西主轴内的市域(郊)铁路上海机场联络线获批复建设，该机场联络线自虹桥枢纽内预留的磁浮车场引出至上海东站，不仅承担了两机场间及城市内市域客流，实现两大机场间的 50 min 内快速互通，还与全国高铁网络接通以兼顾浦东新区与长三角近沪地区之间的城际客流，成为浦东衔接上海市对外主要铁路客运通道的重要联络线。上述铁路线建成后，长三角将形成以浦东机场为龙头，以萧山机场、南通机场为两翼，以虹桥机场、禄口机场、合肥机场为依托，以宁波、温州、嘉兴、无锡、扬州、淮安等机场为补充的机场体系，同时这些机场将通过其间的铁路联系成为区域内分工定位合理、功能更齐全、合作紧密、联通顺畅、运行高效的机场体系，到 2030 年长三角将建成世界一流城市群和世界级机场群。

上述枢纽设施及机场群的建设及铁路线路的同步连接，为在更大范围开展空铁联运提供了巨大的发展潜力。

5　为了未来的空铁联运，还要做些什么

虹桥枢纽实现了机场、铁路[高铁、城际铁路及市域(郊)铁路]车站的一体化规划设计、同步建设、协同运营，它作为铁路12306APP和东方航空APP全面实现系统对接、共同销售空铁联运产品的首期应用试点，在国内率先开展了空铁联运的实践，这标志着中国“空铁联运”新时代的到来。虹桥枢纽的基础设施提供了旅客便捷中转换乘的条件，同时其“空铁通”等运输服务打破了空铁运营主体的壁垒，这种“一站式换乘+联程式通乘”的运输服务，使虹桥枢纽在十余年空铁联程运输实践中积累了运营经验，形成了示范效果。

虹桥枢纽空铁联运从一开始就非常成功，十多年来在空铁之间中转的旅客量占总旅客量的比例一直稳定在10%上下，这在国内是开创性的。随着人工智能技术的发展，这样在多种大运量公共交通方式之间“无票联运、刷脸进站”的空铁联运实践，将有效推进空铁联运量的增长和旅客服务水平的提高，为虹桥枢纽的可持续发展作出贡献。

从虹桥枢纽当前的运营状况来看，空铁联运客流增量与铁路、航空客流的增量不相匹配，当前空铁联运服务体系仍有较大改善空间。同时，随着长三角都市圈综合交通体系的不断完善和日益成熟，虹桥枢纽对长三角的服务作用将更加明显，空铁联运需求将进一步增加。因此，在基础设施不断完善、客运需求快速增长的背景下，为使空铁联运充分发挥其优势，在更大范围、更高水平、更好服务质量等方面满足旅客出行需求，我们认为下述几方面还需要进一步优化完善：

(1) 空铁联运的相关机制体制建设及服务标准需要进一步完善。需要建设空铁联运行政监管机构；推动联运企业共同参与、组建空铁联运企业联盟，从而实现空铁联运的协同调度；应研究制定空铁联运标准、规范，推进不同运输方式之间的信息共享、售票系统兼容、标识统一、服务标准一致。

(2) 以枢纽为核心的基础设施需要进行完善。应以连接机场的高速铁路、城际及市域(郊)铁路的建设为契机，一体化设计建设空铁联运的基础设施，扩大开放各高铁站的便捷换乘服务设施；对已有铁路车站应按照旅客联程运输要求有针对性地进行中转换乘、行李托运、安检等设施的改进优化。

(3) 空铁联运的票务系统需要进一步优化完善。要推动联程运输统一售票、统一服务、统一结算。要研究联程运输“一证制”和“全程无票”的推广方案。要分析客流需求与票价间的动态反馈机制，制订多样化的票价策略；要以统一定价、清分合理为原则，研究不同运营主体间票务清分清算的方法。要以铁路12306平台和航空公司官网/APP为主体，基于MaaS(出行即服务)理念，研究开发满足空铁联运要求的集成信息平台和票务平台，提供行前信息服务、在途信息推送及延误提醒、行李托运、中转换乘等的智能交通服务。

（4）需要开发空铁联运的行李托运方案。要研究在空铁联运背景下符合航空安检标准的行李运输办法，推动实现航空和铁路之间的双向安检互认、空铁联运行李一站式托运。

参考文献

[1] 吴念祖. 虹桥综合交通枢纽旅客联运研究[M]. 上海：上海科学技术出版社，2010.

[2] 刘武君. 上海东站的功能定位与实施路径研究[J]. 交通与港航，2018，5(5)：5—10.

[3] 罗吉祥，袁阳，李凤会，等. 空铁一体发展视角下的枢纽地区规划设计策略研究——以温州东部枢纽为例[J]. 中国房地产业，2022(14)：132-136.

[4] 王淑伟. 空铁联运发展体制机制研究——以法兰克福机场为例[J]. 宏观经济研究，2021(4)：170-175.

[5] 林怀银. 空铁联运产品实践分析报告[J]. 中国航班，2021(24)：88-92.

虹桥综合交通枢纽交通运行评价与反思

杨立峰[1]

【摘要】 上海市虹桥综合交通枢纽的规划、建设与运营具有示范意义。本文通过回顾虹桥枢纽客流发展历程,剖析当前枢纽运营存在的主要问题,反思枢纽规划设计相关工作,总结经验教训,提出虹桥枢纽2.0交通体系与可持续发展的主要策略,力争进一步丰富完善我国大型综合交通枢纽发展的知识体系。

【关键词】 综合交通规划;虹桥综合交通枢纽;虹桥商务区

自2010年建成运营以来,虹桥综合交通枢纽作为我国21世纪初新一代综合交通枢纽的杰出代表,显著提高了上海市的综合交通运输保障水平,促进了上海市城市空间格局与城市功能的完善,加强了上海推进长三角一体化发展国家战略的能力,在国内外产生了较大的影响。然而,近年来随着虹桥枢纽客运量逐步达到并超过规划设计能力,枢纽各类设施高峰供需矛盾日益突出。此外,随着西侧虹桥商务区、国家会展中心(上海)的发展,枢纽周边城市交通需求迅速增加,对枢纽交通影响日益频繁。系统评估虹桥枢纽十多年来运行状况与各种问题,全面回顾虹桥枢纽建设时代背景,客观总结虹桥枢纽经验教训,对于构建虹桥枢纽2.0交通体系、促进虹桥枢纽可持续发展,对于探索我国新时代综合交通枢纽的发展方向具有重要意义。

1 虹桥枢纽客流发展状况

鉴于虹桥枢纽客流量自2020年后受到新冠肺炎疫情各种影响波动较大,本文主要对2011—2019年虹桥枢纽运行数据进行分析。

1)枢纽对外客流发展历程

虹桥枢纽自投入运营以来,航空部分旅客吞吐量从运营初期的10万人次/d增加到2019年的12.5万人次/d,铁路部分旅客到发量从运营初期的14万人次/d增加到2019年的38万人次/d,长途客运部分旅客到发量从运营初期的0.2万人次/d增加到2019年的0.9万人次/d(图1)。枢纽对外客流总量年均增长10%左右,其中航空客流量保持了年均3%低速增长;铁路客流量一直稳步高速增长,年均增长率达到15%;长途客运客流量初期起点较低(0.2万人次/d),前5年增长了3倍,近年呈稳定萎缩趋势。至2019年,虹桥枢纽对外交通客流中,铁路客流量约占3/4,航空客流量约占1/4,长途客运客流量不到2%。

从全市角度来看,2019年上海航空、铁路、长途客运旅客吞吐(到发)量分别为12 177、23 147、6 334万人次/年,其中虹桥枢纽航空、铁路、长途客运分别占全市比重的38%、60%、5.3%,虹桥枢纽充分发挥了上海铁路主枢纽和航空主枢纽的作用。

1 杨立峰,上海市政工程设计研究总院(集团)有限公司城市交通与地下空间设计研究院总工程师。

> **图 1** 虹桥枢纽历年对外交通客流量构成

2）枢纽对外客流集散方式

虹桥枢纽对外客流市内集散，总体形成了以公共交通为主的模式，公共交通（轨道交通、公共汽车）集散比重为 56%，个体机动交通（小客车、网约车、出租车）集散比重为 44%（表 1）。航空、铁路、长途客运三种对外交通，仍然维持了航空旅客个体机动交通为主、铁路旅客公共交通为主的常规集散模式。例如，航空旅客集散小客车比重高达 61%，铁路旅客集散公共交通比重高达 64%。

表 1 虹桥枢纽对外交通各种旅客集散方式占比

旅客集散方式	轨道交通	公交车	小客车	网约车	出租车	合计
航空	35%	4%	20%	6%	35%	100%
铁路	62%	2%	17%	4%	15%	100%
长途客运	54%	8%	18%	5%	15%	100%
枢纽合计	52%	4%	20%	6%	18%	100%

3）枢纽客流集散总量

虹桥枢纽客流集散总量主要来自三方面：一是航空、铁路以及长途客运等对外客流；二是对外客流通过市内轨道交通、公共汽车等交通集散产生的客流；三是枢纽轨道交通、公共汽车等吸引周边商务区产生的换乘客流。

2019 年，虹桥枢纽的进出客流量为 110 万人次 /d，其中来源于上海市外和市内的客流量分别为 52 万人次 /d 和 58 万人次 /d（图 2）。枢纽各类城市交通中，对外交通集散客流量为 48 万人次 /d，枢纽通勤及周边地区换乘客流量为 10 万人次 /d。轨道交通、公交车、出租车、小客车集散客流量分别为 31 万人次 /d、2 万人次 /d、10 万人次 /d、15 万人次 /d，轨道交通客流量占比超过 55%。

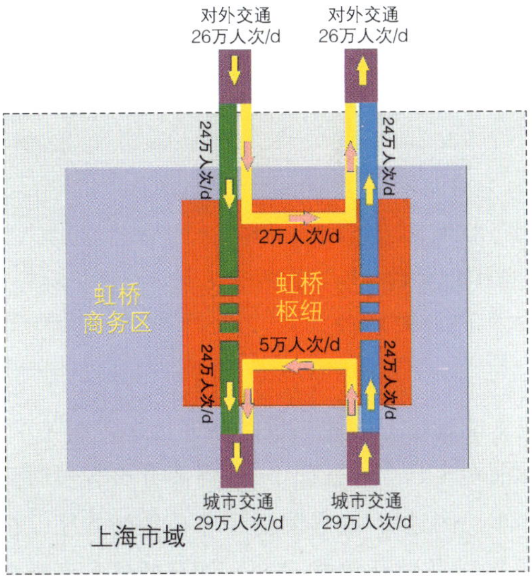

> **图 2**　虹桥枢纽 2019 年日均客流集散量分布

4）枢纽空铁换乘客流量

虹桥枢纽作为集航空主枢纽、铁路主枢纽于一体的复合型综合交通枢纽，空铁一体化换乘是其重要特征。根据调研统计，2019 年虹桥枢纽铁路-航空双向换乘客流量为 9 800 人次 /d（表 2），约占枢纽各类对外交通中转量的 58%。空铁中转量尽管仅占铁路到发客流量的 2%～3%，但达到航空客流吞吐量的 8%～9%。考虑到虹桥机场上海客流量比重为 85%、外地客流量比重为 15%，外地客流的高铁集散比例达到 55%～60%。空铁一体化衔接，极大方便了外地航空旅客的出行，有力巩固了虹桥机场的腹地客源。

表 2　虹桥枢纽对外交通换乘客流量

（人次 /d）

对外交通方式	航空	铁路	长途客运	合计
航空	670	4 900	1 000	6 570
铁路	4 900	2 200	1 100	8 200
长途客运	1 000	1 100	—	2 100
合计	6 570	8 200	2 100	16 870

2　虹桥枢纽当前面临的主要问题

虹桥枢纽按照集散总客流量为 110 万人次 /d 进行规划设计，其中虹桥机场设计旅客吞吐量为 4 000 万人次 /年（11 万人次 /d），虹桥火车站设计旅客到发量为 1.56 亿人次 /年（43 万人次 /d），虹桥长途客运站设计旅客到发量为 1 000 万人次 /年（2.8 万人次 /d）。虹桥枢纽投入运营后，航空、铁路、长途客运等各对外交通设施独立运营管理。随着枢纽各对外交通设施的不同发展，各自面临的挑战和压力并不同步。

随着 2010 年虹桥枢纽的建成，虹桥机场一直被压抑的需求得到释放，在运营之初高峰日旅客规模就已达到设计规模。但由于在枢纽规划设计阶段对这种情况有着充分的预估，机场配套交通问题相对有限。后续受跑道能力、空域能力的制约，机场客流增长幅度很小。铁路到发客流量逐步成为枢纽客流量的主要部分，投入运营后一直稳步高速增长，2015 年前后铁路极端高峰日（五一、国庆）客流量超过设计规模，2018 年前后一般高峰日客流超过设计规模（图 3），铁路配套交通供需不足矛盾日益显现。

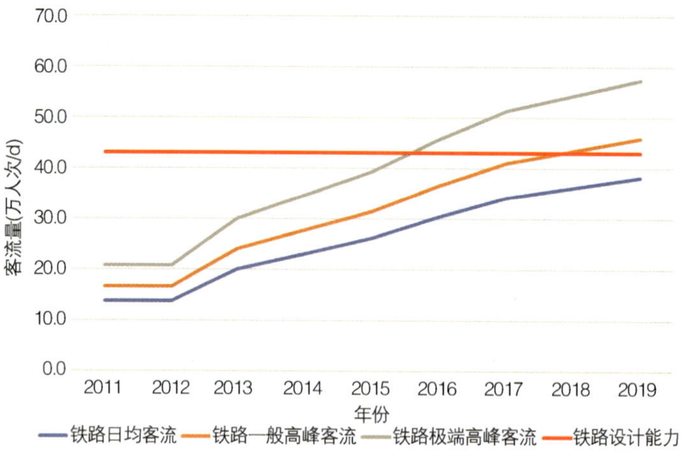

> **图 3** 虹桥枢纽铁路历年不同工况下客流量增长情况

长途客运客流随着长三角城际铁路的发展，高峰客流量一直只有设计规模的 50%左右。

当前虹桥枢纽运营过程中涌现出一些问题，既有枢纽客流规模已达设计规模、设施供需矛盾突出的原因，也有枢纽实际运营情况复杂多变、远超规划设计设定情景的原因，还有外围城市发展快速、城市交通反过来影响和制约枢纽的情况。

(1) 铁路配套停车高峰日供给严重不足。虹桥火车站已建配套停车位 2 962 个，正常情况下能满足 15%左右铁路旅客接送停车需求。然而在实际运营过程中，铁路商务旅客长时间停车比例过高，显著降低了车位周转效率。根据 2019 年统计数据(图 4)，铁路两停车库日均过夜车辆达到 1 000 辆左右，过夜停车占用了近 1/3 的车位，两停车库每日可投入有效周转的车位不足 2 000 个，停车供需矛盾非常突出，一般高峰日两停车库 13:00—14:00 经常停满，等候进库车辆常排队到外围衔接高架桥，严重影响旅客正常出行。

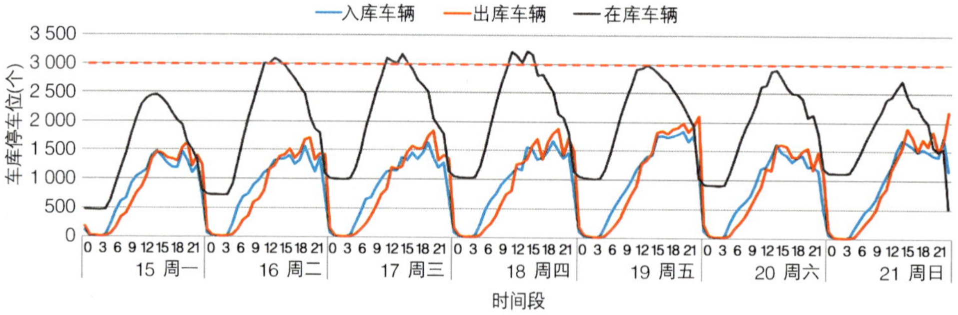

> **图 4** 虹桥枢纽西交通中心铁路停车库运营状况

此外，网约车作为一种新兴的交通服务，在规划设计阶段很难预见，导致网约车只能在车库内接客。网约车高速发展时期，车库进出流量的 1/5～1/4 为网约车流量，造成车库内部交通主通道、接客车道边、车库出入口严重拥堵，降低了车辆进出库效率，车辆高峰时段进出车库甚至需要半小时以上。后来通过调整相关收费措施，网约车每日仅首次进库 20 min 内免费停放，车库网约车泛滥问题才有所缓解。

（2）深夜时段枢纽综合交通服务水平低下。虹桥枢纽对外交通与城市配套轨道交通运营时间尚不匹配，夜间在轨道交通 2 号线、10 号线停运后，往往仍有一定规模的铁路、飞机班次到达，特别是在春运、节假日、恶劣天气期间深夜到达班次较多。对于深夜到达旅客，枢纽除了轨道交通 2 号线不定期加开两班次供其疏散外，只能依靠小汽车、出租车等个体机动交通工具离开。夜间旅客出租车疏散比例超过 40%，出租车需求大大超过车道边设计能力（火车站的极限为 1 200 辆/h、机场的极限为 1 000 辆/h），现场人等车、车等人问题非常突出，铁路旅客排队等候时间往往超过 1 h，机场旅客排队等候时间也在半小时以上（图 5）。此外，夜间随着虹桥火车站的关闭，部分滞留旅客缺乏安置场所。极端情况下，需要在外围借用临时场地，并采用大巴接驳方式安置旅客，这对旅客和枢纽管理都造成了不少困扰。

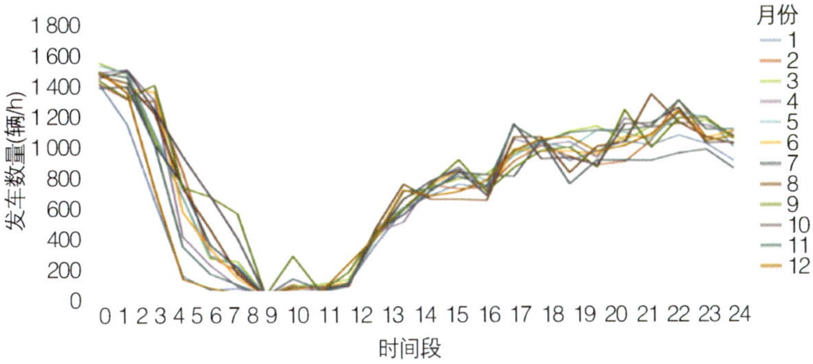

> **图 5** 虹桥枢纽铁路 24 小时出租车发车统计

（3）缺乏员工机动车与非机动车专用停车场。虹桥枢纽规划设计阶段没有系统考虑各类员工的停车需求。在实际运营过程中，枢纽各类员工非机动车（电动自行车）停车需求达 1 500 辆以上、小客车停车需求达 500 多辆，由于缺乏员工停车场，员工机非停车在运营初期给枢纽停车库及周边道路交通造成不少干扰。目前枢纽利用磁浮未建设场地设置临时停车场，暂时缓解员工停车矛盾。然而随着机场联络线、嘉闵快线等市郊铁路线的建设，磁浮场地将逐步投入使用，后续仍需要借助枢纽改造升级契机，规划建设员工专用停车场。

（4）周边商务区高峰交通对枢纽影响日益突出。虹桥商务区交通需求对枢纽交通的制约问题越来越突出。轨道交通 2 号线、10 号线虹桥火车站站不仅承担高铁客流集散，同时还是服务商务区核心区的唯一轨道交通车站(图 6)。2019 年轨道交通虹桥火车站站日均进出客流量约为 25 万人次 /d，周边地区换乘客流已占 40%，早晚通勤时段轨道交通压力日益增加。崧泽高架申贵路下匝道同时服务铁路和核心区，早高峰在铁路到发、地区通勤交通双重压力下已出现较严重拥堵，经常影响铁路旅客正常出行。国家会展中心(上海)举行大型展览时，国家会展中心、虹桥枢纽、虹桥商务区三股交通高峰叠加，中心城区通向虹桥枢纽的快速路、轨道交通高峰时段运能不足现象非常突出，整个地区旅客出行都受到较大影响。

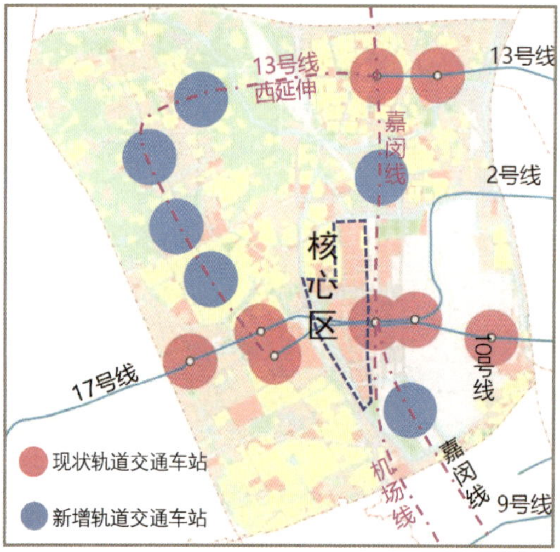

> 图 6 虹桥商务区轨道交通车站 600 m 半径覆盖范围

3 对虹桥枢纽规划设计工作的反思

虹桥枢纽的规划建设有着非常强烈的时代背景。2000—2010 年既是上海城市化发展最快的阶段，也是上海高铁、航空跨越式发展的阶段，同时还是上海全市齐心协力筹备上海世博会的阶段。虹桥枢纽作为上海引领长三角、服务长三角一体化发展的代表性工程，开创了将航空、高铁两大主枢纽集于一体的先河。过去十多年的发展，无论从综合交通功能角度，还是从带动虹桥商务区发展角度，虹桥枢纽都是比较成功的。作为上海的新名片，虹桥枢纽是上海建设国家会展中心、建设虹桥商务区的重要保障，引领和塑造了上海城市发展的新格局。枢纽在规划建设过程中，充分贯彻了以人为本、站城一体的规划设计理念，构建了民主高效的规划设计协调与决策机制。建成使用后，日常运营管理与应急响应机制较好地保障了枢纽有效运转。相关规划设计理念、工作模式、协调机制对促进我国综合交通枢纽的发展产生了较大影响。

虹桥枢纽已投运逾十年，我们对其规划设计工作已有如下反思：

(1) 对现代大型枢纽运营理解过于简单，交通需求考虑不全面。在规划设计阶段，我们对大型综合交通枢纽的理解不够全面，主要聚焦于高峰时段旅客的集散要求，缺乏从运营的角度，全天候、全方式考虑各类不同人群可能的需求。主要表现在以下几点：一是没有充分考虑夜间等特殊时段的交通需求与组织，缺乏 24 小时枢纽的概念；二是未充分考虑旅客滞留空间与各类管理用房，忽视了员工及各类服务人员的机非交通需求，不熟悉枢纽日常运转模式；三是未充分考虑到商务旅客长时间停车需求，对网约车等新交通模式预见不足。

(2) 对枢纽周边地区交通需求不够重视，枢纽与城市交通混杂。鉴于各种原因，虹桥枢纽规划设计阶段未能充分重视和解决周边地区发展面临的交通问题，最终造成商务区核心区缺乏轨道交通车站、核心区与枢纽共用高架匝道等格局，导致枢纽交通与商务区交通相互混杂、相互影响问题较突出。

此外，对虹桥商务区发展规模预见不足，导致轨道交通、快速路通道缺乏预留，后续弥补难度极大。虹桥商务区从 26.3 km^2 扩展到 86.6 km^2 后，因商务区位于现状中心城区外围、现有城市轨道交通系统末端，区域轨道交通网络化规划基础薄弱，现有模式下新增线路有限。商务核心区现有地下空间、高架道路、较小道路红线等多种因素构成立体限制，以轨道交通为核心的公共交通建设面临各种工程制约。

(3) 忽视上海新城快速衔接需求，对长三角辐射明显强于上海新城。对上海大都市区与长三角城市群不同圈层交通的理解不够深入，枢纽规划设计阶段比较注重上海中心城市、长三角中心城市与虹桥枢纽的联系，忽视了上海各大新城发展需求，各大新城与虹桥枢纽之间缺乏快速轨道交通联系。

4 对虹桥枢纽未来发展的建议

针对虹桥枢纽运营中存在的各类问题，建议从供需两方面着手，加强枢纽改造升级，完善区域交通体系，优化城市枢纽布局，逐步化解枢纽面临的各种挑战，构建“更高效、更协调、更绿色、更智能”的虹桥枢纽 2.0 新交通体系，适应“国际开放枢纽、国际化中央商务区和国际贸易新平台”新时段对虹桥枢纽的发展要求。

(1) 推进枢纽改造升级，完善核心区综合交通设施布局。虹桥枢纽东、西交通中心两侧都预留一定规模发展备用地，这些发展备用地的开发建设，要同时注重弥补枢纽交通供应上的短板，例如设置员工机、非停车场，增加各类小客车、大巴停车位供应，增加出租车上下客点，缓解虹桥枢纽各类停车不足的矛盾。

应完善虹桥商务区核心区高架快速路匝道系统，优化地面交通组织，提前引导核心区车流进出，将枢纽车流与商务区车流适当分离组织，避免通勤高峰时段相互影响。应打造商务区地下中运量捷运系统，弥补区域轨道交通线路与轨道交通站点不足的缺陷，分流虹桥枢纽面临的城市通勤换乘压力。

(2) 打造虹桥国际开放枢纽群，优化上海综合交通枢纽布局。虹桥枢纽交通压力主要来自巨量高铁客流的集散。虹桥火车站承担了上海 60%以上铁路客流，从均衡枢纽布局角度而言并不合理。未来随着新一轮上海高铁、城际铁路以及市郊铁路的建设，可以着重打造上海东站、上海北站、嘉定北站、松江南站等综合交通枢纽，优化上海站、上海南站综合交通功能，形成规模适当、布局合理、联系紧密的上海大都市区枢纽群，稳步分流虹桥枢纽客流需求，减轻虹桥枢纽运行压力。

参考文献

[1] 中国城市规划设计研究院,上海市城市规划设计研究院. 虹桥商务区控制性详细规划[R]. 2009.

[2] 吴念祖. 图解虹桥综合交通枢纽:策划、规划、设计、研究[M]. 上海:上海科学技术出版社,2008.

[3] 陈必壮,杨立峰,王忠强,等. 虹桥综合交通枢纽的交通影响评价[J]. 交通运输系统工程与信息,2009,9(6):87-91.

[4] 杨立峰,吴宏娜,甘黎萍. 虹桥枢纽与虹桥商务区十年交通发展回顾[J]. 城市交通,2022,19(3):42-50.

2018 看换乘

胡建忠[1]

【摘要】 本文通过2018年客流数据分析，评价虹桥综合交通枢纽换乘系统“好不好”的问题，再根据关键区段的情况，着眼未来发展回答“行不行”的问题，最后提出改善的建议。

【关键词】 虹桥综合交通枢纽；换乘

1 引言

虹桥综合交通枢纽是目前国内最大型的综合客运枢纽，涵盖航空、铁路、长途汽车、城市轨道交通、常规地面公交、出租车和社会车辆等多种交通方式，是集中了轨道、空中和道路等多种交通路径的汇合处。综合客运枢纽的主要功能之一，就是解决不同交通方式之间的“无缝衔接”，提升旅客换乘的便捷度，而直接承担旅客衔接转换、集散功能的换乘功能空间和设施起着关键的作用。

虹桥枢纽现状对外交通方式主要有三种，分别是航空、铁路和长途客运，它们是虹桥枢纽的主体功能，它们之间的换乘可当作第一层次的换乘。城市集散交通方式有轨道交通、公交、出租车和社会车辆等，它们与对外交通之间的换乘，也就是集散交通，可看作第二层次的换乘；至于它们之间的相互换乘，属于城市交通范畴，由于其换乘量极小，本文不予讨论。

2 换乘空间设施布局

虹桥枢纽整体规划包含虹桥机场1号航站楼，在客流统计上也含1号航站楼的部分。由于1号航站楼分担的机场客流较少（约为15%），一般认为虹桥枢纽是指虹桥机场以西部分。虹桥枢纽主体功能设施和集散交通人行设施均设于枢纽建筑综合体中，也就是说步行换乘系统均在建筑综合体中。下文均针对枢纽建筑综合体，不含1号航站楼。

2.1 主体功能水平布局

虹桥枢纽在各交通方式建筑布局时力求紧凑，枢纽建筑综合体水平向由东至西设置“五大功能模块”，分别是虹桥机场2号航站楼、东交通中心、磁浮车站、虹桥火车站、西交通中心。东交通中心设置轨道交通、公共汽车和社会车库，规划其服务于机场与磁浮，现服务于机场2号航站楼。西交通中心设置轨道交通、公共汽车、长途汽车和社会车库，服务于虹桥火车站。各主体设施采用水平布局形式，设施之间紧密衔接，以高架出发层（12.000 m）、夹层（6.000 m）和地下到达层（−9.500 m）三大主要中转换乘平面步行系统水平贯穿，形成多层次、多通道的换乘格局（图1）。

---

1 胡建忠，上海申虹投资发展有限公司副总工程师。

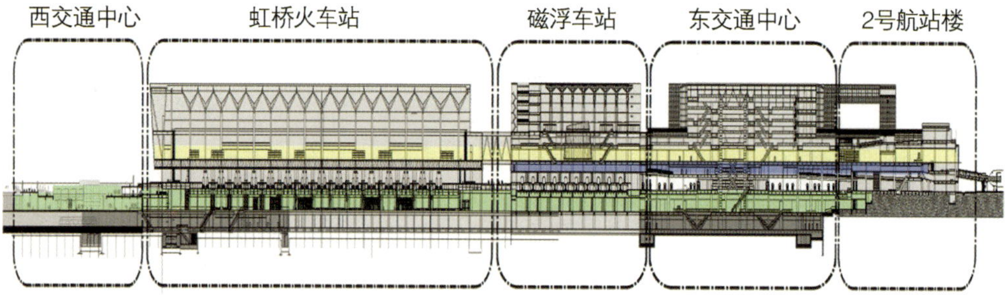

> 图 1　虹桥枢纽建筑综合体五大功能模块和三大换乘平面

2.2　集散交通叠合布局

虹桥枢纽采取集散交通设施和主体功能设施上下叠合的布局，使换乘更加便捷。虹桥枢纽的公共交通集散方式主要为轨道交通和公交客运，将大运量的公共交通设施设置在主体功能设施的下部，极大地缩短了旅客的换乘行走距离。

2.3　地下大通道串连全局

地下一层是枢纽各部分与轨道交通换乘的大通道（图 2），它东起机场航站楼，西至西交通中心，中间与东交通中心、磁浮车站、高铁车站上下相通。机场、磁浮车站和高铁车站在大通道内均承担出发、到达的双向人流。高铁车站的到达通道设于本层，到达旅客可直接通过本层通道步行至机场航站楼。因此地下大通道是串连起全部交通方式的换乘层面。

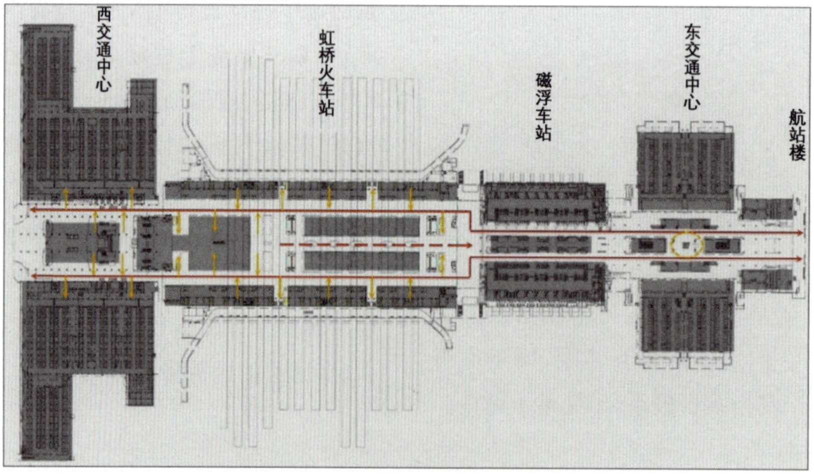

> 图 2　虹桥枢纽地下一层换乘大通道平面图

2.4 换乘空间关系

根据各交通方式实际的空间位置，进行必要的简化后建立模型化的空间关系，以方便换乘系统的评估。简化规则大致如下：交通方式出发、到达等乘降作业区域简化为一个确定的点；具有一定宽度，并有局部转折的换乘通道简化为一条线段。同时还要把各交通方式的乘降区域与换乘系统分离开，避免引入过多的不确定变量。如进入机场出发厅大门，即算作到达机场出发点，机场到达按刚出到达厅门口为准；铁路出发按到达铁路出发大厅安检口外计算，铁路到达按铁路到达口起算；轨道交通以进出站口位置计算；社会停车库的基准就是由大通道进入车库的边线；等等。模型化的空间关系如图3所示，主要的水平和竖向换乘设施在图上也一并示出。

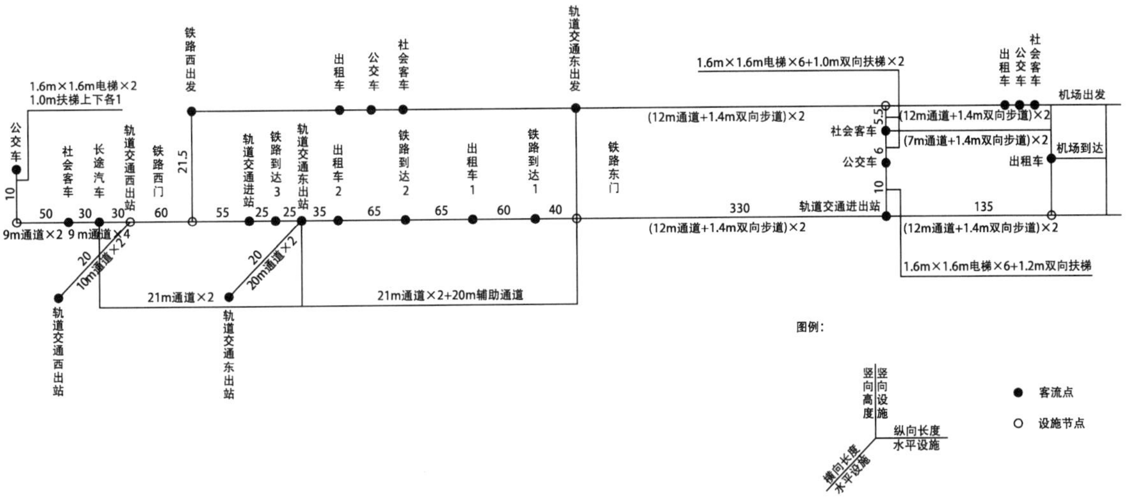

> **图3** 主要客流点空间关系及换乘设施

3 对换乘系统的评估

综合客运枢纽借助换乘系统一般通过行人步行来实现各交通方式之间的换乘。这里主要选取一些量化的指标，来评估虹桥枢纽换乘系统的便捷性和舒适性。便捷性指标主要有平均换乘距离和平均换乘时间等，舒适性指标主要有人均换乘设施面积、换乘空间遮蔽率和自动运输设施完善率等。

3.1 客流数据的选取

虹桥枢纽建筑综合体2015—2020年总体客流情况如表1所示。可见2018年之前的客流量逐年有较快增长，2018年之后则增长趋缓。由于新冠肺炎疫情影响，2020年客流数据不具备可比性。2018年客流已有多人研究，数据比较多，因此，利用2018年客流数据作为分析依据，不仅具备较好的典型意义，而且更加可行。在分析客流时，一般可选取高峰日客流或年均日客流，但年均日客流容易满足客流平衡关系，如到发总量相同、社会车辆出入库数量相同等，高峰日客流相对难以满足这些条件，离散性比较强。因此，后面如无说明，均采用 2018年平均日客流。

表1 虹桥枢纽建筑综合体各交通方式客流量

(万人次/d)

年份	对外交通				城市集散交通					总计
	航空	铁路	长途客运	小计	轨道交通	公交车	出租车	社会车辆	小计	
2015	8.7	26.2	0.90	35.8	20.4	7.5	7.9	9.6	45.4	81.2
2016	9.0	30.5	0.97	40.5	23.2	7.4	7.9	11.6	50.1	90.6
2017	9.5	34.2	1.02	44.7	25.5	7.2	9.0	13.1	54.8	99.5
2018	9.8	35.8	0.97	46.6	27.6	6.2	9.2	18.7	61.7	108.3
2019	10.2	37.6	0.92	48.7	29.3	5.5	8.9	18.5	62.2	110.9
2020	6.9	21.9	0.44	29.2	17.4	3.9	2.9	13.4	37.6	66.8

3.2 换乘关系

不同交通方式之间的换乘关系，主要以换乘量作为衡量的指标。现有的客流资料中，对外交通客流有准确的票务统计，完全能够代表对外交通量；而城市集散交通统计客流除了集散交通本身的交通量之外，还包含枢纽内部分工作服务人员的通勤，以及附近区域（商务区）利用枢纽集散交通的工作人员和访客，需要重新计算才能获得集散交通量。按表2所示的对外交通方式之间的换乘量，计算出城市集散交通的总量，按到发量相等分配出发量和到达量，再按图4所示的集散交通分担比例计算各自的集散换乘量（表3）。

表2 对外交通之间的换乘量

(万人次/d)

项目	客流量
航空—铁路	0.98
航空—长途客运	0.20
铁路—长途客运	0.22
铁路内部	0.22
机场内部	0.067
总计	1.69

3.3 平均换乘距离

换乘距离表示从一种交通方式换乘到另一种交通方式的距离，一般采用步行。考虑到人在水平步行和竖直上下时心理与体力消耗不同，换乘距离可以表示为：

$$A = H + \sum K \cdot V_i$$

式中，H 为水平距离（m）；V_i 为竖向高差（m）；K 为上下楼距离增大系数，上楼取4.0，下楼取2.0。根据前述各交通方式（客流交通起止点）之间的关系，运用上述公式计算各自之间的换乘距离，见表4。表中括号内数字是乘坐公共汽车和出租车在西交通中心外申虹路落客经人行天桥来换乘长途汽车的距离，本次评估暂不采用，仍采用从高架车道边落客换乘的距离；表中30 m一般表示贴邻换乘的距离，主要在于公交车、出租车和社会车辆换乘航空和铁路出发的方式。

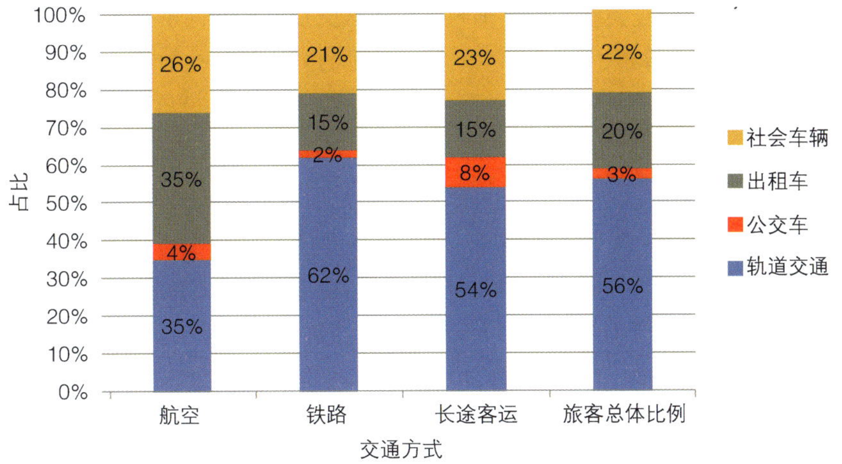

> **图 4** 旅客集散交通结构

表 3 各交通方式之间的换乘量矩阵 (万人次/d)

交通方式	铁路	航空	长途客运	轨道交通	公交车	出租车	社会车辆	到达总量
铁路	—	0.49	0.11	10.65	0.34	2.58	3.61	17.78
航空	0.49	—	0.10	1.49	0.17	1.49	1.10	4.84
长途客运	0.11	0.10	—	0.15	0.02	0.04	0.06	0.48
轨道交通	10.65	1.49	0.15	—	—	—	—	12.29
公交车	0.34	0.17	0.02	—	—	—	—	0.53
出租车	2.58	1.49	0.04	—	—	—	—	4.11
社会车辆	3.61	1.10	0.06	—	—	—	—	4.77
出发总量	17.78	4.84	0.48	12.29	0.53	4.11	4.77	89.60

表 4 各交通方式之间的换乘距离 (m)

交通方式	铁路	航空	长途客运	轨道交通	公交车	出租车	社会车辆
铁路	—	716	295	150	415	65	325
航空	487	—	935	135	141	30	135
长途客运	176	1011	—	130	120	230	30
轨道交通	166	221	50	—	—	—	—
公交车	30	30	333(166)	—	—	—	—
出租车	30	30	333(166)	—	—	—	—
社会车辆	30	30	30	—	—	—	—

平均换乘距离 $\bar{A}$，是经过换乘客流量加权平均的换乘距离，由下式计算得出：

$$\bar{A}=\frac{\sum A_{ij}Q_{ij}}{\sum A_{ij}}$$

式中，A_{ij} 是交通方式 i 到交通方式 j 之间的换乘距离，从表 4 中取值；Q_{ij} 是从交通方式 i 步行到交通方式 j 之间的换乘客流量，从表 3 中取值。经过计算，$\bar{A}$ 约为 151 m。这个换乘距离对于超大型综合客运枢纽来说还是很低的。

3.4 人均换乘设施面积

人均换乘设施面积是换乘设施舒适性的一项重要指标，指换乘设施总面积的人均占有量，用来衡量枢纽内换乘设施容纳旅客的能力，是评价综合客运枢纽拥挤程度及换乘环境容量水平的可量化指标。人均换乘设施面积，以枢纽设计最高集聚人数除换乘设施面积取得，计算公式为：

$$M=\frac{U}{G}$$

此处 G 以 2018 年度最高集聚人数代替设计人数，来表示当年的设施利用水平。2018 年最高集聚人数以对外交通日发送量的 10%计，为 4.66 万人，总的换乘设施面积 U 为 17.73 万 m^2，那么人均换乘设施面积即为 3.8 m^2/人，按照评价指标分级，在 3～4 m^2/人区间，属于 B 级水平。这个水平对旅客换乘时间不会产生明显的增加。

3.5 平均换乘时间

平均换乘时间用来描述综合客运枢纽内不同交通方式之间的换乘效率，指乘客在两种交通方式之间的换乘时间。它是衡量换乘连续性、紧凑性、客运设备适应性、客流过程通畅性的一个重要指标，与步行距离长短、换乘客流量大小、枢纽内设施服务水平等有关。

由平均换乘步行距离为 151 m，根据一般步行速度 45～105 m/min、平均速度 60 m/min 计，在这个距离上一般人的步行时间在 1.5～3.5 min之间，平均步行时间为 2.5 min。根据观察，换乘客流量对换乘设施来说没有什么压力，只是高峰时铁路西出发扶梯前会产生短时排队，为保障安全，在扶梯口设置了蛇形护栏，导致最大时间延误大概为 2 min，保守估计引起的平均延误时间在 1 min 之内，所以平均换乘时间为 3.5 min，服务水平满足综合客运枢纽评价指标分级中 A 级标准。需要指出的是，其他在交通方式之内的候车厅步行和安检作业等时间没有包含在这个换乘时间内，这与旅客的直观感受是不一样的。

3.6 辅助设施配置

换乘系统辅助设施包括标识系统、动态信息系统、换乘空间遮蔽和自动运输设施等。标志系统和动态信息系统一般只能定性评价，虹桥枢纽标识系统和动态信息系统的旅客反馈评价比较高。换乘空间遮蔽和自动运输设施可粗略定量表述，下面做一说明。

1）换乘空间遮蔽

虹桥枢纽高架大通道和夹层通道，均按室内建设，并设有空调。地下大通道从机场到铁路西门，均为室内，有空调；只有西交通中心这一段，原为有顶敞开设计，经后期改造，也成为室内、有空调了。所以，虹桥枢纽换乘空间的遮蔽率达到了 100%，完全满足对风雨寒暑等恶劣环境的防护要求。

2）自动运输设施

虹桥枢纽所有竖向换乘设施均采用了自动扶梯，而且有些部位还有垂直电梯作为辅助。水平设施中，除了地下大通道虹桥火车站区段未配置自动步道外，其他部分包括高架大通道及夹层通道均配置了 1.4 m 宽双向自动步道。除去一些衔接区段和分支通道等不宜设置自动步道的地方，自动步道的设置率已经达到 73%，这是一个比较高的数值了。

3.7 换乘系统总体评价和分析

虹桥枢纽换乘的便捷性方面，平均换乘时间为 3.5 min，舒适性方面空间遮蔽率 100%和自动运输设备比例 73%，都满足评价指标分级中的 A 级标准，而换乘设施面积 3.8 m^2/人满足 B 级标准，总体来说满足了高标准的要求。平均换乘距离 151m 也是很小的，但个别换乘距离超过 600 m，需要进一步分析。

换乘距离首先取决于主导设施之间的布局，虹桥枢纽机场与铁路（及长途客运）之间的平行式平面布局难以缩短两者之间的换乘距离，为了解决这一问题，轨道交通特地设了两站，让不愿长距离步行的旅客乘坐轨道交通来换乘。再者取决于主导设施规模和布局，如果虹桥火车站改为叠合双层站台，车站宽度变为约 220 m，那么铁路到社会车辆和长途汽车客运站的换乘距离就会减少接近 100 m。最后平均换乘距离显然与换乘量占多数的换乘方式有关，虹桥枢纽换乘量大的几种换乘方式几乎都是步行很少的垂直换乘或者贴邻水平换乘，可以说主导的换乘方式是立体换乘；也就是说，换乘距离大的换乘量很小，不具有代表性。

换乘距离大于 600 m 并且换乘时间大于 10 min 的，只有机场与长途客运之间的换乘。长途汽车客运市场的颓势，导致长途客运在虹桥枢纽形同鸡肋，客流发展远远不及规划预期。可对其迁建改造，一是迁出虹桥枢纽，应该说对虹桥枢纽发展没有太大影响；二是迁至东交通中心，与公交车共用车站设施，可减小与机场之间的换乘距离，促进 2 号航站楼的空路联运发展。

4 换乘系统的关键区段

虹桥机场 2 号航站楼的旅客吞吐量为 9.8万人次 /d，远小于虹桥火车站旅客到发量 35.8万人次 /d，其换乘客流相应地小于铁路站。从高架出发层大通道由东而西到铁路东出发时，需要进入铁路安检区，进出比较麻烦，一般不会有人穿行，高架大通道的功能不复存在，过境人流均由高架下到地下大通道通行。也就是说，对于换乘通道来说，虹桥火车站区段只有地下大通道（图 3），同时客流量远大于铁路站至 2 号航站楼区段。虹桥火车站区段的换乘通道（地下大通道）是整个虹桥枢纽换乘体系中客流压力最大的区段。

同时，既有数据中有虹桥火车站地下大通道东门和西门断面的客流统计，对计算分析地下大通道铁路站区段客流是十分有利的。此区段没有高架大通道的功能，无需上下分配客流，也会减轻计算分析工作量。因此,选取地下大通道虹桥火车站区段来分析研究。

4.1 断面客流计算

计算虹桥火车站区段地下大通道客流断面,除了已有的统计数据外,还需要一些观察和假设。首先确定铁路内部换乘客流(0.22万人次/d)不出出站口,也不经进站安检口,这与铁路站内换乘的实际情况一致;再假设由机场到铁路出发的客流均通过东出发口,由长途客运站到虹桥火车站出发的客流均经由西出发口,公共汽车、出租车到虹桥火车站出发的客流均通过南北出发口,社会车辆部分客流经由南北出发口落客进站,另一部分进停车库停车后进站;最后,确定铁路出发总量即为东西南北出发口的客流之和,忽略经贵宾室进站的客流。

为表达方便,以 Q_i 表示某点客流总量、W_i 为由西向东客流量、E_i 为由东向西客流量,具体见表5。下面逐步计算客流断面:

(1) 确定铁路站东西出发口客流总量。一般来说,西交通中心停车库长时间停车的客流均是铁路出发旅客,据统计,西交通中心停车库总客流量约为4万人次/d,长时停车约占10%,那么西交通中心停车库经地下大通道上铁路西出发的客流量约为0.4万人次/d。根据前述假定和表3中数据,铁路东西出发总量为:

$Q_2+Q_7=0.49+0.11+10.65+0.4=11.65$,取11.7万人次/d。

(2) 确定轨道交通东出口客流。根据客流平衡关系,轨道交通东出口客流量为:

$$\begin{aligned}Q_4&=(E_1+Q_2+Q_3+Q_5+Q_7+W_8)-(W_1+Q_6+E_8)\\&=(2.2+10.7+11+2.7+2.9)-(7.1+17.5+1.4)\\&=3.5\text{ 万人次/d}\end{aligned}$$

(3) 确定其他一些参数。长途客运与航空相互换乘的各0.1万人次/d客流均需要从地下大通道步行通过。铁路站东门往机场方向的2.9万人次/d客流,除了长途客运换乘航空的0.1万人次/d客流之外,其余2.8万人次/d客流均由铁路到达客流产生。轨道交通东出口3.5万人次/d客流均从铁路东西出发口进站去乘坐火车。

(4) 变量选择与计算结果。经观察,铁路东出发口客流较少,主要是从东面机场或东交通中心过来的旅客,由轨道交通东出口到达铁路东出发口的客流相对较少。同时,轨道交通东出口至铁路东出发扶梯口的通道比较空闲,而且这一段除了南北两条大通道外,中间还有一条辅助通道,通行能力高度富余,具有大幅度增加客流量的空间。所以,可将轨道交通东出口向东至铁路东出发的客流分量 W_4 作为变量,来分析铁路站区段地下大通道客流变化。

显然,$W_4=(0,3.5)$

那么,$Q_7=1.3+W_4=(1.3,4.8)$

$Q_2=10.4-W_4=(6.9,10.4)$

结合观察结果,取轨道交通东出口至铁路东出发口的客流 W_7 为由东向西至铁路东出发口客流的一半,即 $W_7=0.7$,计算后的各项客流点的客流量见表5,各位置客流断面见图5。

表 5 虹桥站区段地下大通道客流参数 (万人次 /d)

序	位置	客流总量 Q_i	西向东量 W_i	东向西量 E_i	说明
1	西门断面	9.3	7.1	2.2	断面客流,统计值
2	铁路西出发	9.7	6.4	3.3	流出,均为计算值
3	轨道交通进口	11.0	0.6	10.4	流出,总量为统计值,分量为计算值
4	轨道交通东出口	3.5	0.7	2.8	流入,总量为计算值,分量为观察值
5	出租车	2.7	1.3	1.4	流出,统计值,按 2 点均分
6	铁路到达	17.5	2.8	14.7	流入,统计值,按 3 点均分
7	铁路东出发	2.0	0.7	1.3	流出,W_7 为观察值,E_7 为计算值
8	东门断面	4.3	2.9	1.4	断面客流,统计值

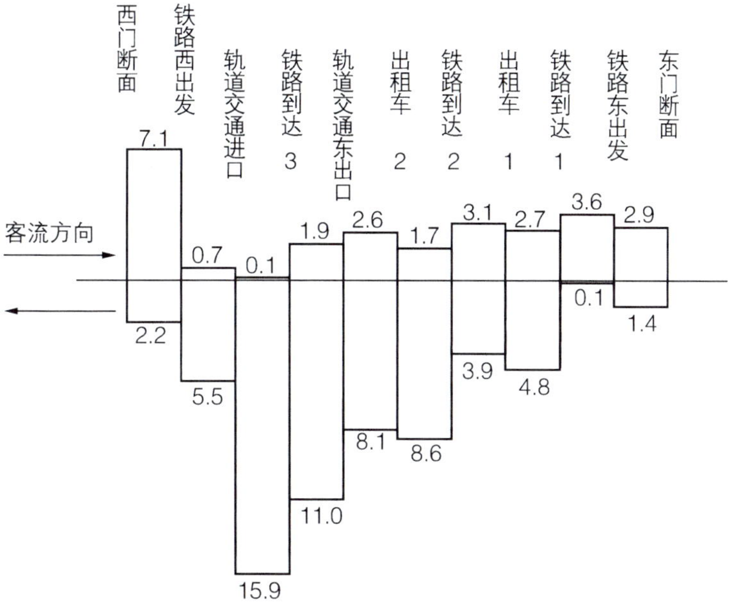

> **图 5** 虹桥站区段地下大通道客流断面(万人次 /d)

由图 5 可见,客流第 1 高峰断面在轨道交通进口至铁路到达 3 之间,其值为 16 万人次 /d,第 2 高峰断面在铁路到达 3 至轨道交通东出口之间,第 3 高峰断面在轨道交通东出口至出租车上客点 2 之间,根据 W_4 的取值,各断面客流分别为:

$Q_{max1}=16.7-W_4=(13.2, 16.7)$

$Q_{max2}=14.5-W_4=(11.0, 14.5)$

$Q_{max3}=10+W_4=(10.0, 13.5)$

因 Q_{max2} 始终小于 Q_{max1}，Q_{max2} 无需计算复核。Q_{max3} 段在大通道层中央还增加了一条宽约 20 m 的辅助通道，一般也不会比 Q_{max1} 拥挤。所以只需要验算 Q_{max1} 一个断面。

4.2 关键设施服务水平评估

换乘设施服务水平是衡量枢纽通道服务品质和设施利用效率高低的重要指标，但目前尚无十分成熟的评价标准。这里参照相关标准，对铁路西出发自动扶梯、大通道高峰断面段、大通道西门进行评估。

先计算不同服务水平下各种设施的通行能力，再根据 2018 年客流状况，计算出每个通行能力下相对应的日客流容量，再与现状客流量进行比对，确定服务水平。根据 2018 年客流数据，日高峰系数为 1.25，小时高峰系数为 0.12，南北两条大通道客流一般南多北少，通道不均匀系数为 1.05，得出综合换算系数为 6.35。

1）自动扶梯

铁路西出发 1 m 宽自动扶梯，通行能力见表 6。西出发共有上行扶梯 4 部，在舒适通行的情况下总通行能力达到 10 万人次 /d，现总客流为 9.7 万人次 /d，已经接近舒适通行的上限流量。

表 6 1 m 宽自动扶梯通行能力

服务水平	通行能力（人 /h）	客流容量（万人次 /d）	简化容量取值（万人次 /d）
舒适通行(饱和度 0.4)	4 080	2.59	2.5
一般通行(饱和度 0.6)	5 400	3.43	3.5
最大通行	8 000	5.08	5

由于扶梯口导流空间不足，并与轨道交通进口较近，人流交织比较严重，影响登梯，现场增加了蛇形排队护栏。实际偶有排队，但速度很快，并不觉得停顿。

2）通道高峰断面段

1 m 宽通道通行能力见表 7。通道服务水平应按超高峰客流量进行计算。大通道不仅要满足集散换乘客流的需求，还要保证旅客集散换乘安全、疏导迅速等，根据铁路客流到达集中、通道高峰段距铁路到达口很近的特点，超高峰系数取 1.4。

表 7 1 m 宽通道通行能力

服务水平	通行能力（人 /h）	客流容量（万人次 /d）
A	1 440	0.65
B	1 830	0.83
C	2 500	1.14
D	2 940	1.33
E	3 600	1.63

大通道由两条 21 m 宽通道组成，除去两侧各 0.5 m 不计，每条通道计算宽度为 20 m，在 A 级服务水平上，大通道的通行能力为 2×0.65×20＝26 万人次 /d，大于高峰段客流(16 万人次 /d)。但高峰段客流流线复杂交织严重，可以考虑优化流线。

3）通道西门

门的通过能力及服务水平可参考通道标准，根据行人纵距来确定等级。假定每扇门(宽 600～800 mm)仅供 1 人通行，根据门宽来确定通行速度，门宽 650 mm 时通过速度为 0.5 m/s。超高峰系数取 1.4，计算后的一扇门(650 mm 宽)通行能力见表 8。

表 8　一扇门(650 mm 宽)通行能力

服务水平	行人纵距(m)	通行能力(人/h)	客流容量(万人次/d)
A	3	600	0.27
B	2.4	750	0.34
C	1.8	1 000	0.45
D	1.4	1 290	0.59
E	1	1 800	0.82

地下大通道共有两条通道，每条通道有 12 扇宽 650 mm 门，共有 24 扇，每扇门通过客流量 9.3/24＝0.39 万人次 /d，处于 C 级服务水平。西门前时有拥阻，尤其在晚高峰时段，铁路到达客流与铁路出发及轨道交通进站客流冲突，拥阻比较频繁。为了不影响客流通行，建议拆除通道西门及其边墙，使之成为通畅的通道。

5　发展制约因素与设施改造建议

航空是虹桥枢纽客流量第二大的对外交通方式，但受机场跑道能力和空域管理的限制，虹桥机场吞吐量基本达到了规划极限，没有条件增加太多的客流，2 号航站楼客流量将会保持稳定，很难增加。长途客运由于受铁路发展的影响，市场逐渐式微，长途客运虹桥站客流量缓慢下降。而铁路交通是虹桥枢纽到发量最大的对外交通方式，客流量在稳定增长。可以说，虹桥枢纽将来的客流量增长完全取决于虹桥火车站，对其能力评估还是很有必要的。

虹桥火车站是国内到发量最大的铁路客运站，到发能力利用最充分，其 400 万 /线(到发线)的年到发量是国内最高的，成为国内铁路车站设计的标杆。但与国际上同等城市同等车站相比较，差距还比较大。以日本东京站与虹桥站对比，其主要设施量和客运量如表 9 所示。虹桥站设施规模大于东京站，而客运量远小于东京站。因中转量涉及铁路内部班次编排组织，这里不予讨论，仅论到发量虹桥站至少可以做到与东京站相等的规模，与现有到发量相比有 1.5 倍的增长空间。可见，虹桥火车站自身的旅客到发能力是有充足余量的。

表 9　虹桥火车站与东京站的比较

比较项目	站台数	股道线	站房面积(m^2)	到发量(人次/d)	中转量(人次/d)
虹桥站	16	30	350 000	360 000	2 000
东京站(2006 年)	11	23	290 000	900 000	600 000

制约虹桥火车站客流的因素除到发能力外，另一个重要的因素是换乘衔接能力，这就需要评估换乘系统。根据前述的评估结果，铁路西出发自动扶梯客流量已经接近舒适通行能力，铁路西门通行状态略差，通道高峰断面段服务水平尚优。在既有的模式下，铁路西出发自动扶梯已经成为制约换乘系统的关键节点，必须进行改善。下面讨论几个改造的途径。

(1) 利用铁路东出发扶梯，分流西出发扶梯客流。首先，铁路东出发现状客流较少，导致从地下大通道至出发层的自动扶梯上人流很少。在现状客流条件下，将轨道交通东出口的客流部分或全部经自动扶梯引至铁路东出发，会减轻铁路西出发自动扶梯压力，提高通行舒适度。由于轨道交通东出口到铁路西出发和东出发扶梯口位置的步行距离分别是 110 m 和 280 m，都在可接受范围。通过改进标识系统，加强向东的引导，利用中间辅助通道，再加上局部围栏，可以实现将部分甚至全部轨道交通东出口的客流引至铁路东出口扶梯。

其次，在引流轨道交通东出口的客流向东的同时，用足铁路东西自动扶梯的容量。根据前面的计算，在现有客流状况下，每部扶梯的舒适容量在 2.5 万人次 /d 以内，铁路东出发有 2 部上行扶梯，西出发有 4 部，共计有 15 万人次 /d 的容量，铁路东西出发共有 $15+E_8$ 的出发客流。根据观察，南北出发口（高架车道边）在高峰时间非常拥挤，部分到出发口的小车也改为从车库落客进站，可以认为在现有模式下，南北出发口已经饱和。南北出发客流为出发换乘总量减去东西出发总量 $17.8-11.7=7.1$ 万人次 /d。虹桥火车站出发口的客流相加，总量为 $22.1+E_8$。显然，如果有更多的客流从东交通广场的集散交通过来，铁路出发客流换乘能力还会相应提升。通过标识引导和轨道交通站播报提示等方法提高 E_8，假定 E_8 从 1.4 万人次 /d 增加至 2.9 万人次 /d，铁路出发总客流量则为 25 万人次 /d，也就是说铁路到发总量可达到 50 万人次 /d。

(2) 建地下一层候车厅，减轻大通道和出发扶梯客流压力。可在虹桥站地下大通道层恢复原设计的地下候车厅，将被商业设施侵占的部分空间还建为候车空间，增加从地下候车厅直达对应站台的楼扶梯。这样一来，轨道交通东出口客流即可就近进入地下候车厅，减轻大通道的客流压力。地下候车厅不仅可降低铁路出发扶梯的客流，而且可减少部分旅客去铁路站台先上后下的麻烦。

地下候车厅对应虹桥火车站高速场部分（18 线 9 台），其影响的出发客流量大约占出发总量的 2/3。不考虑地下候车厅时，出发客流总量为 25 万人次 /d。建了地下候车厅后，假定受影响的出发客流一半从出发层出发、一半从地下厅出发，用足出发扶梯的容量，则出发客流量可增加到 40 万人次 /d，即到发总量达 80 万人次 /d。

(3) 改变轨道交通站出入方向。改变客流进出轨道交通的出入方向，改南北进口为出口，东西出口为进口。这将降低地下大通道原轨道交通进口至轨道交通东出口之间的客流断面；由轨道交通出口到铁路西出发的客流流线不再迂回；在铁路西门至原轨道交通进口之间，基本全部是东向西客流，可大大降低原轨道交通进站客流对铁路出发客流的冲突干扰；在西交通中心原轨道交通西出口与长途汽车站进口之间 20 m 宽的地下广场，全部变成进站客流，为避免客流交织的中间隔离栏杆可以拆除，原本比较局促的空间将变得宽敞。

这项优化可降低地下大通道高峰断面的客流量，简化流线，避免从商务区来的轨道交通客流对铁路到达客流的对冲。但它并未提高出发客流换乘能力，不能提高铁路站客流量，客流能力没有变化。

(4) 完善高架大通道，做到真正的“上进下出”。虹桥机场 2 号航站楼与虹桥火车站均采用“上进下出”的方式组织进出站客流，即高架是出发层，地下是到达层。2 号航站楼通过东交通中心组织客流，在航站楼外基本形成了人流分层，是一个比较完全的“上进下出”，效果很好。虹桥火车站的客流主要依靠西交通中心组织，由于西交通中心没有充分利用上部空间形成高架大通道，虹桥站这一段的高架大通道失去了人流组织通行的作用，变成了一个铁路出发大厅，虹桥站客流组织就成了一个半“上进下出”的方式，从西面来的客流都要从地下大通道进虹桥站，使用站内垂直提升设施(自动扶梯)到达出发层，自动扶梯成为出发客流的制约因素，尤其是西侧的自动扶梯。

因此，建议将西交通中心改造扩建，建成高架大通道，西与商务区高架人行步廊相连，东接铁路站出发层，并与铁路以东高架大通道直接连通。提前组织铁路出发客流至高架大通道，使之直接经高架进站。可以改变轨道交通站出入口方向，在虹桥火车站西门断面上组织高架和地下大通道两个单向流，高架进站，地下出站，做成一个真正的“上进下出”模式。

在这一“上进下出”模式下，铁路到达客流的疏散成为关键。铁路到达客流中，出租车的疏散能力已经基本饱和，轨道交通进口差不多还能有一半的能力空间，这两项总和差不多是 20 万人次 /d；剩余的客流需从地下铁路西门或东门疏散，为提高通行能力，首先要把门拆除，再按东西门比例 1∶2 分配客流量。大通道西门段取消门及旁边的墙体后，仍为两条 21 m 宽通道，在 A 级服务水平下有 26 万人次 /d 以内的通行能力；因为是单向人流，可取较高值，在 A 级服务水平上取 26 万人次 /d 的通行能力，那么东西门合计的疏散能力就是 39 万人次 /d。这样说来，铁路到达客流总疏散能力将达到 59 万人次 /d，到发总量为 118 万人次 /d。这样的结果就超过了东京站的到发量。当然，39 万人次 /d 的集散量远不是东西交通中心现有集散交通方式所能承受的，特别是西交通中心，需要按照虹桥枢纽规划预留，建设新的城市轨道交通来增加集散能力。

6　总结

本文从 2018 年客流状况出发，评估虹桥枢纽换乘系统的服务水平，针对虹桥火车站这个客流“大户”，聚焦虹桥站地下大通道区段，按照“换(步行衔接)得轻松”的要求，分析制约因素，探讨了改善提高换乘系统的方法。通过研究，形成了以下认识：

(1) 虹桥枢纽主体功能“平面布局”，换乘形式主要是“立体换乘”，换乘系统的组织方式是“通道衔接”。

（2）按现有客流，换乘系统平均换乘时间、人均设施面积等舒适性指标和设施服务水平，总体处在优级范围。

（3）通过对换乘系统关键区段的分析研究，发现了换乘系统的一些薄弱环节，如铁路西出发自动扶梯等。这些地方现在情况尚可，但能力储备不足，需要改进增强。

（4）在将来客流上升的压力下，为保持换乘系统较好的设施服务水平，提出了几个系统的改善方案，可供今后改造参考。

（注：主要数据来源于虹桥枢纽运行中心的数据报表。）

参考文献

[1]《综合客运枢纽设计指南》课题组.综合客运枢纽设计指南[M].北京：人民交通出版社股份有限公司，2015.

[2] 刘武君.综合交通枢纽规划[M].上海：上海科学技术出版社，2015.

[3] 上海市城乡建设和交通发展研究院，上海城市综合交通规划科技咨询有限公司.虹桥枢纽交通运营评估及交通优化（中期成果）[R].2019.

[4] 武平，孙小平.综合客运枢纽功能匹配及评价研究[M].北京：人民交通出版社股份有限公司，2016.

[5] 交通运输部规划研究院课题组.综合客运枢纽规划建设政策理论与实践探索[M].北京：人民交通出版社股份有限公司，2017.

虹桥综合交通枢纽行人集散交通设施评估

朱忠隆[1] 廖雄华[2]

【摘要】 虹桥综合交通枢纽行人集散交通设施承载了行人走行或移动的路径与空间，探讨这类设施的原初规划设计与运行状态是枢纽人性化设计研究的主旨。本文开展了虹桥枢纽车道边系统、轨道交通车站站台、地下换乘通道以及航站楼竖向交通连接4类行人集散设施的分析与评估，研究进程所获得的理解和认知可供鉴识与深入探讨。

【关键词】 虹桥综合交通枢纽；行人集散交通；设施评估

1 引言

行人可以理解为出行者或旅客，也可以理解为依赖脚力或助力工具的单个与群体步行者，本文所讨论的行人为通过虹桥综合交通枢纽实现出行目的走行或移动的人。集散交通为行人抵达和离开枢纽的过程，本文讨论的范围限定于行人通过步行或依托交通工具抵达或离开虹桥枢纽建筑综合体区域的集散行为和过程，包括分析与评估在虹桥枢纽边界与内部之间以及内部空间的行人交通转换与移动活动。

虹桥枢纽的建筑综合体作为各类交通工具和行人的超大集散设施系统，涉及行人集散的设施很多，可以分为两类。一类是行人与交通工具的衔接集散设施系统，如车道边系统、轨道交通站台与站厅、登机桥与候机区等；另一类是行人在建筑综合体内部实现通行、换乘、停留与等候等功能的设施系统，如通道、大厅、楼梯、升降梯和扶梯、检票和安检闸机等。

本文包括对虹桥枢纽车道边系统、轨道交通车站站台、核心区地下一层大通道以及虹桥机场2号航站楼升降梯、扶梯和楼梯等四类设施的设计与运行评估。

2 车道边系统的设计与评估

车道边系统是实现行人在机动车与步行之间出行转换的一类设施和空间。典型的车道边设施就如行人乘坐出租车时上下车的道路侧。虹桥枢纽车道边系统包括高架车道边（南、北出发层）、航站楼到达车道边（地面层）、铁路站到达车道（地下一层）、西交通中心长途客运站车道边（地面层）以及公交上下客车道边（高架、地面层）等。

图1是虹桥枢纽高架车道边设计示意图，黄色区域为车道边范围。在高架车道边，巴士停靠内侧车道边与站厅人行道直接相连，社会车辆及出租车在外侧车道边停靠，形成2组车道边。

图2是虹桥机场2号航站楼和东交通中心到达车道边（地面层）示意图，紫色区域为航站

---

1 朱忠隆，珠海航城机场建设有限公司专家委员会主任，博士/高级工程师。

2 廖雄华，珠海航城机场建设有限公司总工程师，博士/高级工程师。

楼车道边部分。在地面车道边，采用 2 组车道边，并前后分离设置巴士接客和出租车接客两个区，原设计出租车 2 个出发点，各 10 个上车位。巴士布置上客点有 2 处，1 处为 8 个车位，主要为机场专线巴士服务使用；1 处为 13 个车位，为社会巴士服务使用。

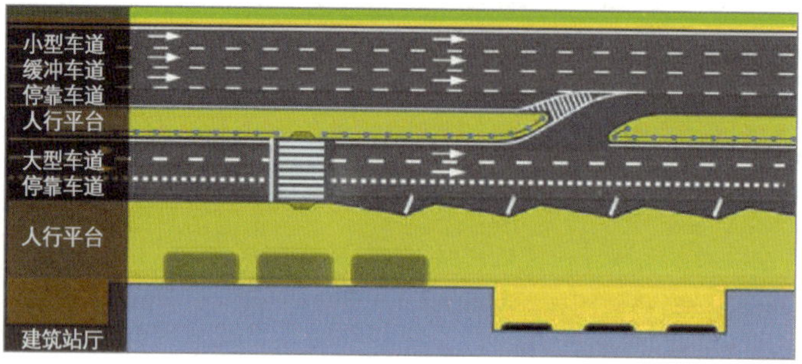

> **图 1** 快速集散系统高架车道边示意图

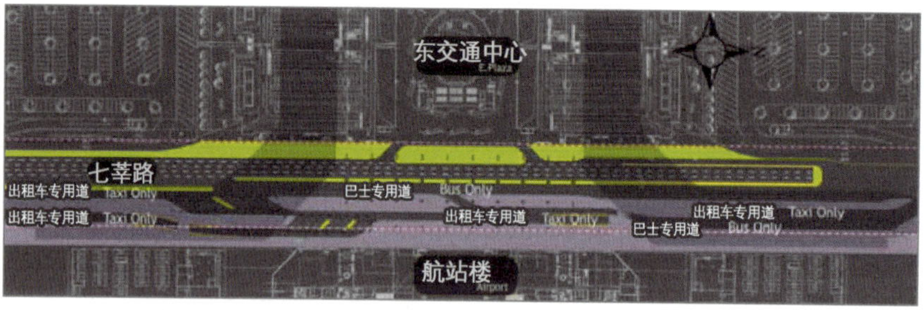

> **图 2** 虹桥机场 2 号航站楼和东交通中心地面道路车道边示意图

图 3 是铁路车站到达车道边（地下一层）示意图。黑色部分为车道，紧邻车站到达大厅，实现出租车接客功能，按照 1 组车道边 3 车道进行设置。

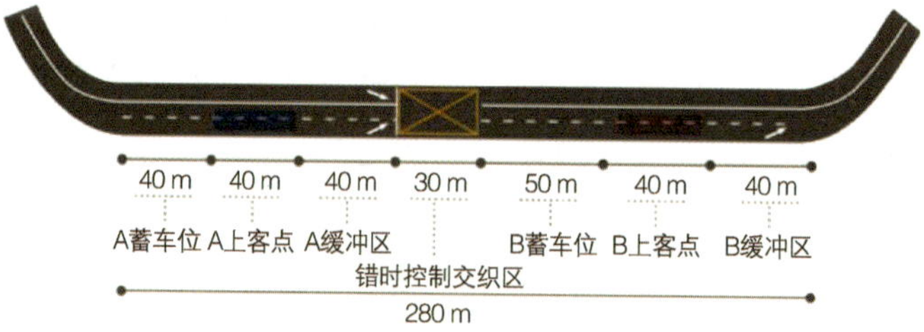

> **图 3** 铁路车站到达层地下车道边示意图

图 4 是西交通中心车道边示意图。车道边包含长途巴士车站和公交巴士站车道边，车道边设置在地下夹层和地面层，黄色部分为室内区域，长途巴士停靠处紧邻候客厅。

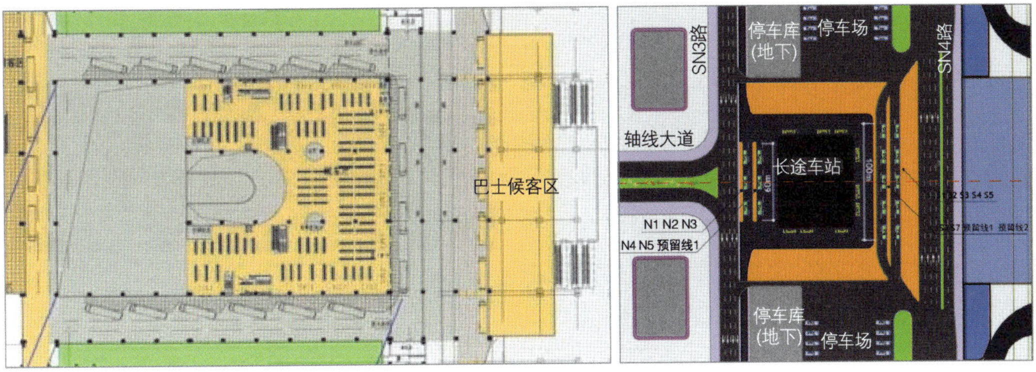

> **图 4** 西交通中心长途巴士车站和公交巴士站车道边示意图

虹桥枢纽的上述四种类型车道边系统，基本涵盖了枢纽或站场各种边界条件下的车道边设计解决方案。

1) 高架层车道边

虹桥枢纽高架层车道边以枢纽综合体为中轴，南北对称布置，自东往西按航站楼、东交通中心、磁浮车站、铁路车站、西交通中心依次分区域布置，解决乘坐社会车辆、小汽车和大型巴士出发行人的需求。根据计算，高铁高架车道边需求长度为 574 m，实际提供长度为 590 m；磁浮、机场高架出发车道边需求长度为 303 m，实际提供长度为 540 m，所以，从长度的供需关系来看，机场和磁浮的富余量较大，而高铁的富余量较小。

长时间观察 2 组车道边系统（图 5），外侧出租车和社会车辆车道边使用频率最高，内侧大型巴士或应急车辆车道边相对宽松；其次，由于人行平台的宽度足够（6～20 m），行人落客后具有足够的缓冲空间，车道边系统不会出现拥挤状态；再次，由于机场、磁浮、高铁车道边系统共用高架层，设施相互之间可以形成空间调剂，车辆落客点位置可以根据前后车辆的拥挤程度进行调整。从高架层车道边系统实际运行来看，其服务水平高，行人落客的舒适性体验好。这也说明高架层车道边系统是一类快速便捷、服务能力强的车道边系统，与虹桥枢纽的高架出发层站厅是相匹配的，充分发挥了高架层

> **图 5** 高架层车道边现状图

设置车道边系统的优点。

需要提及的是铁路车站车道边设计的细节问题。由于安检流程的安排，虹桥火车站的行人安检布设在候客大厅的东西两侧，导致行人落客车道边后仍需步行到东、西侧进入候客大厅，实际会造成行人步行距离加长，耗费时间长，且形成楼前工字交叉型的行人穿行队流，影响车道边发挥行人快速抵达出发候客大厅和站台的作用与效率，偏离了原设计方案的初衷。这一类问题在国内许多火车站的高架车道边都存在，如杭州东站。

2）2号航站楼到达车道边

2号航站楼到达车道边主要服务于搭乘出租车和机场大巴到达机场的旅客，原设计是有2个出租车候车点，经过调整现使用1个，共计10个可同时发车车位，出租车专用道2条，排队队列采用5列栏杆分隔队列，充分利用高架下部空间及航站楼楼前地面平台，行人与出租车之间的排队时间可以做到车动人动，最大限度减少人等车的时间。按每辆车发车时间30 s计算，出租车载客系数按1.5计，半小时发车人数可达600人，若按每个航班抵达人数150人计算，出租车分担率按40%计算，半小时可疏散完成10个航班抵达并乘坐出租车的旅客。高效的发车效率是该类型车道边的最大优势，从运行后各类旅客的定性评价情况来看，虹桥机场的到达出租车接客车道边的设计与运行优化已成为一个示范样板。据观察和调查，由于2号航站楼出租车发车效率的正面影响，甚至有部分火车站到达旅客从地下负一层通道步行来到2号航站楼到达车道边乘坐出租车离开。

> **图6** 虹桥机场2号航站楼地面道路出租车车道边

需要指出的是，合理的车道和停车位布置与高架墩柱位置、航站楼到达出口位置、楼前步行空间密切相关，行人排队区域及其与行人出到达大厅后的左右方向引导的衔接也影响车道边系统运行的服务水平和体验，而不仅仅为车道边系统规划设计出10个发车位那么简单。这已在有些机场设计和运行中得到反面的证明。

从旅客或行人的体验来看，等候和乘坐出租车的舒适度是旅客乘机抵达一座城市的第一印象，其门户与形象的标志使得航站楼到达车道边系统的服务能力和水平显得尤为重要，不管是对陌生旅客，还是对常旅客。从这一点而言，2号航站楼出口的出租车或巴士的车道边系统引导标识尽管有，但不够鲜明，尤其未能突出城市或出租车的特点，与到达大厅在风格和空间感上存在一些衔接上的不足。

3）铁路车站到达车道边

铁路车站到达车道边服务于搭乘出租车的火车到达旅客，该车道边的设计受限于车站建筑及高架车道边布墩影响，地道宽度受到限制。其车道边南北侧长度分别约为 280 m，设计计算时虽然达到实际需求的容量，且方案也考虑利用时间-空间的合理分配和有效利用来应对现场交通组织的问题，但由于 2 个发车点的排队场地长度短、发车位不足、短时高峰旅客量大、上客时间长以及旅客排队空间狭窄等各类问题，车道边的系统布局、容量和上落客效率难以满足实际的需求。运行阶段出现的拥堵和长时间排队现象也验证了设计的问题和不足，加之出租车调度管理以及距离蓄车场远等主客观因素，导致车道边的服务水平等级在面对大客流情况下急剧下降。

以 2019 年日均到达客流量 18.5 万人次计算，高峰小时客流量按 8%计算，约为 2.2 万人次，按出租车分担比例为 10%计算，搭乘出租车人数约 2 200 人，载客系数按 1.8 计，南北侧车道边按 30s 可发车位为 8 个计，正常疏散时间约需要 76 min，考虑到车道边系统同时发车 8 个车位的能力存在上述交通组织和拥挤状态的限制，实际疏散时间会大打折扣，行人等候时间更不可预计。所以，原初设计出租车即使按 2 092 PCU/h 计算出来的车道边布局、规模与容量也满足不了实际运行的需求。

同时，旅客排队等候区域空间局促，与地下一层大空间相比形成强烈反差，也造成了车道边服务水平和能力的低下，加之地下空间的空气质量问题，旅客的体验感和舒适度较差。此外由于空间狭小，出租车司机如遇突发情况进行处置，也存在较大的不可控风险。

4）西交通中心车道边

西交通中心车道边原设计中，长途客运站车道边环绕候车室按南、北、东侧顺时针布设，公交巴士车道边分设在 SN3 路和 SN4 路的路侧，共 2 组。长途客运站规划设计客流量为 1 000 万人次/年，发车位为 16 个，2019 年实现客运量 337 万人次，仍有很大的增长空间。长途巴士停靠采用锯齿形车位，有利于车辆驶入和驶出；车道边紧邻候车室，便于旅客迅速上车。按发车位 16 个推算，长途客运站车道边最大发送旅客的能力如下：每个车位按 10 min 发车时间间隔计，载客能力为 35 人/车，若全天运行 10 h，按客座率 80%、日发送班次约 960 班次计算，日发送旅客量可达 26 880 人次，年发送旅客量接近 1 000 万人次。但若不考虑长途客运的运输需求，仅从车道边车位的周转率 6 次/个来看，冗余度较高。高效的大型巴士上客时间可控制在 10 min 以内，甚至 5 min 左右，可借鉴的是香港的远距离专线巴士，如铜锣湾至深圳湾口岸巴士，起始站车道边上客时间基本控制在 5 min 左右，其车道边设置在商业广场综合体的一楼路侧，旅客排队短时间占用道路资源，实现快上快发的方式，这种方式极大地节约了土地和建筑空间，且行人完全不用坐等车，可以自由在商场内游逛并购物。

公交巴士车道边的设置占用路内资源，在布置和规模上满足行人上落客需求，但从枢纽核心区抵达车道边的步行路径复杂，且距离过远，作为枢纽邻近区域的通勤交通是合适的，而作为对外大交通集散的换乘工具，其选址和便捷程度不够理想。当然，轨道交通在承担枢纽大客流转换的前提下，公交巴士只是补充功能的观点又是另一个话题。

3 轨道交通车站站台设计与评估

虹桥枢纽轨道交通规划共计 5 条线路，站点共有 3 个，自东向西分别为 1 号航站楼站、2 号航站楼站以及虹桥火车站站，其中 2 号航站楼站为轨道交通 2 号线和 10 号线换乘站，虹桥火车站站规划为 5 线换乘地下三层车站，截至 2020 年已开通 2 号线、10 号线和 17 号线(图 7)。2019 年轨道交通日均客流量为 30.8 万人次，较 2011 年增长约 1.4 倍，近三年年均增长率约 7%。上述轨道交通三站客流量中，虹桥火车站站占比为 76%，日均客流量为 23.4 万人次，其中 2 号线承担了 70% 的集散客流，10 号线承担了 23%的集散客流，17 号线承担了 7%的集散客流。

2019 年 5 月 20 日三线换乘的虹桥火车站站客流量如表 1 所示，按高峰小时系数 8%计算出高峰小时客流量。

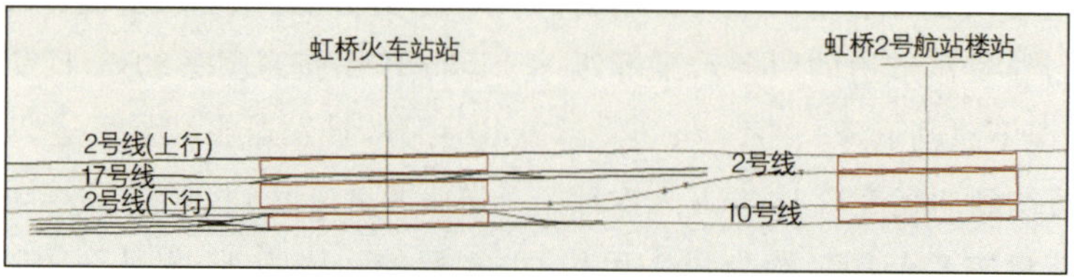

> 图 7 虹桥枢纽轨道交通车站及线路示意图(不含 1 号航站楼站)

表 1 轨道交通虹桥火车站站日客流量(2019 年 5 月 20 日) (人次)

线路	2 号线		10 号线		17 号线		三线合计
	进站	出站	进站	出站	进站	出站	
客流量	84 791	80 279	24 228	22 937	12 113	11 470	235 818
高峰小时客流量	6 783	6 422	1 938	1 835	969	918	18 865

由于 2 号线和 17 号线双岛共用站台，10 号线为独立岛式站台，双岛站台面积为 10 220 m^2，独立岛站台面积为 3 032 m^2，按行人集散有效站台面积比 70%计，双岛站台有效利用站台面积为 7 154 m^2，独立岛站台面积为 2 122.4 m^2。

进一步分析站台服务水平，双岛站台高峰小时分钟进出站平均流量分别为 129 人次 /min、122 人次 /min，独立岛式站台高峰小时进出站平均流量分别为 32 人次 /min、31 人次 /min。根据相关文献分析，站台处密度与流量符合一元三次方程函数形式，当行人流量在 121～126 人次 /(min · m)时，即行人密度介于 1.12～1.76 人次 /m^2，站台拥挤行为逐渐形成。显然站台有效面积及其紧邻区间线路的空间足以应对高峰小时行人流量。

这个简单的事实分析导出了一个轨道交通车站(包括铁路站)规划设计的基本问题，即轨道车站行人集散的设计依据是什么？是千篇一律的站台站厅布局，还是围绕行人集散时间与空间进行设计呢？如地铁设计规范规定：岛式站台车站的乘降区（侧站台）不应小于 2.5 m，站台宽度不应小于 8 m；侧式站台车站中，平行于线路方向设置楼扶梯时站台乘降区（侧站台）宽度不应小于 2.5 m，垂直于侧站台设置楼扶梯时乘降区（侧站台）宽度不应小于 3.5 m。在不同流量背景以及行人服务水平的情况下，上述指标的合理性和强制性值得深入探讨。

同时相关数据和分析表明，目前三线换乘的虹桥火车站站客流量已接近饱和，行人换乘交通将面临很大的挑战，原设计站台、站厅的布局、规模和换乘通道等设施的风险需要进行深入评估。

4 地下一层通道设计与评估

虹桥枢纽地下一层换乘大通道（图 8，图 9）东西长约 1 060 m，南北宽 83～120 m，总面积为 8.8 万～10 万 m^2。大通道层设施包含两座轨道交通车站站厅、火车站到达层以及配套商店等设施，其中原设计中包含了火车站一部分出发候车厅，后改成了商业设施。

单从地下通道布局来看，由于行人步行流的多方向性（进站、出站、换乘以及穿行等），可以判断火车站与规划五线换乘车站之间通道空间容易出现行人流的摩擦和相互作用，如交织与冲突等。

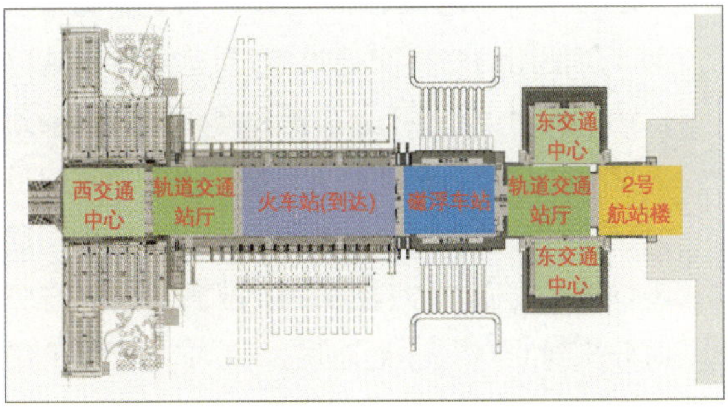

> **图 8** 虹桥枢纽地下一层通道示意图

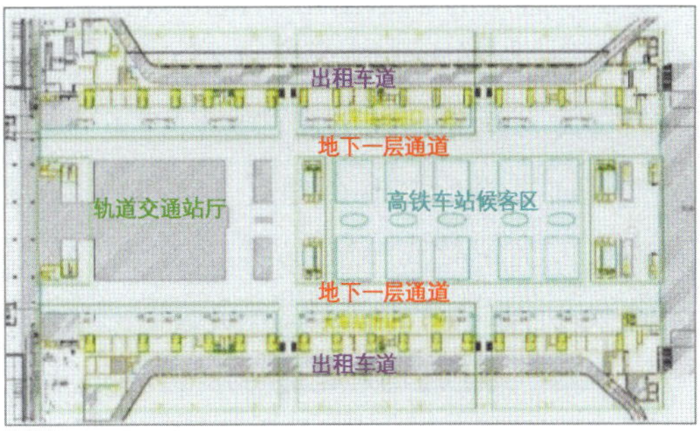

> **图 9** 虹桥火车站地下一层通道示意图

从通道空间上看，扣除轨道交通站厅宽度和原设计候车厅宽度，计算从火车站到达出口闸机至轨道交通出口闸机的实际通道宽度，仅为 20 m 左右。这个宽度空间包含了出口人群疏散空间、行人东西换乘走行缓冲空间以及穿行人流所需空间。正常通道通行空间扣除单侧缓冲宽度 3 m，有效通道宽度按 14 m 计，在通道西侧 120 m 范围内，根据弗洛因提出的适用于人流高峰较大的交通枢纽通道服务水平等级 C 级的指标定义，每人占用 1.39～2.32 m^2，行人平均流量 10～15 PFM[断面流量：33～49 行人数 /(m · min)]分析，该区域通道可容纳通行人数为 723～1 206 人，14 m 通道断面流量为 459～689 人 /min。该服务等级水平适合相对均质且有序的人流状况，但面对自由选择步行速度和自由绕过其他行人，出现穿行移动和逆向流动的行人时，发生冲突的可能性很大。

按照2019年5月20日铁路日到站人数为23.5万人次（折算高峰小时为18 822人次），按该区域通道为整个通道面积的1/6计算，则该区域通道高峰小时人数达到3 137人，以及上述轨道交通车站高峰小时出站人数为9 175人次，平均到达站厅北侧出口1/2流量，则高峰小时轨道交通出站人数约为4 587人次，则该区域通道高峰小时人数将达到7 724人次，考虑到两个高峰叠加时间的不一致性，按0.8折算系数后高峰小时人数为6 179人次，极端高峰5 min（10%）人数可达618人次，甚至更大。

由于通道的多个出站闸机出口方向与主流向垂直，且行人走行方向具有不确定性，实际的行人人群将难以形成前述均质流动的状况。同时，旅客出站时在寻找方向和路径的过程中将发生停滞或停留，以至于游逛的情形，导致通道行人会无序流动，造成通道的实际服务能力达不到上述的理论服务水平等级。

总的来看，地下一层通道设计满足了行人集散的基本需求，但设施布局、行人集散与缓冲空间存在天然的不足，服务水平不高，容易导致行人冲突、体验不佳，甚至存在不安全的运行风险，如采用硬隔离设施等，会给行人通道设计提出新的课题。

此外，轨道交通与铁路大客流之间的换乘设计，除了距离与时间方面的因素之外，在通道换乘组织上需要重点关注平面换乘与立体换乘各自的优劣势，以适应行人步行舒适性与便捷性的需求。

5 升降梯、扶梯和楼梯设计与评估

升降梯、扶梯和楼梯是满足行人竖向集散交通需求的重要设施，设计中除了考虑升降梯、扶梯和楼梯的尺寸、行人的安全性和能耗外，行人交通量也是重要的设计参数。以下就虹桥机场2号航站楼的升降梯、扶梯和楼梯等设施开展相关分析。

根据流程设计，2号航站楼面向旅客（行人）服务端有出发旅客、到达旅客两大部分设施，其中出发旅客设施根据换乘方式的不同，以抵达2号航站楼车道边、东交通中心、地下换乘通道（轨道交通以及铁路）可分为12.150 m高架层、5.250 m连廊层和−7.950 m地下通道层共3层使用的竖向交通设施；到达旅客设施以抵达东交通中心（社会车辆和网约车）、换乘地面交通（出租车、机场巴士）、抵达地下换乘通道（轨道交通、铁路以及长途巴士）等，可分为同层步行至东交通中心，在5.250 m到达层进行竖向分流到0.000 m地面层、−7.950 m地下层等平面和竖向交通设施。

2号航站楼的陆侧设置了中庭南北两个扶梯和电梯区，共8部升降梯、14组扶梯，其中自−7.950 m层至12.150 m层单独设置了一组直上扶梯，其余均分层设置。空侧安检过后设置了南中北三个扶梯、电梯和楼梯区，共4部升降梯、6组扶梯和2组楼梯，将旅客（行人）送至出发层8.550 m候机层。

在交通建筑中，扶梯、升降梯是为行人提供竖向交通服务的重要设施。一般来说，由于耗时长、需要消耗行人体力等原因，使用楼梯的人群较少。绝大部分楼梯服务于内部工作人员以及用于应急疏散。这是一个基于行人和旅客出行的选择事实的定性判断。

分析不同竖向交通设施之前，我们对使用者——行人的出行量做一个比例分析。按照2019年5月20日虹桥机场2号航站楼出行数据，当日离港人数为54 399人，进港人数为49 430人，按高峰小时系数10%计算，离港、进港高峰小时人数分别为5 440人、4 943人。因为涉及航站楼流程上的不同设施的高峰小时差异，航站楼高峰小时人数与航班高峰小时人数存在差异，但本文简化分析仍采用上述数据。

1）陆侧

离港旅客抵达航站楼的－7.950 m层、5.250 m层、12.150 m层，按40%、15%、45%计，则可推算出高峰小时各层旅客人数为2 716人、816人和2 448人。其中，－7.950 m层使用扶梯（90%直通12.150 m，10%分层上梯）、升降梯的比例按80%和20%计算，则使用直通扶梯的人数为1 567人，分层上梯人数为174人，升降梯人数为435人。5.250 m层使用扶梯和升降梯比例按85%和15%计算，则使用扶梯的人数为694人，使用升降梯人数为122人。

进港旅客抵达航站楼按4.000 m层（5.250 m层）、0.000 m层（提取行李）按70%和30%计算，高峰小时各层旅客人数分别为3 460人、1 483人。其中，5.250 m层使用扶梯分层至0.000 m层和－7.950 m层使用扶梯与升降梯比例按45%和35%计算（另20%同层分流到东交通中心），则使用扶梯人数为1 557人，升降梯人数为1 211人；0.000 m层使用扶梯分层至5.250 m层、－7.950 m层使用扶梯和升降梯比例按30%、30%计算（另40%按同层分流到车道边出租车和机场巴士），则使用扶梯和升降梯人数各为445人。

由此，可汇总使用上述8部升降梯和14组扶梯的人数，如表2所示。

2）空侧

空侧竖向交通方式相对简单，本文不分析远机位到达2号航站楼后经扶梯和升降梯上至4.200 m层到港的流程，仅分析离港旅客经12.150 m值机大厅经安检后下至8.250 m层候机厅的扶梯、升降梯和楼梯等设施的情况。12.150 m层经安检的旅客下至候机厅使用扶梯、升降梯和楼梯比例按85%、10%和5%计，则使用三种设施的高峰小时旅客人数分别为4 624人、544人和272人（表3）。

根据扶梯、电梯的运行速度和效率来看，2号航站楼扶梯设计选择运行速度为0.2～0.5 m/s和梯阶宽度为1 650 mm的技术参数。按照相关调查统计数据，机场地面交通中心0.75 m/s速度扶梯的实际输送能力按4 032人/h考虑，折算后虹桥机场2号航站楼0.5 m/s运行速度的扶梯输送能力为2 688人/h。

2号航站楼升降梯（客梯）设计选择运行速度为1.0 m/s和载重量为1 t的技术参数。根据相关调查统计和仿真分析数据，机场地面按交通中心的升降梯单层输送能力为222人/h考虑。由于这个输送能力数据涉及升降梯提升楼层高度、旅客实际占用空间以及升降梯运行效率等因素，本文参考该数据仅做理论上的类比分析。

表 2 陆侧扶梯和升降梯高峰小时旅客乘降人数

类型	编号	停层	高峰小时乘降人数(人)	备注
扶梯	EV1,EV8	−7.950 m～12.150 m	1 295	上行
	EV2,EV9	−7.950 m～0.000 m	174	上行
	EV3,EV10	−7.950 m～0.000 m	445+1 557×0.4=1 068	下行
	EV4,EV11	0.000 m～5.250 m	1 557	下行
	EV5,EV12	0.000 m～5.250 m	174+445=619	上行
	EV6,EV13	5.250 m～12.150 m	少量	下行
	EV7,EV14	5.250 m～12.150 m	174+694=868	上行
升降梯	LP1—LP8	−7.950 m, 0.000 m, 5.250 m, 12.150 m	435+122=557(上); 1211(下);445(上下)	上、下行

注：1. 到达旅客 5.250 m 层按 40%分流到−7.950 m 层计。

2. 0.000 m 层分流至 5.250 m 层和−7.950 m 层。

表 3 空侧扶梯、升降梯和楼梯高峰小时旅客乘降人数

类型	编号	停层	高峰小时乘降人数(人)	备注
扶梯	EV20,EV21, EV22,EV23, EV29,EV30	12.150 m～8.250 m	4 624	下行
升降梯	LD7,LD8, LD9,LD10	12.150 m～8.250 m	544	上、下行
楼梯	MST12,MST13	12.150 m～8.250 m	272	上、下行

由此，将上述扶梯的 2 688 人/h 输送能力代入 2 号航站楼空、陆侧扶梯的高峰小时人流量分析，可以看出：①陆侧扶梯的运输能力均满足高峰小时旅客(行人)的使用，且富余度很大，在双备份的扶梯设计中，冗余度系数超过 2.0；②空侧扶梯(6 组)的运输能力大大超过高峰小时旅客实际需求，运输能力冗余程度可以说若减少一半扶梯数(即 3 组)亦可完全满足需求，按 12.150 m 层楼扶梯设计布局来看，可以取消南、北侧各 1 组扶梯；③2 号航站楼扶梯设计布局均遵循南北对称布设，呈剪刀式，与航站楼构型设计和流程密切相关，也体现出扶梯设计在引导旅客(行人)空间转换中试图维持一种理想的平衡状态，但在实际航站楼运行中离港旅客南北侧分布的非对称性和抵港旅客选择换乘方式的比例非对称性，导致南、北扶梯设施的使用频率和效率呈现不一致，当然，在运行中通过必要的引导方式，如清晰的扶梯引导标识

或登机口引导标识，可以提高部分扶梯的使用效率；④关于设计中 EV1 和 EV8(−7.950 m～12.150 m)长直通扶梯，这两组扶梯提升高度达到 20 m，横向宽度按 2 跨 36 m 计，其坡度为 29°，坡长约 41 m，按 0.5 m/s 速度计算，旅客耗时约需 82 s，停留时间越长，行人在其上的安全风险越大。

陆侧升降梯中，根据分楼层乘降量的分布来看，各层之间差异较大，其中最大乘降量为 5.250 m层至 0.000 m层，高峰小时旅客输送量为 1 211 人/h，若每层小时运输能力按 222 人/h 计，则需要 6 部升降梯提供服务；最小乘降量为 5.250 m 层至 12.150 m 层，高峰小时旅客输送量约为 122 人/h，1 部升降梯能够满足升降需求。这个粗浅分析进一步表明，按最大断面需求设计四层均停靠的升降梯，会造成各层升降梯服务水平等级的差别，而不应当认为冗余设计升降梯数量存在不合理性。

另一方面，升降梯设计通常按照如下原则：输送能力能满足 5 min 高峰期的乘梯要求，就可以认为电梯的选用是合理的。按照陆侧高峰小时最大断面乘降量 1 211 人/h，5 min 高峰系数取为 12%计，则 5 min 高峰乘降量为 145 人，假设每部电梯按平均每次 8 人，旅客进出升降梯轿厢和开关时间为 1 min，乘降高度平均为 10 m，升降梯速度为 1 m/s 计算，则每部升降梯每小时运输能力可达 360 人次，共需要 4 部，设计采用了 8 部，理论冗余达到 2 倍。但考虑到运行方式采用每层停靠、多部电梯上下运行载客情况，实际冗余系数达不到 2 倍。此外，到港旅客行李推车的使用(0.000 m 层至−7.950 m 层和 5.250 m 层)也降低了升降梯的运送能力，其与最大乘降量断面(5.250 m 层至 0.000 m 层)并不冲突。

空侧 12.150 m 层过安检后，南、北两侧各有 2 部电梯，共计 4 部电梯可直达 8.250 m 层的候机大厅，满足高峰小时离港旅客 544 人的需求，冗余足够，由于该 4 部电梯距离中部安检区较远，且附近有 2 组扶梯，除行动不便的旅客外一般旅客选择使用的可能性较小，主要供屋顶俱乐部旅客使用。空侧这 2 组楼梯宽度为 1.6 m，踏步宽 28.3 cm，按高峰小时 272 人次计算，行人平均流量为 4.53 人/min，行人下楼梯速度平均按 1 m/s 计算，根据弗洛因楼梯服务水平等级标准，人均占用楼梯 1.858 m^2 以上，楼梯服务水平已达到 A 级及以上水平。

6 总结与思考

本文研究的目的是冀望针对行人出入、换乘、穿行以及停留虹桥枢纽的交通活动设施、空间、效率以及体验等元素，由原初的设计角度切入，参考国内外关于行人交通的相关研究成果，结合虹桥枢纽运行十年来的部分数据与信息，通过深入分析虹桥枢纽建筑综合体与行人集散交通有关的设施功能和性能特征，展开对虹桥枢纽行人集散交通设施的一些评估工作。本文通过对四类行人集散交通设施的分析评估，获得了以下认知和启示：

(1) 枢纽的本质是集散交通或转换交通，所以评估枢纽交通设施的重要研判对象除了交通工具以外，还应包括旅客或行人，及其在抵离枢纽以及在枢纽内部移动活动的安全性、便捷性和经济性等特性。

(2) 车道边系统是人与车转换的重要空间设施,虹桥枢纽各类车道边系统各有特点,运行十年以后至今仍有优势。但迄今为止,国内枢纽的车道边设施的设计仍暴露出许多问题,仍需要规划设计师深入检讨和把握好一些关键的设计要素,使自己达到新的高度。

(3) 轨道交通车站进入大型综合交通枢纽,其站台和站厅设计面临大客流冲击,需要在通用设计规范上有所突破和创新,要特别关注行人集散的安全性、秩序性与效率性,而不在其标志性。运营中的虹桥枢纽轨道交通车站仍然存在较大的提升空间。

(4) 虹桥枢纽核心设施的地下换乘大通道作为水平集散或换乘交通的重要设施,其运行存在的问题已然突显。高密度行人集中在虹桥火车站地下空间容易引发安全风险,已采用的排队隔离设施、调整行人组织流向措施等,在有限的空间中可以缓解大客流集散中出现的部分问题。这些措施短期内是有效的,但长期看,关闭一些商业设施、调整各类抵达客流路径、增加行人快速集散的捷运步道是必要的。

(5) 在大型综合交通枢纽中,升降梯、扶梯的设计直接影响行人竖向集散交通的服务水平,而楼梯的设计主要在换乘中起辅助作用和应急疏散作用,冗余设计尽管是必要的,但无效或低效的运行保障设施应该避免。这需要规划设计师提高精细化或量化分析的能力,而不仅仅依赖经验与技术标准。

虹桥枢纽的开创性已形成里程碑效应,但规划设计回顾与运行评估依然是一个永恒的话题,需要我们突破规划设计的传统模式,枢纽的规划设计理论、方法与实践应该匹配上一些更具价值与灵魂性的思想与理念,比如在总体策划、细节设计、弹性或韧性运行、信息化与智慧化等方面,都需要理论与方法的再创新。

参考文献

[1] 上海市城乡建设和交通发展研究院,上海城市综合交通规划科技咨询有限公司. 虹桥枢纽交通运营评估及交通优化(中期成果)[R]. 2019.

[2] 吕立丹. 专业硕士学位论文:城市地铁换乘枢纽行人交通组织设计[D]. 西安:长安大学,2014.

[3] Fruin John J. Pedestrian planning and design(revised edition)[M]. Alabama: Elevator World Inc, 2017.

[4] 李相志. 硕士学位论文:基于行人交通流的机场陆侧换乘设施通行能力研究[D]. 天津:中国民航大学,2016.

虹桥国际机场绕行滑行道的规划建设与运营

贺胜中[1]

【摘要】 为减少飞机起飞降落的等待时间、降低跑道入侵风险、提升机场运行容量，在机场飞行区规划建设绕行滑行道是可行的技术解决方案。虹桥国际机场作为中国民航第一家规划建设绕行滑行道的机场，通过前期缜密的规划研究、科学的方案设计、扎实的建设组织和严谨的运行准备，中间绕行滑行道工程建设取得了较好成效，运营效率达到了预期目标。

【关键词】 虹桥国际机场；绕行滑行道；规划建设；运营

1 引言

近年来，随着我国民航业的快速发展，机场规模越来越大，从最初的单跑道，发展到现在的双跑道、多跑道。但机场运行管理中普遍存在一个突出的现实难题，即大量航班落地后进入机坪前需要穿越起飞跑道，这既会增加跑道侵入的风险、制约航班放行的效率，也会影响到旅客出行的服务体验。为避免或减少多跑道繁忙机场运行飞机穿越跑道所造成的影响，可行的解决方案之一就是规划建设绕行滑行道(简称：绕滑道)系统。根据使用绕滑道的飞机与跑道运行方向的不同，绕滑道的运行模式可分为以下 3 种：

(1) EAT 模式(End Around Taxiway)：简称“远端绕滑”模式，又名末端绕滑或起飞下绕滑，指降落飞机脱离跑道后，使用跑道末端(进近方向的远端)一侧的绕滑道进行环绕滑行的运行模式。EAT 模式相对较为成熟和安全，目前使用 EAT 模式的机场有美国亚特兰大哈茨菲尔德国际机场、达拉斯沃斯堡国际机场以及底特律机场等。

(2) SAT 模式(Start Around Taxiway)：简称“近端绕滑”模式，又名进近下绕滑，指起飞飞机使用降落跑道入口(进近方向的近端)一侧绕滑道进行环绕滑行的模式。该模式目前仍处于研究阶段，缺少实际投入运行的案例。

(3) 起飞后绕滑：指降落飞机脱离跑道后，使用起飞跑道入口(进近方向的近端)一侧的绕滑道进行环绕滑行的运行模式。绕滑道上滑行的飞机基本不受净空限制，但需考虑起飞跑道上飞机的尾流吹袭影响。

2 工程项目背景与概况

上海虹桥国际机场在 2010 年 3 月 16 日扩建工程投运后，有两条相距 365 m 的近距离跑道和分设飞行区两侧的两座航站楼。根据总体规划，虹桥机场年旅客吞吐量设计目标为 4 000万人次，但早在 2016 年旅客吞吐量就已超过设计目标值，而作为典型的城市机场，虹桥机场周边已无拓展空间。由于虹桥机场两座航

1 贺胜中，上海虹桥国际机场有限责任公司副总经理。

站楼位于两条跑道两侧，两条跑道采用“西起东降”的运行模式，每天都会有大量的航班穿越跑道现象，仅 2019 年穿越西跑道的航班就达到 11.19 万架次。

早在 2010 年，虹桥机场西区扩建工程就已规划设计并基本建成了大型绕行滑行道，但要投入正式运行，还需要解决东跑道入口内移等一系列问题。经多轮分析研究，中间绕滑道概念正式提上议事日程。通过新建中间绕滑道，连通原大绕滑的西半部分，就可实现西跑道端的绕滑功能。据预测，中间绕滑道建成投用后，可以减少虹桥机场 70%以上的跑道穿越架次，同时 2 号航站楼离港航班的平均延误时间可降低 16%。

中间绕滑道工程项目从 2016 年开始前期规划研究，2018 年完成立项，最终于 2021 年 12 月顺利建成投运，前后共历时 5 年多时间，总投资约 4.1 亿元。过程中克服了缺少技术标准支持、跑滑区域大规模不停航施工、目视遮蔽物边施工边校飞，以及飞行程序优化、西跑道灯光系统边运行边改造等诸多难题。

3 科学的前期规划研究

虹桥机场绕滑道系统的相关规划实际上可以追溯到 2005 版《虹桥国际机场总体规划》（图 1）。虹桥机场作为一座历史悠久、运行繁忙且构型复杂的机场，其绕滑道系统在客观上就受到诸多因素的影响和制约，规划布局的难度很大。整个绕滑道系统的规划过程是一个不断发展完善的过程，最终确定的规划方案在科学性的基础上，力求实用性和经济性平衡。

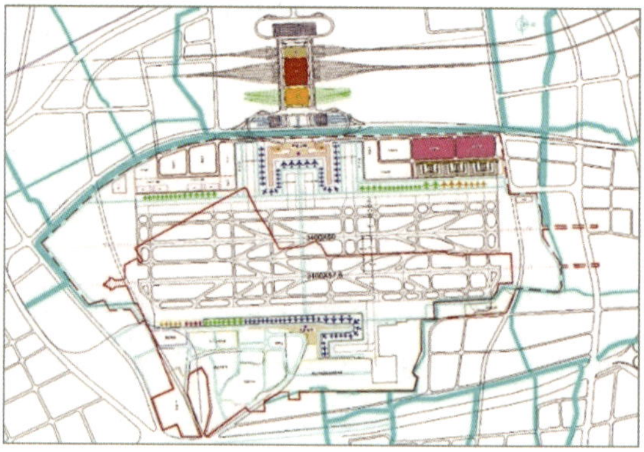

> 图 1 2005 版虹桥国际机场总体规划

从发展历程（图 2）来看，以西区扩建工程为界，虹桥机场飞行区规划研究可大致分为两个阶段。2005—2010 年为第一阶段，基本确立了虹桥机场飞行区的平面布局和构型，包括《上海虹桥国际机场总体规划》（2005 版）、《上海虹桥国际机场总体规划深化研究》和《上海虹桥国际机场扩建工程可行性研究报告》等规划指导性文件。2014—2020 年则为第二阶段，进一步研究虹桥机场绕滑方案及运行模式，完善绕滑道系统平面布局，提出并确立了建设中间绕滑道的方案以实现小环 EAT 绕滑模式。

3.1 绕滑道概念的提出和前期研究

根据民航总局批复的总体规划，上海虹桥国际机场有限责任公司（以下简称为机场方）于 2006 年 5 月会同相关咨询研究单位展开了深化研究（图 3），第一次提出了绕滑道运行的概念。根据虹桥机场以起降中小型飞机为主的特点，新建跑道长度确定为 3 300 m，并将 2 条跑道南北两端的入口均内移 300 m。在跑道端建设绕滑道，有效减少飞机穿越跑道次数，降低跑

> **图 2** 虹桥国际机场绕滑道系统规划优化完善发展历程

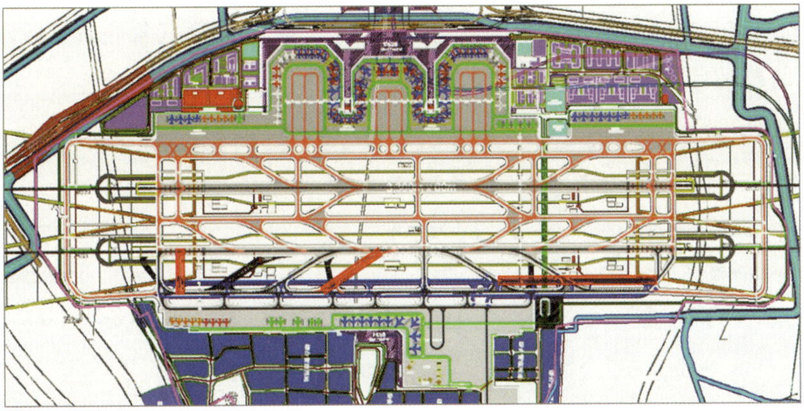

> **图 3** 虹桥国际机场总体规划深化研究(2006)

道入侵概率，提高地面滑行安全水平和跑道运行容量，增加飞机在地面的无阻碍滑行时间，降低飞机延误水平，也降低空管的工作负荷和压力。

在总体规划深化研究的基础上，机场方进一步组织开展了“上海虹桥国际机场扩建工程”的可行性研究，经调整优化后的可研版总体规划(图 4)在规划定位、发展目标、整体布局及用地规模上与批复的 2005 年修订版总体规划基本一致。考虑到东区规划方案在不停航条件下改造难度非常大，因此对东跑道入口、东区跑滑系统及东区导航设施等暂按现状予以保留，也导致南北大绕滑基本建成后无法投入使用。

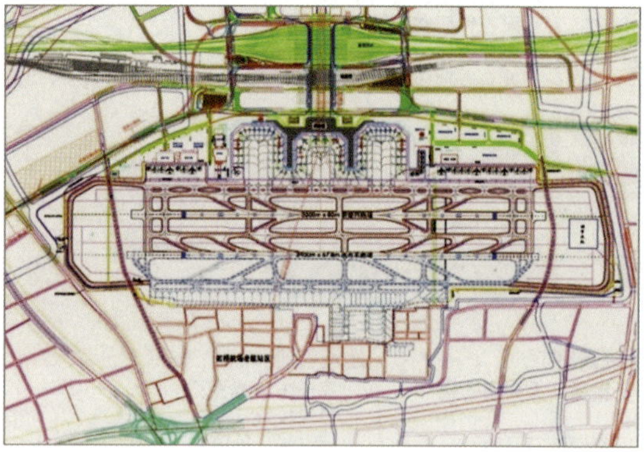

> **图 4** 虹桥国际机场总体规划(2007 可研版)

3.2 绕滑道系统改造的规划研究

随着虹桥机场的航空业务量逐年上升，2016 年已达年旅客吞吐量 4 000 万人次的规划目标，绕滑道的改造与使用再一次被提上日程。为此，机场方组织国际知名的机场规划咨询公司开展了大环绕滑道的可行性和局限性分析等多项课题研究，组队实地考察了美国达拉斯机场，与局方、空管局、设计院和国内外技术同行多轮探讨交流，最后研究提出了中间绕滑道的概念方案。鉴于绕滑道改建方案工程量大、难度高，根据一次规划、分步实施、先易后难的原则，将规划分为近期、中期和远期三阶段方案，按照先远端 EAT 后近端 SAT、先小环 EAT 后大环 EAT 的目标分步实施。

近期方案(图 5)：南北各新建一条中间绕滑道联通 B 滑与大绕滑道；西跑道末端内移 150 m，西跑道两端设置目视遮蔽物。近期方案的优点是不涉及东跑道入口及末端内移，东区跑滑道系统，包括气象导航及灯光设施均可保持现状。

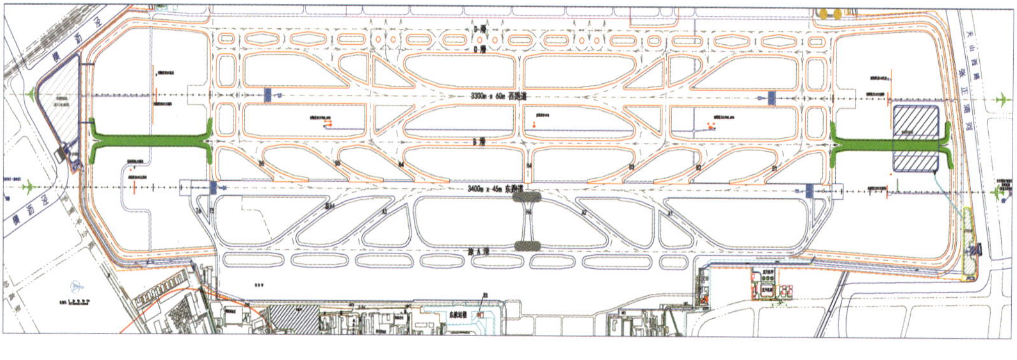

> **图 5** 近期平面方案

运行方案采用小环 EAT 模式绕行，解决了西区进港中占 70%以上的 C 类(含 B757)及以下小飞机穿越起飞跑道的问题，西区大飞机进港及东区离港仍可维持现有穿越模式，在现有运行模式基础上进一步优化，符合国际民用航空组织(International Civil Aviation Organization, ICAO)和美国联邦航空管理局(Federal Aviation Administration, FAA)的规范及规定。

中期方案(图 6)：东跑道入口及末端内移 300 m，实施东区跑滑道系统改造，实现 EAT 模式无限制运行。该方案大飞机不再穿越西跑道，可降低跑道侵入风险，提高运行安全度；可避免机型判断，减轻管制压力。中期方案将完善东跑道与东滑行道系统，消除跑道出口的整体布局不合理问题，包括组合、数量及距离等局限；改善跑滑道间距不合理的问题；消除单平滑系统的局限；消除端联络道及中间 H4 穿越道的局限。

为了实现 EAT 的无限制运行，需要对 FAA 相关技术规范进行研究讨论。按 ICAO 标准垂直段绕滑起飞和进近限高均为 17.61 m，可满足大部分 D 类及以下飞机滑行使用绕滑道；按 FAA 规范垂直段绕滑限高均大于 20 m，可满足 E 类飞机及以下飞机滑行使用；中间绕滑按起飞爬升面要求满足限 C 类(含 B757)及以下飞机。

远期方案(图 7)：东跑道导航气象设施移至西侧，废除 B2 和 B5 快速出口滑行道。如按 FAA 规则，可实现 E 类及以下飞机全部无限制绕滑；按 ICAO 规则，大飞机可在绕滑道上等待绕行。

运行方案采用 SAT 与 EAT 模式同步运行：西区进港经远端绕滑道至西区；东区离港经近端绕滑道至东区。

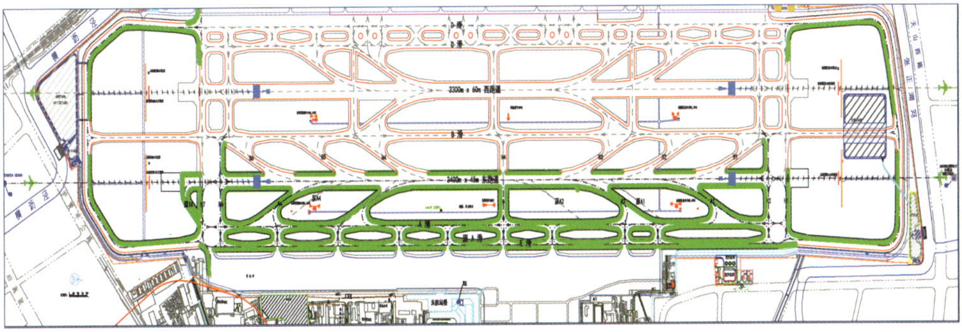

> **图 6** 中期平面方案

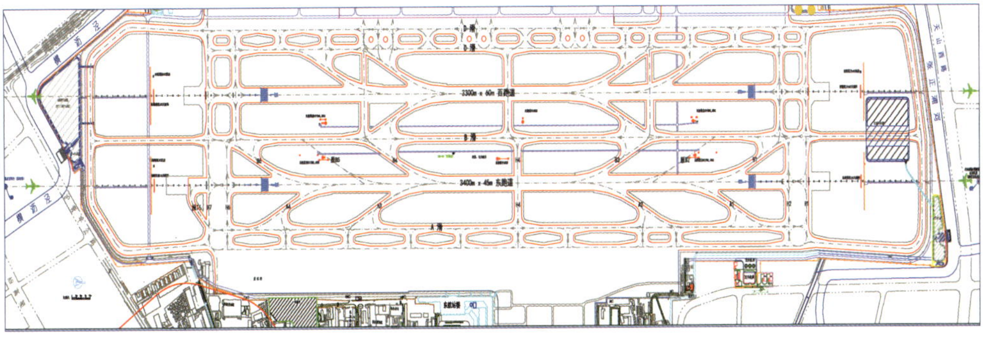

> **图 7** 远期平面方案

3.3 中间绕滑道平面布局方案

按照近期规划方案建设中间绕滑道，实现西区进港中的 C 类及以下机型以小环 EAT 绕滑模式运行。为提高中间绕滑道的适应性，结合两端场地地形及地质条件，以及从节约建设投资的角度出发，采用中间绕滑道与大绕滑道垂直相交的方案，平面布局如图 8 所示。主要构造物包括中间绕滑道、目视遮蔽物和滑行道桥。

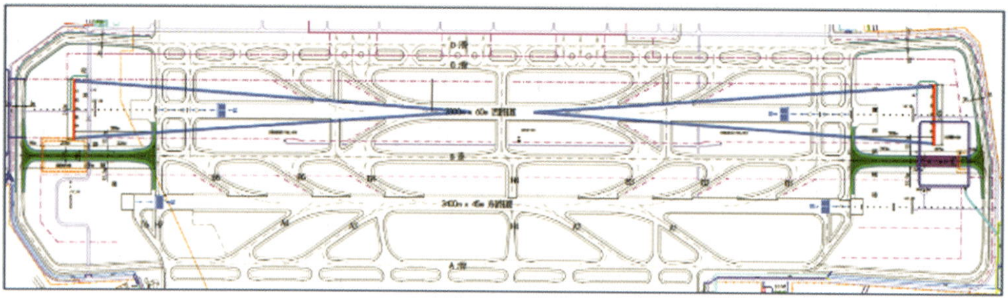

> **图 8** 中间绕滑道平面布局方案

4 首创可行的技术设计方案

虹桥机场中间绕滑道工程作为国内首创，从项目筹划之初就面临着国内没有任何先例可循、设计施工标准和运行管理标准空白等诸多难题。机场方组织科研团队和设计团队逐一克服各项困难，取得了诸多技术成果。

1）可抵御 17 级以上台风的全金属目视遮蔽物

虹桥机场在西跑道两端 388 m 处，各建设了一座高 6 m、长 240 m 的全金属目视遮蔽物，主要用于遮蔽跑道末端绕滑道航空器，以免对西跑道起飞航班产生目视干扰影响。机场方在吸取国外先进经验基础上，立足自主创新，通过大量数值仿真、风洞试验和碰撞试验，技术上攻克了“飞行区内建设大体量构筑物”“金属物体对机场电磁场干扰”和“抵抗 17 级以上台风并满足易折要求”三大技术难题，研发并成功申报了国家专利 5 项，构建了国内首创的目视遮蔽物设计方法，填补了国内民航机场业的空白。

2）国内最长的滑行道桥

中间绕滑道北端的滑行道桥是中间绕滑道工程项目最核心的部分，占整个工程投资额的近一半。为减少中间绕滑道对调蓄水池功能的影响，需设计出能够跨越整个调蓄水池的滑行道桥，且需按照 E 类滑行道桥标准进行设计。为保证滑行道桥既能承受 E 类重载飞机通过，又能快速维护且不影响机场的正常运营，机场方组织设计单位通过科学的技术经济方案比选，选定了满足承载力、易维修、不停航等多要求的设计方案，研发出新型重载型快速更换伸缩装置，顺利建成国内满足 E 类飞机运行且跨度最长的机场滑行道桥，填补了设计行业空白。

3）效果显著的不均匀沉降控制

新建绕滑道与既有道面区的不均匀沉降

控制是项目结构设计须首先解决的难题。如要在繁忙的虹桥机场跑道端进行大规模地基处理施工，则面临净空限制、电磁环境限制、运行限制等诸多边界条件；且项目施工区域涉及迎宾三路和仙霞西路2条市政公路隧道、3条航油管道、411根地下管线等诸多管网。设计施工方兼顾浅层与深层地基处理，比选出能满足净空要求且扰动较小的高压旋喷桩法，优化隧道上方的施工技术方案，严密监测施工过程对周围隧道与管网的扰动，周密设计与滑行道桥等区域的搭接处理，确保了不停航施工过程中的地基处理效果与运行安全。

4）飞行程序优化和飞机性能影响评估

由于中间绕滑道的建设对跑道长度、机场飞行程序等均有较大影响，因此机场方在2018年就组织华东民航飞行程序设计研究院进行了深入研究分析，主要评估内容包括：障碍物鉴别面（OIS）、目视航段面（VSS）、障碍物评价面（OAS）和各非精密进近运行标准的评估。由于绕滑道与离场OIS相交（图9），考虑绕滑道上滑行的C类航空器作为离场障碍物，障碍物穿透离场OIS，安全飞越障碍物的梯度为7.4%。根据国际航空运输协会IATA DOC8168《航空器运行—目视和仪表飞行程序设计》要求，绕滑道上的航空器属于近距离障碍物，可不公布7.4%的离场爬升梯度要求，只需在航图中公布障碍物的位置和标高。但根据中国民用航空局（CAAC）咨询通告《民用航空机场运行最低标注制定与实施准则》要求，如果要求目视避开障碍物[包括不公布程序设计梯度（PDG）的近距障碍物]时，起飞最低标准应当包括VIS（能见度），如使用绕滑附加VIS 2000 m的限制，将严重影响绕滑道的使用效率。

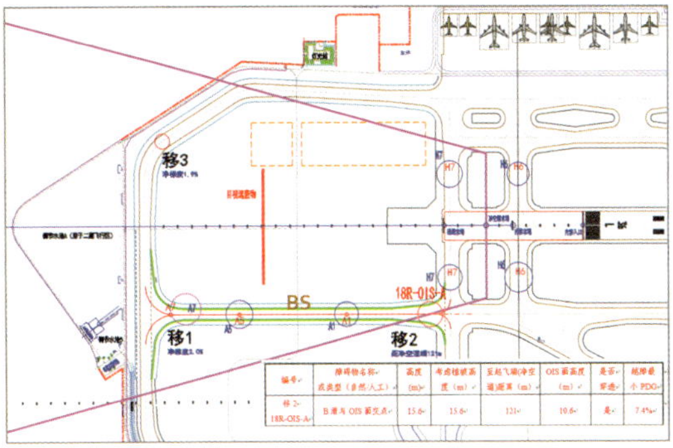

> **图9** 绕滑道与离场OIS相交情况示意图

在详细分析各机型飞越绕滑航空器的高度和瞬时梯度后，研究认为在全发的情况下，各机型能够安全飞越绕滑道上的航空器，同时借鉴参考了国内外类似情况所采用的解决措施；机场方会同局方多次组织专家进行研讨分析，最终认定按IATA DOC8168要求进行障碍物评估和资料公布。

5 扎实的建设组织实施

2019年4月项目初步设计及概算获局方正式批复，2019年8月项目开工，2021年4月完成实物工程量和校飞工作。按照设计方案及招标工程量测算，施工内容包括5个部分，分别为：① 新建中间绕滑道，南北各长629 m（含滑行道桥），宽44 m，面层采用沥青混凝土。其中北面由于需跨越北调节水池，需新建1座滑行道桥，采用刚构桥形式，长240 m、宽45 m，采用钢管桩基础。② 现有绕滑道道肩改造，两侧各加宽 3 m。③ 新建目视遮蔽物，距西跑道两端约 388 m 位置各设置 1 组，长 240 m，高 6 m。④ 改建助航灯光系统，包括西跑道助航灯光改造以及绕滑道配套助航灯光改造。⑤ VOR 全向信标台迁建。

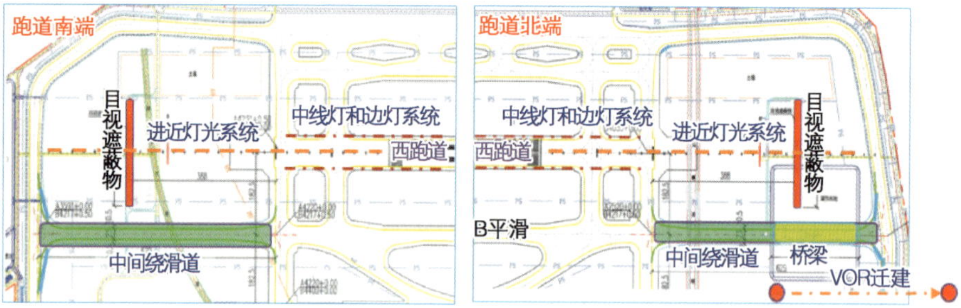

> **图 10** 具体施工内容的平面分布图

5.1 方案策划与现场实施

考虑到本工程项目地理位置特征明显，分为南、北两个独立区域，因此不停航施工方案按照南、北两个区域分别策划。方案策划的原则如下：①以保障机场运行安全为前提和底线，尽可能地优化施工方案，减少对机场运行的影响。②正常情况下，禁区内停航后施工区域作业时间为每天 00:00—06:00，考虑进场、退场及适航检查等环节，有效施工时间约为 5 h。③考虑到禁区内施工工效低，对施工作业限制多，因此在满足民航相关规定和标准基础上，通过新建临时围界，将尽可能多的区域以“圈围模式”实施禁区外施工（详见图 11）。④除不可抗力和重大保障任务（以上级部门下达的停工指令为准）外，原则上保证施工时间连续不断。

> **图 11** 圈围模式平面示意图

项目于2019年8月正式开工，经过1年多的工程建设，2020年10月11日，“陆空转换”完成使命，恢复禁区状态；运行期间未发生一起影响空防安全的事件。据统计，仅滑行道桥施工一项，经过“陆空转换”区域进入施工区域的人员就超过7.5万人次，运输的材料、设备超过5 000车，由于实现了禁区内项目的禁区外施工，施工成本减少4 000多万元。

5.2 目视遮蔽物及进近灯光施工与校飞

本项目所采用的目视遮蔽物技术为国内首创，没有可供借鉴参考的施工技术标准，只能依托工程项目构建行业标准。由于目视遮蔽物的立柱和面板高度较高，且为金属材质(图12)，对于机场导航可能会产生不良影响。在不停航施工方式下，施工过程需综合考虑施工、校飞和运行三方面因素，避免潜在不利影响。在目视遮蔽物施工期间，机场方采取了三阶段施工组织模式：从北端目视遮蔽物最东侧40 m、北端目视遮蔽物剩余200 m到南端目视遮蔽物阶梯有序完成，将可能受影响的导航设施关闭，分阶段校飞通过后方可启用，将运行影响降至最低程度。

> **图12** 目视遮蔽物结构图

同时，为了确保目视遮蔽物建成后不影响西跑道进近灯的使用，需要将西跑道现有进近灯(由于入口内移150 m，只改造300～900 m段)进行改造(图13)，将灯芯高程提高；经复核，新建西跑道进近灯南端有3排进近灯的灯芯高程高于航向天线，北端有4排进近灯的灯芯高程高于航向天线。航向信标台天线前的灯芯高度高于天线高度，尚属国内首次，应保证改造后7排高于航向天线的进近灯通过校飞无误后方可使用。

6 投运前准备工作与阶段运营成效

为确保中绕滑道工程项目顺利投运，2021年7月，机场方会同空管局、航空公司、地服公司和设计院等成立虹桥机场绕滑道系统安全改造工程运行联合工作组，严谨细致地开展各项运行准备和试运行保障工作。2021年10月9日南绕滑道开始试运行，12月4日北绕滑道完成试运行，12月6日起南北绕滑道全部进入常态化运行阶段。

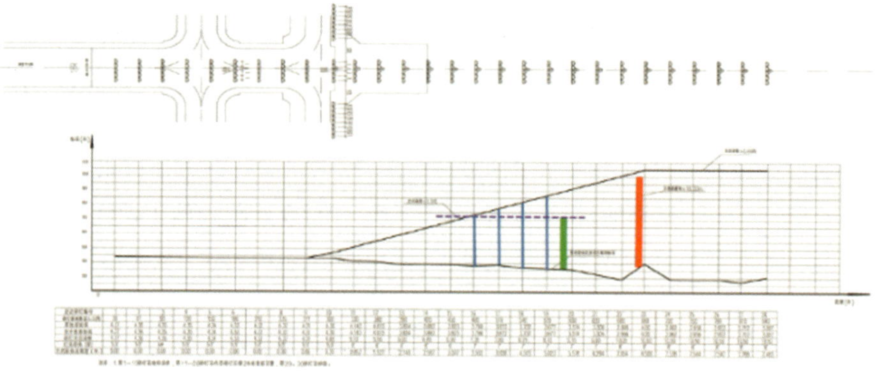

> **图 13** 目视遮蔽物及进近灯光位置示意图

6.1 航行资料与机场使用手册修编

（1）航行资料修订。主要包括航图修订、机场细则修订和绕滑道运行基本规则公布；航行资料于 2021 年 6 月 18 日正式上报，10 月 7 日 00:00 正式生效。

（2）手册修编。包括对《机场使用手册》《飞行区运行管理实施细则》、跑道防侵入管理制度、低能见度运行程序、虹桥机场应急预案、岗位操作程序等进行修编，于 2021 年 8 月底前完成。

（3）运行系统调整。包括对场道巡视报修系统、场监雷达、全景系统、航行通告可视化等系统进行调整，于 2021 年 9 月底前完成。

6.2 启用前培训和安全评估

联合工作组建立了标准化、规范化的绕滑道运行程序与制度，并制订详细的运行流程图，供一线运行管制员和飞行员掌握并使用。在绕滑道投运前先后开展了四轮专业培训，确保管制员、飞行员对绕滑道运行标准和程序的绝对熟悉与掌握。同时还构建了绕滑道运行专项应急方案，开展 E 类航空器误入绕滑道实战演练，确保应急情况下的协调处置能力。

2021 年国庆节前，机场方会同局方对中间绕滑道启用风险进行全面评估，共梳理出飞机尾流影响、标识不熟悉、服务车道保障车辆与航空器冲突等 9 项安全风险源，并制订了相应管控措施，有效降低了运行安全风险，确保了绕滑道系统顺利启用。

6.3 阶段运营成效

虹桥机场南北绕滑道自 2021 年 10 月 9 日试运行至今，虽因疫情机场有 3 个月处于超低位运行，但近一年的运行数据统计表明，阶段运营成效比较理想，达到了项目设计预期目标。一是跑道运行安全性显著提升，大幅减少 71% 落地航班穿越起飞跑道的情况，跑道侵入风险也随之同步降低。二是运行效率和服务品质提升明显，民航局航班正常性统计官方网站数据显示，虹桥机场绕滑道启用后出港平均滑行时间减少 0.4 min，降幅为 3%，出港平均延误时间减少 2.3 min，降幅达 30%。三是机场时刻容量得到进一步提升，跑道小时容量增加 2 架次；对于虹桥机场而言，每年可增加 1 万架次航班，可满足更多旅客出行需求，更好地服务于虹桥国际开放枢纽建设和长三角一体化国家战略。四是获得了良好的社会评价和服务反馈。作为全国首个投运绕滑道的机场，虹桥机场获得民航业及社会高度评价，人民日报、中国新闻网、中国民航报和澎湃新闻等主流媒体都进行了宣传报道。同时，航空公司、空管和旅客也给予普遍好评，飞行员普遍反馈可明显减少穿越等待情况，运行更加顺畅；管制员普遍反馈可大幅降低管制工作负荷，管制运行更加高效；同时，由于出港滑行时间和平均延误时间缩短，旅客体验与满意度改善明显。

7 结语

虹桥机场作为中国民航在运的历史最悠久机场，也是国内第一家规划建设运营绕滑道系统的机场；从概念方案的提出到中绕滑道工程项目建成投运实现阶段目标成果，时间跨度长达 15 年。机场方始终坚持以运营为导向、以规划为引领，通过科学可行的设计研究、扎实稳健的建设过程、周密严谨的运行筹备等有效实践，使虹桥机场中绕滑道工程项目建设和运营管理均取得较为出色的成效，其规划建设理念和实践经验可供国内其他大型机场建设与运营管理借鉴参考。

参考文献

[1] 吴念祖. 以运营为导向的浦东国际机场建设管理[M]. 上海：上海科学技术出版社，2008.

[2] 吴念祖. 虹桥国际机场总体规划[M]. 上海：上海科学技术出版社，2010.

[3] 徐婷，等. 绕行滑行道运行效益分析[J]. 航空计算技术，2015，45(4)：112－115.

[4] 林有超，等. 绕行滑行道的设置对机场运行的影响分析——以上海浦东国际机场为例[J]. 中国民航大学学报，2019，37(6)：29-33.

[5] 廖宣锦. 机场绕行滑行道建设方法研究[J]. 绿色交通，2018(10)：232-233.

虹桥综合交通枢纽集散道路系统后评估

孙瑞华[1]

【摘要】 虹桥综合交通枢纽集散道路系统对支撑枢纽正常运行起到了非常重要的作用，原预测四个循环圈是 20 万 PCU/d，而 2019 年已达 26 万 PCU/d，系统整体运行平稳。本文通过回顾、总结枢纽设计经验，梳理现状存在问题，反思枢纽规划设计相关工作，为我国后续其他枢纽的建设发展提供一定经验借鉴。

【关键词】 集散道路系统；车道边；交织段

虹桥综合交通枢纽的集散道路系统自建成投运以来，比较好地保障了枢纽的正常运营，获得了广泛的好评。但是问题也不断地暴露出来，非常有必要对其进行后评估，并研究出相应的解决方案。

1 外围集疏运路网

虹桥枢纽外围配套一纵三横，北部一横的北翟路已基本实现东西全线贯通，往东延伸的北横通道已连接至南北高架，极大地加强了虹桥枢纽外围集疏运能力，除南横漕宝路还未贯通外，其余已建设完成，形成四周一圈井字形的外围快速路网（图 1），可以保证城市各方向能方便进出枢纽。

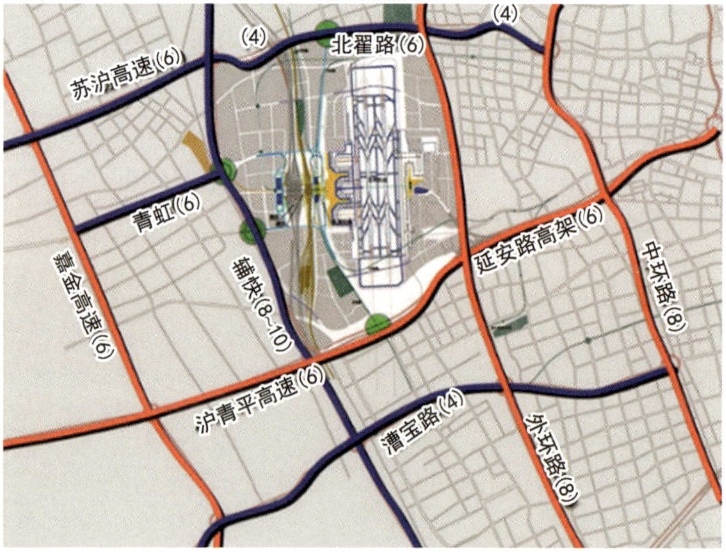

> 图 1 虹桥综合交通枢纽规划外围集疏运路网

1 孙瑞华，上海市政工程设计研究总院（集团）有限公司道路与桥梁设计研究院副总工程师。

现在，从延安路高架市区方向进入枢纽的流量占比为35%，与预测值22%差别较大。北翟路市区方向为27%，与预测值19%的差别较大。预测长三角方向30%的流量，远高于实际值15%，长三角旅客比例不及预期(图2)。虹桥枢纽客流占比主要为上海市人口，综合占比超过85%，超过预测值的2/3。延安路高架在早高峰7点之后在虹渝高架入口处出现常态化拥堵，极大地降低了商务出行服务品质，目前拥堵主要在外环线至虹渝路高架段，即与G50共线段。

对交通量预估不足，导致目前工程改造几乎无法实现。在当初规划设计时，应尽可能在外环以东延安路高架设置独立的专用匝道衔接虹桥枢纽。目前只能依靠路网进行分流，必须尽快完善“南横”的建设。

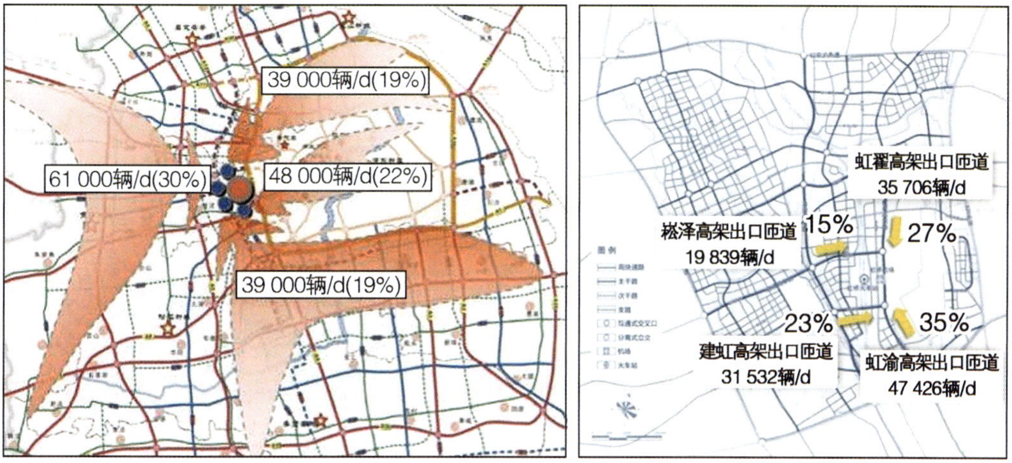

(a) 预测值　　(b) 实际值

> **图2**　虹桥枢纽外围路网的预测流量与2019年实际流量对比

2　快速集散道路系统

依托外围集疏运路网，虹桥枢纽采用多点多路径衔接外围路网，构筑枢纽内部专用、封闭的快速集散道路系统，保证了均衡集散，避免了绕行和过度集中，提高了枢纽集散效率。枢纽通过4大循环圈和2个分离的高铁车库小循环圈来解决集散压力，东西交通中心分别采用两个单向逆时针的地面循环系统，解决了南北之间互相沟通容错。

虹桥枢纽采用分工明确的平衡性道路系统，分块循环，均衡集散(图3)，人车分流、进出站分流、单向环通，减少冲突、适度连通，具容错性。虹桥枢纽进出通道实行“南进南出、北进北出、西进西出”的原则。采用了复杂的匝道设计系统，分成多个独立的循环圈共同支撑整个枢纽运行的稳定，循环圈彼此相对独立，目前看来是比较成功的。

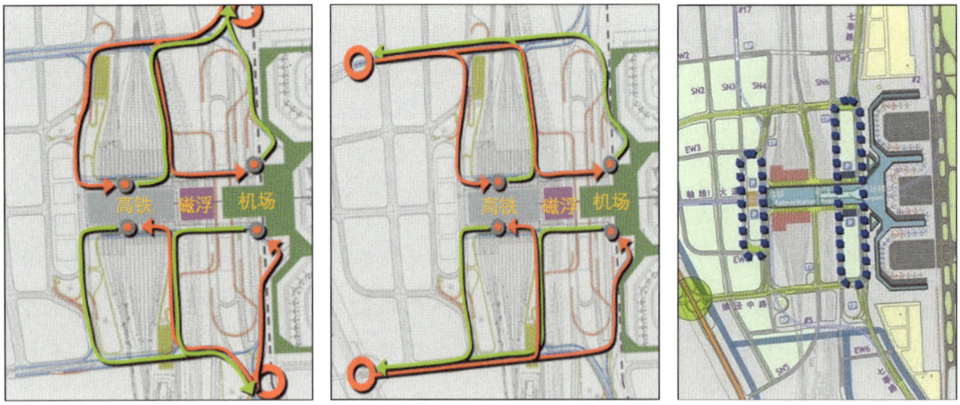

> 图 3　虹桥枢纽集散系统设计图

虹桥枢纽之前，一般枢纽通常按照逆时针单向大循环的思路进行设计，合并流线，简化设计系统。但对于大流量的大型枢纽，单一的大循环车流交织会非常严重，系统稳定性不足，节点集散压力过大。虹桥枢纽用多个独立的循环圈，解决了四个方向进出枢纽的问题，可以说通过精妙的高架设计集散系统简化了交通运行和管理的难度。因此，尽管集散系统负荷已超越设计容量，除了车道边，整个集散系统还是非常顺畅的。但是仍存在以下问题：

(1) 跨铁路轨道的机动车流线一定要能实现原路返回，无法原路返回的流线旅客体验较差。虹桥枢纽还为西交通中心单独设置了停车库流线以解决机动车直接进出停车库的必要性问题(图 4)。

(2) 在原路返回的策略之下，虹桥枢纽对非原路返回或者南北沟通的考虑不足。如南进场北离场或者北进场南离场的路径标识诱导不明显和交通需求考虑不充分。而外围绕行的崧泽高架，也由于立交转向匝道设计不

> 图 4　高铁与机场车库的衔接流线

全，无法利用高架快速系统绕行，导致部分旅客采用外围嘉闵高架辅路地面绕行（图 5）。

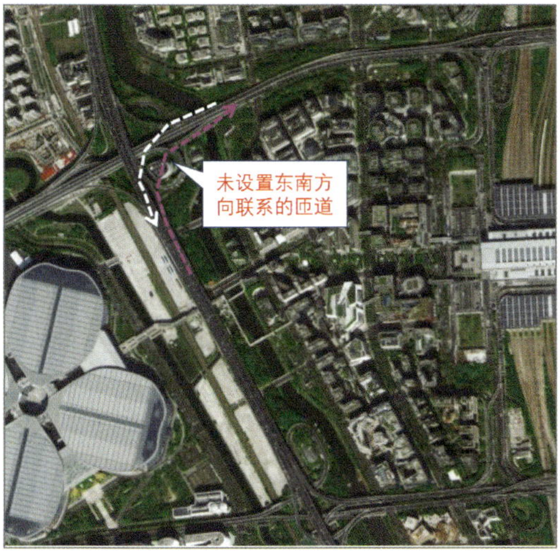

> **图 5** 崧泽高架与嘉闵高架立交节点

（3）南北东西沟通不便，对停车库的影响比较明显。由于四个循环圈和停车库基本采用对称设置，停车库规模对称相当，而四个循环圈的交通量明显不同，又无法实现便捷的南北互通，于是导致停车库之间无法共享资源。机场南北两个停车库和铁路南北两个停车库，即南北和东西之间均无法形成良好的互通互联，无法实现停车库资源共享和效益的最大化。

（4）现在的运营管理使送客车辆在集散匝道出发送客时，在南侧送完机场旅客后无法再送高铁旅客，高铁旅客只能从机场航站楼步行至高铁车站；在北侧送完高铁旅客后无法再送机场旅客，机场旅客只能从高铁车站步行至机场航站楼。这是实际运行管理改变了原有设计流线造成的。因此这提醒我们，前期规划设计阶段还需更好地对接运营管理，避免后期无法实现设计意图。

3 停蓄场站布局及交通组织

虹桥枢纽公交和出租车蓄场站充分利用了边角地块，集约布置，节省用地，多点分设，对应服务（图 6）；实现了“到发分离、场站分离”，并设置专用进离场匝道，流线合理，减少绕行，也减少了对周边市政道路的干扰；同时采用了分期实施的策略，控制了投资规模。实际运行管理按照原设计思路进行，总体方案和运行都比较成功。

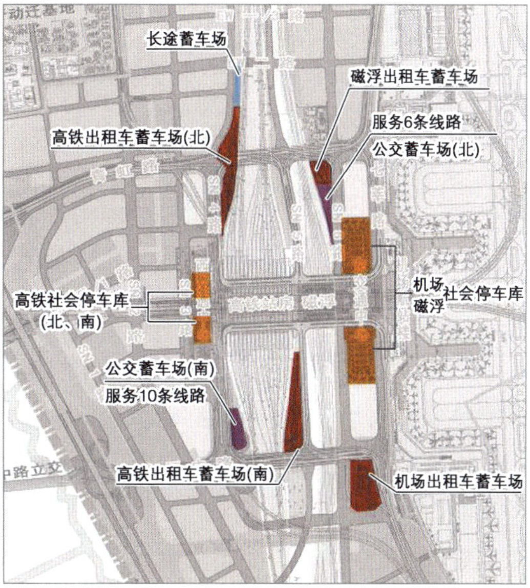

> **图 6** 虹桥枢纽各停蓄场站布局图

原设计未设置网约车专用的蓄车场和接客地点，也未对网约车实行电子围栏的管理。目前，网约车与出租车的营运比例已基本持平，网约车使用量非常巨大，致使网约车频繁进入停车库，由于其周转率较高，长期占用停车库内公共通道，降低了停车库的效率。尤其是晚高峰期间，大量网约车和私家车进入停车库，车库进出口匝机处常常拥堵。因此必须要对网约车设置电子围栏，在电子围栏内的网约车才可以接到订单，避免其在枢纽外围随意停车，增加周边道路的管理压力。

虹桥枢纽各场站采用多点分设，对应服务。该策略避免了单一场地规模过大和绕行过远，分散了压力。但同时缺少各场站之间的联络通道，无法充分调动各场站资源，弹性应对能力和灵活性不足，未能实现场站资源最大化。

另外，根据公交场站的已有规模，可以进一步考虑按照公交优先策略配备更多公交线路。但不适合在枢纽近距离位置设置大规模的场站设施，首末站的停蓄场站需设置在外围。

4 与商务区交通的关系

通常商务区依托枢纽本体巨大的辐射效应，开发量较大，就有较大的交通量。商务区交通出行基本与枢纽存在同方向的进出。现在实际上枢纽集疏运通道与商务区进出通道是共享的。接下来，商务区道路与枢纽快速集散道路需要剥离，进出商务区的匝道需要适度分离。同时商务区与枢纽之间需要实现便捷的车行、人行联系。

虹桥枢纽由于本体集散量非常巨大，枢纽集散匝道设计时较多地考虑枢纽本体的需求，与集疏运联系的匝道进出预留，也即商务区距离 2 号航站楼普遍大于 1.6 km，超出了步行距离范围，导致目前虹桥商务区进出需要利用枢纽的集散匝道，尤其是利用西交通中心的车库进出匝道对外联系，加剧了西交通中心匝道的拥堵。同时，由于枢纽与商务区的联系按照步行联系设计，并无针对商务区交通与枢纽本体的交通联系进行专项的设计考虑，但因步行尺度过大，车行联系需求仍较大，商务区进入枢纽核心体车库和送客车道边绕行远。枢纽集散系统未设置针对周边区域短距离内的进出匝道，导致周边区域进出枢纽核心本体反而困难，不仅绕行距离比较远，而且均要利用枢纽本体集散匝道。

2022 年 7 月虹桥枢纽西交通中心综合提升工程已正式开工。项目针对西交通中心停车库，即 P9、P10 进行改建扩容，解决火车站配建车库不足的问题。同时新建一个含三座步行连廊的两层平台（图 7），直接连接虹桥火车站西侧站厅和商务区虹桥天地，增强虹桥枢纽西侧与虹桥国际中央商务区核心区的人行联系，解决枢纽本体商务商业功能配套过远、与商务区活力互动不够等切实问题，推进交通功能与高端商务、会展、贸易等功能的深度融合。

5 车道边

1）出发送客车道边

虹桥机场和虹桥火车站均采用双组出发送客车道边，内侧 3 车道＋外侧 4 车道。目前枢纽火车站和机场车道边已出现高峰期常态化拥堵，尤其是火车站旅客量是机场的 3 倍，拥堵状况更加明显，甚至外延至集散匝道分流处，影响了其他流线的正常运行。

> **图 7** 虹桥商务区与枢纽核心设施之间的联系平台加建示意图

出发车道边通行能力与设计预测有较大差别，主要存在于以下几处：

第一，原设计考虑送客车道边长度除驶进和驶出过渡段长度外，其余长度有效率为100%，而实际运行过程中，车道边长度有效率与核心体建筑的入口管理相关性很大。虹桥火车站和机场由于管理运行的原因，集中单一入口或集中少量入口，火车站避免人流过分集中，室外采用了较长的蛇形排队，那么远离建筑入口的车道边，车辆基本不会停靠。因此，虹桥火车站基本有效的车道边长度为原有设计的 1/2，导致拥堵严重。这点与浦东机场不同，浦东机场按照航空公司均匀开设建筑入口，因此车道边长度可以得到充分的利用。

第二，车道边实际通行能力与交通仿真模拟得到的通行能力差别很大。设计时，按照运行规则，交通仿真模拟三车道的情况，最内侧车道停靠，中间车道交织，最外侧车道过境，这样模拟结果就是每百米的车道边通行能力为600 PCU/h 左右。而实际运行时，车辆在靠近建筑入口处，是两条车道同时停车落客，最外侧车道交织，造成后续过境车辆部分堵塞。根据实际观测，虹桥火车站外侧车道边实际使用长度为 200 m，高峰小时通行能力为 2 000 PCU。因此，在实际运行过程中，单组四车道的通行能力较三车道为高，可以达到 1 000 PCU/h。例如杭州萧山机场有 2 组车道边，每组 4 根车道，车道边有效长度为 300 m，每天过境车辆可超过 6 万辆。

第三，人行横道对内侧车道边通行能力有较大影响。根据实际运行观察，人行横道的间距过大，人流过于集中，需要进行专门的停车管控甚至增设管理人员或者增加红绿灯才行，这导致车道边本身停停走走的停靠延误间隙无法得到充分利用。因此，建议设置双组车道边，内侧车道边人行道间距按照 30～50 m 进行设置。鉴于车道边车辆慢速行驶的情况,人流穿插内侧车道边引起安全事故的可能性较小,因此主要应关注如何根据穿越人行量,以及建筑入口位置合理设置人行横道,从而实现车道边通行能力最大化。

第四,锯齿形大型巴士停车位未达到设计所设想的目标。虹桥枢纽在内侧车道边设置了锯齿形的大型巴士停车位,设计原期望可缩短大型巴士单车停靠长度,相当于延长车道边长度,但目前从运行情况来看,并未达到原来设想目标:运行灵活性不足,小车停靠时,长度利用率不足;而大型巴士停靠时,因驾驶员对于锯齿形车位不熟悉,无法短时间内停靠进锯齿形车位,还是基本采用平行停靠方式。因此,对于出发车道边不建议采用锯齿形车位。

第五,出发车道边的分类管理,设计与实际情况有差距。设计阶段通常设想,对于多组车道边,内侧车道边会是旅客的优先选择,若不进行分类管理,存在内侧车道边拥堵而外侧车道边闲置、无法充分利用的情况。现状是在公交优先的设计理念引导下,内侧车道边仅保障大型巴士,外侧车道边不进行车种限制。实际运行中,我们看到在外侧车道边的车辆不会因为内侧车道边方便而选择穿越到内侧车道边来,车流会自发均衡选择内、外侧车道边使延误最低,效率最高。在不拥堵情况下,存在优先使用内侧车道边的情况,但内、外侧车道边使用基本均衡,不存在明显的差别。因此,我们建议在车道边资源比较紧张的情况下,不进行车道边分类管理,从而提高车道边的使用效率。分类管理实际上降低了非高峰期内侧车道边的灵活性,使得内侧车道边利用率无法充分发挥。如在内侧车道边空闲时,车辆还需停靠外侧车道边,则会增加旅客步行距离。

2)到达接客车道边

虹桥机场的出租车到达接客车道边采用斜列式停车位,这在国内属于首次使用。上客车道边设计的核心就是缩短人与车的距离,以及缩短人到车的行走时间。斜列式停车位的直观优点就是各车驶离互不干扰,可以显著提高车辆通行能力,但前提是各车辆需要基本统一进车位,也基本需要统一出车位,以最长时长上客车辆为一个周期,否则也存在某车位旅客和其他车位驶入车辆的人车交叉。虹桥机场原车道边设计需要旅客提前在对应车位排队,可以同时上客[图 8(a)],深圳罗湖口岸的人行排队就是按照对应车位排队。虹桥机场现运行管理方案是旅客从单点出发,由一个管理员对其进行引导,存在连续不断的人车交叉和部分旅客走行距离较远,尤其是有大件行李的较远车位旅客走行不便的情况[图 8(b)]。对管理者来说,对应车位排队容易导致混乱,需要更多管理人员,而单点出发管理更为简便。经过观察多个枢纽的出租车上客车道边接客组织情况,平行式车位与斜列式车位并无显著差别。在怠速或者极慢速的车辆接客过程中,人车交叉不会显著引起安全事故。虹桥枢纽每个车位车流量为 100 辆/h,每天一个出租车上客位车流量约为 1 000 辆。虹桥机场车道边的车位为斜列式,虹桥火车站车道边的车位为平行式,平均上客时间为 40 s,斜列式占地较大,平行式占地较小。相对于排列方式的影响,上客点个数对整个接客效率影响较大，平行式多点分设比较容易。

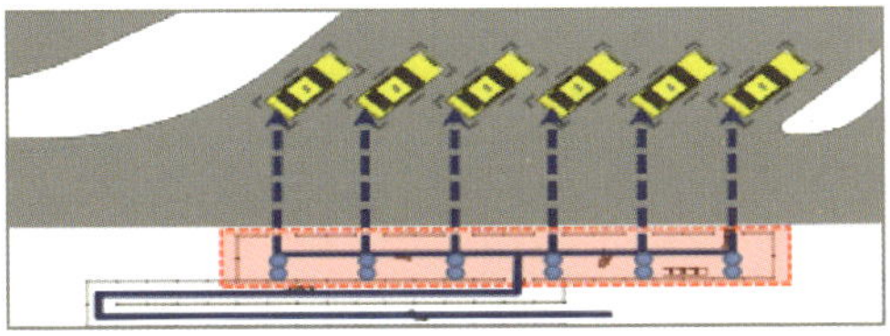

(a) 原设计方案思路

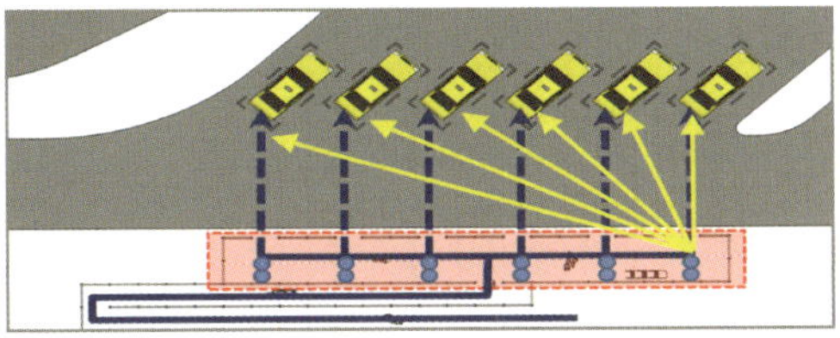

(b) 现运行管理方案

> **图 8** 虹桥机场到达接客车道边原设计方案与现运行管理方案对比

虹桥枢纽的大型巴士接客和出租车接客并未在同一到达车道边，机场的到达车道边虽都贴临航站楼，但设计了出租车离场地道穿越公交接客进场流线，避免大型巴士和出租车流线的交叉。从实际运行来看，如果到达车道边有足够的长度，出租车和大型巴士的到达车道边可以均在航站楼前。大型巴士的驶入驶出频率较低，与出租车进场或者离场的交叉并不影响整体的通行效率和运行安全。因此，运行中采用一定的管理措施比采用投资较大的单组车道边地道或者多组车道边人行天桥分离两者流线会取得更好的综合效益。

6 车库内部流线

在设置车库内部流线时，虹桥机场和虹桥火车站存在不同的组织方案，运行效果显著不同(图 9，图 10)。

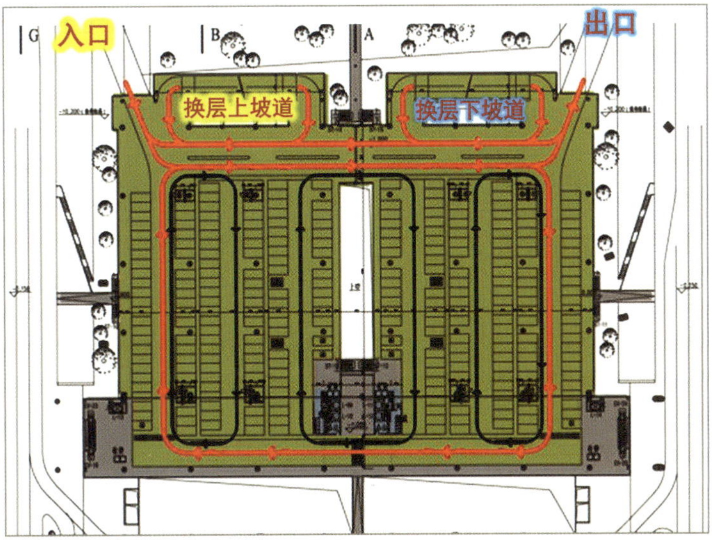

> **图 9** 虹桥机场车库内流线

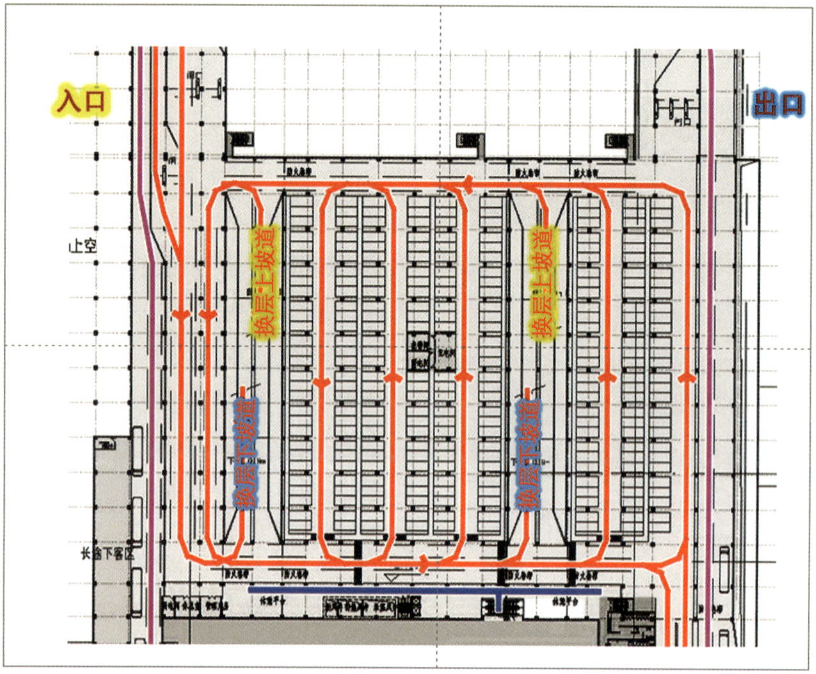

> 图 10 虹桥火车站车库内流线

由于火车站车库的换层坡道位置没有直接贴近主出入口，导致库内流线交叉严重，极大地影响了车库内部运行效率，造成火车站库内车流堵塞严重。因此在新的项目中要注意：①换层坡道要与主入口直接相连，不应绕行库内，换层坡道也需要与主车道直接相连。在车库规模较大时，主车道上车流量较大时，不宜在车道两侧同时布置停车位。②行车方向宜采用单向。库内车道无论是主车道还是次车道，均宜采用单向行车方式，这样可以避免库内车辆出现堵塞。可以通过限定地面划线、设置标识等多种手段对车流方向进行控制。③库内车流宜采用大循环＋小循环的方式，不应有尽端路和盲区。这样的分级设置可使车辆方便地从大循环进入小循环，也有利于驾驶员对库内空间和流线的理解。

7 分合流与交织段

目前国内的快速路规范和公路规范，都对运行主线上匝道之间的交织距离做了明确的规定，但在交通枢纽中没有运行主线概念，全部是匝道之间的分合流，目前没有可参考的规范。所以交通枢纽中集散系统均按照匝道设计，部分可采用交叉口原则设计，其核心是保障运行的连续性和顺畅性，并未对车速的统一提出要求。因此，交通枢纽的的设计目标、原则与市政道路存在很大的差别。虹桥枢纽规划设计时，通过交通仿真模拟科研课题，研究设计了匝道分合流和交织段。通过 10 年运行，在巨大的交通量之下，目前并无问题。为此，我们提出枢纽道路交织段长度建议，如表 1 所示。

表 1　集散道路交织段的长度建议值　(m)

交织段类型			驶入—驶出	驶入—驶入	驶出—驶入	驶出—驶出
枢纽集散道路	一般值	设计时速 60 km	140	100	60	100
	推荐值		160	120	80	120
	一般值	设计时速 40 km	100	60	40	60
	推荐值		120	80	60	80
《城市快速路设计规程》	主线出入口间距	设计时速 60 km	760	460	160	460
		设计时速 40 km	510	310	110	310

8　结语

我们对虹桥枢纽的道路集散系统运行进行后评估的结论是：虹桥枢纽的规划、设计、建设、运行等各个环节，整体上非常成功，其运营效率是非常高的。但随着虹桥枢纽运营时间的不断加长，虹桥枢纽交通量的不断提高，以及环境条件的变化和各种突发事件的影响，还有旅客习惯的不断改变，虹桥枢纽也需要持续改进，我们的认知也在逐步更新，从这些变化中总结出一些规律或经验教训，是非常有意义的。希望虹桥枢纽的经验教训能给未来的枢纽规划建设与运营管理提供一些参考和一个看问题的角度。

参考文献

[1] 刘武君. 综合交通枢纽规划[M]. 上海：上海科学技术出版社，2021.

[2] 上海虹桥综合交通枢纽建设指挥部. 虹桥综合交通枢纽工程建设与管理创新研究与实践[M]. 上海：上海科学技术出版社，2011.

[3] 上海交通指挥中心. 上海门户，枢纽传说——虹桥枢纽十年运行数据解析[EB/OL]. (2019-10-28). http://news.carnoc.com/list/511/511033.html.

虹桥综合交通枢纽城市轨道交通系统后评估

冯 云[1] 胡建忠[2]

【摘要】 城市轨道交通(地铁)是虹桥综合交通枢纽客流量最大的集散交通方式。本文评估虹桥枢纽轨道交通情况,研究枢纽轨道交通站的相关问题,重点研究客流,提出改进建议,使轨道交通更好地为虹桥枢纽服务。

【关键词】 虹桥综合交通枢纽;轨道交通;集散交通

虹桥综合交通枢纽自 2010 年开通以来,城市轨道交通(地铁)始终占据了一半以上的集散交通量。虹桥枢纽设有轨道交通站 3 座,分别是虹桥 1 号航站楼站、虹桥 2 号航站楼站和虹桥火车站站,正如站名所示,三座轨道交通站分别主要服务于三处对外交通的集散客流。

虹桥枢纽的轨道交通站担负着多种交通方式的衔接与换乘等功能,客流需求主要取决于对外交通量及其分布,呈现出与城市内的其他轨道交通站不一样的客流特征。因此需要对客流特征进行深入研究,系统评估超大型对外交通枢纽的轨道交通站服务能力的适应性,为枢纽运营管理、更新改造乃至今后此类的枢纽设计提供参考。

1 轨道交通及枢纽其他交通量

2010 年虹桥枢纽启用,轨道交通 2 号线和 10 号线虹桥段同步投入使用,分担了枢纽的一大部分集散交通量。随着虹桥枢纽对外交通量的增长,轨道交通客流量也逐年提高。2017 年底轨道交通 17 号线投入使用,在虹桥枢纽对外交通量平稳增长的情况下,轨道交通客流产生了一个较大的增长(表 1),2018 年和 2019 年轨道交通客流量增长率均高于虹桥枢纽对外交通客流量增长率,集散交通中轨道交通分担率继续提高。

表 1 虹桥枢纽内外交通客流量 (万人次/d)

年份	对外交通		城市集散交通							总计
			轨道交通		公交	出租车	社会车辆	小计		
2015	37.5	上升率(%)	21.7	上升率(%)	7.5	8.6	9.6	47.4	上升率(%)	84.9
2016	42.3	12.8	24.7	13.8	7.4	8.5	11.6	52.2	10.1	94.5
2017	46.5	9.9	27.1	9.7	7.2	9.6	13.1	57.1	9.4	103.6
2018	48.5	4.3	29.2	7.7	6.2	10.0	18.7	64.1	12.3	112.6
2019	50.9	4.9	30.9	5.8	5.5	9.7	18.5	64.6	0.8	115.5

1 冯云,上海市政工程设计研究总院高级工程师。
2 胡建忠,上海申虹投资发展有限公司副总工程师。

2 轨道交通各线客流量

2010 年虹桥枢纽投运时，同步开通的有轨道交通 2 号线和 10 号线。在枢纽内 2 号线设虹桥 2 号航站楼站和虹桥火车站站，10 号线设虹桥 1 号航站楼站、2 号航站楼站和虹桥火车站站。2017 年年底，轨道交通 17 号线开通，在虹桥火车站设站。因此，现在虹桥枢纽的三座轨道交通站，虹桥 1 号航站楼站无轨道交通之间的换乘，虹桥 2 号航站楼站为 2 号线和 10 号线两线换乘站，虹桥火车站站为 2 号线、10 号线和 17 号线三线换乘站。

虹桥枢纽轨道交通各线路进出站 2015—2019 年逐年平均日客流量见表 2。除 2 号线 2018 年客流量略有下降外，其余各线客流量均逐年增长。而这个下降正是因为 17 号线开通，原乘坐 2 号线换乘公交或其他交通方式至 17 号线沿线的客流，转而直接在站内由 2 号线换乘 17 号，减少了进出站客流；2018 年公交客流有较大的下降，就是一个佐证（表 1）。在进出站客流比较方面，除 17 号线外，其余两线均是进站客流大于出站客流，因 17 号线客流占比较小（不到 10%），总体客流情况是进站大于出站。

表 2 虹桥枢纽轨道交通各线路进出客流 （万人次 /d）

年度 \ 线路		2 号线		10 号线		17 号线		合计	
2015	进	8.51	16.30	2.80	5.40	—		11.31	21.7
	出	7.79		2.60				10.39	
2016	进	9.72	18.51	3.18	6.10	—		12.90	24.7
	出	8.79		2.92				11.81	
2017	进	10.60	20.30	3.51	6.77	—		14.11	27.1
	出	9.70		3.26				12.96	
2018	进	10.31	19.82	3.68	7.14	1.09	2.22	15.08	29.2
	出	9.51		3.46		1.13		14.10	
2019	进	10.96	21.09	3.84	7.46	1.16	2.35	15.96	30.9
	出	10.13		3.62		1.19		14.94	

3 轨道交通各站客流量

虹桥枢纽三座轨道交通站 2015—2019 年进出客流量如表 3 所示，各站客流量逐年增长。2019 年虹桥火车站站日均客流量达到 23.5 万人次，为当年上海市轨道交通全网中客流量第二大车站，仅次于人民广场站（25.5 万人次）。在增长态势上，人民广场站 2019 年客流量增长率为 1.4%，而虹桥火车站站客流量增长率为 5.5%，正常情况下，虹桥火车站站将很快成为上海市轨道交通第一大站。

表 3 虹桥枢纽轨道交通各站进出客流量

(万人次/d)

车站 年度	虹桥 1 号航站楼站			虹桥 2 号航站楼站			虹桥火车站站		
	进站	出站	合计	进站	出站	合计	进站	出站	合计
2015	0.67	0.65	1.32	2.01	1.71	3.73	8.62	8.02	16.64
2016	0.75	0.72	1.47	2.23	1.80	4.03	9.92	9.18	19.10
2017	0.80	0.76	1.56	2.40	1.87	4.27	10.92	10.33	21.25
2018	0.81	0.79	1.60	3.31	1.98	5.29	10.96	11.34	22.30
2019	0.81	0.78	1.59	3.58	2.20	5.78	11.56	11.96	23.52

总体来看，虹桥 1 号航站楼站客流量比较稳定，虹桥 2 号航站楼站客流量增长最快，虹桥火车站站客流量趋于稳定。其中，2 号航站楼站在 2018 年有一个巨大提升，这是因为虹桥火车站站由于原先的安检等进站流程，制约了高铁到达旅客的进站能力，与 2017 年相比轨道交通进站客流增量基本上移至 2 号航站楼站。对于铁路旅客来说，虽然增加了一点步行距离(平均不超过 200 m)，但节约了排队过安检的时间，总体是值得的。同期虹桥火车站站的客流量虽然也在增加，但主要增加的是出站客流量。

4 站台客流密度

用 2019 年客流量计算各车站站台客流密度，结果见表 4。虹桥火车站站 10 号线站台客流密度最高，再考虑 10 号线线路为支线设置，发车密度约为 2 号线的一半，站台上候车人群密度更大。在实际现场 10 号线站台最拥挤，因此在下行扶梯边侧延长线加了隔离栏杆，防止下扶梯人流与站台边走行人流产生冲突。由于虹桥火车站站是 10 号线的始发站，为减少站台拥挤，还可以让出发列车在站台上停站时间长一点，让站台的人上车等候开车。

表 4 虹桥枢纽轨道交通各站台客流密度

站台 指标	虹桥 1 号航站楼站	虹桥 2 号航站楼站		虹桥火车站站	
	10 号线	2 号线	10 号线	2 号线+17 号线	10 号线
站台宽度(m)	8	12+15	12+15	16+23	12
站台长度(m)	140	186	140	186/140	140
客流量(万人次/d)	1.59	4.63	1.16	18.81	4.70
客流密度[人次/(m^2·d)]	14.2	9.2	3.1	25.9	28.0

客流密度较低的是 2 号航站楼站，还有相当的潜力。现在虹桥火车站的旅客已经有一部

分通过轨道交通 2 号线航站楼站集散，正在建设的市域铁路两场联络线和嘉闵线均在原磁浮车站设站，将来会有一大部分乘客使用 2 号航站楼站。即便如此，2 号航站楼站的能力仍然相当富余，建议通过标识等引导措施让更多的铁路旅客使用 2 号航站楼站。

5 轨道交通日客流分析

1）轨道交通日均进出客流

虹桥枢纽 2019 年轨道交通日均客流量见表 5。对于枢纽各轨道交通线车站客流占全线客流之比，17 号线仅在虹桥枢纽设 1 站，但客流占比最大，为 15%；2 号线设 2 站，占比为 14.5%；10 号线设 3 站，但客流占比最小，为 8.5%。10 号线 3 站客流全线占比小，与 10 号线按支线方式设置线路有关。支线方式运营使得枢纽站点发车间隔大，降低了服务水平。

2019 年轨道交通进出站客流量比较，1 号航站楼站和 2 号航站楼站进站大于出站，2 号航站楼站进站客流量显著大于出站客流量，而虹桥火车站站进站客流量略小于出站客流量。

2）双休日工作日客流量之比

2019 年虹桥枢纽轨道交通双休日与工作日客流量之比见表 6。上海市轨道交通全网客流量双休日约占工作日的 66%，2 号航站楼站这一比例为 76%，虹桥火车站站为 83%；由于客流主体是对应对外交通的集散客流，虹桥枢纽轨道交通客流的起伏比上海市轨道交通全网小，尤其是虹桥火车站站主要服务于铁路对外交通，其客流更为平稳，在大量的集散交通量上叠加了约 1/6 的上下班客流。

表 5 2019 年虹桥枢纽轨道交通平均日客流量 （万人次/d）

车站 / 线路	虹桥 1 号航站楼站		虹桥 2 号航站楼站		虹桥火车站站		全线客流量占比(%)
	进站	出站	进站	出站	进站	出站	
2 号线	—	—	2.87	1.76	8.09	8.37	14.5
10 号线	0.81	0.78	0.72	0.44	2.31	2.39	8.5
17 号线	—	—	—	—	1.16	1.19	15.0
各站合计	0.81	0.78	3.59	2.20	11.56	11.95	—
	1.59		5.79		23.51		

表 6 2019 年虹桥枢纽轨道交通双休日和工作日客流量之比

比较项目	虹桥 2 号航站楼站	虹桥火车站站	上海市地铁全网
工作日(万人次)	6.20	24.71	1 189
双休日(万人次)	4.73	20.59	789
双休日/工作日	0.76	0.83	0.66

3）轨道交通日客流分布

因轨道交通 1 号航站楼站客流量较小，仅研究 2 号航站楼站和虹桥火车站站。图 1 为 2 号航站楼站客流量日分布图。双休日客流量分布形态基本上与航班分布一致，有一个比较弱的高峰，在 12:00—16:00；双休日高峰小时系数约为 0.086。工作日客流曲线有早晚两个高峰，早高峰在 8:00—9:00，晚高峰在 17:00—19:00，晚高峰客流量略高于早高峰；工作日高峰小时系数约为 0.090。高峰小时系数均低于一般轨道交通站及设计取值(0.12)。

图 2 为虹桥火车站站客流量日分布图。双

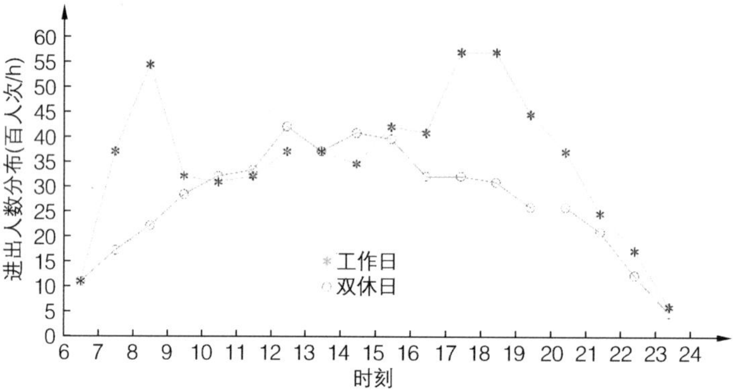

> **图 1** 轨道交通虹桥 2 号航站楼站日客流量分布

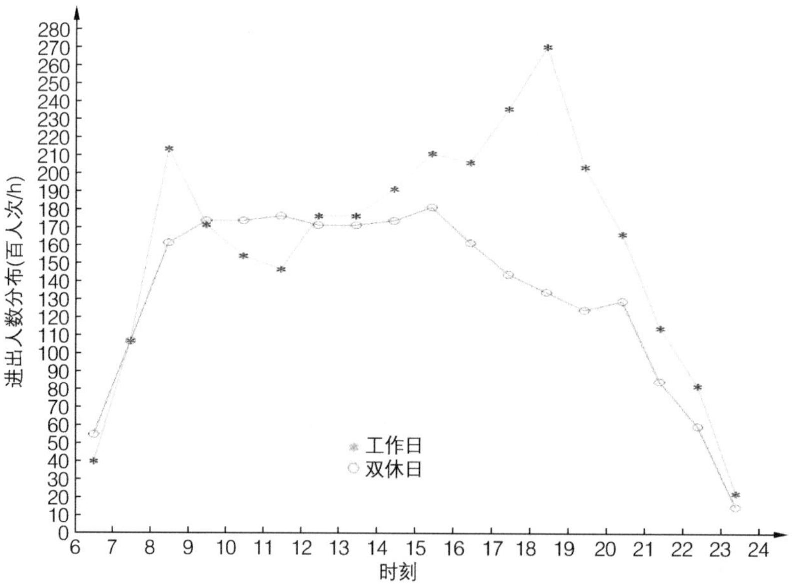

> **图 2** 轨道交通虹桥火车站站日客流量分布

休日客流量分布形态基本与铁路列车班次分布一致，基本没有高峰，15:00—16:00 对应列车最高到发量，有一个微弱的高峰；双休日高峰小时系数约为 0.075。工作日客流量曲线有早晚两个高峰，早高峰在 8:00—9:00，晚高峰在 18:00—19:00；晚高峰客流量明显高于早高峰，且在 17:00—18:00 客流量也高于早高峰；工作日高峰小时系数约为 0.093。

6 设施现状评估

虹桥枢纽轨道交通线路运能基本充足，没有乘客不能上车的现象。发车频率较高，按支线设置的 10 号线在高峰时段，优先安排虹桥方向的发车，两条支线从最初的 1∶1 发车，增加到 2∶1，直到 3∶1，充分照顾了虹桥枢纽的客流。轨道交通车厢内环境好，基本没有过度拥挤的情况。

轨道交通站台、站厅、上下扶梯等通道能力基本充足。站台除 10 号线虹桥火车站站高峰时比较拥挤外，其余站台站立人员密度不高。站内环境良好有序。

虹桥火车站站进站安检成为交通瓶颈，高峰时段易产生长时间排队。

7 分析和总结

本文主要从客流出发，评估了虹桥枢纽轨道交通的运营状况，最后进行分析和总结：

（1）轨道交通作为虹桥枢纽客流量最大的城市集散交通设施，担负了对外交通一多半的集散量，运行状况良好。正在运营的三条轨道交通线路中，2 号线分担的客流最大，三条线客流量基本上是 9∶3∶1 的比例关系，17 号线客流量最小。10 号线虽然在虹桥枢纽设有 3 站，但承担的客流量并不理想，同时虹桥枢纽客流量在 10 号线全线的占比也最小。

（2）轨道交通的瓶颈有两个，一是虹桥火车站站进站处，另一个是虹桥火车站站 10 号线站台。一般城市轨道交通站按照慢进快出设计，而虹桥火车站站鉴于铁路到达的瞬时大客流，并且轨道交通客流进站前是集聚在火车站内，没有很大的缓冲空间，必须考虑比较高的轨道交通进站速度。有三点要注意：一是进口闸机要足够；二是轨道交通站台宽度要大，要能承受瞬时冲击客流；三是进站流程要顺畅，安检、售检票等安排要更为高效。2019 年年底枢纽进行了安检改造，铁路到达旅客无需安检即可进入轨道交通站，相信进站瓶颈问题会改善许多。

（3）客流量最大的是虹桥火车站站，其客流量逼近上海轨道交通全网第一大站人民广场站。人民广场站同样是三线站，但它占地大，出入口众多，总体上呈分散状，而虹桥火车站站全部设在火车站下，出入口也基本在火车站内，布局高度集中，负荷太大，其中 1/6 客流是就职于虹桥商务区的上下班职工，流量足以再设一个轨道交通站。看来，在客流巨大的超大型交通枢纽中，服务于枢纽和商务区的轨道交通站点宜分开设置，一方面降低集中的客流量，另一方面也可减少总的步行距离，提高服务水平。

（注：除注明引用外，主要数据来源于虹桥枢纽运行中心的数据报表。）

参考文献

[1] 上海市城乡建设和交通发展研究院，上海城市综合交通规划科技咨询有限公司. 虹桥枢纽交通运营评估及交通优化(中期成果)[R]. 2019.

[2] 上海交通指挥中心. 上海轨道交通 2019 全年日均客流 1063 万人次 详情一览[EB/OL]. (2020-01-20). http://sh. sina. com. cn/news/m/2020-01-20/detail-iihnzhha3741323. shtml.

[3] 许心越. 城市轨道交通车站服务能力计算与能力适应性评估[M]. 北京：北京交通大学出版社，2016.

虹桥综合交通枢纽园林绿化建设与运维评估

俞莉萍[1] 陈 健[2]

【摘要】 本文回顾了虹桥综合交通枢纽商务区园林绿化的规划理念、规划原则和规划布局,从建设和运维管理两个方面对园林绿化的实施进行评估,总结了实施过程中的问题与不足,提出了综合效益的博弈与平衡、顶层指导的更新与衔接、开发时序的统筹与控制等三方面的对策建议。

【关键词】 虹桥综合交通枢纽;园林绿化建设与运维;实施评估

1 引言

生态空间是指城市中以提供生态系统服务为主的用地类型所占有的空间,其中城市绿地是多元生态建设中的核心构成要素。生态空间的建设能够促进生态资源保护与城市发展相协调,推动生态网络与城市功能自然融合。虹桥综合交通枢纽商务区是生态空间与现代城市融合碰撞的典型区域,对于探索生态建设与城市发展之间的和谐关系具有重要的示范价值。本文系统回顾了虹桥枢纽园林绿化在空间建设和运维管理两个方面的实施经验,通过分析评估,为今后综合交通枢纽园林绿化的设计、建设与管理提供切实可行的依据,便于对生态空间建设过程中出现的问题进行及时修正与改进,进一步提高城市建设的效率。

2 园林绿化实施评估体系的构建

基于国内外相关规划实施评估理论研究和评估案例,结合虹桥枢纽自身特点和园林绿化建设与运维情况,形成园林绿化建设与运维评估体系(图 1)。本次评估首先系统梳理虹桥枢纽绿地规划建设概况,回顾规划背景、规划理念、规划原则和规划布局等核心规划内容。其次通过对于园林绿化在空间建设和运维管理两个方面的实施评估形成综合的评估体系,其中空间建设实施评估包括对于景观格局的实施评估、景观结构的实施评估以及景观功能的实施评估;运维管理评估关注日常养护和重点维护的工作要点。最后基于实施评估结果总结经验,剖析优化诉求,对今后综合交通枢纽园林绿化的建设与运维提出相应的对策与建议,为未来商务区发展提供借鉴与指导。

3 虹桥商务区园林绿化规划建设概况

虹桥商务区依托虹桥枢纽,建设上海现代服务业的聚集区,上海国际贸易中心建设的新平台,国内外企业总部和贸易机构的汇集地。虹桥商务区的建设广泛吸收了国际商务区的成功经验,取百家之长,创虹桥之新,积极贯彻“创新、协调、绿色、开放、共享”五大发展理念,力求打造成为世界级商务中心。成功的绿地规

1 俞莉萍,上海园林(集团)有限公司副总工程师。
2 陈健,上海园林(集团)有限公司景观设计研究院工程师。

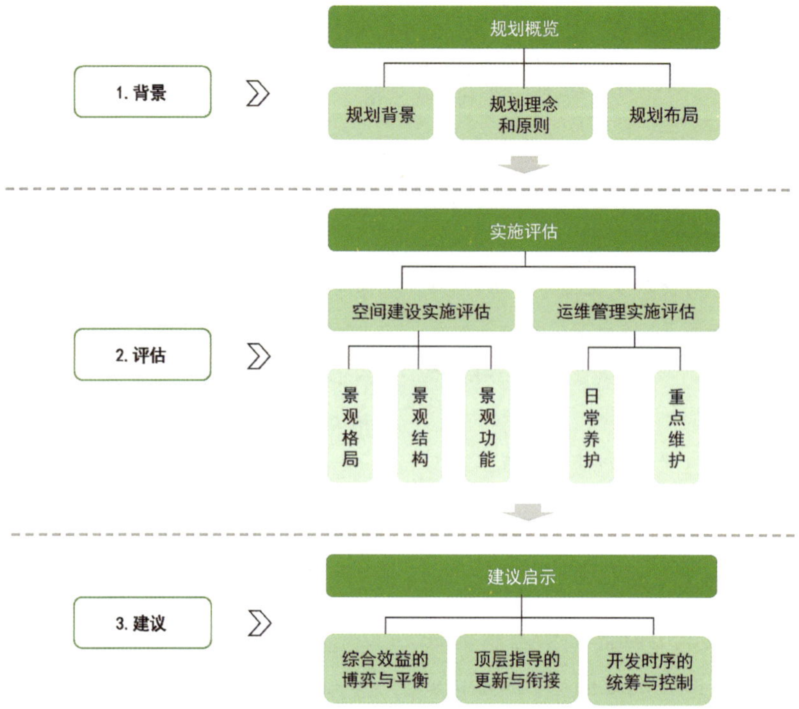

> 图 1　虹桥枢纽园林绿化建设与运维实施评估体系

划设计是城市商务区可持续发展的基本保障，为达成“国家绿色生态示范城区”的建设目标，虹桥枢纽绿地规划设计秉持“绿色循环、低碳经济”发展理念，从规划布局有新突破、生态环境有新亮点、技术应用有新特色等方面着手，积极探索生态环境与综合交通、商务活动需求之间的区域发展关系，力求营造舒适宜人的自然环境，实现商务区的绿色可持续发展。

虹桥商务区主城片区规划面积为 88 km^2，为构建功能复合、开放共享的空间组织模式，提供优质的环境品质，规划以“生态塑本底、组团促多元、中心强链接”为核心理念，构建“T 字主脉、五廊、三带”的生态骨架，通过城市公园、防护绿带等形式的绿化空间强调生态体系的保护与延续（图 2），把生态环境作为城市发展的底线和红线，锚固生态基底，注重生态品质塑造，通过绿地规划设计强化虹桥枢纽的功能定位，打造具有鲜明特色的城市名片形象。

绿地系统规划遵循了功能协调、整体设计、生态优先、以人为本、强化文化内涵、低碳技术运用等六项原则。功能协调原则指结合已建成的虹桥枢纽进行统筹规划，重点展现商务交流和交通枢纽两大功能特色；整体设计原则指在场地现状梳理和上位规划解读的基础上，打造具有整体性的绿地系统；生态优先原则要求尊重场地原有地形地貌、水系形态和植被分布，注

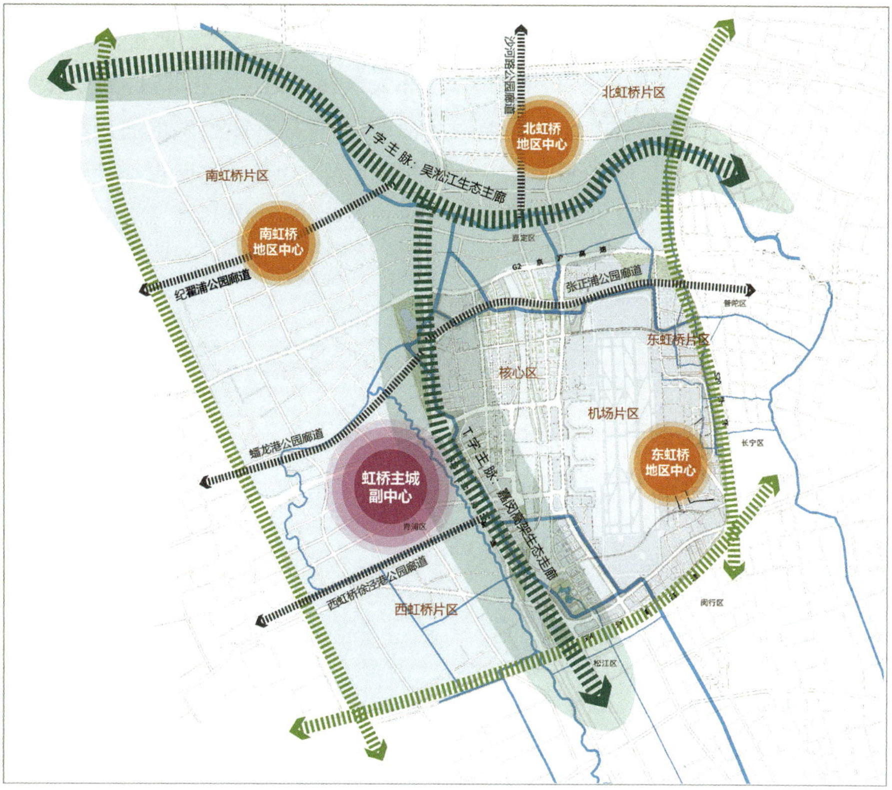

> **图 2** 虹桥商务区主城片区空间结构规划图

重绿地、林地、湿地等多种生态空间类型的功能整合，形成自然和人工和谐发展的生态环境；以人为本原则指在绿地建设过程中引入多样化的社会功能，为市民和商务人士提供休闲、娱乐、健身、交往的活动场所；强化文化内涵原则指力求高起点、高标准、高品位营造富有时代特征的城市人文绿地景观，为塑造城市形象创造条件；低碳技术运用原则指通过创新技术的应用实现商务区的全面低碳排放，在同类型商务区建设中起到一定的示范作用。

绿地规划注重分层次系统建设，以大规模的生态绿地保证区域环境品质，并充分依托水系、街道、建筑等城市要素构成完整的绿地系统（图 3）。根据功能定位和景观特征，可将区域内的绿地分为公园绿地、附属绿地、防护绿地等三种类型。公园绿地指华翔绿地、云霞绿地、迎宾绿地、天麓绿地等结合环区域休闲步道以及自然水网布置的大型开放式绿地，这类绿地强调生态集聚效应，有助于构建稳定生态系统，融入了景观展示和休闲游憩功能，注重观赏性和参与性，通过多种形式的休闲活动场所和服务设施增强商务区公共空间的活力。附属绿地指结合地块街坊公共空间布置的绿地、沿滨水休闲带集中布置的绿地以及市政配套建筑附属绿化等类型，这类绿地注重与周边建筑、道路、水系的协调关系，强调功能的多样性和丰富性，营造人与景观的互动体验。防护绿地指位于商务区外围呈带状分布并且具有防护隔离功能的绿地，包含高铁防护林带、高架道路防护林带等多种形式。防护绿地能够隔离噪声和大气污染，净化空气，屏蔽嘈杂喧闹的站前活动，通过具有序列感的布局模式进行适宜的视线引导，对于改善城市交通枢纽生态环境起着重要作用。

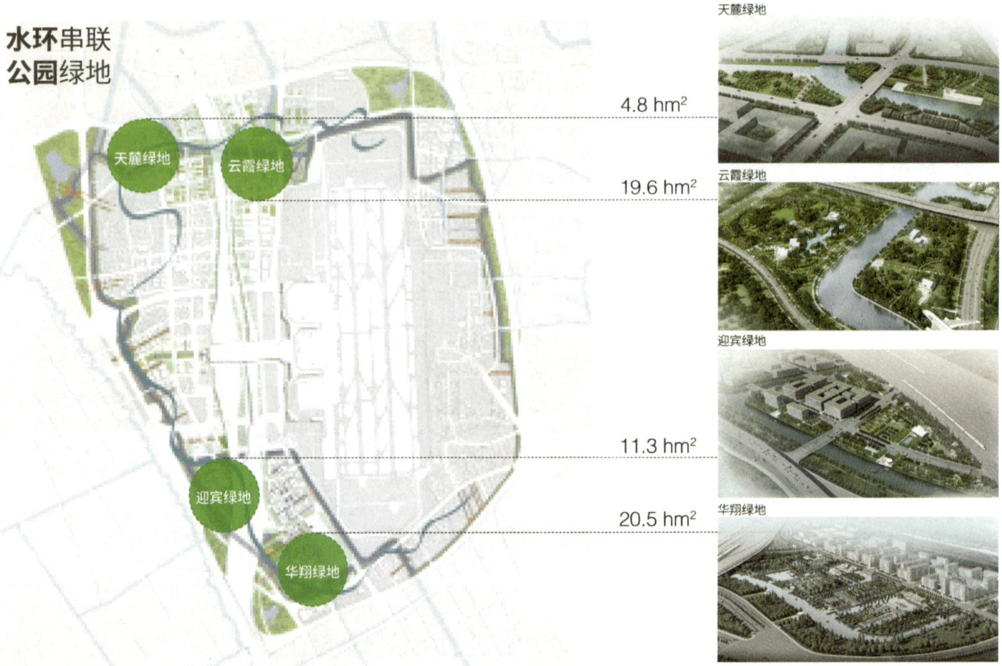

> **图 3** 虹桥商务区主功能区公园绿地

4 园林绿化空间建设实施评估

4.1 景观格局规划与实施评估

虹桥枢纽具有水网联通环绕的区域特征，因此在景观格局上强调绿地与水系的协调关系，通过两者之间相互融合的设计理念最大化发挥城市生态资源的综合价值。区域内水网发达，北横泾、张正浦等自然河道贯通形成18 km长的景观水环和具有“江南水乡”特色的空间格局。华翔绿地是河道沿线规模最大的公园绿地，以连续的水系纽带作为景观骨架，利用绿地、建筑、广场组成生动的景观序列。滨水景观界面将组团内小块绿地引入大尺度的环状滨水绿地中，形成一个由城市向自然景观过渡的长轴，水绿相依的城市滨水公共

> **图 4** 华翔绿地鸟瞰

> **图 5** 华翔绿地滨水空间

空间为人们提供了亲近自然的多样化都市景观(图 4,图 5)。

华翔绿地的水岸长达 3.9 km,考虑到降雨时景观水体内会接纳大量地表径流影响水质,故因地制宜地优化沿岸浅水区水生植物和湿生植物的配置,结合自然生态护岸形式,创造多样化生态景观。在植物选择时以浮叶植物和浅根系挺水植物为主,通过植物茎叶的拦截、水岸边浅层土壤的吸附过滤以及污染物的自然沉降达到净化水质的目的。华翔绿地具有滨水驳岸长、整体地势平坦、土壤排水性良好等特点,具备"绿地海绵体"蓄水条件,是建设海绵城市低影响开发雨水系统的重要载体。通过雨水花园技术和屋顶绿化技术,可对绿地内产生的雨水进行回收再利用,遵循雨水资源化、处理就地化、系统生态化、成本最小化的理念,实现缓解城市内涝,减少城市排水的目标。

从已建绿地的实施情况来看,宏观层面的整体景观格局实施效果相对较好,规划所确定的景观轴线和核心节点得到较为全面的落实,区域层面呈现水绿交融、渗透交织的景观特征。但是受到客观条件的影响,局部细节上的景观处理与最初的规划理念仍存在一定的距离。例如华翔绿地的水系肌理是绿地的核心要素和特色亮点,在原规划设计方案中绿地内部景观水系与北横泾等外围河道通过水闸保持连通,保证内部景观水系的水循环动力和自净能力。在项目实施过程中由于资金限制等原因,水闸建设的内容被取消,内外水系贯通循环的设计想法未能得到落实。绿地内部景观水体面积较小,难以形成有效的重力流和风致流,水质不清澈,并伴有沉积的情况,影响生态环境质量。为了解决这一问题,后期通过技术创新及时调整设计思路,将绿地划分成不同功能的带状景观空间,相邻绿地单元之间通过桥梁连接贯通。为了避免化学处理方式对生态环境造成负面影响,采用人工调控措施改变带状景观水体的水动力条件,通过推流和曝气加氧方式对景观水体进行物理治理,以提升水体的流速和活动效率。水循环装置及推流泵安置于景观水位以下绿地单元阴角位置对应的池体底座,保障运行稳定无噪声、易于维护、不影响整体美观。上述水质处理和维护措施获得了发明专利“一种滨水绿地景观的水系系统”(专利号为ZL 2015 1 0418451.1)授权,该技术的应用实施效果虽然相较于直接设置水闸的方式而言仍有一定的差距,但在建设成本受限的情况下基本达到了维持水体质量的目的。这类情况的产生反映了虹桥枢纽园林绿化的建设与生态、社会、经济等要素均息息相关,在实施过程中需要根据客观条件及时对规划设计进行调整,在经济效益与生态环境之间寻求平衡点,实现综合效益最优化。

4.2 景观结构规划与实施评估

虹桥商务区是典型的城市交通枢纽区域,衔接航空、陆路、水路等多种交通运输方式,承载重要的区域客、货转运功能。集中布局的交通基础设施在为城市发展带来便捷的同时也对生态环境产生一定的消极影响,包括地块分割、生境破碎、环境污染等问题。因此在景观结构上强调协调交通基础设施和生态空间布局的关系,运用景观设计手段整合破碎的用地,在保障交通组织以及周边地块开发的基础上,最大化发挥绿地的景观生态功能,提高生态资源的利用效率。以云霞绿地为例,基地被市政道路及河道割裂为若干大小不同的地块,整体性较差(图6)。综合考虑现状立地条件和防护隔离需求,引入串联式自然斑块片林作为核心控制元素缝合破碎生境。发散式林带的空间布局是一种新的林带关系尝试。自然斑块状林地的空间形态垂直于声波的传播方向,能够在一定程度上降低飞机噪声,在生态与美学之间寻找到最佳平衡点,体现绿地的自然性和观赏性。

虹桥枢纽集航空、磁浮、高铁、长途客运等多种交通方式为一体,具有交通体量庞大、客流集中、辐射范围广等特点。为了更好地实现综合交通枢纽区域的生态环境改善,我们利用防护林带构建良好的生态屏障,削弱交通基础设施所带来的生态消极界面。防护绿地的建设资金标准通常为120元/m²,远低于城市公园绿地标准。为了在有限的资金投入框架下尽可能满足防护隔离的功能要求,设计遵循节约环保、适地适树的原则,重点考虑绿地的中远期营建效果,采用小规格乔木缩小种植间距,配以灌木、籽播地被植物复层混交的种植方式,选用香樟、枫杨、朴树、鹅掌楸、悬铃木、青桐、银杏、乌桕、枫香、无患子、黄山栾树等乔木作为骨干树种(图7)。在实施过程中利用不同形式的防护林带布局提升防护效果,达到净化空气的目的。林带结构一般分为通透结构、半通透结构和紧密结构三种主要形式。通透结构由乔木组成;半通透结构由乔木及稀疏栽植的灌木组成;紧密结构由大乔木、小乔木、灌木和地被构成复式立体种植结构。通透结构使气流在林中减速通过,防风效果较好;紧密结构促使气体上升至高空后稀释扩散,有利于粉尘的沉降与阻滞;半通透结构的防护效果介于两者之间(图8)。经过数年的生长周期,区域内的防护绿地呈现出良好可持续的生长态势,实施效果与规划设计预期目标基本一致。从现有的实施效果来看,景观建设是一个动态的过程,设计不可能是一蹴而就的,需要综合考虑近期、中期和远期等不同阶段的景观效果并合理配置建设资源,保持动态提升的景观状态。

天山西路
天山西路
申昆路
七莘路
污水泵站
雨水泵站
1 亲水平台
2 服务用房
3 停车位
4 小型垃圾压缩站
5 茶室
6 管理用房3
7 运动场
8 管理用房1
9 管理用房2
10 游客服务中心
11 净水湖

> **图 6** 云霞绿地平面布局

> **图 7** 虹桥枢纽外围防护绿带

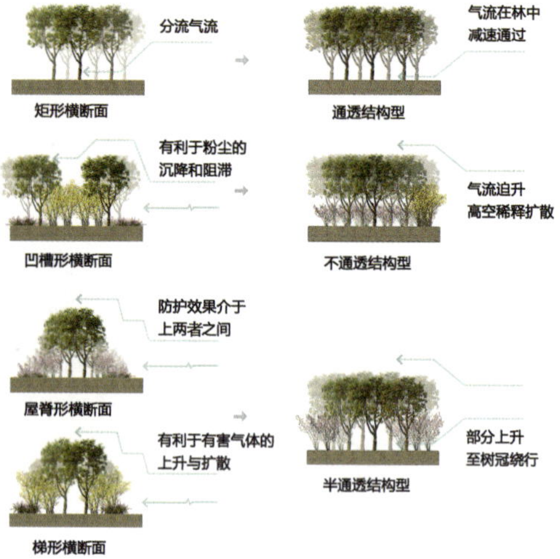

> **图 8** 防护林结构与防护效果分析

4.3 景观功能规划与实施评估

综合交通枢纽型商务区在满足交通服务的基础上还需要叠加商业办公、金融贸易、商务会展等多领域多行业的城市功能，人成为城市商务区有序发展的重要主体。因此绿地规划建设需要以人为本，通过景观功能多样性策略提高公共空间的服务导向性，从文化展示、休闲游憩、社会交往等功能需求出发构建多维复合的城市生态景观，发挥城市绿地在生态、社会、经济等方面的综合效能。

诸多世界级企业落户虹桥商务区，呈现出高端的企业品质。为了营造宜人、宜商、宜居的CBD形象，景观设计突出商业主题，在绿地中附加精神文化内涵，树立文化新地标。核心区作为虹桥枢纽最重要的商务街区之一，规划打造"商、旅、文"结合的示范区，以诚信作为区域品牌，通过竹主题空间营建诚信林，并以雕塑、展牌等形式宣传诚信文化，营造积极向上的商业文化景观场所。

建设充满活力、社会和谐的生活环境，已成为全球主要城市的共同目标，并随之形成景观空间重塑的浪潮。低碳慢行系统的建立能够有效串联公共空间，完善城市休闲游憩功能，倡导健康环保的生活理念。环境与交通的合理衔接，使人们在商务区的活动更为便捷、休闲、轻松。虹桥枢纽商务区慢行系统由慢步道、骑行道、跑步道共同构成，围绕主功能区 18 km 水环滨水岸线展开，并延伸至华翔绿地、云霞绿地、迎宾绿地、天麓绿地等大型公园绿地内部，形成内环接外环的休闲绿道结构，创造了慢行友好的商务区环境(图 9)。

> **图 9**　绿地融合三根平行健康道

社会交往是激发城市活力的关键性要素，商务区绿地在保障生态效益的同时需要提供不同功能的交往空间，以满足不同使用者的需求。枢纽在城市绿地系统规划中利用城市广场、公园绿地、城市街道、办公区内庭院等场所构筑点、线、面相互连通的开放空间，并协调融合绿地与市政设施、城市家具的关系；在棋盘式的街道布局基础上引入多层次的景观空间形式，包括带状的滨河绿带、点状的公共休闲绿地以及连接每个开发地块的街坊公共通道等（图 10）。这些不同层次的开放空间增进了人与人之间的自然交流，提升了商务区的环境品质。

> **图 10**　商务办公楼内庭院景观

虹桥枢纽商务区设计实施已逾十年，生态低碳的城市空间环境营建取得了一定的成效。作为上海较早进行的城市商务区设计探索，商务区的绿地建设在实施过程中也反映出一些问题与不足，尤其是在景观功能层面需要增强与最新规范标准的衔接匹配度。城市商务区中的绿地承担了重要的社会功能，并通过公共配套设施满足社会活动的各项需求。在商务区建设初期，公共绿地（G1）中的公共配套设施主要依据《上海市绿化和市容管理局关于进一步加强和完善本市公共绿地建设工程竣工验收相关工作的意见》（沪绿容〔2013〕167 号）和相关批复文件要求，统一按照绿地总面积 2% 的上限标准配备。例如四大绿地中的云霞绿地和华翔绿地分别按 1.75% 和 1.9% 的用地占比配置了公共配套设施，涉及服务用房、管理用房、小型垃圾压缩站、游客服务中心等建筑功能（图 11）。绿地建成使用后的景观功能满意度调查结果显示，云霞绿地作为社区公园，2% 的公共配套设施配备标准基本能够满足周边游览人群的使用需求；而作为综合性公园，华翔绿地公共配套设施的规模和功能与实际使用需求在匹配度上存在一定差距，缺乏对于公共配套设施需求的弹性化控制。随着《上海市 15 分钟社区生活圈规划导则》（试行）、《公园设计规范》（GB 51192—2016）等指导文件的逐步出台和更新，关于公共配套设施的建设要求更加规范化与人性化，提倡针对不同类型和规模的绿地进行分级分类引导控制。对于华翔绿地这样的综合公园而言，建议结合《公园设计规范》以及游客满意度反馈结果优化各类公共配套设施布局，将管理建筑和游憩服务建筑占比分别提升至 1.5% 和 4.5%，并丰富公共配套设施的功能多样性，增加茶座、小卖部、医疗救助站、游客服务中心等服务功能，满足人们不同的户外游憩需求，在现状基础上打造更加完善的社会生活平台，提高绿地的社会使用满意度。

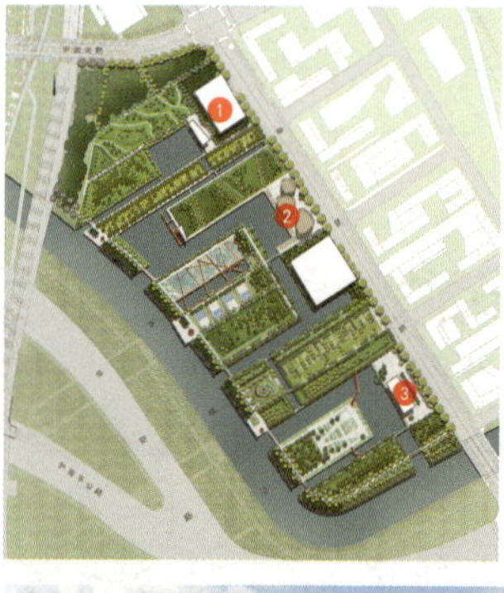

建筑名称		占地面积（㎡）	建筑面积（㎡）
配套服务用房一	1#建筑	324.20	351.90
	2#建筑	471.90	675.90
	3#建筑	559.10	1 293.60
配套服务用房二		455.10	868.80
配套服务管理用房		966.54	2 390.84
景观构筑		246.00	246.00
合计		3 022.84	5 827.04

> 图 11 华翔绿地公共配套设施分布

另一方面，近年来上海持续探索超大型城市绿地系统提升的途径与措施，提出绿化“四化”建设要求，并编制发布了《上海市公园绿地“四化”规划纲要(2018—2035年)》，为虹桥枢纽商务区园林绿化空间品质提升以及功能完善注入了时代性的指导方向。上海市科委课题《上海“四化”生态空间服务功能供需评估与工程建设技术研究》探究了适用于不同生境条件下用地整合与合理利用、树种选择与配置、资源保护与发展、效益可持续提升等方面的工程技术方法，提出适合于城市商务区等特定生态空间的植物配置模式，从生态性、观赏性、人本性等维度提升“四化”植物在城市公共空间中的应用效果，为上海地区高质量“四化”生态空间建设提供了理论和实践借鉴。因此在今后的景观生态功能优化过程中建议根据绿地建设的实际情况梳理评价植物系统的生态性和多样性，将上述“四化”建设研究成果应用到虹桥枢纽园林绿化的更新提升中。建议选用《“四化”木本植物应用手册》(上海市绿化和市容管理局编制)中所推荐的乔木、灌木和木质藤本植物在已建绿地中进行植物群落优化，突出绿地特色与亮点，真正将“四化”建设理念因地制宜落到实处，实现“绿化、彩化、珍贵化、效益化”的有机统一，为商务区提供更多优质的生态空间。

5 园林绿化运维管理实施评估

5.1 运维管理要点

要实现商务区良好生态环境的可持续发展，必须坚持“建管并举”的总方针，加强园林绿化的日常养护和重点维护工作。

绿化养护要根据不同立地条件、植物种类和群落分别采取不同的养护技术和措施，做到因时因地、分类施策、因地制宜。

1) 灌溉排水

首先要根据不同立地条件进行适量、适时的灌溉。其次要根据旱生植物、湿性植物、中生植物、水生植物等各类园林植物对水分的不同要求，以及同种植物在一年中不同生育期内对水分的不同需求量，确定浇水次数和浇水量及浇水方式。另外土壤出现长时间积水，如不及时排出，地被植物、树木根系会受到严重影响。土壤通气不良，会影响营养元素的有效分解，并产生有毒物质，致使植物烂根死亡。所以在暴雨后积水应及时排除，最好在雨季前加深排水沟，做到雨住水尽，有利于植物生长。

2) 松土除草

绿地养护需经常进行中耕松土，土壤受践踏、浇灌或下雨径流影响易板结，松土可增强土壤通透能力，促进土壤有机质的分解和矿物质的氧化，增加土壤肥力。松土也有利于水分的下渗通透，减少地表径流，保持良好的土壤墒性。除草要做到“除早、除小、除净”，特别是对树木危害严重的野生藤蔓植物要及时铲除。

3) 合理施肥

施肥是保证绿化树木旺盛生长的有效养护措施之一。由于树木种类、年龄、生长期和需肥数量各不相同，不同种树木、不同理化性状的土壤所需要的肥料也各不相同，所以施肥要有针对性。基肥，一般作为冬肥在绿地深翻时施用，以有机肥深施为主。追肥，以浅施为主，一般花灌木宜在花前、花后、花芽分化等时期分别追肥。

4）修剪整形

树木在养护阶段应该通过修剪调整树形、均衡树势，调节树木通风透光和树木内养分的分配，调整植物群落之间的关系，促进树木茁壮生长。树木修剪要注意按不同生长期进行，整形以休眠期为主。整形修剪要尽量保持树木原有的自然生长状态。乔木修剪，以修剪病虫枝、伤残枝、重叠枝等为主；灌木修剪，应遵循“先上后下、先内后外、去弱留强、去死留新”的原则。

商务区园林绿化的重点维护，主要从主观需要和客观因素两方面考虑。一方面受到台风等重大自然灾害的损害，要及时处理被吹倒、折断的树木，开展扶正修剪、支撑牵引、残死木更新、景观修复等养护管理工作，以及极端寒冷天气造成的冻害植物的保护更新等。要确保树木长势良好，树冠基本完整，无死树，无缺株。树木修剪要规范，适时修剪，落叶树木的修剪一般应在树木休眠期内进行，常绿树木修剪宜在树木越冬后早春萌芽前进行；修剪保持骨架较匀称，通风透光，观花树木正常开花，观果树木正常结果，色叶树种季相变化较明显。另一方面是从主观需要出发，以打造市级城市管理精细化标杆示范区为目标，服务重大活动需要，加大统筹虹桥商务区环境提升力度。如为确保进口博览会期间良好的绿化景观面貌，营造喜庆、祥和的迎宾氛围，做好绿化保障和花卉景观配置等工作，开展绿地整治改造、行道树附属设施更新、立体绿化新建改建、花坛花镜布置等，推进综合养护一体化工作。

5.2 对运维管理的评估

园林绿化运维管理的核心要点在中国国际进口博览会的绿化景观营建中得到了充分体现，并获得良好的景观效果。国家会展中心（上海）位于虹桥商务区核心区，与虹桥枢纽的直线距离仅 1.5 km，通过轨道交通（地铁）与虹桥火车站、虹桥国际机场紧密相连。上海市绿化部门制定了全市进口博览会保障花卉布置实施意见，进口博览会主会场周边采用平面结合立体的方式，在保证绿化品质的同时进一步突出“彩化”理念，地面花卉颜色主基调以红黄色为主，彰显“国旗色”。主会场周边主要道路、重要道路节点辅以花坛花境、主题绿化景点等，构建会场周边色彩绚烂的视觉感受。整体绿地景观季相明显，体现春景秋色，观花色叶植物具有规模效应，形成景观亮点。行道树长势良好，无树洞枯枝，树冠完整，规格整齐，有较好的遮荫和生态效果。花坛、花箱、花镜整体观赏性强，植物配置合理，四季有花；花材品质良好，花期、规格一致，生长健壮，无病虫害。立体景点整齐美观，栽植密度合理，植物品质良好，生长健壮，无脱节。立体绿化（屋顶绿化、棚架绿化、垂直绿化、沿口绿化）整体景观良好，植物生长正常，无萎蔫现象，疏密合理，适时开花，无枯枝枯叶，无明显病虫害。网片、抱箍、种植箱等设施安全完好。

6 评估总结与启示

园林绿化建设是一个动态变化的进程，从规划设计到实施运维往往需要经过多轮研究和探索，在不断的更新与优化当中寻求最适宜生态环境和现代社会的发展模式。本文系统回顾了虹桥枢纽园林绿化的实施经验，思考建设过程中出现的问题与不足，并提出未来景观营建的几点发展建议。

1）综合效益的博弈与平衡

经济因素是制约园林绿化实践的一项重要因素，稳定的建设投资是实现建设目标的关键，直接影响绿地的规划设想和实施效果。随着生态环境品质要求的不断提升，绿地建设资金需求也相应激增。因此未来商务区园林绿化的建设与更新需要重点关注环境效益、社会效益和经济效益的权衡问题。应在规划设计阶段统筹评估生态合理性与经济可行性，重视景观建设中后期经济效益释放，从而真正达到绿地建设的可持续发展。应通过资金保障、专家评估、技术创新等方式多管齐下，解决景观营建在经济层面的问题与矛盾，提升资金投入的利用效率，实现综合效益的最优化。

2）顶层指导的更新与衔接

城市园林绿化建设路径通常需结合各个层面的规划指导文件进行实施。过去相关的一些技术标准尚不完善或者全面，导致规划在实施过程中会存在一定的缺陷。随着社会的发展进步以及生活理念的转变，顶层指导在不断的更新当中逐步适应城市的发展需求。因此在园林绿化动态建设的过程中应注重设计的灵活性和时效性，预留设计弹性并保持与最新政策文件、规划指南、规范标准等指导性文件相衔接。例如将“15 分钟社区生活圈”、绿化“四化”建设要求等前沿理念叠加于已建绿地系统之中，通过完善公共配套设施、更新绿地植物配置等手段挖掘已建绿地的提升潜力。应充分发挥顶层引导作用，持续完善规划匹配度，通过功能叠加、景观改造等手段进一步提升实施效果，增强园林绿化的社会满意度。

3）开发时序的统筹与控制

城市绿地设计以控制性详细规划为主要依据确定位置、面积、指标等建设内容。规划的本质是对城市空间的调配，而建设时序的不同可能会改变规划的目标和走向，因此开发时序的合理统筹是城市法定规划自上而下全面落实的重要基础。在虹桥枢纽的建设过程中存在像天麓绿地这样因开发时序问题未能按规划实施的情况，在一定程度上影响了区域绿地系统的完整性和协调性。因此如何通过有序的规划管理手段保证绿地系统按规划蓝图的既定目标实施是今后工作的重点之一。一方面要尽可能与城市总体规划提出的各阶段建设目标相匹配，保证绿地空间供给的相对合理性，发挥应有的生态效应。另一方面要从社会资源分配、城市生态环境保护、公共设施构建等角度出发，基于区位条件、交通可达性、使用需求等因素综合评判规划实施的重要性和紧迫性，优先推进对商务区生态结构影响较大的重要绿地。

上海虹桥商务区依托虹桥枢纽而建，两者相辅相成，特殊的区位特征和多样性的功能要求决定了其环境建设的复杂性和系统性。虹桥枢纽和商务区地处上海长宁、闵行、青浦三区交界，其环境建设既要充分保留利用原有自然肌理，与周边环境保持连续贯通，实现区域生态环境的协调;更要考虑环境建设的生态化意义,通过绿林一体、林水相依的景观格局塑造,扩大区域生态效应,彰显城市形象。总体而言,区域园林绿化营建契合上位规划,突出以人为本和可持续发展的思想,为绿色低碳生态技术在商务区中的规模化应用与发展提供了实践经验,在新时代城市更新与发展过程中起到了重要的促进和推动作用。

参考文献

[1] 俞莉萍.综合交通枢纽型生态商务区景观营建[M].上海:上海科学技术出版社,2021.
[2] 俞莉萍.综合交通枢纽型商务区多功能主导的生态环境设计策略研究——以虹桥综合交通商务区绿地为例[J].中国园林,2016,32(4):45-49.
[3] 李正祥,陆诺南,张元曦,郑晓笛.与城市复兴"织联"的商务区景观——米兰新门"树木图书馆"[J].风景园林,2020,27(8):76-80.
[4] 王人和.绿色商务街区植物设计探讨[D].上海:上海交通大学,2018.
[5] 任洁.枢纽机场区域景观构建的特征及启示[J].住宅与房地产,2017(29):57-59.
[6] 万雯.中心商务区(CBD)公园规划设计研究[D].北京:北京林业大学,2009.

虹桥火车站屋面系统后评估

黎　杰[1]

【摘要】 本文以运行了12年之久的虹桥火车站建筑屋顶现状，来验证组成该屋顶的压型金属板、天窗、不锈钢天沟及连接构造等屋面系统防渗漏、抗风、寿命和修缮的理论。通过理论阐述和实践总结，说明造成金属屋面系统渗漏和抗风能力弱的内在原因；揭示金属屋面系统的寿命短板的成因，指出了维修周期及方法，得出了只要适时判断、修缮压型金属板的表面涂层及玻璃和刚性泛水板的胶缝，整个金属屋面系统就可以与建筑主体同寿命的结论。

【关键词】 压型金属板；物性；劣化；寿命

1　引言

虹桥火车站是虹桥综合交通枢纽的核心建筑，不仅承担着高铁列车调配、高铁旅客候车等站台服务功能，还承担了与航空、长途客运、城市轨道交通等市内外交通中转的作用，实现了旅客出行的无缝衔接。这是一座总建筑面积达24万 m^2，并配有三层大型停车库的公共建筑。该建筑于2008年7月20日开工建设，2010年7月1日投入运营，至今已经十余年。本文对其屋面系统的使用以及检查维护修缮等进行评估，希望能使屋面系统和建筑一起实现长久的使用寿命。

2　屋面系统

建筑的围护系统是指将建筑分割成内外空间的建筑构造。建筑的外围护需要抵抗外部自然环境的侵害，保障建筑内部的所有设计使用功能，而屋面系统担负了建筑顶部的风、雨、雪，起着阻挡其他飘落物入侵、保温隔热、自然取暖、采光等功能。虹桥火车站屋面系统主要由压型金属板屋面、下沉式天窗、分隔室、不锈钢天沟以及这些独立体块的连接构造五项内容组成，它们有机构成了整座建筑的屋面系统。

1）压型金属板屋面

随着工业化进程的迅猛发展和科学技术的巨大进步，人们在完美地解决了金属轻薄化和防腐问题后，金属板材在建筑围护系统中具备了性能可靠且寿命长、维护与保养更加简洁等优势。压型金属板就是基于此而发展起来，并经过近七十年来在各种建筑上的应用，技术上已趋于成熟，不仅能满足建筑外围护的要求，也能使其稳定性、劣化率等与建筑主体保持一致。

虹桥火车站屋面系统采用的是氟碳涂层铝合金压型板，采用了64 m长的连续屋脊整体构造（图1），全程机械咬合，没有横向搭接、没有人工痕迹。下方采用了防水垫层＋120k岩棉＋吸音棉＋吸音穿孔板的构造，使压型金属板屋面系统能够担负起抵抗风雨侵入、保温隔声、吸音等建筑功能作用。

1　黎杰，上海宝钢彩钢建设有限公司董事长。

> 图 1 连续屋脊整体构造

> 图 2 分隔室的屋面构造

2）下沉式天窗

整座虹桥火车站共有 16 个下沉式大型天窗，使候车大厅采光充足，让进入的人员感觉舒适。下沉式天窗可承受 250 kg/m² 的荷载，是屋面系统的重要组成部分。每个天窗主要由 4 层中空夹胶玻璃、铝合金框架、20 mm 厚结构胶填充缝构成。整体天窗呈 3.5%的坡度，将雨水导向侧边的不锈钢小天沟。

3）下沉式天窗分隔室

每个下沉式天窗之间设有分隔室，便于设计造型和天窗及室内建筑功能的分区管理。分隔室的屋面采用了矮立边、双咬边、压型铝合金板的构造(图 2)。其侧面的下沉天窗立墙也是采用压型金属板，形成了一个整体的金属板材立笼。整个下沉式天窗分隔室外墙材料的一致性，保证了其建筑功能，并与围护系统使用年限保持一致。

4）不锈钢天沟

不锈钢天沟分为两种，大天沟设于本建筑屋顶的四周边界，由虹吸排水管排除整个屋面的雨水；小天沟位于下沉式天窗的两侧，用以排除下沉式天窗和相邻分隔室屋顶的积水。大小天沟均为 316 不锈钢板弯折、焊接制作而成。

5）独立板块的连接构造

独立板块的连接构造用以排除天窗汇集来的雨水。这个构造位于压型金属板围护构造与玻璃天窗的结合部(图 3)，该部位处于火车站大堂内，而大堂是火车站建筑的核心功能区域，所以这一构造满足防渗漏功能十分重要。构造外部游泳池般的下沉式状态，要求其材料具备良好的防水性能和抗灾害气候冲击的性能，不可以遗留排水隐患。因此，连接构造采用了 3 mm 厚的铝合金材料，可以达到比屋面其他构造更长久的耐用性。为了抵抗暴雨季节的风压侵害，不锈钢天沟边缘又粘贴了 PVC 防水卷材，可有效避免下沉式天窗角落遭回风灌进雨水的危害。

> **图 3** 独立板块的连接构造

3 屋面系统的后评估

3.1 概述

虹桥火车站屋面系统按照设计使用年限，已经进入“中年”，也就是稳定期。在金属屋面系统使用全过程中，我们的工作分为维护、保养，局部修理和使用劣化程度的评估，大面积的更换三个阶段，简称：维保、修缮、翻新。

1）维保

维保的宗旨是保持建筑屋面系统的功能不减弱。其工作内容包括清理天沟、落水口的杂物和淤泥；检查、疏通雨落水管；更换老化松脱的紧固件、老化的密封件；修补老化、龟裂的防水卷材和老化的天窗玻璃密封胶；修整泛水板，等等。

2）修缮

修缮工作的核心是评估、判断屋面系统的劣化程度（图 4），作出旨在解决表面劣化问题的修复方案。方案实施后可使屋面系统的外表面劣化程度近似于回到原点，极大延长金属屋面系统的使用寿命。同理，如果修缮工作合适，屋面系统完全可以在后期的修缮中与该建筑主体结构保持同等寿命。对本工程而言，修缮主要对象是玻璃和铝合金盒子板的胶缝、压型金属板的外氟碳涂层。

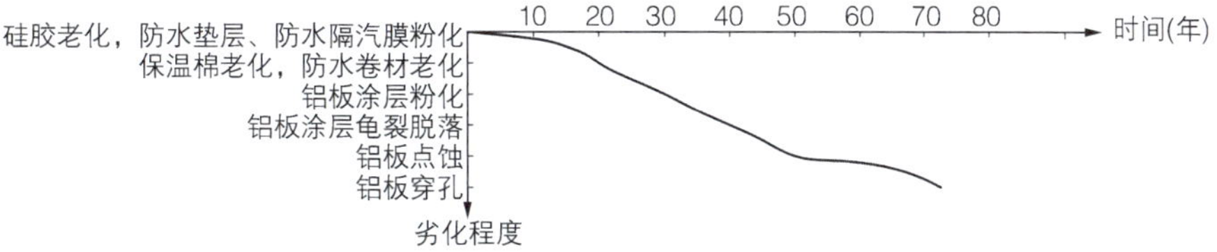

> **图 4** 屋面系统的劣化程度

3）翻新

翻新就是更换或处理寿命终结的屋面系统外围护板，并顺带检查、更换其内部的防水垫层以及保温棉与支撑构造，必要时检查、修补、更换檩条等次结构材料。翻新相当于将整个屋面系统全部更换，通常要和建筑整体结构的大修或建筑功能重大改造一起实施。

3.2 投入使用后的状态

虹桥火车站屋面系统交付使用后，在试运营阶段，由于其主体钢结构安装卸载后有局部下挠现象，导致下沉式天窗分隔室屋顶积水（其排水坡度为 2%，偏小），从而形成了数点渗漏。我们接受维修指令后，采用千斤顶升起檩托部位，以增加金属屋面系统内部的支撑高度，从而恢复了分隔室屋顶坡度，消除了屋顶积水现象。同时重新焊接固定内部次檩的支座，既完成了整改也消除了隐患。

还有就是下沉式天窗胶缝及其两侧的不锈钢小天沟拐角处，由于人工痕迹很多而存在施工缺陷。我们更换了局部空鼓的天窗胶缝、调整了小天沟拐角处泛水板及柔性材料的导水姿态，经过雨季考验，这些局部处理均有实效。

过去十余年里，经历无数风雨及四季温度变化，以及“菲特”“利奇马”“烟花”等数十次台风的考验，屋面系统外围护表面至今没有一点改变，满足了火车站建筑的使用功能要求。

3.3 屋面系统的后评估

为了清楚表达屋面系统的后评估，以下根据屋面的各种组成板块分别论述。

1）压型金属板部分

屋面系统的压型金属板采用氟碳涂层铝合金板，由于金属板的物理特性和构造，在复杂的大气环境中，金属板无论其板型还是咬合口都能保持性能稳定，可牢牢地守护建筑屋顶。因此除意外被破坏外，压型金属板在全寿命周期内不会发生建筑围护功能上的退化。所以，仅对于咬合式压型金属板而言，一个合格的成品在全寿命周期内是不会发生漏雨现象的。

压型金属板抵抗台风的能力，关键在于板型和厚度的选择。根据压型金属板的板件统计计算理论，对钢板件有三种情况：

第一，当板件的宽厚比小于 200：1 时，可以像冷弯薄壁型钢一样，按其截面惯性矩 I 和截面抵抗矩 W 进行设计计算（表 1）。

表 1 截面惯性矩 I 和截面抵抗矩 W 的设计计算

支撑构造	连续	简支	悬挑
刚度	$w=\dfrac{3q_k \cdot l^4}{384E \cdot I_{ef}}$	$w=\dfrac{5q_k \cdot l^4}{384E \cdot I_{ef}}$	$w=\dfrac{q_k \cdot l^4}{8E \cdot I_{ef}}$

第二，当板件的宽厚比在 200：1～400：1时，部分平直板件对承受荷载失去作用，在理论计算中需要去掉这部分平直板件对轴线的取矩。这样一来，因为压型金属板的平直段中间部分没有参与理论计算（图 5），比起全部截面其矩就会小一些，从而形成压型金属板的有效惯性矩 I_{ef} 和有效截面抵抗矩 W_{ef}，即用 I_{ef}、W_{ef} 分别替代 I、W。这个理论经过了几乎所有规格的压型金属板静力学应变实验，其试验结果与理论计算非常吻合，是压型金属板的基础理论，也是工程应用中的计算依据。

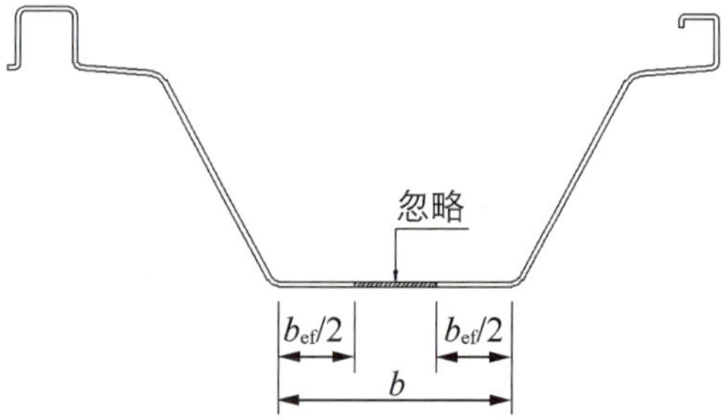

> 图 5 平直板件的忽略

第三，当板件的宽厚比大于 400∶1 时，尽管该直板段在理论上已经不参加受力计算了，但是由于板件宽厚比超出了计算理论极限，整个压型金属板在设计荷载作用时就已经不能保持其原来形状，其平直段宽厚比的量变导致整个压型金属板承受荷载时产生不能保持其形体的质变。而压型金属板是靠其形体受力的，若其受力时不能够保持初始的板型形体，则一切的理论和受力计算都失去了根基。这是压型金属板截面尺寸和板厚选择从量变到质变的关键所在。所以，这种金属板型没有办法进行荷载计算，也不应该被称为压型金属板。这是压型金属板被风揭的内在原因所在。

对于铝合金板，其应力值变化非等比例，针对建筑用薄板，通常我们将厚度对比钢材 0.8计算。虹桥火车站建筑围护系统采用的是 1.0 mm 厚铝合金板，板宽为 320 mm，是直立锁边压型板，其宽厚比折算成钢板是 400∶1，未超出压型金属板理论下限，而且由于其直立边对保持压型板形状比梯形边更有利一些，所以在过去十余年的台风、暴雨中没有发生问题。其实我们当初设计时若选择厚度增加 0.2 mm，变成 1.2 mm 厚铝合金板，金属屋面综合造价仅增加 5%左右，但抵抗台风的能力会更强。虹桥火车站在设计时就注意到了压型金属板的宽厚比，压型金属板宽和铝合金板厚度选择得当，所以无惧台风、暴雨。

我们知道，正常的压型金属板包括咬合口，在建筑外表面是始终不变的；其寿命是由防腐能力所决定的，开始劣化的开端就是其表面涂层。而虹桥火车站工程一是采用了机械咬合、连续屋脊等制作安装手段，构成的长尺板一致性好，没有人工痕迹，因此压型金属板承担建筑功能的可靠性就很强，只要其上的作用力没有超出设计荷载极限，这些金属构造就能原样永存。二是若选用氟碳涂层，则金属板在 20 年的寿命周期内不需要进行保养、检查、矫正等维护工作。虹桥火车站的屋面系统就是这样，经过长年的台风、四季的温度变化和风吹雨淋日晒，其表面相比建成最初没有什么改变。

2）下沉式天窗板块

由于玻璃采用了镀膜、钢化、夹胶等手段及玻璃的固有物性，除天窗胶缝外，天窗玻璃通常不需要特殊关照。同样是只要作用力没有超出设计荷载极限，这些构造就能原样永存。只有天窗胶缝存在人工痕迹比较严重、年久老化等问题，需要给予关注和修复。

尽管下沉式天窗于建筑排水十分不利，但由于其边侧设置了不锈钢小天沟，可将其渗漏点集中在天窗之外的小天沟与其结合部。我们提供的可靠方案可有效地排除下沉式天窗上的积水和部分汇流的雨水，在这些年的使用中并没有发生影响建筑功能的渗漏。

虹桥火车站屋面系统的最大玻璃体块尺寸为 2 600 mm×1 800 mm，胶缝宽度是 20 mm，又设置了 3.5%排水坡度，可以克服一些因胶缝空鼓而造成的天窗渗漏。在使用十年左右时，经检查分析胶缝已经硬化。业主铲除并更换了所有胶缝，即恢复了胶缝的功能。所以，天窗没有发生雨水渗漏现象，也没有发生玻璃片爆裂情况，说明了玻璃板块和胶缝设计、修缮的合理性。

3）天沟部分

屋面系统外围的不锈钢天沟和下沉式天窗两侧的小天沟，全部由防腐能力很强的SUS316不锈钢焊接而成，其厚度达到了4 mm。尽管成本略高，但可靠性很强。天沟隔30 m设置了材质与不锈钢天沟相同的波纹状伸缩节，尽管波纹状伸缩节的波谷处会有点积水，但比起断开式天沟伸缩节，虹吸排水的功能有了很大的提升。天沟由于整体的贯通，抵抗强降雨的瞬间能力也大大增强。如果选用断开式伸缩缝，则每段还需要人为增加一条排水管，以防止天沟分段后每段汇集水量不均的隐患出现。天沟因为其材料抗腐蚀能力强，用料厚重，并采用氩弧焊焊接，所以基本上能够始终保持性能稳定。因此使用中只需要定期清理淤泥、树叶、塑料袋等杂物，只要不让这些杂物堵塞雨水斗即可，其他均不必特殊关注。这些构造也是能够原样永存的。

4）其他连接构造

这一部分始终是屋面系统的薄弱环节。因为组成屋面系统的两大主材——金属和玻璃的性能，很难服帖、拐弯，也很难形成无缝连接。而且长尺金属板的热胀冷缩释放全部集中在连接构造部位，这些部位的压型金属板会随热胀冷缩移动，也会牵动泛水板等其他构造，虹桥火车站屋面系统的64 m长尺板，其伸缩量有128 mm。所以，这些部位的铆钉、密封胶等比较容易失效。通常屋面系统防水失败，出现问题复杂化的原因都在这里。

虹桥火车站屋面围护系统，由于采用的整体压型金属板用于连续屋脊，连接构造的部位减少了许多，只存在于下沉式天窗的四周结合部，因此能够滴水不漏地排除下沉式天窗所汇集的雨水。这是屋面系统渗漏成败的关键，为此我们采取了两种措施：

第一，摒弃了屋面泛水板采用与压型金属板同等厚度（1.0 mm）金属板制作的常规做法，采用了3 mm厚的铝合金板，用金属幕墙的工艺做法来实施天窗、侧墙等压型金属板与天沟的连接（图6）。这种方法更坚固可靠，不仅容纳了压型金属板端部的伸缩释放量，也克服了泛水板本身的热胀冷缩问题。

> **图6** 压型金属板与天沟的连接

第二，深化设计详图中，我们在这个部位增加了一道柔性卷材构造。当特别大的风压在泛水板端部使雨水倒灌时，尚有柔性卷材阻挡，使其回流到天沟里，从而持续保证建筑抗渗漏功能的完整性。柔性卷材对该部位人工痕迹的缺陷也起到了补救作用，而且两种构造结合部的柔性卷材老化时，也比较容易更换。

3.4 巡检、维护的重心

1）天沟落水口和虹吸落水管

这部分是屋面系统日常维护工作的关键所在。由于塑料袋、树叶等杂物会随风飘得很高、很远，落在屋顶上，顺坡顺水就会堆积在天沟落水口处。随着春夏秋冬时间的推移，这些杂物混合着泥浆会渐渐把落水口堵住，引发天沟在暴雨峰值期积满水而使建筑屋顶严重漏水。所以一年当中，至少应对天沟落水口和虹吸落水管清理两次。特别是雨季之前应做好检查工作，为台风雨季的到来做好充分准备，保证排水的通畅。

2）泛水板

泛水板应该经常检查是否有松动，固定件是否缺失和脱落，若有则应及时补充或加强，特别是台风季节，更应该注意检查。

3）柔性卷材

柔性卷材在天沟两侧和泛水板的下方，作为局部防水设施，起补充作用。由于柔性卷材的可靠防水性能只能维持十年左右，所以应该适时打开泛水板检查柔性卷材，发现问题及时更换。

4）天窗玻璃硅胶缝

该部位是巡检的重点，其老化严重时会引起天窗漏水。尽管虹桥火车站屋面系统使用的结构硅胶寿命在10年以上，但由于局部老化和人工痕迹，在施工时会残留有气泡等，特别是近年来极端天气和气候突然变化情况增多，造成胶缝材料加速老化，通常3～5年后有的胶缝会发生局部空鼓现象。因此需要用手逐段按压天窗玻璃胶缝，发现空鼓即挖出该段胶，重新填补。天窗玻璃的密封胶，通常使用10年就应该铲除更换了。

4 屋面系统临近寿命判别及维护和再生

屋面系统外围护表面的三项主材是氟碳涂层铝板、316不锈钢、玻璃。316不锈钢用于天沟，玻璃用于下沉式天窗，两者通常会随着建筑一直延续下去，不会有寿命延续和再生的需求，而其他诸如意外破损处、硅胶缝、泛水板、柔性卷材等，在巡检和处理中会逐步更新、替换和修复，所以我们需要判别和处置的只有占屋面系统表面最大份额的氟碳涂层铝板，需要关注其表面的氟碳涂层。氟碳涂层在一般大气环境中，免维护就可以保持20年以上不会龟裂和严重粉化，而20年以后，氟碳涂层会逐渐失去美感和保护金属板的功能，持续下去，金属就会裸露出来，如果不加处置，铝合金板会发生点蚀，直接影响压型金属板的使用寿命。如果我们在氟碳涂层失去保护作用时在压型金属板表面做氟碳涂层修复，则由于此时金属材料尚未发生丝毫劣化，故压型金属板的寿命又可以回到起点。如果放任其在大气环境中继续慢慢自然劣化，则通常残余的氟碳涂层＋铝合金本体还会保有20～30年的防水使用寿命。该氟碳涂层金属板的全寿命情况如图7所示。

虹桥火车站屋面系统的其他构造主要有保温棉、防水垫层、防水透汽膜、钢底板、镀锌钢板檩条等。保温棉置于屋面系统内部，随着岁月推移，会出现边缘部分粉化而散落在屋面系统的夹层里。由于出现了空隙，其保温功能会略有降低。只因为在不损坏屋面表层金属板的

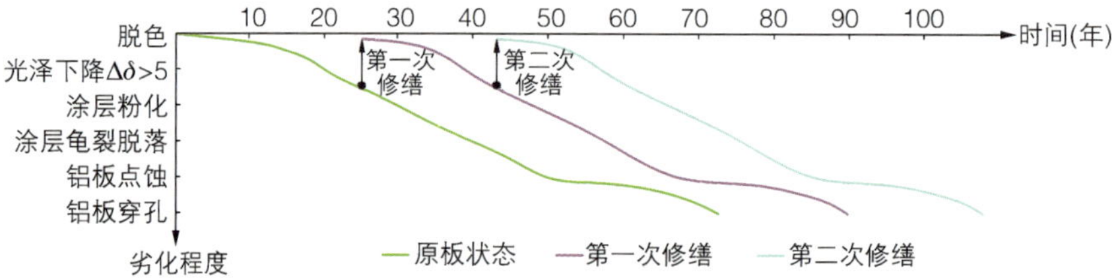

> **图 7** 氟碳涂层彩色铝板劣化与修缮使用年限

前提下，无法对保温棉进行检查、修复、更换，所以尽管数十年后保温棉性能会降低 5%～10%，却无关大局。通常只有在表层金属板拆除更换时，才能够修复保温棉。**防水垫层**设于表层压型金属板的下方。由于其属塑料制品，处于上海的四季屋面温度变化在－4～70℃的半密闭空间里，10 年左右就会因发生龟裂而失去作用。防水垫层的功效甚微，寿命也与屋面主体严重不匹配，设置与否也颇有争议，往往等到了屋面系统外表打开重修时，防水垫层早已老化成碎片。**防水透汽膜**同样是塑料制品，通常 2～3 年就会失去单向透汽功能、10 年左右开始碎裂。建筑屋面系统中，是否需要设置防水透汽膜，能否真的可以排除保温棉里的湿气，屋顶保温棉里是否会有湿气产生等，都尚待研究。所以在屋面压型金属板更换时，防水垫层与防水透汽膜去掉也无妨。仅仅是因为国家标准图集里设置了这层防水透汽膜而已。**底板和檩条**都置于屋面系统的室内空间里，受外部环境的侵蚀少，受温度变化的影响也小。这部分构件的维修可以在建筑物的网架内搭设检修平台进行，可以检查、修补初生的白色锈斑或红色锈斑，也可以局部更换底板、檩条。

5 结论

选择一座公共建筑的材料与构造时，首先要考虑的是可靠性，而可靠性的来源存在于所选择的材料与构造的特性之中。一些大型公共建筑出现抗风揭能力弱、漏雨、失火等，就是因为所选用材料与构造的物理属性被商业运作蒙蔽。

从虹桥火车站建筑屋面系统外围护表面的材料与构造选择来看，8 mm＋6 mm＋8 mm 厚钢化夹胶玻璃、1.0 mm 厚氟碳涂层铝合金板、4 mm 厚 316 不锈钢天沟都可以在室外大气环境中连续持久使用，具备与钢筋混凝土、砖瓦、石材相同的耐久性和免维护性。特别是压型金属板的选择时，关注了其波谷平直段的宽厚比，为抗台风提供了保障。

虹桥火车站屋面系统经受住了十余年大气环境变化的考验，其建筑围护系统的设计、选材是可靠且高效的，维保和修缮也是及时与妥当的，从外观和建筑功能而言，与建筑投入使用初期几乎没有变化，这说明了以下问题：

(1) 压型金属板屋面渗漏在于其周边结合部，内在因素是压型金属板的热胀冷缩。而咬合式压型金属板中心部位是不会渗漏的，所以处理好压型金属板的四周，就可基本解决压型金属板屋面系统的渗漏问题。

（2）压型金属板抗风揭能力低下的主要原因是不满足其板件最低宽厚比要求，导致设计计算失误。合理设计的压型金属板不需要安装所谓的“抗风夹”。公共建筑选择略厚一点（增加 0.1 mm）的金属板，基本上不影响预算，却对抗风能力和美观性都有很大的提升。

（3）天窗玻璃胶每十年左右应该铲除更换，柔性卷材 10 年左右也应开始检查、修补、局部更换。以后每年都要重复这些工作，直至全面更新。

（4）氟碳涂层压型金属板应在 20 年左右进行检查、评估、修缮，以延长其使用寿命。

（5）采用了虹吸排水的不锈钢天沟宜选用同材质波纹式伸缩缝，并保持落水口清洁，这样就不会发生室内瀑布一样的漏水事故。

参考文献

[1] 湖北省发展计划委员会. GB 50018—2002：冷弯薄壁型钢结构技术规范[S]. 北京：中国计划出版社，2002.

[2] 山西省住房和建设厅. GB 50207—2012：屋面工程质量验收规范[S]. 北京：中国建筑工业出版社，2012.

[3] 冶金工业部建筑研究总院. YBJ 216—88：压型金属板设计施工规程[S]. 北京：冶金工业出版社，1989.

[4] 山西省住房和建设厅. GB 50345—2012：屋面工程技术规范[S]. 北京：中国建筑工业出版社，2012.

[5] 中国建筑标准设计研究院. 国家建筑标准设计图集：17J925-1：压型金属板建筑构造[S]. 北京：中国计划出版社，2019.

71 路公交与虹桥综合交通枢纽

冯卫国[1] 石民生 张 斌 章佳栋

【摘要】 71 路公交是连通上海市中心与虹桥综合交通枢纽的地面中运量公交，是虹桥枢纽集疏运体系的重要组成部分。本文通过回溯 71 路公交的规划、建设到运营管理全过程，对 71 路公交运行状态进行全面评估，并提出在虹桥区域构建完善的中运量公交网络，对于打造虹桥国际开放枢纽具有重要意义。

【关键词】 71 路；中运量公交；虹桥综合交通枢纽；后评估

1 引言

中运量公交是指单向客运能力为每小时 1 万～3 万人次的公共交通方式，一般指轻轨交通、单轨交通和快速公交等。

71 路中运量公交又称为上海延安路中运量公交，于 2017 年 2 月 1 日开通，是上海公交都市的一张名片。线路起于虹桥申昆路枢纽，终于延安东路外滩，线路走向为沪青平公路（申昆路）—延安西路—延安中路—延安东路（中山东一路），自西向东横贯闵行、长宁、静安、黄浦四个区，线路总长为 17.5 km。

71 路公交设路中式公交专用道，采用 12 m 和 18 m 双源无轨电车混合运营。双源无轨电车通过电池和触网供电运行，相比有轨电车避免了管线搬迁和翻挖，相比常规汽柴油车辆节省能源和降低碳排放，相比电动公交车拥有更强的续航和运营稳定性，相比传统电车可脱网运行。

71 路公交共设 23 组公交中途站和 3 处首末站（包括黄陂南路区间线下客站）（图 1）。运营时间为：申昆路枢纽站全线首末班车时间为 04:30、22:30，延安东路外滩站全线首末班车时间为 05:30、23:30。线路采用单一计价，无人售票，有人服务，全程 2 元。截至 2022 年 2 月，5 年来 71 公交累计运送客流达 7 500 万人次，客流强度为全市公交线路第一，最高单日客运量超过 6.7 万乘次（2019 年 10 月 22 日）。高峰和平峰时段，全程运营车速均可维持在 17.3～19 km/h，全程控制在 60～65 min，其高峰最小发车间隔仅 2 min，全线实施公交信号优先，准点率达到 98%，出行体验比肩轨道交通，被乘客称为“路面地铁”。

2021 年，71 路公交西延伸方案被提出。虹桥枢纽运行多年，客流量已超设计规模，但虹桥主城片区轨道交通覆盖不足，区域交通出行过度依赖虹桥枢纽。经过十余年发展建设，如今虹桥枢纽的日均客流量已突破 113 万人次，超过设计日均客流量 110 万人次，成为全国第一，航空、高铁的无缝换乘成为国内交通枢纽的标杆。机场配套的公共交通建设成效显著，虹桥枢纽的公交出行比例超过 50%，轨道交通 30 min 内可到达市中心，实现对外对内的无缝衔

1 冯卫国，上海市政工程设计研究总院（集团）有限公司副总工程师。

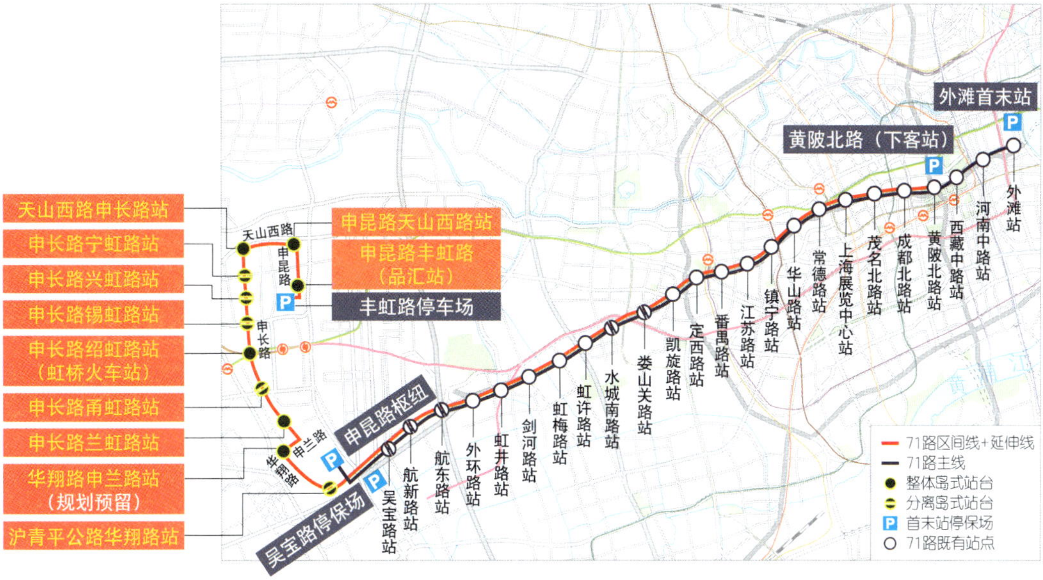

> **图1** 71路中运量公交工程及其西延伸工程

接。除此之外，虹桥主城片区已建成商务楼宇500万 m^2，入驻企业近3 000家，企业类型由最初的房地产企业逐步转向总部类和创新类企业。

虹桥商务区整体的交通设施供给不足，日常就业生活交通、会展集散交通等本地交通过度依赖虹桥枢纽，导致枢纽的城市集散交通量超过设计规模，轨道交通服务覆盖不足，现状轨道交通站点600 m半径覆盖用地比例仅12%，远低于已批规划33%的目标，与上海2035年确定的40%的要求差距更大。因此71路公交延伸至虹桥商务核心区，加强虹桥商务区核心区与中心城的直接联系是大势所趋。上海市交通委员会和虹桥商务区管理委员会在充分研究虹桥片区中运量公共交通网络和制式后，最终确定71路公交西延伸项目上马。

2020年2月上海市政府批复《上海市虹桥主城片区单元规划》；2021年2月，国务院正式批复《虹桥国际开放枢纽建设总体方案》，对虹桥枢纽的发展提出了新的要求，为此虹桥商务区管理委员会进一步提出希望71路公交直接西延伸进虹桥片区，如何使71路公交将虹桥枢纽、虹桥商务区核心区有效串联起来成为讨论的关键问题，研究发现要设置公交专用车道，有七莘线和申长线两个通道可供选择(图2)。

上海市领导非常支持和关心虹桥地区的发展，2021年5月—7月多次召开专题会研究线路方案，并组织相关部门踏勘现场。研究发现，由于两个线位的工程方案总体差距并不是特别大，申长线覆盖的区域建设开发体量大，客

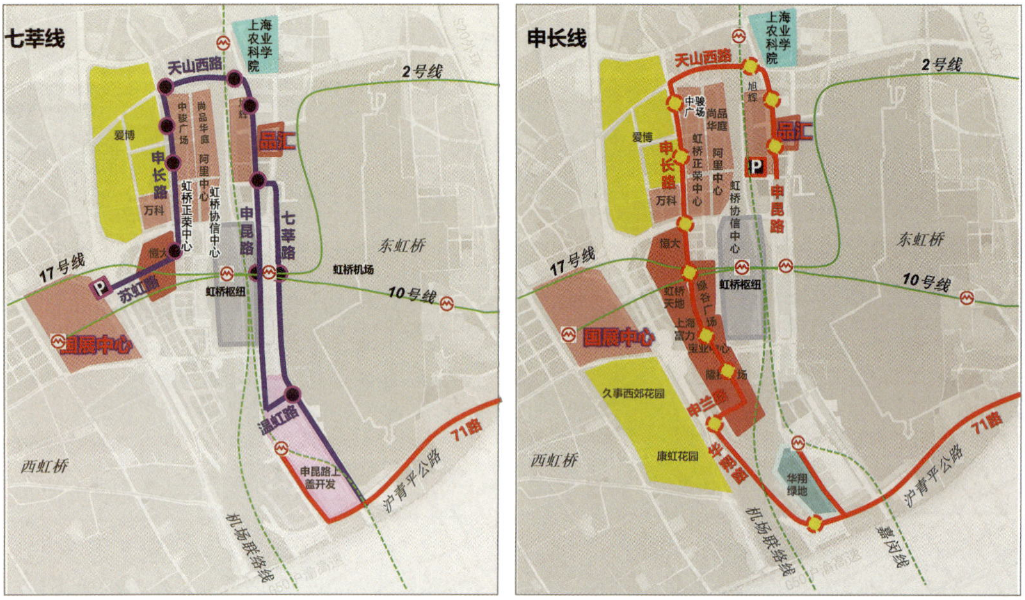

> **图 2** 71 路中运量公交进入虹桥片区的七莘线和申长线方案

流量要高 20%，专用路权比例要高 7%，实施难度相对较小，运营效率相对较高，在对申长线和七莘线方案进行多方面反复比选和研究，市领导多次亲自踏勘和调研后，考虑到目前虹桥火车站与虹桥机场日客流量为 3∶1 的比例关系，以及到虹桥火车站乘坐公交车的比例要高于虹桥机场的现实情况，各方基本认同 71 路公交应该往虹桥火车站方向延伸，即 71 路公交西延伸最终确定采用申长线方案。

2022 年 1 月，为推动虹桥国际开放枢纽建设，完善中央商务区功能，提升公共交通出行品质，强化虹桥地区与中心城的联动，71 路中运量公交西延伸工程立项，并于 2022 年 7 月开工建设。71 路公交西延伸线在尽量不改变乘客出行习惯并保障运营效率的前提下，避开外滩的混行段，将区间线直接从人民广场延伸至虹桥品汇，区间线运营长度从 15.5 km 增加至 24.4 km，将构建虹桥枢纽、虹桥商务区直达人民广场的公交客流走廊。

2　71 路公交与虹桥综合交通枢纽的关系

根据 2020 年 2 月编制的上海市虹桥主城片区单元规划，虹桥枢纽和虹桥片区出行公共交通比例不低于 50%，轨道交通站点（含局域线）600 m 用地覆盖率要达到 70%，虹桥片区规划形成 5 条中运量线路（含 71 路），强化主城片区内部及与周边板块联系，片区内中运量线网长度为 47.2 km。这意味着 71 路公交与虹桥枢纽、虹桥片区的联系是虹桥交通发展战略的一部分。

第一,71 路公交作为虹桥局域线的开端,是虹桥交通出行顶层设计的一部分。71 路公交参与构建了虹桥枢纽和虹桥片区的市域轨道、城市轨道、局域线(含中运量公交)、常规公交等组成的多层次、多模式公共交通体系,支撑了虹桥片区的建设开发强度,提升了整个虹桥片区的公共交通出行竞争力和出行品质,公交出行也支持了虹桥片区"碳达峰"和"碳中和"目标的实现。

第二,71 路公交为虹桥枢纽进一步疏解客流提供了新的高品质公共交通解决方案,促进了虹桥枢纽的可持续发展。随着虹桥枢纽对外客流量的进一步增长,以及虹桥商务区的进一步开发,枢纽的停车库和车库出入通道已面临饱和,东西交通中心的公交线路不足以完全满足虹桥枢纽的疏解需求,特别是轨道交通停运但高铁未停运状态下的打车难问题亟待破解,而中运量公交通过穿越虹桥枢纽的方式,为旅客提供了新的离开虹桥枢纽的公共交通方式(旅客可通过地下通道步行至 71 路公交申长路绍虹路车站),从而有助于虹桥枢纽客流的进一步疏解。

第三,71 路公交提供了虹桥商务区直接对外联系的公共交通通道,商务区可不再完全依赖虹桥枢纽出行。虽然虹桥枢纽依然在虹桥商务区的出行中占有较大的比重,但是 71 路公交让虹桥商务区直达市中心成为可能,而且在 10 km 出行长度内无需换乘轨道交通和接驳,因而具有更强的直达时间优势。

第四,71 路公交构建了虹桥片区地面公共交通的骨架,使虹桥商务区和枢纽连在了一起,旅客可以像在中心城区一样便捷出行。在轨道交通无法覆盖的区域,中运量网络同时承担了换乘轨道交通和中等距离快速出行的功能,公交网络和轨道交通网络搭建完毕之后,虹桥各个片区之间也可以形成半小时快速、准点的公共交通联系。

3　71 路公交运行后评估

延安路既是上海市浦西中心城最重要的东西向主干道,也是一条主要的客运走廊,公交客流量高,社会机动车流量也非常高,呈现出常发性拥堵态势。但受建设条件的限制,沿延安路难以布设轨道交通,而常规的地面公交存在速度慢、可靠性差、单车效率低、线路运营间隔较大等问题,难以满足市民出行需求,公交吸引力呈下降趋势。在此背景下 71 路中运量公交的建设、运营,成为上海市深入贯彻落实"公交优先战略"、创建国家"公交都市"的重大实践,对于增强地面公交吸引力、引导市民绿色出行、提升城市形象起到了十分重要的作用。

(1) 客流量方面:客流量较大,且稳步增长,客运量、客流负荷全市第一。71 路公交调度中心数据显示,截至 2019 年年底,日均客运量为 4.7 万乘次,工作日日均客运量为 5.3 万乘次,客运量居全市第一,远高于全市公交线路平均客流量(0.4 万乘次 /d),较排名第二的线路高出近 8 000 乘次 /d(图 3)。客流负荷方面,71 路中运量公交亦位居全市第一,较排名第二的线路每公里高出近千乘次。

(2) 运输效率方面:高断面运送人数是社会车道的一倍以上(图 4)。专用道运输效率分析显示,中运量专用道(单根)的运送人数为同路段临近社会车道车辆(单根)运送人数的一倍以上。

(3) 运营速度方面：运营速度较高，高峰时期全程运行时间较社会车辆节省 10%以上。中运量专用道可以保证 71 路公交在高峰时段的运营速度，评估数据显示，71 路公交早高峰全程平均运营车速为 16.9 km/h(公交专用道开通前通道运营速度仅 12～15 km/h)，晚高峰全程平均运营车速为 16.5 km/h(图 5)。71 路公交信号优先响应率达到 81%。

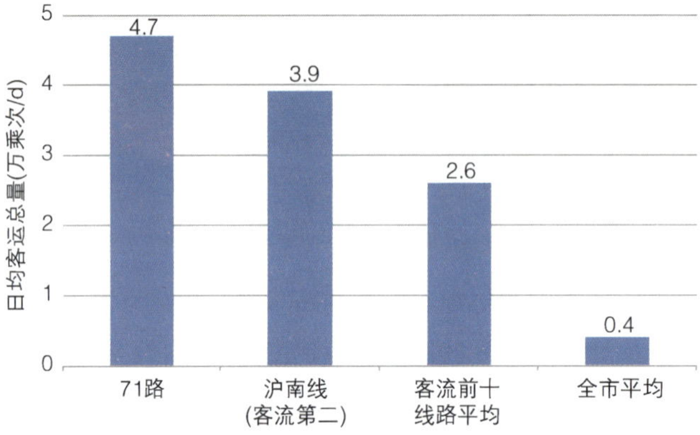

> **图 3** 客流情况对比

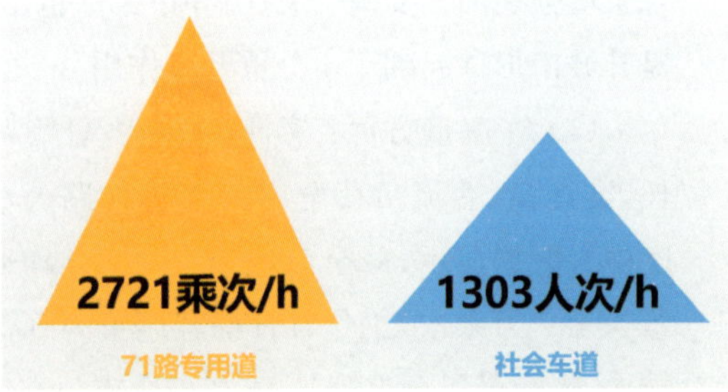

> **图 4** 延安路(江苏路—凯旋路断面)运输效率对比

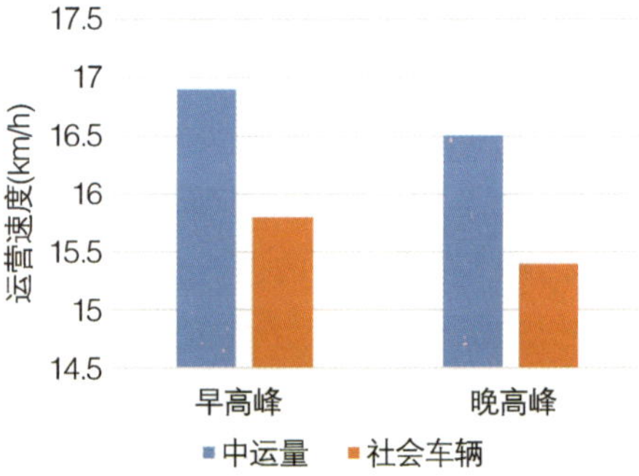

> **图 5** 高峰时段运营速度对比

(4) 可靠性方面：车速稳定性好、准点率高。评估数据显示，71 路公交早晚高峰运营车速波动幅度为 4%～5%，显著优于常规公交运营车速波动幅度(10%左右)(图 6)。共线段高峰发车频率为 2～3 min/班，发车出站准点率达到 98%，优于全市平均发车准点率(91.3%)。

(5) 节能减排方面：减排优势十分显著。评估数据显示，运送相同的人数，71 路公交产生的 CO_2 排放量仅为社会车辆的 1/17，优势十分明显(图 7)。

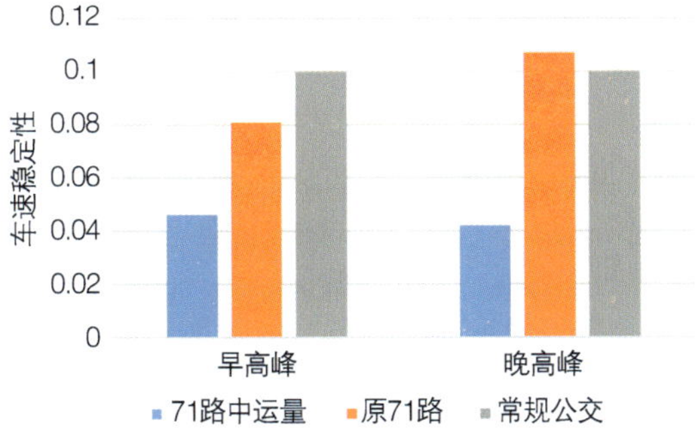

> 图 6　车速稳定性对比

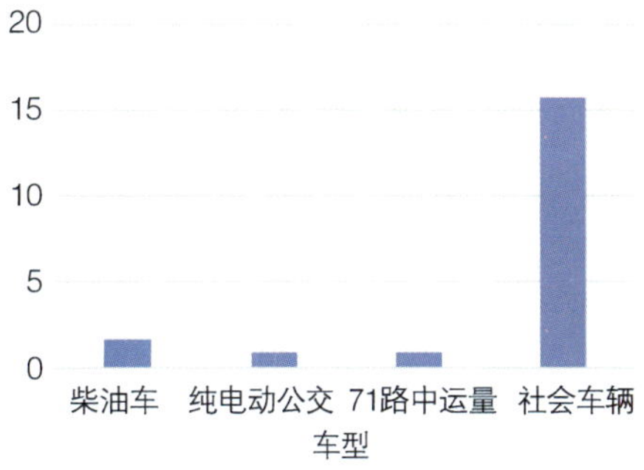

> 图 7　各车型碳排放对比

4　71 路公交的综合社会经济效益评估

经过 5 年的运营,71 路公交获得了乘客的认可,总结下来其具有以下七方面的优势。

(1) 提升了地面公交的服务水平及吸引力。上海 71 路中运量公交系统填补了轨道交通东西方向 2 号线和 10 号线通道的空白,并且衔接市通郊公共汽电车线路,其日均客运量、客流负荷在全市地面公交线路中均排名第一。71 路公交的班次密度、运营速度、可靠性、舒适性都较常规地面公交线路显著提高,公共交通的服务品质得到提升,是传统地面公交从“能出行”向“宜出行”的一次重大转变。

(2) 丰富了上海公共交通体系的结构和层次。71 路公交的开通运营,改变了以往上海只有大运量轨道交通和低运量传统公交的局面,丰富了上海公共交通的体系结构和层次,对提升上海综合交通体系的整体效率、满足多样化的出行需求以及促进公共交通各方式协同发展、融合互补具有重要的示范和引领作用。

(3) 成为上海新的城市名片。71 路公交在通道识别度、站点服务水平、车辆舒适度、智能化程度、外形美观度、沿线景观等方面较地面常规公交都有了较大的提升,其作为地面上的“可视化”程度高、利用率高的公共交通方式,可以更好地展示城市形象(图 8),为地面的公共交通注入新的活力。

> 图 8　中运量公交的形象展示

（4）成为中心城区东西向生命线的保障。71 路中运量专用道敷设在繁忙的延安路通道上，在早晚高峰时段能够保证专用路权，可以作为保障生命线的绿色通道。遇到出警、救火、急救等紧急情况时特殊车辆均可使用 71 路中运量通道，在高峰时段也能实现快速通行（图 9）。

> 图 9　71 路中运量专用道保障生命通道的畅通

（5）体现了上海市推进落实“公交优先”的决心和手段。上海市于 2017 年 12 月获得首个“国家公交都市建设示范城市”荣誉称号，71 路中运量公交项目体现出上海市推行公共交通优先发展的举措和决心，获得了专家们的一致好评，为上海建设公交都市贡献了力量。

71 路中运量公交系统工程首次采用路权保障度更高的路中式公交专用道、全天专用，首次为公交线路设置了专用信号灯，在不对社会交通产生较大影响的前提下，全线采用协调优先与主动优先结合互补的信号优先策略，并在延安西路—虹桥路—古北路交叉口为 71 路公交提供了专享的直通运行信号，充分体现了公共交通优先发展战略的落地实施，为中运量公交的稳定、可靠运行和地面公交吸引力的提升提供了强有力的保障。71 路中运量公交系统工程是资源紧约束条件下一次成功的供给侧改革。

（6）在全国范围内起到了示范引领的作用。自线路运营以来，71 路中运量公交得到了各界的广泛关注。截至 2020 年 9 月，累计接待各级领导和国内外业界参观团体 2 000 余人次，受到了广泛的好评，也为其他城市提供了中运量线路运营的经验。

（7）在进博会、跨年等大客流期间起到了很好的公交支撑和疏散作用。国庆、跨年等特殊时段，外滩区域极易集中吸引大量客流。71 路中运量公交通过采取增加班次、延长运营时间、缩短发车间隔等措施，起到了安全高效地疏散大客流的积极作用，历年来均圆满完成了外滩客流疏散保障任务。

中国国际进口博览会自 2018 年第一届盛会在上海国家会展中心举办以来，逐渐成为上海对外开放的新名片。进博会期间，71 路中运量公交系统除开通区间延伸线（黄陂南路站—

国家会展中心)、开放中运量专用道给进博会服务车辆等措施之外,还增开班次,保证高峰车距5～6 min,低谷车距7～20 min,力求快速疏散乘客,在保证原有正常运营次序的同时,有效支援进博会的交通保障工作。

5 结论与展望

(1) 71路中运量公交的成功经验表明,中运量是改善现状地面公交客流量不断下行状况,提升公交服务水平的重要手段,值得虹桥片区引入和发展。

(2) 71路公交是中心城东西向重要交通走廊上实行大中运量公交运营组织的创新举措,是连通虹桥枢纽和外滩的高品质公交线路。

(3) 71路中运量公交客运量遥遥领先,乘客满意度显著高于公交总体水平,广大市民亦享受到中运量出行所带来的舒适、准时与便利,得到了社会的广泛认可,其社会效益逐步得到体现。

(4) 71路公交为虹桥交通枢纽客流的进一步疏解提供了新的高品质公共交通解决方案,促进了虹桥枢纽的可持续发展。

(5) 71路公交提供了虹桥商务区直接对外联系的公共交通通道,商务区居民可不再完全依赖虹桥枢纽出行。

(6) 大力发展中运量系统是上海构建骨干公交网络、提升公交竞争力的重要之举。虹桥片区未来可结合线路通道的具体情况,采用不同标准的中运量模式,推动中运量体系成网成环建设。

参考文献

[1] 中国城市公共交通协会. CJJT119—2008: 城市公共交通工程术语标准[S]. 北京: 中国建筑工业出版社, 2008.

[2] 上海市规划和自然资源局,上海虹桥商务区管理委员会,等. 上海市虹桥主城片区单元规划[Z]. 2020.

[3] 上海市人民政府,国家发展和改革委员会. 虹桥国际开放枢纽建设总体方案[EB/OL]. (2021-03-03). https://www.shanghai.gov.cn/nw12344/20210303/29c12f070d45480784e51124e6ce31d4.html.

虹桥商务区产业发展与综合交通枢纽关系的思考

李劲东[1]

【摘要】 虹桥综合交通枢纽的建设运营直接引发了开发建设虹桥商务区的决策，交通枢纽一定程度上推动了产业的发展，本文通过回顾虹桥商务区的开发历程，分析其与虹桥枢纽的关系，并进行一些归纳思考。

【关键词】 虹桥商务区；虹桥综合交通枢纽；产业发展

自 2006 年虹桥综合交通枢纽确定建设以及 2008 年虹桥国际中央商务区（简称：虹桥商务区）确定建设以来，虹桥商务区先后经历了“十二五”时期的开发建设阶段和“十三五”时期的功能打造阶段，已经步入“十四五”时期的功能提升阶段，现在已经形成了一定的产业发展特点。下面简要回顾和分析虹桥商务区开发和虹桥枢纽的相互关系。

1 发展历程

1.1 开发建设阶段（2006—2015 年）

2003 年随着京沪高铁被列入国家第一个高铁工程计划，上海开始规划建设高铁站。2006 年，虹桥地区按照上海市委市政府战略部署，率先启动虹桥综合交通枢纽建设，同时为解决虹桥地区与中心城区的快速连接问题，轨道交通 2 号线、10 号线，崧泽高架、嘉闵高架等一系列交通配套设施也成为这一阶段的建设重点，2010 年虹桥枢纽正式投入使用，虹桥地区成为上海的第一大门户，交通成为其核心职能。随着交通基础设施的完善，2009 年上海市委市政府作出建设虹桥国际中央商务区的战略决策；2010 年，虹桥商务区核心区正式启动建设，虹桥地区开始逐步导入城市功能，2014 年虹桥商务区首批入驻企业集体签约，至此虹桥商务区初步具备国际 500 强企业和长三角企业总部集聚的商务功能。此阶段中，虹桥商务区全力推进开发建设，重点打造交通功能，并初步导入城市功能，以虹桥枢纽、虹桥天地等一批地标性设施的建设为标志，但核心区产业门类相对比较单一，房地产开发占了较大比重。

1.2 功能打造阶段（2016—2020 年）

2016 年，《虹桥商务区发展“十三五”规划》针对 86.6 km^2 的虹桥商务区，首次提出“大交通”“大会展”“大商务”三大核心功能。围绕“三大功能”，虹桥商务区全力推进功能打造，由“单纯的开发建设”逐渐转向“开发建设与功能打造、环境提升并重”的发展新阶段，在完善交通功能的同时，区域的商务功能、公共设施的集聚也极大地提升了虹桥商务区的辐射能力，区域功能开始显现，基本形成了“产城融合发展、环境生态文明、配套优势明显、区域特色鲜明”的

---

1 李劲东，虹桥商务区管理委员会法规处副处长。

新一代商务区框架，初步形成了以现代服务业为主体的产业体系，总部经济、会议展览、商贸旅游、航空服务、研发设计、健康医疗等产业发展势头良好。

1.3 质量提升阶段(2021年以来)

2021年2月，国务院批复《虹桥国际开放枢纽建设总体方案》(简称：《总体方案》)，明确虹桥商务区为虹桥国际开放枢纽“一核”，同时要紧扣“一体化”和“高质量”两个关键，着力建设国际化中央商务区。虹桥商务区面积扩展到151.4 km^2，围绕国家战略目标，步入质量提升的新阶段。依托国家会展中心(上海)，以进博会等国际知名会展活动为品牌支撑，国际会展之都核心承载区加快建设；依托各片区产业基础，“南生物、东临空、西北斗、北医疗”的现代服务业集聚区正在形成；依托长三角民营企业集聚区等载体，总部类机构达380余家，总部经济集聚态势已然显现；同时国家级人力资源服务产业园、虹桥国际文化艺术中心、前湾规划建设展示馆等一批公共服务项目相继落地，标志着虹桥商务区正成为长三角强劲活跃增长极的“极中极”。此阶段中，虹桥商务区在完善硬件基础设施建设的同时，更加注重软性要素的落地，更加注重开放性、效益性与品质性，不断健全顶层设计和工作机制，总体发展框架正逐步形成。

2 商务区产业发展特点

根据第三方评估梳理，虹桥商务区产业发展基本符合国内外商务区产业发展规律和发展趋势，未来发展值得期待。商务区产业发展具有如下特点。

2.1 初步形成具有虹桥特色的产业布局

商务区围绕“一核四片区”(图1)，布局若干个有竞争力、有规模的特色产业园区和特色产业集群，形成“1＋4”总体发展格局。南虹桥产业发展空间深度释放，初步形成总部经济集聚，生物医药、国际商贸、现代金融、科技服务齐头并进的良好态势，生活配套功能进一步健全。东虹桥加快推动国家级虹桥临空经济示范区建设，航空经济、互联网经济、总部经济三大高地态势渐显，金融、人工智能、时尚创意等高端服务业活力迸发。西虹桥依托国家会展中心(上海)、中国北斗产业技术创新西虹桥基地，会展服务产业生态初具规模，产学研一体化的北斗功能平台集群基本形成。北虹桥研发总部集聚效应加速形成，创新创业功能初步显现，智能服务制造、医疗器械、汽车研发设计、时尚文化等新兴产业发展格局逐步形成。2021年商务区生产总值稳步提升，税收收入、固定资产投资、社会消费品零售总额、商品销售额、进出口商品总额等均保持两位数增长。2021年商务区域内税收总额为346亿元，同比增长29.1%；新增法人企业数超过1万家，累计达到6万家。梳理虹桥商务区总体功能与各区发展的重点领域，虹桥国际商务区“一核四片区”已形成良好产业发展势头。

2.2 产业发展的支撑功能不断强化

一是持续打造高端商务功能平台。大力推进国家进口贸易促进创新示范区建设，打造一批交易类、服务贸易类、贸易支撑类国际贸易中心功能平台。持续提升虹桥进口商品展示交易

> 图 1 虹桥商务区“一核四片区”

中心、新虹桥国际医学中心、虹桥海外贸易中心以及商务区全球数字贸易港功能能级，全力推进建设虹桥国际在线新经济生态园，加快推进虹桥国际商务人才港、人力资源产业园、国际中央法务区以及商务区企业服务中心等功能建设，各片区错位发展亮点涌现。

二是持续完善综合交通体系。虹桥机场、虹桥高铁站两大功能性项目与长三角的主要城市基本实现一小时通勤圈，形成了集民航、高铁、长途客运以及市内轨道交通、公交客运于一体的综合交通网络体系。编制商务区综合交通规划，加快推进沪苏湖铁路、机场联络线、示范区线、嘉闵线、13 号线西延伸以及 S26 入城段、崧泽高架西延伸等一批交通基础设施建设。2018 年以来，日均客流量达 87 万人次，年度总客流峰值达到 4.2 亿人次，日客流峰值达到 162 万人次。

三是持续提升城市建设品质。原核心区 3.7 km^2 全面建成并形成特色，新虹桥国际医学中心一期正式运营，国内外优质教育资源初步集聚，商业集群渐成规模，文化场馆建设推进有序，虹桥商务区基本形成“15 分钟生活圈”，并不断提升宜商宜业宜居的城市商务生态品质。

2.3 形成外重内轻的产业格局

如前所述，东南西北虹桥四片区均已形成一定规模的产业园区和产业集群，并各具特色，产业发展正在走向成熟。但是十年发展也并非一帆风顺，在快速建设发展阶段虹桥商务区也显现出产业特色不明晰、入驻率低于预期、功能性企业较少、经济密度偏低、缺少大会计师事务所和大律师事务所等公共性服务机构、缺少大体量的贸易性平台、缺少文教卫体和文创共享的功能模块等不足；在新的经济形势下，虹桥商务区又面临着商办楼宇续租率下降、税收增长乏力、产业空心化等新问题。虹桥商务区既面临着外部竞争压力，又存在着内部相互竞争，产业格局亟待逐步调整和完善。这些问题在核心区尤为明显，核心区产业发展较为乏力，除贴邻枢纽的虹桥天地等地块入驻率较高外，其余街区空置率较高，整体空置率达到 36%，核心区未能成为真正的产业“核心”。

3 商务区产业发展的分析

3.1 综合交通枢纽对产业发展的推动作用

一是综合交通枢纽带来的城市功能转变，导致城市布局变化，从而对经济发展格局带来直接影响。交通枢纽最初的建设带动加快了周边区域的城市化建设，也推动了国家会展中心等重大功能项目落地，从而对商务区发展提出了“大商务、大会展、大交通”的定位要求，使之成为上海西部经济增长极。长三角一体化发展上升为国家战略、虹桥国际开放枢纽正式启动建设，进一步确定了上海“东西两翼齐飞”中的西翼战略布局，虹桥商务区迎来快速发展的战略机遇期和窗口期。作为上海西翼的核心，虹桥商务区必然要发展高能级产业、产出高经济效益，才能与东翼比肩，共同成为上海城市发展的动力引擎，交通枢纽为商务区的战略叠加机遇奠定了重要基础。

二是综合交通枢纽带来航空服务业、客运、

物流仓储及其延伸出的餐饮、商业及旅游等相关产业的发展，商务区又可以依托交通优势集聚全球高端资源要素，为上海打造国内大循环的中心节点和国内国际双循环的战略链接提供强有力“支点”。一方面，将要素输送至长三角腹地；另一方面，长三角企业以虹桥为“桥头堡”，走出国门，参与全球竞争与合作，借助综合交通枢纽优势，充分发挥对内对外“双向开放强支点”作用，成为长三角与世界链接的关键节点。

三是综合交通枢纽带来了客流，以人流为主要载体，带动了资金、信息、技术等要素汇聚，从而交汇融通形成各种商务机会，自发形成了相应生态圈或产业协作链，从而导致商务区发展出以现代服务业为主体的产业体系。其资源要素汇集配置包括三个阶段：第一阶段，通过交通基础设施传递物流、人流；第二阶段，在技术、需求、成本、政策等各种因素的推动下，人才、资金、技术等高级生产要素汇聚而来；第三阶段，进入后开发阶段，借助信息技术和互联网手段，打破传统要素配置和经济发展的物理时空观的新型数据要素汇集。

3.2 综合交通枢纽对产业发展的制约因素

一是发展观念。综合交通枢纽周边建设成熟发达的商务区，世界上成功案例不多。在虹桥枢纽建设之初，一直存在着两种观点的争论，一种观点认为应该能进行大规模和高强度开发，主要理由是综合交通枢纽会带来交通便利，从而引致要素资源汇集，成片区域的整体开发可以高起点、高水平带动区域经济发展；另一种观点认为综合交通枢纽周边不适合进行大规模和高强度开发，主要理由是大型交通基础设施例如机场、高铁站会对周边区域产生物理割裂，不利于区域整体规划建设和发展，交通枢纽主要是把客流、车流用最快捷、最经济的方式进行疏导，最大效益地发挥其集疏散功能，不应该降低其服务上海的整体效能，同时大规模开发也会直接或间接降低综合交通枢纽的效益（直接反映在虹桥机场的国际航班及货运航班发展上）。以上两种观点分别基于综合交通枢纽的收益和成本，也是商务区发展中普遍存在的特点和矛盾。

二是辐射范围。综合交通枢纽作为大型城市交通基础设施，其服务辐射范围是整个上海，其溢出效应和功能远超商务区及周边 20 min 车程范围内的区域，例如闵行七宝、青浦徐泾、长宁天山等，都将享受到交通枢纽带来的便利化以及要素汇集的溢出效应，从而也对商务区产业发展带来一定竞争和压力。同时，综合交通枢纽导致的巨大客流、车流疏散压力，挤占了核心区不多的骨干路网及轨道交通运量空间，商务区与市区交通往往出现“五流交汇”（旅客中转游、周边过境游、区域内通勤游、日常商务游、短时间观展游）的严重拥堵现象，出现“成也交通、败也交通”的现象。因此，仅将核心区作为枢纽的直接辐射范围是不够的。

三是设计理念。综合交通枢纽前期规划设计理念与后期商务区开发建设要求不同，前期规划设计交通枢纽时注重人流、车流、客流快速疏散流动，后期商务区开发建设注重人流、客流能够慢下来留住，“流”与“留”的巨大理念差异，导致交通枢纽的骨干路网与商务区的支干路链接不通畅，从而在商务区交通微循环出现看得见走不到的尴尬现象，直接影响商务区的环境配套品质。

3.3 现代商务区产业发展规律认识

通过梳理纽约曼哈顿、伦敦金融城、法国拉德芳斯、日本丸之内等世界知名中央商务区的发展历程，研究发现国际一流中央商务区产业发展的共性规律是：前期以政府引导为主，注重顶层设计和规划先行；中期以产业要素集聚为主，市场作用逐步发挥，政府以产业方向引导为主；后期政府角色逐步转化为服务支撑，侧重环境营造和产业生态维持。其中，交通枢纽等重大基础设施由政府主导先行建设，随后逐步完善基础设施，同时公共服务设施建设和产业导入同步展开。

回顾虹桥商务区的发展历程，也符合国际中央商务区发展的共性规律。在开发建设阶段（2006—2015 年），由政府行政力量主导推进；在功能打造阶段（2016—2020 年），市场力量开始发挥作用，与行政力量相辅相成；进入质量提升阶段（2021 年以来），市场开始发挥更大的作用，政府工作重点转向保障服务和营造环境。未来，商务区将主要通过顶层设计规划引导、优化营商环境、制定产业政策、夯实法治基础等举措，为市场主体发展营造良好的环境、构建完善的产业生态，充分发挥市场配置资源基础性作用，进一步激发市场主体活力，为高能级产业自发集聚发展打造基础设施配套软硬结合、发展环境内外兼修、制度体系创新兼容的生态条件，推动区域实现自我内生性发展。

4 发展中的思考

根据前面的回顾与分析，就虹桥商务区产业发展与虹桥枢纽的关系，尤其对于虹桥商务区核心区，有如下的思考：

（1）虹桥枢纽是上海乃至长三角的门户型枢纽，辐射范围远超虹桥商务区；受制于交通与产业空间的矛盾，对商务区产业发展的拉动，既有正面效应也有一定负面效应。相较而言，在其 15 min 车程辐射范围内的区域，均可享受到交通枢纽的交通便利，外围区域不需要承担相关代价或限制，从而所承接到的溢出效应要强于核心区。从这个意义上说，商务区特别是核心区产业发展，交通枢纽优势并不是决定性因素和独有优势，独特的区位优势反而是商务区发展独一无二的优势。

（2）枢纽等重大基础设施对区域产业产生巨大的推动作用，但这一作用产生的效果，与区域性交通基础设施是否完善直接相关，它必须与直接服务于商务区的区域性交通基础设施，形成一个层次分明、衔接有序、功能齐全的网格化交通体系，并与其他基础设施和公共服务设施共同构成硬环境，再加上一个优良的制度环境和人居环境构成的软环境，做到软硬环境结合才能形成推动现代产业发展的合力。

（3）虹桥商务区现有产业，总体上枢纽偏好的特征不显著。如何利用综合交通枢纽发展枢纽经济，需要有创新的思维。最重要的是必须树立以人为本的理念，从构建产业生态圈、完善核心功能、做强产业能级出发，大力吸引高素质、高技能、高知识的专业人才和创业人才落户商务区，将综合交通枢纽的客流所形成的人“流”，真正转变成作为资源要素的人留下来，从而推动综合交通枢纽从单一客运枢纽向要素流量配置枢纽转变，从而真正带动枢纽经济和产业发展。

总之，虹桥商务区未来所发展的产业既要符合一流中央商务区的特征，即高能级、高产出、高附加值等，又要与综合交通枢纽高度融合，体现“枢纽”的特色，即能够引领、带动周边区域圈层式链条式发展，以提升产业高度、做强核心功能、优化生态环境作为主线，打造以现代服务业为主体的现代化经济体系。

后记

虹桥综合交通枢纽自 2010 年建成投运以来十年多过去了,因枢纽的项目策划和科研工作而建立的“缘自虹桥”微信群依然存在,而且群里有关综合交通枢纽的各种学术活动仍然活跃。群友们一直对虹桥枢纽的发展变化备加关注,时刻注视着它的成长变化,就像对待自己的孩子一样。

2020 年年底,虹桥综合交通枢纽运营十周年,“缘自虹桥” 的群友们就开始酝酿对运营十年的虹桥枢纽做一个项目后评估。但是由于最初设想的评估内容系统全面、文体复杂、难度太大,且大家都忙于自己手头的工作,一直未能如愿。然而,今年上半年的上海疫情给大家创造了一个特殊的机会,群友们大多待在家中,又有人重提“虹桥综合交通枢纽后评估”的课题,于是大家开始动笔写出了各自的回顾、初析、评价、研究、反思和建议等。

书中所收文章的作者及其所在的公司、学校等都深度参与了虹桥枢纽的策划、科研、规划、设计、施工、监理、运行、经营、改造、防疫等工作,大家都有来自一线的体验和大量资料,都对虹桥枢纽充满感情,虽然已经各奔东西、五湖四海,但是都会经常利用虹桥枢纽进出上海和长三角,都会每天在“缘自虹桥”群里相聚。大家在群里还是少不了讨论虹桥枢纽的得失利弊,关心它的未来发展。

虽然所有的作者都是理工科专业人士,逻辑思维缜密,但是这次大家都在用感情写作。我们的初衷是在虹桥枢纽正式运营十年之际,给它做一次体检,找出它的缺陷和问题,提出解决方案和建议。因此本书不同于官方的、正式的“工程后评估”,而是一群与虹桥枢纽有缘的工程师们,完全出自个人的、真实的“项目后评估”,是简评点评和一孔之见,不是系统全面的后评估报告。我们愿意用这些文章为大家描绘出一个不同的虹桥枢纽,提供一幅工程师视角下虹桥枢纽的“拼贴画”。

本书在编辑的过程中最大限度地保留了各位作者所写文章的“原汁原味”,尽量不改动原文的风格和文字,只是对各文章之间重复的内容进行了最小限度的删减,对文字的错漏做了纠正。因此大家文责自负。

最后，我们要感谢同济大学、上海机场(集团)有限公司、上海申虹投资发展有限公司、上海建科集团股份有限公司、上海觐翔交通工程咨询有限公司、SPS 航空咨询公司、上海瑞科同航工程管理咨询有限公司、中国民航机场建设集团有限公司、上海市政工程设计研究总院(集团)有限公司、华东建筑设计研究院有限公司、上海宝钢彩钢建设有限公司等各单位的大力支持！

感谢时代给了我们与虹桥综合交通枢纽一起出生、成长、成熟的平台和机遇！感谢“缘自虹桥”微信群将我们随时随地地联系在一起！

我们与虹桥综合交通枢纽永远在一起！

2022 年 11 月 17 日于上海世博花园